普通高等教育经管类专业"十三五"规划教材

国际金融

(第五版)

王晓光　主编

清华大学出版社

北　京

内 容 简 介

本书的国际金融知识体系清晰完整，概念准确，分析精辟。本书从国际金融活动的起点即国际收支开始，依次过渡到外汇与汇率、汇率制度与外汇管制，在此基础上阐述外汇交易实务，然后介绍外汇风险管理，之后是国际储备以及国际金融市场、国际资本流动，最后是国际货币体系以及金融全球化与国际金融组织等内容。

目前国内缺少适用于应用型本科的国际金融教材，本书在这方面进行了有益的探索。本书的突出特色在于理论知识介绍的程度适中，理论与实务结合较佳，在国际金融基本理论知识讲授的基础上，配合例题、案例分析以及各章后的习题，有助于应用型本科人才培养，体现出实用性的特色；内容新颖，本书编写过程中整合了截至2018年12月国际金融领域新涌现的相关知识和最新数据资料，保持知识的前沿性。

本书对应的电子课件、课后习题及答案、模拟试题及答案可以到http://www.tupwk.com.cn/downpage网站下载。

图书在版编目(CIP)数据

国际金融 / 王晓光 主编. —5版. —北京：清华大学出版社，2019（2021.12重印）
(普通高等教育经管类专业“十三五”规划教材)
ISBN 978-7-302-52400-7

Ⅰ. ①国… Ⅱ. ①王… Ⅲ. ①国际金融—高等学校—教材 Ⅳ. ①F831

中国版本图书馆CIP数据核字(2019)第041436号

责任编辑：胡辰浩 马玉萍
封面设计：周晓亮
版式设计：孔祥峰
责任校对：牛艳敏
责任印制：宋 林

出版发行：清华大学出版社
网 址：http://www.tup.com.cn，http://www.wqbook.com
地 址：北京清华大学学研大厦A座 邮 编：100084
社 总 机：010-62770175 邮 购：010-62786544
投稿与读者服务：010-62776969，c-service@tup.tsinghua.edu.cn
质 量 反 馈：010-62772015，zhiliang@tup.tsinghua.edu.cn
印 装 者：三河市铭诚印务有限公司
经 销：全国新华书店
开 本：185mm×260mm 印 张：21.25 字 数：585千字
版 次：2011年1月第1版 2019年3月第5版 印 次：2021年12月第10次印刷
定 价：78.00元

产品编号：081227-02

本书编委会

主　　编：

王晓光

副 主 编：

崔宏伟　钱　娜　丑晓玲

徐　晶　侯琬娇

前 言

国际金融的研究对象是国与国之间的货币金融关系，其探索的内容包括国际收支不平衡规律、汇率变动规律、资本流动规律等。国际金融的理论和业务是动态发展的，是一门理论性和实务性均较强的课程。近年来，我国一直面临持续的国际收支差额、外汇储备的变动、人民币汇率变化、人民币汇率形成机制等一系列现实问题。同时，国际金融领域的新问题层出不穷，本书编写过程中整合了截至 2018 年 12 月国际金融领域新涌现的相关知识和最新数据资料。

本书的学术价值体现在以下几个方面。第一，探索更为清晰合理的逻辑结构。即：国际收支—外汇与汇率、汇率制度与外汇管制—外汇交易实务、外汇风险管理—国际储备—国际金融市场、国际资本流动—国际货币体系—金融全球化与国际金融组织，环环相扣，体系合理。第二，探讨应用型本科以及教学型本科教材理论与实务结合的尺度，即国际金融理论讲述的程度深浅、与实务恰当结合等问题。

本书的特色体现在以下几个方面。第一，合理调整国际金融基础理论知识部分。我们把很多应用型本科教学中很少用到的而现有教材中占很大篇幅的西方国际收支理论、一些模型推导等删去，主要培养应用型本科人才对国际金融理论知识的运用能力。第二，国际金融基础理论知识和实务兼顾。因为对于金融学专业以外的经济及管理类专业来讲，并没有国际金融的后续课即外汇实务课，因此，在课程体系里，我们加入了实际操作的基本业务。第三，通过案例和习题调动学生开展参与性学习，可以增强学生的学习能力，开拓学生的视野。

本教材适合高等院校经济类、管理类专业本科教学使用，也可以用作财经类专业研究生的参考书及金融从业人员的培训辅导教材。教师可根据教学对象和授课学时不同，灵活选择相关内容进行重点学习。

本书第五版既忠实于第四版教材的基本内容，又不拘泥于原教材，更加注重借鉴和吸收国际金融领域的最新研究成果和前沿知识，更换了大量案例、专栏、图表和数据等。

本书由王晓光教授任主编，崔宏伟、钱娜、丑晓玲、徐晶、侯琬娇任副主编。全书共计十章，由王晓光教授总体策划，编写人员及其分工如下：王晓光编写第一章、第二章和各章习题及答案，崔宏伟编写第三章和第九章，徐晶编写第四章，马莉娜编写第五章，钱娜编写第六章和第七章，丑晓玲编写第八章，侯琬娇编写第十章，孙海红、张娜、王晓丽编写各章案例。全书最后由王晓光教授总纂。

本书在编写过程中，参考了很多同类教材、著作和期刊等，限于篇幅，恕不一一列出，特此说明并致谢。

由于受资料、编者水平及其他条件限制，书中难免存在一些不足之处，恳请同行专家及读者指正。我们的邮箱是 huchenhao@263.net，电话是 010-62796045。

本书对应的电子课件、课后习题及答案、模拟试题及答案可以到 http://www.tupwk.com.cn/downpage 下载。

编　者

2018 年 12 月

目录

第一章 国际收支……1
第一节 国际收支平衡表……2
一、国际收支的概念……2
二、国际收支平衡表的基本内容……3
三、国际收支平衡表的编制……11
第二节 国际收支分析……13
一、国际收支不平衡的衡量标准……13
二、国际收支平衡表的分析……14
三、国际收支不平衡的类型……17
四、国际收支不平衡的影响……18
第三节 国际收支调节……20
一、国际收支的自动调节机制……21
二、国际收支的政策调节机制……23
三、国际收支调节的一般原则……27
第四节 我国的国际收支……28
一、我国的国际收支统计发展历程……28
二、我国的国际收支基本状况……29
三、我国的国际收支统计申报制度……32
本章小结……33
习题……34
案例分析……36
第二章 外汇与汇率……41
第一节 外汇与汇率概述……41
一、外汇……41
二、汇率……44
第二节 汇率的决定与变动……50
一、汇率的决定……50
二、汇率的变动……53
第三节 汇率变动对经济的影响……58
一、汇率变动对一国国际收支的影响……58
二、汇率变动对国内经济的影响……60
三、汇率变动对国际经济关系的影响……62
第四节 汇率的决定理论……63
一、国际借贷理论……64
二、购买力平价理论……64
三、利率平价理论……67
四、资产市场理论……69
五、汇率决定理论的新发展……70
本章小结……71
习题……72
案例分析……74
附表……78
第三章 汇率制度与外汇管制……80
第一节 汇率制度……80
一、固定汇率制度……81
二、浮动汇率制度……82
三、汇率制度的选择……88
第二节 外汇管制……89
一、外汇管制的概念……89
二、外汇管制的历史演进……89
三、外汇管制的类型……90
四、外汇管制的机构与对象……91
五、外汇管制的措施……91
六、外汇管制对经济的影响……94
七、我国的外汇管理体制改革……95
第三节 货币自由兑换……100
一、货币自由兑换的概念……100
二、货币自由兑换的类型……101
三、货币自由兑换的条件……103
四、货币自由兑换的利弊分析……104

五、人民币自由兑换……105
本章小结……107
习题……108
案例分析……109

第四章 外汇交易实务……115
第一节 即期外汇交易……115
一、即期外汇交易的含义……115
二、即期外汇交易的报价……116
三、即期外汇交易的操作……117
四、即期外汇交易的应用……118
第二节 远期外汇交易……119
一、远期外汇交易的含义……119
二、远期外汇交易的报价……120
三、远期外汇交易的操作……123
四、远期外汇交易的应用……123
五、掉期外汇交易……124
六、汇率折算与进出口报价……127
第三节 套汇交易……129
一、套汇的含义……129
二、直接套汇……130
三、间接套汇……130
第四节 套利交易……132
一、套利的含义……132
二、非抵补套利……132
三、抵补套利……132
第五节 外汇期货交易……133
一、金融期货的含义……133
二、外汇期货的含义……133
三、外汇期货交易市场的组织结构……133
四、外汇期货交易的主要制度……136
五、外汇期货交易的基本流程……140
六、外汇期货交易的应用……141
七、外汇期货交易与远期外汇交易的比较……143
第六节 外汇期权交易……145
一、金融期权的含义……145
二、外汇期权的含义……145
三、外汇期权的特征……145
四、外汇期权的分类……146
五、外汇期权合约的基本规则……148
六、外汇期权交易的应用……149
第七节 互换交易……151
一、金融互换的含义……151
二、利率互换……152
三、货币互换……153
本章小结……155
习题……156
案例分析……160
附表……161

第五章 外汇风险管理……164
第一节 外汇风险的内涵及类型……164
一、外汇风险的概念和构成……164
二、外汇风险的类型……165
三、外汇风险的经济影响……168
第二节 外汇风险管理……170
一、外汇风险管理概述……170
二、外汇风险管理方法……171
本章小结……176
习题……177
案例分析……178

第六章 国际储备……187
第一节 国际储备概述……187
一、国际储备的概念……187
二、国际储备的构成……188
三、国际储备的来源……193
四、国际储备的作用……194
第二节 国际储备管理……195
一、国际储备管理的概念……195
二、国际储备的规模管理……195
三、国际储备的结构管理……198
第三节 我国的国际储备管理……199
一、我国国际储备的构成及问题……199
二、我国国际储备管理的发展方向……203
本章小结……206
习题……206
案例分析……208
附表……210

第七章 国际金融市场……211
第一节 国际金融市场概述……211
一、国际金融市场的概念……211
二、国际金融市场的形成与发展……212
三、国际金融市场的类型……213
四、国际金融市场的作用……214
五、国际金融市场的发展趋势……215
第二节 国际货币市场……216
一、国际货币市场的概念……216
二、国际货币市场的特点……217
三、国际货币市场的构成……217
四、国际货币市场的作用……221
第三节 国际资本市场……222
一、国际资本市场的概念……222
二、国际资本市场的特点……222
三、国际资本市场的构成……222
第四节 欧洲货币市场……229
一、欧洲货币市场的含义……229
二、欧洲货币市场的特点……230
三、欧洲货币市场的构成……231
四、欧洲货币市场的影响……233
本章小结……234
习题……235
案例分析……236

第八章 国际资本流动……241
第一节 国际资本流动概述……241
一、国际资本流动的定义……241
二、国际资本流动的类型……242
三、国际资本流动的现状……245
第二节 国际资本流动的原因及影响……247
一、国际资本流动的原因……247
二、国际资本流动的影响……249
第三节 国际债务危机……251
一、国际债务危机概述……252
二、国际债务危机爆发的原因……255
三、国际债务危机的解决方案……257
第四节 国际游资与货币危机概述……259
一、国际游资的来源、特征及影响……259
二、货币危机的产生、传导及危害……261
三、货币危机的防范……264
第五节 我国的外债管理……264
一、我国对外债的定义……264
二、我国外债的现状……265
三、我国外债的管理……267
本章小结……270
习题……270
案例分析……272

第九章 国际货币体系……274
第一节 国际货币体系概述……274
一、国际货币体系的含义和主要内容……275
二、国际货币体系类型的划分……275
三、国际货币体系的作用……276
第二节 国际金本位制度……276
一、国际金本位制度的基本原则……276
二、国际金本位制度的运行机制……277
三、国际金本位制度的类型……277
四、国际金本位制度的崩溃与货币集团的形成……278
第三节 布雷顿森林体系……279
一、布雷顿森林体系的形成……279
二、布雷顿森林体系的内容……281
三、布雷顿森林体系的作用……282
四、布雷顿森林体系的崩溃……283
五、布雷顿森林体系崩溃的原因……285
第四节 牙买加体系……287
一、牙买加体系的内容……287
二、牙买加体系的特征……288
三、牙买加体系的缺陷分析……289
第五节 国际货币体系改革……290
一、国际货币体系改革的目标……290
二、国际区域货币——欧元对牙买加体系内在矛盾的化解……290
三、国际区域货币合作模式……291
本章小结……293
习题……294
案例分析……296

第十章　金融全球化与国际金融组织……298
第一节　金融全球化……298
一、金融全球化概述……298
二、金融全球化的原因……300
三、金融全球化的影响……301
第二节　国际货币基金组织……303
一、国际货币基金组织的组织机构……303
二、国际货币基金组织的宗旨……305
三、国际货币基金组织的资金来源……305
四、国际货币基金组织的业务活动……306
第三节　世界银行集团……310
一、世界银行……310
二、国际开发协会……314
三、国际金融公司……315
本章小结……316
习题……317
案例分析……318
参考答案……321
参考文献……328

第一章

国 际 收 支

【导读】

国际收支是一国宏观调控的重要目标之一，也是研究开放的宏观经济的第一步。国际收支能够比较全面地反映一国与其他国家或地区的各项经济交往的状况。在实践中，对国际收支统计数据的分析为一国经济运行及决策提供了强有力的支持。根据引起国际收支不平衡的主要原因，国际收支不平衡有周期性、收入性、结构性、货币性和临时性不平衡。国际收支不平衡，特别是长期的、巨额的不平衡，无论是逆差还是顺差，都会对国民经济产生不良影响，因此，世界各国都十分重视国际收支的调节工作。同时，国际收支作为研究国际金融的一条主线，有关数据成为研究和分析目标国家经济发展状况和发展趋势的重要指标。

【学习重点】

掌握国际收支的概念、国际收支平衡表的内容与编制方法，并能较系统地分析一国的国际收支平衡表，写出分析报告，了解并掌握国际收支不平衡的原因，以及国际收支不平衡对一国经济的影响和各国采取的有针对性的调节措施。

【学习难点】

对一国的国际收支平衡表进行分析，包括对经常账户差额的分析、资本与金融账户差额的分析以及经常账户和资本与金融账户的关系分析。这些分析需要建立在对国际收支平衡表全面深入理解的基础上，因而有一定的难度。具备解读与分析国际收支平衡表的能力是教学过程中较高的要求。

【教学建议】

第一节以课堂讲授为主，第二节、第三节和第四节建议结合案例教学和引导学生查阅课外相关资料进行分析并撰写课程小论文。

第一节　国际收支平衡表

一、国际收支的概念

(一) 国际收支概念的产生及发展

关于“收支”这个概念大家都比较熟悉，一般精明的家庭主妇都会对每天的收支情况进行逐次记录，进而形成每周、每月、每季甚至每年的收支情况记录，企业更是如此，目的是对货币收支的来龙去脉有清晰的了解，以便做到收支相抵或略有盈余，如果入不敷出，则分析原因、找出对策。简单来说，国际收支(Balance of Payment)是上述概念在外延上的扩大，指的是一个国家或地区所有国际经济活动的收入和支出。具体而言，由于国际收支反映的对象——国际经济活动在内容和形式上随着世界经济的发展而不断发展，国际收支概念的内涵也在不断发展。

国际收支的概念最早出现于17世纪初，重商主义者在提倡“贸易差额论”即通过扩大出口、限制进口的方式来积累金银货币的同时，提出了国际收支的概念。但由于当时国际经济仍处于发展的初期，国际收支仅仅被解释为一个国家的对外贸易差额(Balance of Trade)。随着资本主义国家国际经济交易的内容和范围不断扩大，在国际金本位制度崩溃以后，国际经济交易多数是用外汇进行的。各国经济交易只要涉及外汇收支(Balance of Foreign Exchange)，无论是贸易、非贸易，还是资金借贷或单方面资金转移，都属于国际收支范畴，这就是目前所称的狭义的国际收支概念。

第二次世界大战以后，国际经济交易的内容和范围不断扩大，那些没有引起外汇收付的交易如补偿贸易、记账贸易、易货贸易和无偿援助等也被纳入国际收支的范畴。于是国际收支概念又有了新的发展，形成了广义的国际收支概念，即一个国家或地区在一定时期内(通常为一年)同外国进行经济交易的货币价值的全部系统记录。由于这一概念更能反映国际经济交易的实际情况和揭示国际收支的本质，目前被世界各国普遍采用。

(二) 国际货币基金组织对国际收支的定义

国际货币基金组织(IMF)对国际收支所下的定义是从广义角度来说的，在《国际收支手册》(第五版)中规定，国际收支是指一国在一定时期内(通常为一年)全部对外经济往来的系统的货币记录。它包括：①一个经济体与世界其他经济体之间的商品、劳务和收益等的交易行为；②一个经济体所持有的货币、黄金、特别提款权的变动以及这个经济体与世界上其他经济体的债权、债务关系的变化；③无偿转移以及在会计上需要对上述不能相互抵消的交易和变化加以平衡的对应记录。对于国际收支这个概念，必须从以下几个方面加以理解。

1. 国际收支是一个流量概念，也是一个事后概念

当人们提及国际收支时，总是需要指明是属于哪一段时期的，可以是一年，也可以是一个季度或一个月。国际收支记录的是在一段时期(通常指一年)内，一国与他国发生的各项经济往来情况，这与记录一个国家在一定时点上对外债权与对外债务的国际借贷(International Indebtedness)不同。国际借贷与国际收支既有联系又有区别：一方面，这两个概念之间具有密切关系，国际收支与国际借贷互为因果，国际借贷的变化主要是由于国际收支中的各种国际经济交易所引起的；另一方面，这两个概念又是有区别的，国际收支是一个流量概念，描述在一定时期的发生额，而国际借贷则是一个存量

概念，描述一国在一定时点上的对外债权、债务余额。

2. 国际收支以交易为基础，是居民与非居民之间所发生的经济交易的货币记录

交易包含4种类型。①交换，指一个经济体向另外一个经济体提供一种经济价值(包括货物、服务、收入等实际资源和金融资产)并从对方那里得到等值的回报。②转移，指一个经济体向另外一个经济体提供了经济价值，但没有得到任何补偿。③移居，指一个人把住所从一个经济体搬迁到另一个经济体的行为。移居后，该个人原有的资产负债关系的转移会使两个经济体的对外资产、债务关系均发生变化，这一变化应记录在国际收支之中。④其他根据推论而存在的交易。在一些情况下，可以根据推论确定交易的存在，即使实际流动并没有发生，也需要在国际收支中予以记录。国外直接投资者收益的再投资就是一个例子。投资者的海外子公司所获得的收益中，一部分是属于投资者本人的，如果这部分收益用于再投资，则必须在国际收支中反映出来，尽管这一行为并不涉及两国间的资金与服务的流动。

3. 国际收支所记载的经济交易必须发生于一国居民与非居民之间

判断一项经济交易是否应计入国际收支范围的依据是交易双方是否分别为该国的居民和非居民，而非国籍和国界。

国际货币基金组织规定如下。

(1) 住户的居民地位，如果住户成员在一个经济领土内保持或打算保持一个住所或一系列住所，并且将该(这些)住所视作和用作其主要住所，那么该住户是该经济领土内的居民。在一个领土内实际或打算逗留一年或一年以上就足以被视为在该地拥有主要住所。如果不能确定哪个住所为主要住所，则根据在有关住所逗留的时间长短来确定。除了一般原则外，还利用其他因素为特定类别确定居民地位。这些类别包括：学生、求医病人、船员，以及各国外交人员、军事人员、科学站工作人员和在政府飞地受聘的其他海外公务员。比如，出国进行全日制学习的人员一般继续属于其出国学习前常住领土的居民。即使其学习课程的时间超过了一年，也采用这种处理方式。但如果他们打算在完成学业后继续留在其学习的领土内，那么则转为其学习所在领土内的居民。

(2) 企业的居民地位，就一般原则而言，一个企业如果在一个经济领土内的某个场所从事大量的货物或服务生产，那么该企业是该领土的居民。即企业属于其从事经济活动所在国居民，各级政府和非营利的私人团体属于其所在国的居民；而联合国、世界银行、国际货币基金组织等国际性机构则属于任何国家的非居民。

二、国际收支平衡表的基本内容

一国为了掌握对外经济交往的情况，系统了解一国国际收支状况及其变化，必须对居民与非居民之间在一定时期内所发生的国际经济交易以一定的形式加以综合反映，编制国际收支平衡表。国际收支平衡表(Balance of Payments Statement)是一国根据国际经济交易的内容和范围设置项目和账户，按照复式簿记原理，系统地记录某个时期内居民与非居民之间的交易的汇总统计表。为了统一各国对国际收支内容的统计，IMF出版了《国际收支手册》，对这一报表的编制所采用的概念、准则、惯例、分类方法以及标准构成都做了统一的说明。IMF规定各会员国必须定期报送其国际收支平衡表，并汇总后定期发表在《国际金融统计》上。

我国2015年开始按照IMF 2008年公布的《国际收支和国际投资头寸手册(第六版)》的规定与标准编制国际收支平衡表。国际收支平衡表的组成部分有：经常账户(包括货物和服务账户、初次收入账户、二次收入账户)、资本账户和金融账户、错误与遗漏净额。在作为国际收支基础的复式记账会计制度下，每笔交易的记录由两个分录组成，贷方分录合计金额与借方分录合计金额相等。

一个经济体的国际账户概括了该经济体居民与非居民之间的经济关系。国际账户为分析一个经济体的国际经济关系，包括其国际经济表现、汇率政策、储备管理和对外脆弱性，提供了一个综合框架。国民账户体系概览如图1-1所示，国际收支账户如图1-2所示。国际收支平衡表标准格式如表1-1所示，国际投资头寸表格式如表1-2所示。

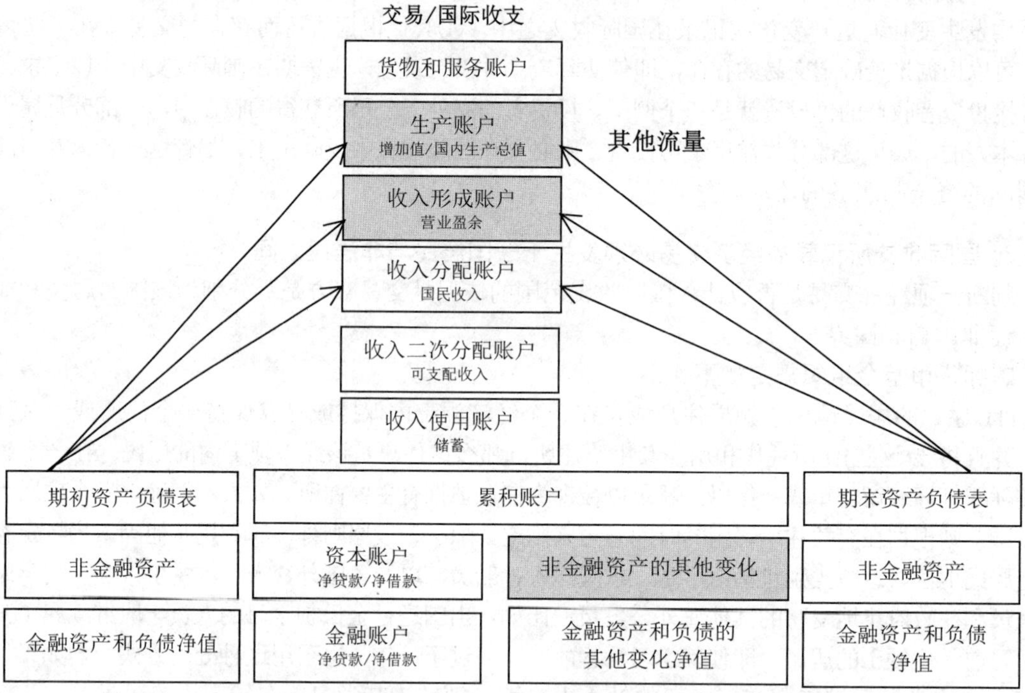

图1-1　作为宏观经济统计框架(包括国际账户)的国民账户体系概览

注：(1) 以阴影显示的账户不出现在国际账户中；(2) 箭头指用以生产或产生收入的资产。

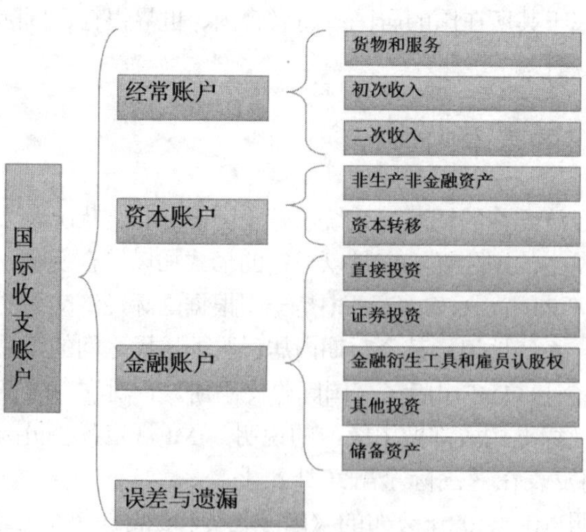

图1-2　国际收支账户

表1-1 国际收支平衡表标准格式简表

账户	贷方	借方	差额
1. 经常账户			
1.1 货物和服务			
货物			
服务			
1.2 初次收入			
雇员报酬			
利息			
公司的已分配收益			
再投资收益			
租金			
1.3 二次收入			
对所得、财富等征收的经常性税收			
非寿险净保费			
非寿险索赔			
经常性国际转移			
其他经常转移			
养老金权益变化调整			
经常账户差额			
2. 资本账户			
2.1 非生产非金融资产的取得/处置			
2.2 资本转移			
资本账户差额			
净贷出(+)/净借入(－)(来自经常账户和资本账户)			
3. 金融账户(按职能类别)	金融资产净获得	负债净产生	差额
3.1 直接投资			
3.2 证券投资			
3.3 金融衍生产品(储备除外)和雇员认股权			
3.4 其他投资			
3.5 储备资产			
资产/负债变化总额			
净贷出(+)/净借入(－)(来自金融账户)			
4. 错误与遗漏净额			

表1-2 国际投资头寸表格式

国际投资头寸		期初头寸	交易(金融账户) 其他数量变化	重新定值	期末头寸
资产(按职能类别)	直接投资				
	证券投资				
	金融衍生产品(储备除外)和雇员认股权				
	其他投资				

(续表)

国际投资头寸	期初头寸	交易(金融账户) 其他数量变化	重新定值	期末头寸
储备资产				
资产总额				
负债(按职能类别) 直接投资				
证券投资				
金融衍生产品(储备除外)和雇员认股权				
其他投资				
负债总额				
国际投资头寸净额				

(一) 经常账户(Current Account)

经常账户又称往来账户，记录的是一个国家(或地区)与其他国家(或地区)之间实际资源的转移，经常账户显示的是居民与非居民之间货物、服务、初次收入和二次收入的流量，是国际收支平衡表中最基本、最重要的账户。

1. 货物和服务账户

货物和服务账户列示属于生产活动成果的交易项目。该账户的侧重点是居民与非居民之间货物和服务的交换环节。

1) 货物

货物为有形的生产性项目，对其可建立所有者权益，且其经济所有权可以通过交易由一机构单位转移至另一机构单位。它们可以用来满足住户或社会的需求，或者用来生产其他货物或服务。这是经常账户和整个国际收支平衡表中最重要的项目。货物有两大类。

(1) 一般商品，包括经济所有权在居民与非居民之间发生变更并且不包括在以下特殊类别中的货物：转手买卖货物、非货币黄金，以及部分旅行、建设和别处未涵盖的政府货物和服务。一般商品的计值原则采用货物在统一计值地点时的市场价值。统一计值地点是货物首次出口所在的经济体关境，即，船上交货(FOB)。

一般商品中包含的项目包括：非流通纸币和铸币以及未发行证券，电力、天然气和水，在磁盘和其他物理介质存储设备上的，带有永久使用许可的非定制软件套装(如系统软件和应用程序)以及视频和音频录制品，承运人在港口购买的货物，承运人在运营商居民所在领土之外提供或购买的货物，金融租赁中承租方获得的货物，发往境外时未发生所有权变更但之后又被出售的货物，在原所有者居民所在领土之外出售的设备。

由于未发生国际交易而不计入一般商品的项目包括：转口贸易，移民的个人物品，本国当局发送给其使馆和军事基地等的货物(反之亦然)，发往企业国外业务单位的货物(前提是此类业务单位不足以构成分支机构)，临时出口或进口且未发生所有权变更的货物，由不拥有相关货物的实体组装、包装、贴标签或加工的货物，金融租赁下出租方获得的货物，无正价值的货物(例如，出口供处理或储存的危险货物)，退回的货物，无商业价值的样品，自由贸易区和同一经济体居民之间的货物贸易，尽管未发生所有权变更但是已经包括在数据来源中的任何其他货物。

由于在别处计入而未计入一般商品的项目包括：居民获得或出售的但并未进入其经济领土的货物(作为转手买卖货物单独列示)，金块和其他形式的非货币黄金(作为货物项目下的单独项目列示)，计入旅行的货物，非居民企业在工程所在领土进行工程建设所获取的当地货物(此类货物计入建设)，内有定制的计算机软件或数据的装置(计入计算机服务项下)，以磁盘、磁介质或存储装置交付的、获取后具有固定期限的使用许可(因此要求持续定期付款)但无经济所有权变更的产品(计入计算机服务或视听和相关服务)，通过提供原始录制转让复制、发行(或两者皆有)音频和视频的许可(计入别处未涵盖的知识产权使用费)，直接订阅方式下发送的定制蓝图以及非批量报纸和期刊(计入信息服务)。

(2) 其他货物，包括转手买卖货物和非货币黄金。

2) 服务

服务是改变消费单位条件或促进产品或金融资产交换的生产活动成果。服务一般不是可以单独对其建立所有者权益的项目，服务通常无法与其生产分离开来。

(1) 对他人拥有的实物投入的制造服务，包括由不拥有相关货物的企业承担的加工、装配、贴标签和包装等服务。

(2) 别处未涵盖的维护和维修服务，包括居民为非居民(反之亦然)所拥有的货物提供的维护和维修工作。维修可以在维修者的地点或其他地方实施。对于船舶、飞机和其他运输设备的维护和维修计入本项。运输设备的清洁计入运输服务。建设工程维护和维修不包括在内，而是计入建设。计算机的维护和维修计入计算机服务。

(3) 运输，是将人和物体从一地点运送至另一地点的过程，包括相关辅助和附属服务，以及邮政快递服务。

(4) 旅行，贷方包括非居民在访问某经济体期间从该经济体处购买自用或馈赠的货物和服务。借方包括居民在访问其他经济体期间从这些经济体处购买自用或馈赠的货物和服务。货物和服务可以由相关人或由另一方代他们购买，例如，商务旅行可以由雇主支付或报销，学生的学费和生活费可以由政府支付，或者医疗费用可以由政府或保险公司支付或报销。由生产者免费提供的货物和服务也计入该项，例如，大学提供的学费和膳食费用。

(5) 建设，包括以建筑物、工程性土地改良和其他此类工程建设(例如，道路、桥梁和水坝等)为形式的固定资产的建立、翻修、维修或扩建。相关安装和装配工程也包括在内。还包括场地准备、一般建筑以及油漆、测量和爆破等特殊服务。建设项目的管理也计入建筑。

(6) 保险和养老金服务，包括提供人寿保险和年金、非人寿保险、再保险、货运险、养老金、标准化担保服务，以及保险、养老金计划和标准化担保计划的辅助服务。

(7) 金融服务，指除保险和养老基金服务之外的金融中介和辅助服务。包括通常由银行和其他金融公司提供的服务，例如，存款吸纳和贷款、信用证、信用卡服务、与金融租赁相关的佣金和费用、保理、承销、支付清算等。还包括金融咨询服务、金融资产或金条托管、金融资产管理、监控服务、流动资金提供服务、非保险类的风险承担服务、合并与收购服务、信用评级服务、证券交易服务和信托服务。

(8) 别处未涵盖的知识产权使用费，包括：知识产权使用费；特许权费；商标收入；为使用品牌支付的款项等。

(9) 电信、计算机和信息服务，包括：电信服务；计算机硬件和软件相关服务和数据处理服务；通讯社服务等。

(10) 其他商业服务，包括：研究和开发服务；专业和管理咨询服务；技术服务、贸易相关服务和其他商业服务；废物处理和防止污染、农业和采矿服务；经营租赁。

(11) 个人、文化和娱乐服务，包括：视听和相关服务；其他个人、文化和娱乐服务。

(12) 别处未涵盖的政府货物和服务，包括：由飞地，如使馆、军事基地和国际组织，或向飞地提供的货物和服务；外交官、领事馆工作人员和在海外的军事人员及其家属从东道国经济体购买的货物和服务；由政府或向政府提供的未计入其他服务类别的服务。

目前，服务收支的重要性日趋突出，不少国家的服务收支在该国的国际收支中占有举足轻重的地位，有的甚至还超出了有形贸易收支。

2. 初次收入账户

初次收入账户显示的是居民与非居民机构单位之间的初次收入流量。初次收入反映的是机构单位因其对生产过程所做的贡献或向其他机构单位提供金融资产和出租自然资源而获得的回报。国际账户将初次收入分成以下几种类型：①雇员报酬；②股息；③再投资收益；④利息；⑤归属于保险、标准化担保和养老基金保单持有人的投资收益；⑥租金；⑦对产品和生产的税收和补贴。其分为两类。

(1) 与生产过程相关的收入。雇员报酬是向生产过程投入劳务的收入。对产品和生产的税收和补贴也是有关生产的收入。

(2) 与金融资产和其他非生产资产所有权相关的收入。财产收入是提供金融资产和出租自然资源所得的回报。投资收益是提供金融资产所得的回报，包括股息和准公司收益、再投资收益和利息。但是，对金融衍生产品和雇员认股权的所有权不产生投资收益。

3. 二次收入账户

二次收入账户表示居民与非居民之间的经常转移。各种不同类型的经常转移计入本账户，表明其在经济体间收入分配过程中的作用。转移可以为现金或实物。

转移可以是经常性的，也可以是资本性的。经常转移包括资本转移以外的所有其他类型转移。经常转移直接影响可支配收入的水平和对货物或服务的消费能力。即，经常转移减少捐赠方的收入和消费能力，并增加接受方的收入和消费能力。例如，社会福利和食品援助即为经常转移。

国际账户将经常转移进行了分类。

(1) 个人转移。包括居民住户向非居民住户提供的或从其处获取的所有现金或实物的经常转移。因此个人转移包含居民和非居民个人之间进行的所有经常转移。

(2) 其他经常转移。包括：对所得和财富等征收的经常性税收、社保缴款、社会福利、非寿险净保费、非寿险索赔、经常性国际合作、其他经常转移。

(二) 资本账户

资本账户表述居民与非居民之间的应收和应付资本转移；居民与非居民之间非生产非金融资产的取得和处置。

1. 非生产非金融资产的取得和处置

非生产非金融资产包括：自然资源；契约、租约和许可；营销资产(和商誉)。

(1) 自然资源。包括土地、矿产权、林业权、水资源、渔业权、大气空间和电磁光谱。一般不会发生土地和其他自然资源的国际交易。因国际组织和外国政府的飞地而发生土地购置和处置时，则产生土地的国际交易。特定领地主权的自愿变化也属国际交易，无论其用于交易还是作为转让。

(2) 契约、租约和许可。包括确认为经济资产的契约、租约和许可。这些资产为社会和其法律体系所创建，有时称为无形资产。包括可销售经营租赁、使用自然资源的许可同时不对这些资源拥有完全所有权，进行某些活动的许可(包括某些政府许可)以及购买某项货物或服务的专属权。

(3) 营销资产。包括品牌、报刊名称、商标、标志和域名等。当拥有营销资产的实体单独将其销售时，即记为非生产非金融资产的取得和处置。

2. 资本转移

资本转移是资产(非现金或存货)的所有权从一方向另一方变化的转移；或者是使一方或双方获得或处置资产(非现金或存货)的转移；或者为债权人减免负债的转移。具体包括：债务减免、非人寿保险索赔、投资捐赠、一次性担保和其他债务承担、税金、其他资本转移。

(三) 金融账户

金融账户记录涉及金融资产与负债以及发生于居民与非居民之间的交易。金融账户显示的是金融资产和负债的获得和处置净额。金融账户交易列在国际收支中，由于它们对资产和负债存量有影响，所以也列在完整的国际投资头寸表中。按照职能类别，分为直接投资、证券投资、金融衍生产品(储备除外)和雇员认股权、其他投资以及储备资产5类。

(1) 直接投资。直接投资是跨境投资的一种，特点是，一经济体的居民对另一经济体的居民企业实施了管理上的控制或重要影响。直接投资还包括与这种关系有关的投资，包括投资于其间接影响或控制的企业、联属企业，以及债务和逆向投资。除了带来控制或影响的股权外，还包括：收益再投资、直接投资的实物流量、合并与收购、公司调换和其他公司重组、附加股息、出于财政目的的借款等。

(2) 证券投资。证券投资指没有被列入直接投资或储备资产的，有关债务或股本证券的跨境交易和头寸。包括：投资基金收益再投资、可转换债券、债务废止、股票和债务回购。

(3) 金融衍生产品(储备除外)和雇员认股权。金融衍生产品和雇员认股权是具有类似特征的(例如，履约价格、某些相同的风险因素)金融资产和负债。但是，尽管两者都是为了转移风险，可雇员认股权还旨在提供一种报酬形式。金融衍生产品有两大类别——期权和远期型合约。雇员认股权作为一种报酬形式，是向公司雇员提供的一种购买公司股权的期权。

(4) 其他投资。其他投资为剩余类别，包括没有列入直接投资、证券投资、金融衍生产品和雇员认股权以及储备资产的头寸和交易。比如其他股权；货币和存款；贷款(包括基金组织信贷的使用，以及来自基金组织的贷款)；非人寿保险技术准备金、人寿保险和年金权益、养老金权益、启动标准化担保的准备金；贸易信贷和预付款；其他应收/应付款；特别提款权分配(特别提款权持有列入储备资产)。

(5) 储备资产。储备资产是由货币当局控制，并随时可供货币当局用来满足国际收支资金需求，用以干预汇兑市场影响货币汇率，以及用于其他相关目的(例如，维护人们对货币和经济的信心，作为向外国借款的基础)的对外资产。储备资产必须是外币资产和实际存在的资产，不包括潜在的资产。储备资产包括货币黄金、特别提款权持有、在基金组织的储备头寸、货币和存款、证券(包括债务和股本证券)、金融衍生产品和其他债权(贷款和其他金融工具)。

(四) 错误与遗漏净额

国际收支平衡表采用复式记账法，按照复式记账原则，国际收支账户的借方总额和贷方总额应该相等，借贷双方的净差额应为零。但在实际中，由于统计资料来源不一、资料不全、资料本身错漏、记录时间不同以及一些人为因素(如虚报出口)等，会带来不平衡问题。这种不平衡是国际收支数据的一个常见特点，被称为误差与遗漏净额，在公布的数据中应单独列出，而不应毫无区别地将其纳入其他项目。误差与遗漏净额是作为残差项推算的，可按从金融账户推算的净贷款/净借款，减去从经常和资本账户中推算的净贷款/净借款来推算。

从2015年起，国家外汇管理局按照国际货币基金组织最新国际标准《国际收支和国际投资头寸手册》(第六版)编制和发布国际收支平衡表。与之前相比，主要变化：一是将储备资产纳入金融账户统计，并在金融账户下增设“非储备性质的金融账户”，与原金融项目包含的内容基本一致；二是项目归属变化，如将经常账户下的转手买卖从原服务贸易调整至货物贸易统计，将加工服务(包括来料加工和出料加工)从原货物贸易调整至服务贸易等；三是项目名称和细项分类有所调整，如将经常项目、资本项目和金融项目等重新命名为经常账户、资本账户和金融账户，将收益和经常转移重新命名为初次收入和二次收入等；四是借方项目用负值表示。中国国际收支平衡表如表1-3所示。

表1-3　中国国际收支平衡表(概览表)

单位：亿SDR

项　目	行　次	2016年	2017年
1. 经常账户	1	**1 448**	**1 183**
贷方	2	17 663	19 514
借方	3	−16 216	−18 832
1.A 货物和服务	4	**1 838**	**1 511**
贷方	5	15 819	17 452
借方	6	−13 981	−15 942
1.A.a 货物	7	**3 516**	**3 425**
贷方	8	14 319	15 964
借方	9	−10 802	−12 539
1.A.b 服务	10	**−1 679**	**−1 915**
贷方	11	1 500	1 488
借方	12	−3 179	−3 403
1.B 初次收入	13	**−321**	**−246**
贷方	14	1 623	1 855
借方	15	−1 944	−2 101
1.C 二次收入	16	**−69**	**−82**
贷方	17	222	206
借方	18	−291	−289
2. 资本和金融账户	19	**205**	**417**
2.1 资本账户	20	**−2**	**−1**
贷方	21	2	2
借方	22	−5	−2
2.2 金融账户	23	**208**	**417**
资产	24	−1 662	−2 719
负债	25	1 870	3 136
2.2.1 非储备性质的金融账户	26	-2 996	1 072

(续表)

项 目	行 次	2016年	2017年
2.2.1.1 直接投资	27	−292	474
资产	28	−1 554	−733
负债	29	1 262	1 207
2.2.1.2 证券投资	30	−379	52
资产	31	−741	−785
负债	32	363	836
2.2.1.3 金融衍生工具	33	−39	3
资产	34	−47	11
负债	35	8	−7
2.2.1.4 其他投资	36	−2 287	542
资产	37	−2 524	−558
负债	38	237	1 101
2.2.2 储备资产	39	3 204	−654
3. 净误差与遗漏	40	**−1 653**	**−1 599**

(资料来源：国家外汇管理局)

注：

1. 根据《国际收支和国际投资头寸手册》(第六版)编制。
2. “贷方”按正值列示，“借方”按负值列示，差额等于“贷方”加上“借方”。本表除标注“贷方”和“借方”的项目外，其他项目均指差额。
3. 本表资本和金融账户(含净误差与遗漏)数据与经常账户差额金额相等，符号相反。资本和金融账户(含净误差与遗漏)中包含国际储备资产。
4. 以人民币计值的国际收支平衡表的折算方法为，当季以美元为计价单位的国际收支平衡表，通过当季人民币对美元的平均汇率中间价折算。

三、国际收支平衡表的编制

国际账户中的分录或是流量或是存量。在国际账户情况下，存量称为头寸。分录是按照一整套统一的会计原则记录的，以将流量和头寸完整结合起来，并确保与对手方之间记录的对称。流量指一个会计期间内的经济行为和事件影响，而头寸指某个时点上的资产或负债水平。国际收支平衡表是按照复式记账法进行记录编制的，采用权责发生制确定流量的记录时间。对于单个交易的记录，分别在借方和贷方记录单个交易构成了会计体系的基础。国际收支中每笔交易的记录均由两个金额相等但方向相反的分录组成，反映了每笔交换的流入和流出。对于每笔交易，各方都记录一个与之相应的贷方分录和借方分录：

贷记(CR.)——货物和服务出口，应收收入，资产减少，或负债增加。

借记(DR.)——货物和服务进口，应付收入，资产增加，或负债减少。

具体来看，有如下记账规则。

(1) 进口商品属于借方项目，出口商品属于贷方项目。

(2) 非居民为本国居民提供服务或从本国取得收入，属于借方项目；本国居民为非居民提供服务或从外国取得收入，属于贷方项目。

(3) 本国居民对非居民的单方向转移，属于借方项目；本国居民收到的国外的单方向转移，属于贷方项目。

(4) 本国居民获得外国资产属于借方项目，外国居民获得本国资产或对本国投资属于贷方项目。

(5) 本国居民偿还非居民债务属于借方项目，非居民偿还本国居民债务属于贷方项目。

(6) 储备资产增加属于借方项目，储备资产减少属于贷方项目。

为了便于理解，我们以M国为例，列举7笔交易来说明国际收支的记账方法。

【例1-1】英国商人从M国购买价值为50万美元的汽车50辆，付款方式是从英国银行提出美元存款支付货款。这笔交易包含两项内容：一方面是M国商品出口，应记录在贷方的货物账户中；另一方面是英国商人的美元存款减少，也就是M国私人对外短期负债减少，应记入借方的金融账户的其他投资账户中。

【例1-2】M国公司向中国购买100万美元的纺织品，用纽约银行的美元支票付款。这次经济交易是反映M国从外国获得商品，应该记入借方的货物账户下。同时，中国在纽约银行的美元存款增加，也意味着M国私人对外短期负债增加，应记录在贷方项目的金融账户的其他投资账户中。

【例1-3】德国人在M国旅游，支付了40万美元的费用，旅游者所需的美元是在M国银行用欧元兑换的。这项国际交易所涉及的内容有两项：其一，M国为外国居民提供了服务，为服务输出，应在贷方服务账户中记录；其二，M国银行在法兰克福的欧元存款增加，即M国私人对外短期资产增加，应在借方的金融账户的其他投资账户中记录。

【例1-4】在M国直接投资的日商将200万美元的投资利润汇回日本。这笔交易所涉及的内容是：其一，这是日商在M国的直接投资收入，应在借方的初次收入账户中记录；其二，这笔汇款假定是通过M国银行和日本银行之间的转账进行的，由日本银行代M国银行支付，所以这是M国私人对外短期债务的增加，应在贷方的金融账户的其他投资账户中记录。

【例1-5】M国政府向墨西哥提供了80万美元的援助。这笔交易涉及两方面内容：其一，M国政府的对外单方面转移，应在借方的二次收入账户下记录；其二，M国官方的对外资产减少，应在贷方的储备资产账户下记录。

【例1-6】M国公民购买加拿大某公司发行的加元债券，折合美元价值为300万。这笔交易涉及两项内容：其一，M国的资本输出，即国外长期资产增加，应在借方的证券投资账户下记录；其二，M国公民支取加拿大银行的加元存款购买债券，使M国私人对外短期资产减少，应在贷方的金融账户的其他投资账户中记录。

【例1-7】法国公民购买500万美元的为期10年的M国公司债券。这笔交易也涉及两项内容：其一，M国的长期资本流入，应在贷方的证券投资账户下记录；其二，法国公民提取在M国银行的美元存款购买债券，是M国私人对外负债减少，应在借方的金融账户的其他投资账户中记录。

根据上述7笔交易，可以编制一个较为完整的M国的国际收支平衡表，如表1-4所示。

表1-4 M国由7笔交易构成的国际收支平衡表

单位：万美元

项　目	借　方	贷　方	差　额
1. 经常账户	380	90	−290
A. 货物	100(②进口纺织品)	50(①出口汽车)	—
B. 服务	—	40(③旅游收汇)	—
C. 初次收入	200(④投资利润汇出)	—	—

(续表)

项　目	借　方	贷　方	差　额
D. 二次收入	80(⑤政府捐赠)	—	—
2. 资本和金融账户	890	1 180	+290
A. 资本账户	—	—	—
B. 金融账户	—	—	—
(1) 直接投资	—	—	—
(2) 证券投资	300(⑥债券投资)	500(⑦发行债券)	—
(3) 其他投资	50 ① 40 ③ 500 ⑦	100 ② 200 ④ 300 ⑥	—
(4) 储备资产	—	80 ⑤	—
总计	1 270	1 270	—

第二节　国际收支分析

国际收支平衡表不仅综合记载了一国在一定时期内与世界各国的经济往来情况和在世界经济中的地位及其消长对比情况，而且还集中反映了该国的经济类型和经济结构，因此，国际收支平衡表是经济分析的重要工具。通过对国际收支平衡表的分析，可以了解和判断一国对外经济交往的状况，为对外经济分析和制定对外经济政策提供依据。对国际收支的分析，重点是分析国际收支差额，并找出原因，以便采取相应对策，扭转不平衡状况。

一、国际收支不平衡的衡量标准

如前文所述，国际收支平衡表是按复式记账原理编制的，经常账户与资本及金融账户借贷双方在账面上总是平衡的，这种平衡是会计意义上的概念。但是，本节所讲的“平衡”与“不平衡”并非会计意义上的，而是实际经济意义上的。国际收支平衡表本身永远是平衡的，但反映的国际收支状况通常是不平衡的。所以，国际收支不平衡是一个规律。从经济意义上判断国际收支是否平衡，应该从国际经济交易的性质入手。国际经济交易反映到国际收支平衡表上有若干个项目，各个项目都有各自的特点，按其交易的性质可分为自主性交易和补偿性交易。理论上讲，国际收支不平衡是指自主性交易的不平衡。

(一) 自主性交易(Autonomous Transaction)

自主性交易又称事前交易，是指个人或企业为某种自主性目的(比如追逐利润、追求市场份额、旅游、汇款赡养亲友等)而进行的交易。由于这种交易是由各经济主体分散、独立进行的，因而其所产生的货币收支并不必然相抵，有可能出现对外汇的超额供给或超额需求，从而引发汇率的变动。

(二) 补偿性交易(Compensatory Transaction)

补偿性交易又称调节性交易(Accommodating Transaction)或事后交易，是指一国为了弥补或调节自主性交易差额或缺口而进行的各种经济交易活动，如向外国政府或国际金融机构借款、动用外汇储备或黄金储备等。这类交易是一种融通性交易，它体现了一国政府的意志，具有集中性和被动性的特点。

有了这样的区别后，我们就能较准确地判断国际收支是平衡还是不平衡的。如果基于自主性交易就能维持平衡，则该国的国际收支是平衡的；如果自主性交易收支不能相抵，必须用补偿性交易来轧平，这样达到的平衡是形式上的平衡、被动的平衡，其实质是国际收支的不平衡。当自主性交易的借贷之差为零时，称为国际收支平衡；当其借方金额大于贷方金额时，称为国际收支出现逆差；当其贷方金额大于借方金额时，称为国际收支出现顺差。逆差和顺差统称为国际收支不平衡。国际收支不平衡代表的是一国对外经济活动的不平衡，所以，又称为“对外不平衡”或“外部不平衡”。

按照自主性交易判断国际收支是否平衡的方法，从理论上看是很有道理的，但在概念上很难准确区别自主性交易与补偿性交易，在统计上也很难加以区别，因为一笔交易从不同的角度看可以是不同的归类。例如，一国为弥补自主性交易赤字，采取紧缩货币政策，提高利率，吸引了短期资本的流入。从货币当局的角度来看，这些交易是有意识的政策作用的结果，应属于补偿性交易；但从私人交易主体的角度来看，这些交易的动机是为了追逐更高的利息收入，不能将其与原本出于安全、投机等目的的自主性短期资本交易完全分开，则同一笔交易既可归入自主性交易，也可列入补偿性交易。因此，按交易动机识别国际收支是否平衡的方法仅仅提供了一种思维方式，迄今为止，还无法将其付诸实践。

二、国际收支平衡表的分析

由于一个国家的国际收支状况集中反映在国际收支平衡表中，因此，全面分析一国国际收支平衡表，对研究该国的国际经济状况及其发展趋势具有重要意义。国际收支平衡表的分析方法包括静态分析法、动态分析法和比较分析法等。

(一) 静态分析法

静态分析法是指对某国在某一时期(一年或一个季度)的国际收支平衡表进行账面上的分析的方法。这种分析方法需要对国际收支平衡表中各个账户及其差额进行定量分析，用几个重要的差额来相互补充分析一国的国际收支状况。在实践中，各个账户差额的形成有多方面原因，只利用单一资料不能全面把握和认识其实际情况。因此，在分析各个账户差额的形成原因时，还应结合其他有关资料，进行综合研究。按照人们的传统习惯和国际货币基金组织的做法，静态分析法可以从货物账户差额、经常账户差额、资本和金融账户差额、总差额入手，逐一进行计算分析。

1. 货物账户差额

货物账户差额是指一国出口商品所得的外汇收入和进口商品所付的外汇支出之间的差额。实际上，货物账户仅仅是国际收支的一个组成部分，绝对不能代表国际收支的整体。但对多数国家来说，货物进出口收支在全部国际收支中所占的比重相当大，货物账户差额在很大程度上决定了国际收支的总差额。同时，货物收支的数字易于通过海关的途径收集，能较快地反映出一国对外经济交往情况。此外，货物收支在国际收支中还有其特殊重要性，商品的进出口情况综合反映了一国的产业结构、产品质量和劳动生产率状况，反映了该国产品在国际上的竞争能力。因此，对货物收支的差额进行分析是十分重要的，出于简便，常将货物收支作为国际收支的近似代表。

通过对货物账户差额的分析，可以看出一国商品进出口的结构和地区分布是否合理，进而了解该国产业结构、生产技术水平是否与世界经济发展相适应，其贸易条件在世界贸易中所占的地位和比重如何，从而找出贸易出超或入超的原因。如果货物账户差额出现逆差，必须有某种资金来源与之相抵，或是靠经常账户中的服务和收入账户的顺差来抵补，或是靠金融账户中的外资流入，也可能是用国家的储备资产来解决。货物账户差额如果是顺差，也必然会引起国际收支的其他项目做相应变化。即使是像美国、日本等资本和金融账户所占比重相当大的国家，仍然十分重视货物账户的差额。

2. 经常账户差额

经常账户差额是一定时期内一国货物账户、服务账户、初次收入账户和二次收入账户贷方总额与借方总额的差额，反映了实际资源在一国与他国之间的转让净额。货物和服务是经常账户的主体，对经常账户差额具有决定性的影响。近年来，随着资本的跨国流动规模不断加大，收入在经常账户中的比重不断增加。

虽然经常账户收支不能代表全部国际收支，但它综合反映了一个国家对外经济交易的一般态势，各国和国际货币基金组织都特别重视经常账户差额情况，经常采用这一指标对成员国经济进行衡量。如果经常账户有逆差，表示从国外净动用了一些商品、服务供国内使用，会相应减少本国在外国的资产或是增加对外国的负债。如果经常账户有顺差，表示向国外净供应了一些商品和服务，会相应增加本国对外资产或减少对外国的负债。经常账户下涉及的交易一般只要发生就不可撤销，所以可以通过经常账户差额衡量和预测经济发展和政策变化的效果，反映一国的国际竞争能力，其被当作制定国际收支政策和产业政策的重要依据。

3. 资本和金融账户差额

资本和金融账户差额由资本账户差额和金融账户差额构成。其中，资本账户差额包括非生产非金融资产的取得和处置及资本转移的差额；金融账户差额包括非储备性质的金融账户(包括直接投资、证券投资、金融衍生工具、其他投资)和储备资产账户的差额。资本和金融账户具有十分复杂的经济含义，必须对其进行综合分析和谨慎运用。

(1) 透过资本和金融账户差额，可以了解一个国家资本市场的开放程度和金融市场的发达程度，可对一国货币政策和汇率政策的调整提供有益参考。资本市场越开放的国家，其资本和金融账户的流量总额就越大。由于各国在经济发展程度、金融市场成熟度、货币价值稳定程度等方面存在较大差异，资本和金融账户差额往往会产生较大波动。

(2) 资本和金融账户与经常账户之间具有融资关系，因此，从资本和金融账户差额可以折射出一国经常账户的状况和融资能力。经常账户中实际资源的流动与资本和金融账户中资产所有权的流动是同一问题的两个方面。根据复式记账原则，在国际收支中一笔贸易流量通常对应一笔金融流量，在不考虑错误与遗漏因素时经常账户中的余额必然对应着资本和金融账户在相反方向上的数量相等的余额，也就是说，经常账户余额与资本和金融账户余额之和等于零。当经常账户出现赤字时，必然对应着资本和金融账户的相应盈余，这意味着一国利用金融资产的净流入为经常账户赤字弥补融资。影响金融资产流动的因素很多，包括影响国内和国外各种资产的投资收益率与风险的各种因素，如利率、各种其他投资的利润率、预期的汇率走势和政治风险等。但值得注意的是，该账户中直接投资和证券投资对经常账户逆差的弥补效果是不同的，直接投资不构成一国的对外债务，而其他方面的投资则是要偿还的。因此，若一国国际收支平衡是通过金融账户中证券投资和其他投资的顺差来弥补经常账户的逆差而获得的，则此平衡是不健康的；反之，若平衡是由经常账户盈余或直接投资引起的，则此平衡是良性的。随着国际金融一体化的发展，资本和金融账户与经常账户之间的这种融资关系正逐渐发生深刻变化：一方面，资本和金融账户为经常账户提供融资受到诸多因素的制约；另一方面，资本和金融账户已经不再是被动地由经常账户决定，并为经常账户提供融资服务了。资本流动存在着独立的运动规律，其流量远远超过国际贸易流量，从根本上摆脱了与贸易的依附关系。

4. 综合收支差额或总差额

综合收支账户是指经常账户、资本账户和金融账户中的非储备性质的金融账户(包括直接投资、证券投资、金融衍生工具、其他投资账户)的余额，也就是将国际收支账户中的储备资产账户剔除后的余额。它是全面衡量一国国际收支状况的综合指标，亦即人们通常所说的国际收支盈余或赤字。国际收支综合差额具有非常重要的意义，可以根据这一差额判断一国外汇储备的变动情况以及货币汇率的未来走势。综合差额必然导致官方储备的反方向变动，所以综合账户的意义在于可以用它来衡量国际收支对一国外汇储备造成的压力。如果综合差额为正，该国外汇储备就会不断增加，本国货币将面临升值的压力；如果综合差额为负，该国外汇储备就会下降，本国货币将面临贬值的压力。中央银行可以运用这一差额判断是否需要对外汇市场进行干预，政府也可以根据这一差额确定是否应该对经济政策进行调整。国际货币基金组织倡导使用综合账户差额这一概念。在没有特别说明的情况下，所说的国际收支盈余或赤字，通常指的是综合账户差额盈余或赤字。

贸易差额=货物差额=货物出口-货物进口

经常账户差额=货物差额+服务差额+初次收入差额+二次收入差额

资本和金融账户差额=资本账户差额+金融账户差额

总差额=经常账户差额+资本和金融账户差额(扣除储备资产交易)

依据一国的国际收支平衡表，计算上述几个重要差额并对其进行分析是国际收支静态分析常用的方法。应该注意的是，在分析国际收支平衡表中的上述差额时，还应掌握各个项目差额形成的原因以及对国际收支总差额的影响。由于各个项目差额形成的原因是多方面的，且一国或地区在特定时期，国际收支各个差额的形成必然有其特殊性，因此，在分析时需要结合相关资料进行综合研究。总之，对国际收支平衡表进行静态分析不能只局限于对各项目数字进行简单的加减或比较，还要进一步透过数字，找到数字背后隐藏的经济关系及其作用和后果，为决策提供依据。

(二) 动态分析法

动态分析法是指对一国若干连续时期的国际收支平衡表进行分析的方法，是一种纵向分析方法。分析一国的国际收支，只对其某一年的国际收支平衡表进行分析是不够的，还要分析以往的情况。一国连续多年的国际收支之间有着密切的联系，可以将历年国际收支平衡表的各个项目、总体情况及差额并列起来进行综合分析，考察各指标在一个较长时期内的发展变化，力求实现国际收支的动态平衡。国际收支动态平衡，亦称国际收支均衡，它是以经济实际运行可能实现平衡的计划期为平衡周期，保持周期内国际收支的平衡。只有通过动态分析，才能了解一国国际收支的均衡状况，并通过一系列调节措施，促使该国保持最佳国际储备水平，促进该国货币汇率均衡与经济正常发展。动态分析法较好地体现了按经济规律办事的原则，越来越受到关注。

(三) 比较分析法

比较分析法是一种横向分析法，指将一国的国际收支平衡表与其他国家，尤其是主要经济大国的国际收支平衡表进行比较，找出本国与他国国际收支顺逆差的异同及原因，分析本国与他国的国际收支结构以及调节措施，以了解本国和他国在世界经济中的地位，正确认识国际金融格局，借鉴他国经验，为调节本国国际收支所用。

但是这种分析方法在实际操作中存在一定困难，因为不同的国家编制的国际收支平衡表在项目分类和局部差额的统计上不尽相同，可比性差。国际货币基金组织公布的主要指标是通过重新整理后编制的，统计口径一致，具有一定的可比性，可以应用该组织公布的主要指标进行分析。

三、国际收支不平衡的类型

国际收支不平衡的现象是经常的、绝对的，而平衡却是偶然的、相对的，因此，国际收支的调节是每时每刻都在进行的。为了顺利而有效地调节国际收支，首先必须研究国际收支不平衡的原因，然后才能采取与之相适应的措施来进行调节。导致一个国家国际收支失衡的因素很多，根据这些因素，国际收支不平衡大体上可以归结为以下几种类型。

(一) 周期性不平衡

周期性不平衡又称循环性不平衡，是由一国经济周期波动引起该国国民收入、价格水平、生产和就业发生变化而导致的国际收支不平衡。周期性不平衡是世界各国国际收支不平衡常见的原因。因为，在经济发展过程中，各国经济不同程度地处于周期波动之中，周而复始地出现繁荣、衰退、萧条、复苏，而经济周期的不同阶段对国际收支会产生不同影响。在经济衰退阶段，国民收入减少、总需求下降、物价下跌，促使出口增长、进口减少，从而出现顺差。而在经济繁荣阶段，国民收入增加、总需求上升、物价上涨，则使进口增加、出口减少，从而出现逆差。如中国，2011年国内生产总值为472 881.6亿元，国际收支总顺差为4 228亿美元；2013年国内生产总值为568 845亿元，国际收支总顺差却是5 090亿美元。通常情况下，经济运行情况与国际收支差额正相关。但是，也有出现逆向运行的可能性，如，日本在1974年，国民生产总值增长19.4%，国际收支却出现46.9亿美元的逆差；1976年日本经济萧条，但是国际收支却出现36.8亿美元的顺差。

(二) 收入性不平衡

收入性不平衡是指由于各种经济条件变化引起国民收入的较大变动而导致的国际收支不平衡。国民收入变动的原因很多，一种是由经济周期波动所致，这属于周期性不平衡；一种是因经济增长率的变化而产生的，具有长期性，属于持久性失衡。一般来说，随着国民收入的大幅增加，全社会消费水平就会提高，社会总需求也会扩大，在开放型经济下，社会总需求的扩大，通常不一定会表现为价格上涨，而表现为进口增加、出口减少，从而导致国际收支出现逆差；反之，当经济增长率较低、国民收入减少时，国际收支出现顺差。

(三) 结构性不平衡

结构性不平衡是指因国内经济、产业结构不能适应世界市场的变化而发生的国际收支不平衡。这种不平衡通常反映在货物服务账户或经常账户上。

结构性不平衡有两层含义。第一层含义指因经济和产业结构变动的滞后和困难所引起的国际收支失衡。例如，一国的国际贸易在一定的生产条件和消费需求下处于均衡状态，当国际市场发生变化，新款式、高质量产品不断淘汰旧款式、低质量产品，新的替代品不断出现的时候，该国的生产结构若不能及时加以调整，其原有的贸易平衡必然遭到破坏，贸易逆差就会出现。这种性质的结构性不平衡，在发达国家和发展中国家都有可能发生。第二层含义指一国的产业结构比较单一，或该国产品出口需求的价格弹性小，或虽然该国出口需求的价格弹性大，但该国进口需求的价格弹性小而引起的国际收支失衡。这种性质的结构性不平衡在发展中国家表现得尤为突出，而且往往持续时间较长，很难逆转。如在20世纪70年代，石油输出国调整了石油产量，引起世界石油市场价格数倍上涨，导致部分国家国际收支出现巨额逆差。

(四) 货币性不平衡

货币性不平衡是指在一定汇率水平下，一国的物价与商品成本高于其他国家，引起出口货物价格相对高昂、进口货物价格相对便宜，从而导致贸易收支和国际收支失衡。这种不平衡主要是由国内通货膨胀或通货紧缩引起的，一般直观地表现为价格水平的不一致，故又称为价格性的不平衡。例如，一国发生通货膨胀，其出口商品成本必然上升，使用外国货币计价的本国出口商品的价格就会上涨，就会削弱本国商品在国际市场上的竞争力，客观上起着抑制出口的作用。相反，由于国内商品物价普遍上升，相比较而言，进口商品就显得便宜，鼓励了对外国商品的进口，从而出现贸易收支的逆差。不过在这里还需注意的是，通货膨胀还会引起该国货币汇率一定程度的贬值，但一般来说此时汇率贬值的幅度要比物价上涨的幅度小得多，因而其影响也小得多。它只能缓和但不会改变通货膨胀对国际收支的影响。货币性不平衡可以是短期的，也可以是中期的或长期的。

(五) 临时性不平衡

临时性不平衡是指由短期的、不确定的或偶然的因素，如自然灾害、气候变化、政局动荡等引起的国际收支不平衡。自然灾害包括：水灾、虫灾、雪灾、火山爆发、海啸。政局动荡包括：政府更替、政府丑闻；突发性事件包括：禽流感、SARS、战争。这种国际收支失衡程度一般较轻、持续时间不长、带有可逆性，因此，可以认为是一种正常现象。浮动汇率制度下，这种性质的国际收支失衡有时根本不需要政策调节，市场汇率的波动就可能将其纠正。在固定汇率制度下，一般也不需要采用政策措施，只需动用储备资产便能加以克服。

四、国际收支不平衡的影响

国际收支是一国对外经济关系的综合反映，随着各国经济日趋国际化，对外经济与对内经济关系日益密切，相应地，国际收支不平衡对一国经济的影响范围越来越广，程度也越来越深。虽然国际收支不平衡的发生是必然的，但对于一个国家而言，国际收支出现持续、大量的不平衡，不管是逆差还是顺差，只要这种状况持续发展下去，就会对这个国家的经济产生不利影响。

(一) 国际收支逆差的影响

一国国际收支出现逆差，一般会引起该国货币汇率下降，如逆差严重，则会使该国货币汇率急剧下跌。国际收支逆差对一国经济的影响主要表现在以下几个方面。

1. 使本国经济增长受阻

由于长期逆差的存在，大量减少了本国的外汇储备，外汇的枯竭会影响经济发展所必需的生产资料和原料的进口，从而阻碍国民经济的发展，使国民收入的增长速度放慢。如果一国长期处于逆差状态，不仅会严重消耗一国的储备资产，影响其金融实力，而且还会使该国的偿债能力降低，如果陷入债务困境不能自拔，这又会进一步影响本国的经济和金融实力，并使其失去在国际上的信誉。如20世纪80年代初期爆发的国际债务危机在很大程度上就是由债务国出现长期国际收支逆差，不具备足够的偿债能力所致。

2. 调整国际收支逆差的政策会引起经济衰退

在国际收支出现巨额逆差时，对其调节的可行办法就是实行紧缩性的财政货币政策，通过降低社会总需求来压缩进口，减少外汇支出。但紧缩性财政货币政策的实施，在减少外汇支出的同时，也会引起国内经济的衰退。

3. 不利于该国的对外经济交往

存在巨额逆差的国家，会增加对外汇的需求，从而促使外汇汇率上升，本币不断贬值或者产生贬值的预期，这对本国的对外经济交往会产生消极影响。

(二) 国际收支顺差的影响

一国国际收支出现顺差，一般会使该国货币汇率上升，增加其外汇储备，加强其对外支付能力，但同时也会产生一些不利影响。

1. 使本国产生通货膨胀压力

持续顺差会增加外汇的供给和对本币的需求，具体表现为本国的国外净资产增加过快，在国内信贷不能减少的情况下，迫使本国中央银行扩大货币投放，从而产生通货膨胀的压力。

2. 使本国金融市场受到冲击

巨额顺差会产生外汇汇率下跌、本币汇率上升的市场预期，在资本项目开放的条件下，必然诱发国际短期资本的大量流入，冲击金融市场，产生金融市场的动荡。如果巨额的顺差促使了本币汇率的持续上升，又会形成对出口的抑制作用，降低经济增长速度。

3. 不利于发展国际经济关系

一国的顺差即为他国的逆差，大量的顺差说明该国出口极多，而进口很少，而他国却出口少，进口多，这样必然不利于其他国家的经济发展，很可能引起国际摩擦，影响国际经济关系。进入20世纪80年代以后日益加剧的日美贸易摩擦，21世纪初我国和美国、欧盟国家的贸易争端，都是典型的例子。

在经济发展日益全球化的今天，尽管各国之间的经济协调不断增加，但这种经济协调仅仅局限于不削弱国家主权的经济合作。当出现全球经济失衡，尤其是相关国家发生国际收支结构性不平衡、国际债务增加、汇率大幅度震荡时，多数国家往往把自己的偏好以及自己的利益放在首位，不愿进行相应的经济调整，不愿承担相应的国际责任，有的国家甚至会采取加剧矛盾的敌对政策，如实行贸易保护、外汇管制。这些行为很容易产生无序的全球经济失衡调节机制，引发全球金融危机和经济风险。

【专栏1-1】

我国与其他"金砖国家"国际收支状况比较

国际上测度跨境资本流动状况，主要用国际收支平衡表的资本和金融项目(不含储备资产变动)，包括直接投资、证券投资和其他投资。2005—2011年，中国、印度、巴西资本净流入累计分别为0.96万亿、0.39万亿和0.40万亿美元，俄罗斯资本净流出累计0.17万亿美元。具体比较各国的国际收支状况可以发现，虽然同为"金砖"，彼此"成色"却不同。

我国资本流入具有较强的稳定性。外国直接投资是"金砖国家"最主要的资本流入渠道，我国尤为明显。在流量方面，2005—2011年，外国直接投资累计净流入1.15万亿美元，占同期我国资本净流入的120%，超过印度、俄罗斯、巴西流入总和；外国证券投资累计净流入1 696亿美元，仅占我国同期资本净流入的18%，印度、巴西分别为31%、47%。在存量方面，2011年年末外国直接投资占我国全部对外负债的61%，明显高于印度、俄罗斯、巴西(分别为32%、41%、44%)，而证券投资的比重仅为8%，远低于上述三国(分别为24%、21%、44%)。跨境资金流入以稳定性高的外国直接投资为主，意味着即使外部环境恶化，对风险最敏感、波动性大的证券投资撤离对我国的影响也低于其他新兴市场。全球银行业对我国净敞口规模偏低。过去几年，我国在跨境商业和银行信用(记入国际收支平衡表中其他投资的贸易信贷、贷款和存款)活动渠道的资金有进有出，2005—2011年累计净流入347亿美元，同期印度、俄罗斯、巴西净流入分别为1 753亿、705亿和143亿美元。2011年年末，我国跨境商业和银行信用活动项下对外净负债为863亿美元，同期上述三国对外净负债分别为2 697亿、1 126亿和596亿美元。根据国际清算银行的统计，2011年年末全球银行业对我国债权来自欧洲和美国的比重(70.1%)低于印度(73.1%)、俄罗斯(94.9%)、巴西(93.3%)，而国内债务人以银行部门为主，企业直接借债相对较少。这意味着欧美银行业的去杠杆化对我国的影响低于其他新兴市场，特别是实体经济可以从银行体系获得一定程度的中间缓冲。我国贸易状况好于其他"金砖国家"。贸易状况是衡量一国对外支付能力和长期偿债能力的重要指标，特别是对于依赖资本流入弥补国内储蓄缺口的国家，如果流入的资金不能有效提升国际竞争力和改善贸易状况，将侵蚀偿债能力并最终导致债务性资本的撤离。实际上，贸易赤字与短期资本流入的结合通常被视为货币危机甚至是金融危机的前兆，1997年亚洲金融危机中的泰国就面临这种状况。相对于印度非石油贸易连续8年逆差、出口成熟度低于亚洲平均水平和俄罗斯、巴西的贸易顺差依赖于大宗商品出口，我国具有显著的贸易优势，如改革开放与稳定的营商环境、完整的制造产业链等，这使得过去10年间形成的出口竞争力在短期内既不会消失，也难以大规模外移。回顾过去几年的国际收支状况，我国的跨境资本流动贴近实体经济活动，对于外部冲击具有较强的韧性，因此也避免了人民币汇率大起大落。2012年上半年，人民币对一篮子货币的名义有效汇率升值1.6%，巴西、印度、俄罗斯和南非四国货币分别贬值8.4%、贬值4.7%、贬值1.3%和升值0.1%。

(资料来源：2012年上半年中国国际收支报告，中国发展门户网)

第三节　国际收支调节

国际收支调节是指消除一国国际收支失衡的内在机制及其作用的过程。国际收支作为国民经济的重要变量，与国民经济其他变量密切相关，它的失衡必然会对整个国民经济产生非常消极的影响，在开放经济条件下，各国在试图追求充分就业、物价稳定和经济增长的同时，都在努力实现国际收支平衡的目标。因此，各国政府都非常关心对国际收支不平衡的调节问题。国际收支失衡的调节方式大体可分为自动调节和政策调节两种，前者是指通过市场自发力量恢复国际收支平衡的机制，后者则是指通过政府政策的干预恢复平衡的机制。

一、国际收支的自动调节机制

国际收支自动调节机制，是指国际收支失衡必然会直接或间接地引起市场经济系统内其他经济变量发生变化，后者又反作用于国际收支，在不考虑政府干预的情况下，这一相互作用的过程会引起国际收支失衡缩小并趋于平衡。在不同的货币制度下，自动调节机制也有差异。

(一) 国际金本位制下的自动调节机制

在各国普遍实行金本位制的条件下，一个国家的国际收支可通过物价的涨落和黄金的输出输入自动恢复平衡。这一自动调节规律称为“物价—现金流动机制”(Price Specie-Flow Mechanism)。它是在1752年由英国经济学家大卫·休谟 (David Hume)提出的，所以又称“休谟机制”。

物价—现金流动机制自动调节国际收支的具体过程如下：一国的国际收支如果出现逆差，则外汇供不应求，外汇汇率上升，若外汇汇率上升超过了黄金输送点，则本国商人不再用本币购买外汇付给商人，而是直接用黄金支付给外国出口商，这样黄金就大量流出。黄金外流导致本国银行准备金降低，从而使流通中货币量减少，物价下跌，而物价下跌使得出口成本降低，本国商品的出口竞争力增强，出口增加，进口减少，直至国际收支改善。这样，国际收支的不平衡完全能够自发调节，用不着任何人为的干预。如果一国国际收支出现顺差，其自动调节过程完全一样，只是各经济变量的变动方向相反而已。物价—现金流动机制对国际收支的自动调节过程如图1-3所示。

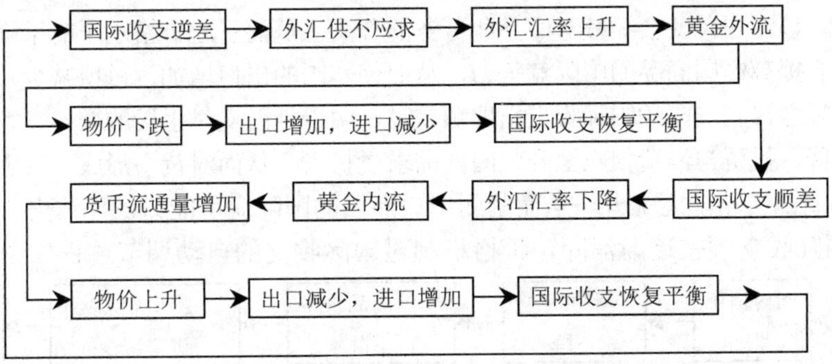

图1-3 物价—现金流动机制对国际收支的自动调节过程

休谟的物价—现金流动机制在理论分析上存在着一系列缺陷：第一，其是以货币数量论为依据的，因而得出物价仅因货币数量变化而变化；第二，在金币流通的情形下，黄金流动不一定会引起物价变动，因为金属货币可以自发调节到必要的数量；第三，其强调相对价格的变动，而忽视了产量和就业的变动；第四，黄金流动同恢复国际收支平衡自动联系起来，金融当局没有进行干预的余地。正是因为休谟忽略了上述4方面的情况因而过高估计了物价—现金流动机制对国际收支不平衡的调节作用。

(二) 纸币流通条件下的国际收支自动调节机制

在信用货币流通的制度下，纸币流通使国家间货币流动失去直接清偿性，国家间的货币交换必须通过汇率来实现，因此，物价—金币流动机制已不复存在。虽然如此，在出现国际收支失衡时，仍然会存在某些调节机制，其具有使国际收支自动恢复均衡的作用。根据起作用的变量不同，可将自动调节机制分为4类：利率调节机制、价格调节机制、收入调节机制和汇率调节机制。

1. 利率的自动调节机制

利率的自动调节机制是指一国国际收支不平衡会影响利率的水平，而利率水平的变动反过来又会对国际收支不平衡起到一定的调节作用，主要从经常账户和资本账户两个方面进行调节。

一国国际收支出现逆差，即表明该国银行所持有的外国货币存款或其他外国资产减少，负债增加，因此产生了银行信用紧缩，使国内金融市场的银根趋于紧张，利率水平逐渐上升。而利率的上升表明本国金融资产的收益率上升，从而对本国金融资产的需求相对上升，对外国金融资产的需求相对降低，资本内流增加、外流减少，资本项目逆差逐渐减少，甚至出现顺差。另一方面，利率上升使国内投资成本上升，消费机会成本上升，因而国内总需求下降，对国外商品的进口需求也随之减少，出口增加，这样，贸易逆差也会减少，整个国际收支趋于平衡。反之，国际收支盈余会通过货币供应量的上升和利率水平的下降，导致本国资本外流增加，外国资本流入减少，国内总需求上升，使其国际收支盈余减少甚至消除。利率机制对国际收支的自动调节过程如图1-4所示。

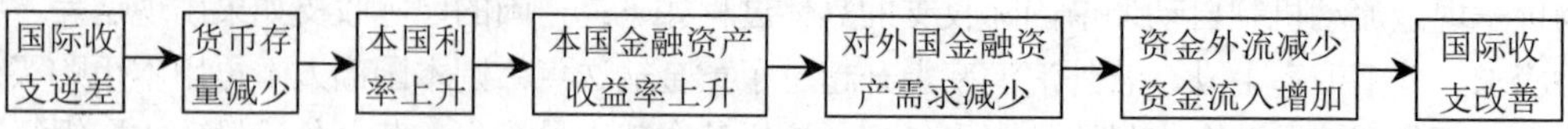

图1-4　利率机制对国际收支的自动调节过程

2. 价格的自动调节机制

价格的变动在国际收支自动调节机制中也发挥着重要的作用。当一国的国际收支出现逆差时，由于外汇支付手段的减少，容易导致国内信用紧缩，货币供应量的下降会使公众所持有的现金余额低于其意愿水平，该国居民就会缩减对商品和劳务的开支，从而引起价格水平的下降。本国商品相对价格的下降，会提高本国商品的国际竞争力，从而使本国的出口增加，进口减少，该国国际收支状况得以改善。反之，当一国的国际收支出现顺差时，由于外汇支付手段的增多，容易导致国内信用膨胀、利率下降、投资与消费相应上升、国内需求量扩大，从而对货币形成一种膨胀性压力，使国内物价与出口商品价格随之上升，从而削弱出口商品的国际竞争能力，导致出口减少而进口增加，使原来的国际收支顺差逐渐消除。价格机制对国际收支的自动调节过程如图1-5所示。

图1-5　价格机制对国际收支的自动调节过程

3. 收入的自动调节机制

收入的自动调节机制是指在一国国际收支不平衡时，该国的国民收入、社会总需求会发生变动，而这些变动反过来又会减弱国际收支的不平衡。当一国国际收支出现逆差时，会使其外汇支出增加，引起国内信用紧缩、利率上升、总需求下降，国民收入也随之减少，国民收入的减少必然使进口需求下降，贸易逆差逐渐缩小，国际收支不平衡也会得到缓和。反之，当一国国际收支出现顺差时，会使其外汇收入增加，从而产生信用膨胀、利率下降、总需求上升，国民收入也随之增加，因而导致进口需求上升，贸易顺差减少，国际收支恢复平衡。收入机制对国际收支的自动调节过程如图1-6所示。

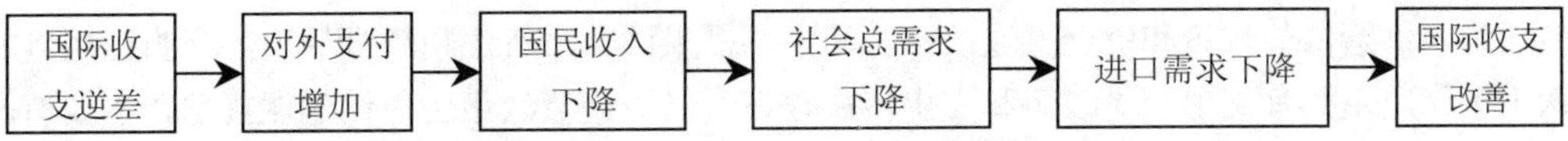

图1-6　收入机制对国际收支的自动调节过程

4. 汇率的自动调节机制

汇率的自动调节机制是指在浮动汇率制度下，汇率的自发变动在很大程度上具有自动调节国际收支的功能。当一国出现国际收支失衡时，必然会对外汇市场产生压力，促使外汇汇率变动。如果该国政府允许汇率自发变动，而不进行干预，则国际收支的失衡就有可能会被外汇汇率的变动所消除，从而使该国国际收支自动恢复平衡。当一国国际收支出现逆差时，外汇市场上本外币供求关系发生变化，外汇需求大于外汇供给，导致外汇汇率上升，本币汇率下降，出口商品以外币计算的价格下跌，而进口商品以本币计算的价格上升，于是刺激了出口，抑制了进口，贸易收支逆差逐渐减少，国际收支不平衡得到缓和。反之，当一国国际收支顺差时，外汇供给大于外汇需求，本币汇率上升，进口商品以本币计算的价格下跌，而出口商品以外币计算的价格上涨，因此，出口减少，进口增加，贸易顺差减少，国际收支不平衡得到缓和。汇率机制对国际收支的自动调节过程如图1-7所示。

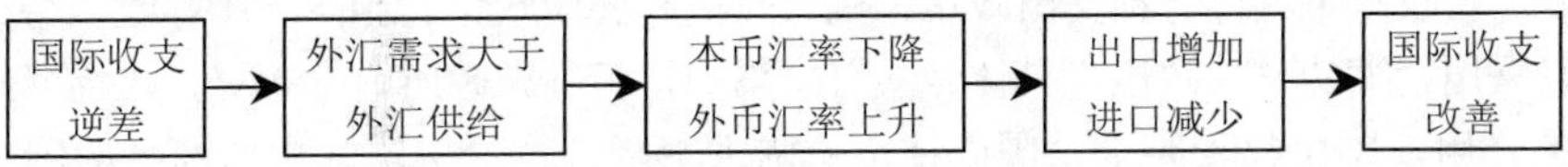

图1-7　汇率机制对国际收支的自动调节过程

在纸币流通条件下，国际收支自动调节机制的正常运行具有很大的局限性，往往难以有效地发挥作用，因为它要受到各方面因素的影响和制约。

(1) 国际收支的自动调节只有在纯粹的自由经济中才能产生作用。政府的某些宏观经济政策会干扰自动调节过程，使其作用下降、扭曲或根本不起作用。自西方国家盛行凯恩斯主义以来，大多数国家都不同程度地加强了对经济的干预。

(2) 自动调节机制只有在进出口商品的供给和需求弹性较大时，才能发挥其调节的作用。如果进出口商品供给、需求弹性较小，就无法减少进口、扩大出口，或扩大进口、减少出口，改变入超或出超状况。

(3) 自动调节机制要求国内总需求和资本流动对利率升降有较敏感的反应。如果对利率变动的反应迟钝，那么，即使是信用有所扩张或紧缩，也难以引起资本的流入或流出和社会总需求的变化。对利率反应的灵敏程度与利率结构相关联，也与一国金融市场业务的发展情况息息相关。

由于自动调节机制充分发挥作用要满足上述3个条件，而在当前经济条件下，这些条件不可能完全存在，导致国际收支自动调节机制往往不能有效地发挥作用。因此，当国际收支不平衡时，各国政府往往根据各自的利益采取不同的经济政策，使国际收支恢复平衡。

二、国际收支的政策调节机制

虽然国际收支自动调节机制能从一定程度上缓解国际收支失衡状况，但只能在某些经济条件或经济环境中才起作用，而且作用的程度和效果无法保证，作用的时间也较长，因此，当国际收支出现失衡时，一国政府往往不能完全依靠经济体系内部的自动调整机制来使国际收支恢复平衡，而有必要主动运用政策引导机制来对国际收支进行调节。

国际收支的政策调节是指国际收支不平衡的国家通过改变其宏观经济政策和加强国家间的经济合作，主动地对本国的国际收支进行调节，以使其恢复平衡。国际收支的政策调节机制可以分为需求调节政策、供给调节政策和资金融通政策。其中，需求调节政策由凯恩斯提出，一直沿用到20世纪七八十年代，主要有支出变更政策和支出转换政策。供给调节政策由供给学派提出，主要有产业政策(改善产业结构类型)和科技政策(科技兴国)。而资金融通政策是通过国家间的资金融通来解决国际收支不平衡的问题。

(一) 需求调节政策

国际收支的需求调节政策，按对社会总需求的水平和结构的影响不同，分为支出变更政策和支出转换政策。

1. 支出变更政策

支出变更政策，主要通过改变社会总需求或总支出水平，从而改变对外国商品、劳务和金融资产的需求，进而消除国际收支的周期性失衡和货币性失衡。这是“二战”后各国普遍采用的方法，主要包括财政政策和货币政策。

(1) 财政政策。财政政策主要是采取缩减或扩大财政开支和调整税率的方式，来调节国际收支的顺差或逆差。财政政策具体包括支出政策、税收政策和公债政策。当一国国际收支持续出现逆差时，政府可以采用紧缩的财政政策，具体做法有：第一，可削减政府财政预算、压缩财政支出，由于支出乘数的作用，国民收入减少，国内社会总需求下降，物价下跌，出口商品的国际竞争力增强，进口需求减少，从而改善国际收支逆差。第二，可提高税率，则国内投资利润下降，个人可支配收入减少，导致国内投资和消费需求降低，在税收乘数作用下，国民收入减少，迫使国内物价下降，扩大商品出口，减少进口，从而缩小逆差。反之，当一国国际收支持续处于顺差时，政府则实行扩张性财政政策，增加财政支出或降低税率，刺激公共和私人支出，扩大总需求和对外需求，从而产生相反的结果。财政政策是一种间接调节手段。

(2) 货币政策。货币政策是货币当局通过调整货币供应量来实现国民经济需求管理的政策。在西方发达国家，中央银行一般通过改变再贴现率、改变法定存款准备金率和开展公开市场业务来调整货币供应量。由于货币供应量的变动会引起国民收入、价格水平和利率的变动，所以货币政策也成为重要的国际收支调节手段。以一国出现国际收支逆差为例，中央银行可以实行紧缩性的货币政策。具体做法有：第一，该国中央银行提高再贴现率，一方面可以紧缩信用，抑制消费，使进口相应减少，有利于贸易收支的改善；另一方面使市场利率提高，促进外国短期资本为获得较多利息收益而流入，减少本国资本外流，使资本和金融项目收支得以改善。第二，中央银行可以提高法定存款准备金率，以收缩信用，减少货币流通量，抑制总需求和物价，减小逆差。第三，中央银行可以在公开市场上抛出政府债券，回笼货币。这样一方面可以使货币流通量减少、信用收缩，达到抑制总需求、降低物价的效果，进而促进出口，限制进口，改善贸易收支状况；另一方面可以使债券价格下降，利率提高，吸引资本流入，改善资本和金融项目收支状况。

(3) 财政政策和货币政策的搭配。如果单独实施某一项宏观经济政策，容易引起内部平衡(即充分就业、经济增长和物价稳定)和外部平衡(即国际收支平衡)之间的冲突。对外经济平衡往往要以牺牲国内经济平衡为代价，出现国际收支盈余与通货膨胀并存，或者国际收支赤字与失业并存，使得单独运用某种宏观经济政策陷入左右为难的困境。为了解决内部平衡与外部平衡的矛盾，罗伯特·蒙代尔于1967年提出了“政策配合理论”，即适当搭配使用财政政策与货币政策，并对每项政策分别给以明确任务，分工协作，才能促进内部平衡和外部平衡同时实现的调节理论。其原则是：分配给财政政策的任务仅仅是稳定国内经济，分配给货币政策的任务则是稳定国际收支。

当一国经济膨胀和国际收支顺差时，则可采用紧缩性财政政策紧缩国内总需求以抑制通货膨胀，同时运用扩张性货币政策压低利率以紧缩国际收支顺差(若仅采用此政策，会加剧国内通胀)，调节目标是实现充分就业、物价稳定、国际收支平衡。这是上述两项政策配合同时发挥作用的最终结果，其他情况以此类推。宏观经济政策的搭配参见表1-5。

表1-5 宏观经济政策搭配参考表

国际收支状况	国内经济状况	
	高失业率(衰退)	高通货膨胀率(膨胀)
顺差	扩张性财政政策 扩张性货币政策	紧缩性财政政策 扩张性货币政策
逆差	扩张性财政政策 紧缩性货币政策	紧缩性财政政策 紧缩性货币政策

2. 支出转换政策

支出转换政策是指主要通过改变需求和支出方向，从而达到调节国际收支的目的。支出转换政策主要包括汇率政策和直接管制政策。

1) 汇率政策

汇率政策是指通过汇率的变动来影响进出口商品的价格和资本输出入的实际收益，进而调节国际收支的失衡。当国际收支出现逆差时实行本币贬值，当国际收支出现顺差时实行本币升值。在不同的汇率制度背景下，实施汇率调整政策的做法不尽相同，主要有以下几种。

(1) 汇率制度的变更。在一国原先采用固定汇率或盯住汇率的情况下，如果出现巨额国际收支赤字，货币当局可以采用浮动汇率制或弹性汇率制，允许汇率由外汇市场供求自行决定，让汇率的自发变动来纠正国际收支逆差。

(2) 外汇市场干预。在汇率由市场决定的情况下，一国货币当局可以通过参与外汇交易、在外汇市场上购入外汇出售本币的方法，操纵本币贬值以增加出口、减少进口，改善其国际收支状况。

(3) 官方汇率贬值。在实行外汇管制的国家，汇率由一国货币当局人为规定，而非由市场供求决定。货币当局可以通过公布官方汇率贬值，直接运用汇率作为政策杠杆实现奖出限入，以消除其国际收支逆差。

汇率政策同上述财政政策、货币政策相比较而言，对国际收支的调节无论是表现在经常项目、资本项目或是储备项目上都更为直接、更为迅速。但是，汇率调整对一国经济发展也会带来多方面的副作用。比如说，贬值容易给一国带来通货膨胀压力，从而陷入“贬值—通货膨胀—贬值”的恶性循环。它还可能导致其他国家采取报复性措施，从而不利于国际关系的发展等。“二战”后一个较长时期，此政策只被允许用于调节根本性不平衡。因此，一般只有当财政、货币政策不能调节国际收支失衡时，才使用汇率手段。通过本币贬值来改善国际收支状况，需要注意以下3个方面的问题：第一，只有在一定的进出口商品的供求弹性满足马歇尔—勒纳条件，即在供给弹性无穷大的前提下，出口商品需求弹性与进口商品需求弹性之和大于1，才会产生效果。第二，因为贬值后的需求转换要依靠本国贸易品部门供给的增加来满足，因此必须考虑本国相关贸易品生产部门的生产能力。第三，本币贬值会引发国内物价上涨，因此社会对物价上涨的承受能力也应予以重视。

2) 直接管制政策

财政、货币和汇率政策的实施有两个特点：一是这些政策发生的效应要通过市场机制方能实现；二是这些政策的实施不能立即收到效果，其发挥作用的过程较长。因此，当国际收支出现结构性失衡时，各国还必须采取直接的管制政策来干预国际收支。

直接管制政策是指对国际经济交易采取直接行政干预的政策，包括贸易管制和外汇管制等。贸易管制是指政府采取的直接限制进出口数量的政策措施。如奖励出口的出口信贷、出口信贷国家担保制、出口退税、出口补贴等措施；限制进口的进口许可证制、进口配额制、进口存款预交制、各种关税和非关税壁垒等措施。外汇管制是一国政府为平衡国际收支而对外汇交易所进行的限制，包括对外汇买卖、外汇汇价、国际结算以及资本流动等诸多方面的外汇收支与交易所做的规定，以维持本国货币对外汇率的稳定。如对外汇实行统购统销，保证外汇统一使用和管理，从而影响本国商品及劳务的进出口和资本流动，调节国际收支不平衡。

实施直接管制政策调节国际收支不平衡见效快，同时选择性强，对局部性的国际收支不平衡可以采取有针对性的措施直接加以调节，不必涉及整体经济。例如，国际收支不平衡是由于出口减少造成的，就可直接施以鼓励出口的各种措施加以调节。但直接管制政策也有若干明显的弊端：①直接管制会对价格机制发生阻碍作用，不利于自由竞争和资源最佳配置，社会福利也难以实现最大化；②由于直接管制措施易于察觉，因而比需求管理政策和汇率调整政策更易招致他国的责难或报复；③暂时得到政策保护的受益者，在这种政策措施已经变得没有必要之后，也总是不愿让它废止，因而直接管制措施有一种长期持续的倾向。所以，在实施直接管制以调节国际收支不平衡时，各国一般都比较谨慎。

(二) 供给调节政策

从供给方面来看，国际收支的供给调节政策主要是通过改善一国的经济结构和产业结构来增加出口商品和劳务的供给、提高产品竞争力，从而达到改善国际收支的目的。供给调节政策主要包括产业政策和科技政策。一国的国际收支不平衡是结构性不平衡时，政府应该采用产业政策和科技政策进行调节，使本国产业结构的变动能适应世界市场的情况。

供给调节政策是一种长期性的政策措施，发挥作用的时间较长，调整的难度较大。虽然在短期内难以取得显著效果，但可以通过提高国民经济的综合实力和国际竞争力，从根本上改善一国国际收支状况，为实现内外均衡提供良好的基础。

(三) 资金融通政策

资金融通政策简称融资政策，是在短期内利用资金融通来弥补国际收支赤字，包括外汇缓冲政策和国际借贷政策。

1. 外汇缓冲政策

外汇缓冲政策是指一国运用所持有的一定数量的国际储备，主要是黄金和外汇，作为外汇稳定或平准基金，来抵消市场超额外汇供给或需求，从而改善其国际收支状况。它是解决一次性或季节性、临时性国际收支不平衡简便而有效的政策措施。一般的做法是建立外汇平准基金，该基金保持一定数量的外汇储备和本国货币，当国际收支失衡造成外汇市场的超额外汇供给或需求时，货币当局就动用该基金在外汇市场进行公开操作，买进或卖出外汇，消除超额的外汇供求。这种政策以外汇为缓冲体，故称为外汇缓冲政策。

外汇缓冲政策是一种简便易行、收效迅速的调节方法，当一国发生临时性国际收支逆差时，可以运用外汇储备或通过对外举债方式来抵消市场的超额外汇需求，稳定汇率，进而平衡国际收支。但是动用国际储备，实施外汇缓冲政策不能用于解决持续性的长期国际收支逆差，因为一国储备毕竟有限，长期性逆差势必会耗竭一国所拥有的国际储备而难以达到缓冲的最终目的，特别是当一国货币币值不稳定，人们对该国货币的信心开始动摇，引起大规模资金外逃时，外汇缓冲政策更难达到预期效果。因此，外汇缓冲政策适合作为需求调节政策的辅助手段，与之配合使用，可以缓解需求调节政策所带来的冲击，更有效地调节国际收支。

2. 国际借贷政策

国际借贷政策就是通过国际金融市场、国际金融机构和政府间贷款的方式，弥补国际收支不平衡。国际收支逆差严重而又发生支付危机的国家，常常采取国际借贷的方式暂缓国际收支危机。但在这种情况下的借贷条件一般比较苛刻，势必会增加将来还本付息的负担，使国际收支状况恶化，因此运用国际借贷方法调节国际收支不平衡仅仅是一种权宜之计。

三、国际收支调节的一般原则

国际收支不平衡的调节方式很多，但是每一种调节方式都有自己的特点，对国际收支不平衡调节的侧重点也不同，因此在具体调节一国国际收支不平衡时选择适当的调节措施非常重要，一般应遵循以下原则。

(一) 按照国际收支不平衡产生的原因来选择调节方式

国际收支不平衡产生的原因是多方面的，根据其产生原因的不同选择适当的调节方式可以有的放矢、事半功倍。例如，一国国际收支不平衡是由经济周期波动所致，说明这种不平衡是短期的，因而可以用本国的国际储备或通过从国外获得短期贷款来弥补，达到平衡的目的，但这种方式用于持续性巨额逆差的调整不能收到预期效果。如果国际收支不平衡是由货币性因素引起的，则可采取调整汇率即货币比价的方式。如果国际收支不平衡是因为总需求大于总供给而出现的收入性不平衡，则可实行调节国内支出的措施，如实行财政金融的紧缩性政策。如果发生结构性的不平衡，就采取贸易、外汇管制，或利用国家的财政、货币政策干预，为长期的结构调整创造条件。

(二) 选择的国际收支调节方式应尽量不与国内经济发生冲突

宏观经济管理的目标是双重的：内部均衡与外部均衡。国际收支是一国宏观经济的有机组成部分，调整国际收支常常会与物价稳定、充分就业、经济增长这些内部均衡目标发生矛盾或冲突。一般来说，要达到内外均衡是很困难的，往往调节国际收支的措施会对国内经济产生不利影响，而谋求国内均衡的政策又会导致国际收支不平衡。例如，一国出现顺差和通货膨胀时，若实行降低利率这种扩张性货币政策来减少顺差，会使国内的通货膨胀进一步加剧。因此，必须按其轻重缓急，在不同的时期和经济发展的不同阶段分别做出选择。当然，最一般的原则是尽量采用国内平衡与国际收支平衡相配合的政策。

(三) 选择调节国际收支的方式应尽可能减少来自他国的阻力

在选择调节国际收支的方式时，各国都以自身的利益为出发点，各国利益的不同必然使调节国际收支的对策对不同国家产生不同的影响。有利于一国调节国际收支的措施往往可能有害于其他国家，从而导致这些国家采取一些报复措施，不仅会影响国际收支调节的效果，而且还不利于国际经济关系的发展。因此，在选择调节国际收支的方式时，应尽量避免损人过甚的措施，最大限度地降低来自他国的阻力。

第四节　我国的国际收支

一、我国的国际收支统计发展历程

中华人民共和国成立近70年来，我国的国际收支统计取得了显著成就：统计制度建设取得长足发展，统计理念更新与时俱进，统计制度建设与时代同步，统计手段实现电子化，统计数据质量不断提高，尤其在亚洲金融危机、拉美金融危机和美国次贷危机等国外金融危机的冲击下，我国的国际收支统计有效地发挥了监测和预警的重要作用。目前，我国的国际收支统计已开始使用IMF在《国际收支和国际投资头寸手册》(第六版)中规定的概念、定义、分类和惯例，经历了以下发展阶段。

(一) 国际收支统计产生的萌芽阶段(1949—1979年)

中华人民共和国成立后的头三十年，在传统的计划经济体制下，忽视商品经济和市场调节的作用，加之主要资本主义国家的封锁，我国对外经济的范围和程度极其狭小，只有少量的外贸和经济援助(无息或低息的)，没有对外资本往来。这样，我国不存在也无须关注国际收支问题，也没有相应的国际收支概念，在实践中只要注意外汇收支平衡，只需要编制“国家外汇收支平衡表”。

(二) 国际收支统计的创建阶段(1980—1991年)

1978年十一届三中全会后，我国对外贸易和非贸易收支取得了巨大发展。从引进外资开始到对外投资的出现，我国与国外私人、政府、国际金融机构已有广泛的金融关系。这样，国际收支中的资本项目日益重要，完整的国际收支概念产生了，通过国际收支平衡表全面考察我国对外经济关系和国际经济地位成为必要。加之我国于1980年4月和5月分别恢复了在IMF和世界银行的合法地位，依照IMF的要求，我国有义务向其报送我国的国际收支平衡表。这样，1981年6月，中国国家进出口管理委员会、国家外汇管理总局、中行总行、国家统计局等单位联合制定并公布了《国际收支统计制度》，在以往“国家外汇收支平衡表”的基础上，增加了资本项目，编制了我国国际收支平衡表。这是我国认识和处理国际收支问题的开端，标志着我国已进入编制国际收支平衡表的阶段。

(三) 国际收支统计的发展阶段(1992—2000年)

1992年十四大召开以后，为了在社会主义市场经济条件下加强国际收支的宏观管理，中国人民银行于1993年12月28日发布了《关于进一步改革外汇管理体制的公告》，明确规定要加强对外汇收支和国际收支平衡情况及变化趋势的分析、预测，逐步完善我国国际收支的宏观调控体系。1996年12月，我国按照IMF第八条款的要求，实现了经常项目下的货币可兑换。这一时期国际收支统计申报制度的实施，国际收支统计监测系统的开发运行与全面上线，标志着我国的国际收支统计数据采集方法逐步走向规范化，采集手段逐渐实现电子化。

(四) 国际收支统计的完善阶段(2001年至今)

这一阶段，尽管存在跨境资金的大量流入，人民币汇率升值压力加大以及美国次贷危机的冲击，但由于国际收支统计与分析产品的不断推出，贸易信贷调查、企业出口换汇监测、边境贸易汇率监测和外汇金宏系统等多系统的开发与推广，国际收支统计信息的监测预警功能不断完善，服务宏观决策的功能不断增强。早在1998年，我国开始按季度编制国际收支平衡表，随着我国加入世界贸易组织，融入全球化经济客观上要求我国加快国际收支统计产品利用与开发的步伐。为了较好地履行作为基金成员国的职责，从2001年起国家外汇管理局试编了1999年以来历年国际投资头寸表，并按半年公布国际收支平衡表。2002年，我国加入国际货币基金组织数据公布通用系统(GDDS)。2003年，国家外汇管理局正式开始运行国际收支风险预警系统，按季对我国国际收支风险状况进行评估，从而有效监测我国国际收支状况，及时发出预警信号，为宏观经济调控提供决策依据。2004年建立贸易信贷抽样调查制度，通过对4 000多家中外资贸易企业的调查，测算出了我国贸易信贷存量，从而为分析判断国际收支形势奠定了基础。2005年，我国首次公布中国国际收支报告，并实施出口换汇成本监测制度，开展边贸地区人民币汇兑、清算、支付及流通等情况监测。2006年5月，我国首次向社会发布2004年年末和2005年年末中国国际投资头寸表，标志着我国对外部门统计信息的完整发布。2006年12月，国家外汇管理局推出新版国际收支统计监测系统。2008年又组织对全国国际收支统计一系列制度和法规进行重新修订，2009年全面推广外汇金宏系统，可有效监测跨境资金的异常流动，大大提高了国际收支统计工作效率。2015年，中国开始按照《国际收支和国际投资头寸手册》(第六版)中的规定编制国际收支平衡表，并且出台了配套的相关规定。

二、我国的国际收支基本状况

我国自1982年开始正式编制国际收支平衡表，1985年起向社会发布。通过梳理我国国际收支平衡表中的主要项目，可以发现改革开放以来我国国际收支状况呈现以下特征。

(一) 国际收支差额呈明显的波动特征

2010年，我国国际收支差额为5 247亿美元，经常账户差额2 378亿美元，占当年GDP的3.9%，这一比例为近年的高峰值，之后呈现明显的波动。2017年，我国经常账户顺差1 649亿美元，较上年下降18%；非储备性质的金融账户顺差1 486亿美元，2016年为逆差4 161亿美元。近年来我国国际收支差额主要构成情况如表1-6所示。

表1-6 我国国际收支差额主要构成

单位：亿美元

项　目	2011年	2012年	2013年	2014年	2015年	2016年	2017年
经常账户差额	1 361	2 154	1 482	2 360	3 042	2 022	1 649
与GDP之比	1.8%	2.5%	1.5%	2.3%	2.7%	1.8%	1.3%
非储备性质的金融账户差额	2 600	−360	3 430	−514	−4 345	−4 161	1 486
与GDP之比	3.4%	−0.4%	3.6%	−0.5%	−3.9%	−3.7%	1.2%

(资料来源：国家外汇管理局，国家统计局)

(二) 经常账户、非储备性质的金融账户均呈现顺差

2017年，我国经常账户顺差与GDP之比为1.3%，依然处于合理区间；非储备性质的金融账户实现顺差1 486亿美元，2015、2016年分别为逆差4 345亿美元和4 161亿美元，2017年一至四季度均呈现稳定规模的顺差，依次为368亿美元、311亿美元、441亿美元和365亿美元，此前为连续11个季度逆差，表明我国跨境资本已经由持续净流出转向总体平稳态势。回首2015年，我国经常账户顺差与GDP之比为2.7%，较上年增长0.4个百分点。其中，货物贸易顺差增长较快，与GDP之比为

5.2%，上升1.0个百分点；服务贸易逆差与GDP之比为1.7%，与2014年基本持平；初次收入逆差与GDP之比为0.4%，2014年为顺差且相当于GDP的0.1%。2015年，我国货物贸易出口21 428亿美元，进口15 758亿美元，分别较上年下降5%和13%，顺差5 670亿美元，增长30%。2017年货物贸易顺差有所回落，我国货物贸易出口22 165亿美元，进口17 403亿美元，较上年分别增长11%和16%，顺差4 761亿美元，下降3%。具体情况如图1-8、图1-9和图1-10所示。

图1-8 国际收支差额与外汇储备资产变动

(资料来源：国家外汇管理局)

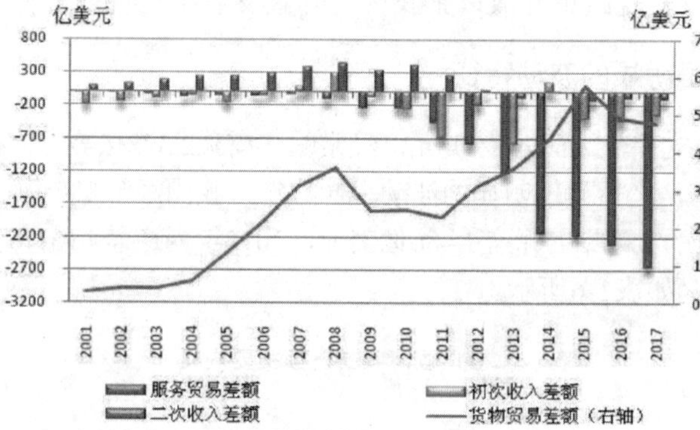

图1-9 经常账户主要子项目的收支状况

(资料来源：国家外汇管理局)

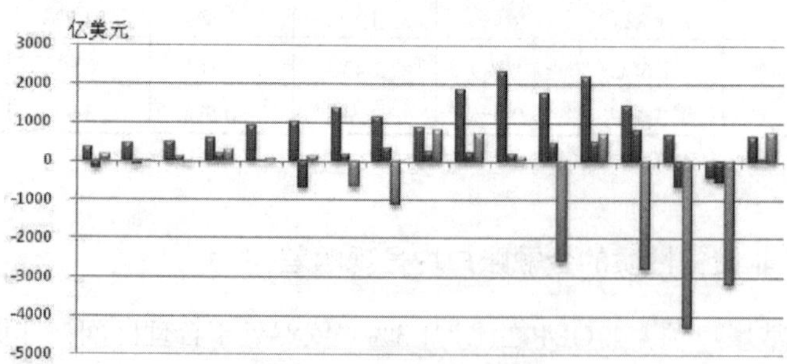

图1-10 资本和金融账户主要子项目的收支状况

(资料来源：国家外汇管理局)

我国国际收支经常账户持续较大顺差有着深刻的经济原因。首先，我国是一个高储蓄国家，长期以来国内储蓄大于投资，这是经常项目收支顺差的根本性基础。其次，我国经济稳定、外资政策优惠、资源和劳动力成本低廉以及市场前景广阔，吸引外商直接投资持续大量流入。外商直接投资的增加，强化了我国贸易顺差的国际收支平衡格局。再次，长期以来我国对外经济政策的基本点是对外贸易“奖出限入”、资本流动“宽进严出”。最后，人民币升值预期，不仅导致境内机构与个人持汇和购汇动机减弱、结汇意愿增强，而且引发逐利的国际短期资本流入。

【专栏1-2】

改革开放40年来我国国际收支的发展演变

一、改革开放推动中国经济全面融入世界经济体系，我国国际收支交易实现了从小变大、由弱变强的巨大飞跃

我国在全球贸易中的地位明显提升。国际收支平衡表数据显示，1982年我国货物和服务进出口总额为404亿美元，在全球范围内位居第20位。之后到2001年加入世界贸易组织的近20年间，货物和服务贸易总额年均增长14%；2001年至2008年，对外贸易进入高速发展期，年均增速达26%；2009年至2017年，对外贸易在波动中逐步趋稳，年均增长9%。2016年，我国货物和服务进出口总额为4.14万亿美元，在全球范围内位居第2位。

对外金融资产和负债规模稳步增长。改革开放以来，跨境直接投资先行先试，债券投资和贷款逐渐被政府允许，证券投资随着合格机构投资者制度的引入实现了从无到有的突破，近年来“沪港通”“深港通”“债券通”等渠道不断丰富，各类跨境投融资活动日益频繁。以直接投资为例，20世纪80年代国际收支统计的外国来华直接投资年均净流入为二三十亿美元，20世纪90年代升至每年几百亿美元，2005年开始进入千亿美元，中国逐步成为全球资本青睐的重要市场。对外直接投资在2005年之前每年均不足百亿美元，2014年突破千亿美元，体现了国内企业实力的增强和全球化布局的需要。国际投资头寸表显示，2017年年末我国对外金融资产和负债规模合计12.04万亿美元，自2004年有数据统计以来年均增长17%。从2016年年末的各国数据比较来看，我国对外金融资产和负债规模在全球排第8位，并且是全球第二大净债权国。

二、改革开放促进国内经济结构和对外经济格局的优化，我国国际收支经历长期“双顺差”后逐步趋向基本平衡

我国经常账户顺差总体呈现先升后降的发展态势。1982年至1993年，我国经常账户差额有所波动，个别年份出现逆差。但自1994年，经常账户开始了持续至今的顺差局面。其中，1994年至2007年，经常账户顺差与GDP之比由1%左右提升至9.9%，外向型经济特征凸显，在此期间也带动了国内经济的快速增长。但2008年的国际金融危机进一步表明，我国经济应降低对外需的依赖，更多转向内需拉动。2008年起我国经常账户顺差与GDP之比逐步回落至合理区间，2017年降至1.3%，说明近年来内需尤其是消费需求在经济增长中的作用更加突出，这也是内部经济结构优化与外部经济平衡的互为印证。

跨境资本由持续净流入转向双向流动。在1994年经常账户开启长期顺差局面后，我国非储备性质金融账户也出现了长达20年左右的顺差，“双顺差”一度成为我国国际收支的标志性特征。在此情况下，外汇储备余额持续攀升，最高接近4万亿美元。2014年以来，在内外部环境影响下，非储备性质金融账户持续了近三年的逆差，外汇储备由升转降，直至2017年外汇储备再度回升。上述调整也引起了我国对外资产负债结构的变化，2017年年末对外资产中储备资产占比为47%，较2013年年末下降18个百分点；直接投资、证券投资和其他投资占比分别上升10个、3个和5个百分点，体现了对外资产的分散化持有与运用。同时，2017年年末对外负债中的证券投资占比较2013年年末上升11个百分点，其他投资占比下降9个百分点，国内资本市场开放的成果有所显现。

三、改革开放增强了我国的综合国力和抗风险能力，我国国际收支经受住了3次较显著的外部冲击考验

改革开放以来我国国际收支状况保持总体稳健。历史上，国际金融市场震荡对我国国际收支形成的冲击主要有3次。一是1998年亚洲金融危机，当年我国非储备性质金融账户出现63亿美元小幅逆差，但由于经常账户顺差较高，外汇储备稳中略升。二是2008年国际金融危机以及随后的欧美债务危机，我国国际收支"双顺差"格局没有发生根本改变，外汇储备进一步增加。三是2014年至2016年美国货币政策转向，新兴经济体普遍面临资本外流、货币贬值问题，我国外汇储备下降较多，但国际收支支付和外债偿还能力依然较强、风险可控。

日益稳固的经济基本面和不断提升的风险防范能力是应对外部冲击的关键。首先，改革开放以来，我国经济实力不断增强，逐步成为全球第二大经济体，而且产业结构比较完整，为应对外部冲击奠定了坚实的经济基础。其次，我国国际收支结构合理，抗风险能力较强，经常账户持续顺差，在1982—2013年的储备上升时期，贡献了63%的外汇储备增幅，2014年以来也起到了对冲资本外流的作用；外汇储备持续充裕，1998年亚洲金融危机前已是全球第二位，2006年起超过日本位居首位，使得我国储备支付进口、外债等相关警戒指标始终处于安全范围内。第三，我国资本项目可兑换稳步推进，人民币汇率形成机制改革不断完善，逆周期调节跨境资本流动的管理经验逐步积累，防范和缓解风险的效果明显。

(资料来源：2017年中国国际收支报告)

三、我国的国际收支统计申报制度

国际收支统计体系是我国宏观经济监测体系的重要组成部分，主要反映我国与世界其他国家或地区经济交往的基本状况和趋势，是开放经济条件下进行宏观经济决策的主要信息来源之一。改革开放以来，随着我国对外交往的不断扩大，经济生活中的市场化程度日趋提高，我国从1996年开始实行《国际收支统计申报办法》。在1996年推出金融机构间接申报国际收支的基础上，1997年又推出了直接投资、证券投资、金融机构对外资产及损益、汇兑4项直接申报工作。现在已经建立起完整、科学的国际收支申报、统计体系，国际收支的统计申报和分析预测工作在中国宏观经济调控体系中日益发挥重要的作用。

在我国国际收支的统计申报有两种方式：直接申报和间接申报。直接申报是申报人向政府部门直接申报的办法。间接申报是申报人通过金融机构向政府部门申报。申报的办法难以覆盖所有涉外交易，还需要采取抽样调查或普查的方式收集信息。如在国外旅游遇到的旅游支出的抽样调查就是为国际收支统计服务的。

我国根据发展的需要以及国际货币基金组织对成员国的要求，于1996年开始依据《国际收支统计申报办法》陆续推出一系列新的国际收支统计申报制度，建立了一套较为完整、系统的数据收集体系。目前，我国的国际收支统计数据收集框架如下。

(1) 我国居民通过金融机构进行的逐笔间接申报。居民通过境内金融机构进行收付汇时，须向国际收支统计部门申报每一笔与非居民发生交易的内容。国际收支统计部门将申报信息进行汇总用于编制国际收支平衡表。

(2) 金融机构汇兑统计。除代客户进行逐笔间接申报外，金融机构还单独汇总统计，通过其进行的金额较小、频繁发生的现金、旅行支票及信用卡的兑换数据，作为国际收支统计数据的补充。

(3) 金融机构对境外资产负债及损益的申报。金融机构除代客户进行国际收支交易申报外，对于特殊企业，应向国际收支统计部门直接申报其自身的资产负债及损益变化情况。

(4) 直接投资企业的直接申报统计。由于直接投资企业存在大量的关联交易及内部交易，因此对直接投资企业的经营状况设计了单独的统计制度，即中国境内的外商投资企业以及对境外有直接投资的企业，须直接向国际收支统计部门申报其投资者权益、直接投资者与直接投资企业间的债权债务状况以及分红派息情况。

(5) 证券投资统计。包括两方面内容：一是中国境内的证券交易所及其机构，须向国际收支部门申报居民与非居民之间发生的证券交易以及相应的分红派息情况；二是中国在境外的上市公司，须直接申报其有关证券的交易情况和分红派息情况。

(6) 境外账户统计。中国居民在境外开立账户，须直接向国际收支统计部门申报其账户变动及余额情况。

国际收支统计申报制度也在不断改革，《国务院关于修改<国际收支统计申报办法>的决定》，自2014年1月1日起施行。2009年国际货币基金组织发布《国际收支和国际投资头寸手册》(第六版)，在统计原则、范围和分类以及框架结构等多方面进行了全面修订和细化，同时强化了国际收支头寸存量统计。我国据此对国际收支统计申报进行了修改，主要内容涉及6个方面：一是明确规定统计范围扩大至“中国居民对外金融资产、负债”；二是申报主体由中国居民扩大至非中国居民，可以更全面准确地掌握有关国际收支交易，尤其是发生在我国境内的与非中国居民的国际收支交易；三是根据电子银行、国际银行卡以及证券市场的管理和发展情况，增加对提供登记结算、托管等服务的机构的申报要求；四是增加对拥有对外金融资产、负债的中国居民个人的申报义务；五是根据对申报主体的修改情况，增加了对这些申报主体的保密义务；六是删除原办法中的有关罚则，明确规定根据《中华人民共和国外汇管理条例》的要求进行处罚。

国家外汇管理局之后发布了《通过银行进行国际收支统计申报业务实施细则》(2015年)和《通过银行进行国际收支统计申报业务指引(2016年版)》、《对外金融资产负债及交易统计制度》(2016年)和《对外金融资产负债及交易统计业务指引(2017年版)》，以及《贸易信贷统计调查制度》(2018年)等一系列文件，用以指导国际收支统计申报工作。

本章小结

1. 国际收支是一个国家或地区在一定时期内(通常为一年)同外国进行经济交易的货币价值的全部系统记录。这一概念目前被世界各国普遍采用。

2. 国际收支是一个流量的概念，而与之相关联的国际借贷则是一个存量的概念。

3. 各国国际收支平衡表的内容有差异，但主要项目基本一致，根据《国际收支和国际投资头寸手册》(第六版)中的规定，国际收支平衡表的组成部分有：经常账户(包括货物和服务账户、初次收入账户、二次收入账户)、资本账户和金融账户、错误与遗漏净额。

4. 国际收支平衡表是各国经济分析的重要工具。国际经济交易反映到国际收支平衡表上有若干项目，各个项目都有各自的特点，按其交易的性质可分为自主性交易和补偿性交易。理论上讲，国际收支不平衡是指自主性交易的不平衡。分析国际收支平衡表一般可采用静态分析、动态分析和比较分析3种方法。

5. 根据国际收支不平衡的原因，可以把国际收支不平衡划分为周期性不平衡、收入性不平衡、结构性不平衡、货币性不平衡和临时性不平衡等类型。

6. 国际收支的调节措施主要从自动调节机制和政策调节机制两个方面展开。自动调节机制包括利率、价格、收入和汇率调节机制。政策调节机制包括需求调节政策、供给调节政策和资金融通政策。

7. 中国国际收支统计的发展历程大致分为4个阶段。中国的国际收支出现连续多年的双顺差。我国自1985年起对外公布国际收支平衡表，1996年开始实行国际收支统计申报制度。

习　题

一、选择题

1. 《国际收支和国际投资头寸手册》(第六版)将国际收支账户分为(　　)。

A. 经常账户　　B. 资本账户
C. 储备账户　　D. 金融账户

2. 国际收支反映的内容是以交易为基础的，其中交易包括(　　)。

A. 交换　　B. 转移
C. 移居　　D. 其他根据推论而存在的交易

3. 经常账户包括(　　)。

A. 商品的输出和输入　　B. 运输费用
C. 资本的输出和输入　　D. 财产继承款项

4. 下列项目中应记入贷方的是(　　)。

A. 反映进口实际资源的经常项目
B. 反映出口实际资源的经常项目
C. 反映资产增加或负债减少的金融项目
D. 反映资产减少或负债增加的金融项目

5. 若在国际收支平衡表中，储备资产项目为－100亿美元，表示该国(　　)。

A. 增加了100亿美元的储备　　B. 减少了100亿美元的储备
C. 人为的账面平衡，不说明问题　　D. 无法判断

6. 下列(　　)账户能够较好地衡量国际收支对国际储备造成的压力。

A. 货物和服务账户差额　　B. 经常账户差额
C. 资本和金融账户差额　　D. 综合账户差额

7. 因经济和产业结构变动滞后所引起的国际收支失衡属于(　　)。

A. 临时性不平衡　　B. 结构性不平衡
C. 货币性不平衡　　D. 周期性不平衡
E. 收入性不平衡

8. 国际收支顺差会引起(　　)。

A. 外汇储备增加　　B. 国内经济萎缩
C. 国内通货膨胀　　D. 本币汇率下降

二、判断题

1. 国际收支是一个流量的、事后的概念。(　　)
2. 国际货币基金组织采用的是狭义的国际收支概念。(　　)
3. 资产减少、负债增加的项目应记入借方。(　　)
4. 由于一国的国际收支不可能正好收支相抵，因而国际收支平衡表的最终差额绝不恒为零。(　　)
5. 理论上说，国际收支的不平衡指自主性交易的不平衡，但在统计上很难做到。(　　)
6. 因经济增长率的变化而产生的国际收支不平衡，属于持久性失衡。(　　)
7. 资本和金融账户可以无限制地为经常账户提供融资。(　　)
8. 综合账户差额比较综合地反映了自主性国际收支状况，对于全面衡量和分析国际收支状况具有重大意义。(　　)

三、填空题

1. 国际收支是一个__________概念，它反映的内容__________，其范围局限于__________之间的交易。
2. 国际收支平衡表就是国际收支按特定账户分类和__________记账原则表示出来的__________。其中任何一笔交易的发生，必然涉及__________和__________两个方面。
3. 国际经济交易按其交易的性质可分为__________和__________。
4. 经常账户包括__________、__________和__________。
5. 根据职能类别，金融账户可以分为__________、__________、__________、__________和__________5类。
6. 反映__________的纳入“经常账户”，反映__________的纳入“资本和金融账户”。
7. 国际收支调节手段包括__________和__________。

四、名词解释

1. 国际收支　2. 国际收支平衡表　3. 自主性交易　4. 补偿性交易
5. 周期性不平衡　6. 收入性不平衡　7. 结构性不平衡　8. 货币性不平衡
9. 临时性不平衡

五、简答题

1. 国际收支平衡表的编制原则是什么？
2. 简述国际收支平衡表的构成。
3. 哪些因素会导致国际收支不平衡？
4. 简述国际收支不平衡对一国经济的影响。

六、论述题

论述一国国际收支失衡的调节手段和政策措施。

案 例 分 析

案例一　中国国际收支平衡表分析

根据2011—2015年中国国际收支平衡表(见表1-7)对中国的国际收支进行分析。

表1-7　2011—2015年中国国际收支平衡表

单位：亿美元

项　　目	2011	2012	2013	2014	2015
1. 经常账户	1 361	2 154	1 482	2 774	3 306
贷方	22 087	23 933	25 927	28 047	26 930
借方	-20 726	-21 779	-24 445	-25 273	-23 624
1.A 货物和服务	1 819	2 318	2 354	2 627	3 846
贷方	20 089	21 751	23 556	25 242	24 293
借方	-18 269	-19 432	-21 202	-22 616	-20 447
1. A.a 货物	2 287	3 116	3 590	4 350	5 670
贷方	18 078	19 735	21 486	22 438	21 428
借方	-15 791	-16 619	-17 896	-18 087	-15758
1. A.b 服务	-468	-797	-1 236	-1 724	-1 824
贷方	2 010	2 016	2 070	2 805	2 865
借方	-2 478	-2 813	-3 306	-4 528	-4 689
1. A.b.1 加工服务	263	256	232	213	203
贷方	265	257	233	214	204
借方	-2	-1	-1	-1	-2
1. A.b.2 维护和维修服务	0	0	0	0	23
贷方	0	0	0	0	36
借方	0	0	0	0	-13
1. A.b.3 运输	-449	-469	-567	-579	-370
贷方	356	389	376	382	386
借方	-804	-859	-943	-962	-756
1. A.b.4 旅行	-241	-519	-769	-1 293	-1 781
贷方	485	500	517	1 054	1 141
借方	-726	-1 020	-1 286	-2 347	-2 922
1. A.b.5 建设	110	86	68	105	65
贷方	147	122	107	154	167
借方	-37	-36	-39	-49	-102
1. A.b.6 保险和养老金服务	-167	-173	-181	-179	-44
贷方	30	33	40	46	50
借方	-197	-206	-221	-225	-93
1. A.b.7 金融服务	1	0	-5	-4	-3
贷方	8	19	32	45	23

(续表)

项　目	2011	2012	2013	2014	2015
借方	−7	−19	−37	−49	−26
1.A.b.8 知识产权使用费	−140	−167	−201	−219	−209
贷方	7	10	9	7	11
借方	−147	−177	−210	−226	−220
1.A.b.9 电信、计算机和信息服务	89	108	95	94	131
贷方	139	162	171	202	245
借方	−50	−55	−76	−107	−114
1.A.b.10 其他商业服务	72	87	99	155	189
贷方	564	510	572	689	584
借方	−492	−424	−473	−534	−395
1.A.b.11 个人、文化和娱乐服务	−3	−4	−6	−7	−12
贷方	1	1	1	2	7
借方	−4	−6	−8	−9	−19
1.A.b.12 别处未提及的政府服务	−3	−1	0	−10	−15
贷方	8	10	12	11	11
借方	−11	−10	−12	−20	−26
1.B 初次收入	−703	−199	−784	133	−454
贷方	1 443	1 670	1 840	2 394	2 278
借方	−2 146	−1 869	−2 624	−2 261	−2 732
1.B.1 雇员报酬	150	153	161	258	274
贷方	166	171	178	299	331
借方	−16	−18	−17	−42	−57
1.B.2 投资收益	−853	−352	−945	−125	−734
贷方	1 277	1 500	1 662	2 095	1 939
借方	−2 130	−1 851	−2 607	−2 219	−2 673
1.B.3 其他初次收入	0	0	0	0	7
贷方	0	0	0	0	8
借方	0	0	0	0	−2
1.C 二次收入	245	34	−87	14	−87
贷方	556	512	532	411	359
借方	−311	−477	−619	−397	−446
2. 资本和金融账户	−1 223	−1 283	−853	−1 692	−1 424
2.1 资本账户	54	43	31	0	3
贷方	56	45	45	19	5
借方	−2	−3	−14	−20	−2
2.2 金融账户	−1 278	−1 326	−883	−1 691	−1 427
资产	−6 136	−3 996	−6 517	−5 806	−491
负债	4 858	2 670	5 633	4 115	−936
2.2.1 非储备性质的金融账户	2 600	−360	3 430	−514	−4 856
资产	−2 258	−3 030	−2 203	−4 629	−3 920

(续表)

项　目	2011	2012	2013	2014	2015
负债	4 858	2 670	5 633	4 115	-936
2.2.1.1 直接投资	2 317	1 763	2 180	1 450	621
2.2.1.1.1 资产	-484	-650	-730	-1 231	-1 878
2.2.1.1.1.1 股权	-577	-728	-882	-1 423	-1 452
2.2.1.1.1.2 关联企业债务	92	78	153	192	-426
2.2.1.1.2 负债	2 801	2 412	2 909	2 681	2 499
2.2.1.1.2.1 股权	2 508	2 145	2 654	2 109	2 196
2.2.1.1.2.2 关联企业债务	293	267	255	572	302
2.2.1.2 证券投资	196	478	529	824	-665
2.2.1.2.1 资产	62	-64	-54	-108	-732
2.2.1.2.1.1 股权	11	20	-25	-14	-397
2.2.1.2.1.2 债券	51	-84	-28	-94	-335
2.2.1.2.2 负债	134	542	582	932	67
2.2.1.2.2.1 股权	53	299	326	519	150
2.2.1.2.2.2 债券	81	243	256	413	-82
2.2.1.3 金融衍生工具	0	0	0	0	-21
2.2.1.3.1 资产	0	0	0	0	-34
2.2.1.3.2 负债	0	0	0	0	13
2.2.1.4 其他投资	87	-2 601	722	-2 788	-4 791
2.2.1.4.1 资产	-1 836	-2 317	-1 420	-3 289	-1 276
2.2.1.4.1.1 其他股权	0	0	0	0	0
2.2.1.4.1.2 货币和存款	-1 155	-1 048	-74	-1 856	-1 001
2.2.1.4.1.3 贷款	-453	-653	-319	-738	-475
2.2.1.4.1.4 保险和养老金	0	0	0	0	-32
2.2.1.4.1.5 贸易信贷	-710	-618	-603	-688	-460
2.2.1.4.1.6 其他	482	3	-423	-8	692
2.2.1.4.2 负债	1 923	-284	2 142	502	-3 515
2.2.1.4.2.1 其他股权	0	0	0	0	0
2.2.1.4.2.2 货币和存款	483	-594	758	814	-1 226
2.2.1.4.2.3 贷款	1 051	-168	934	-343	-1 667
2.2.1.4.2.4 保险和养老金	0	0	0	0	24
2.2.1.4.2.5 贸易信贷	380	423	449	-21	-623
2.2.1.4.2.6 其他	10	54	0	52	-24
2.2.1.4.2.7 特别提款权	0	0	0	0	0
2.2.2 储备资产	-3 878	-966	-4 314	-1 178	3 429
2.2.2.1 货币黄金	0	0	0	0	0
2.2.2.2 特别提款权	5	5	2	1	-3
2.2.2.3 在国际货币基金组织的储备头寸	-34	16	11	10	9
2.2.2.4 外汇储备	-3 848	-987	-4 327	-1 188	3 423
2.2.2.5 其他储备资产	0	0	0	0	0
3. 净误差与遗漏	-138	-871	-629	-1 083	-1 882

(资料来源：国家外汇管理局)

问题：

1. 结合上述中国国际收支平衡表，分析2011—2015年度国际收支主要项目及其整体情况。

2. 2011—2015年中国国际收支有何变化？原因是什么？

案例二 2018年一季度我国国际收支平衡表分析

2018年一季度，我国经常账户逆差2 170亿元人民币，资本和金融账户顺差4 616亿元人民币，其中，非储备性质的金融账户顺差6 291亿元人民币，储备资产增加1 667亿元人民币。

按美元计值，2018年一季度，我国经常账户逆差341亿美元，其中，货物贸易顺差517亿美元，服务贸易逆差736亿美元，初次收入逆差97亿美元，二次收入逆差26亿美元。资本和金融账户顺差725亿美元，其中，资本账户逆差1亿美元，非储备性质的金融账户顺差989亿美元，储备资产增加262亿美元。

按SDR计值，2018年一季度，我国经常账户逆差236亿SDR，资本和金融账户顺差501亿SDR，其中，非储备性质的金融账户顺差683亿SDR，储备资产增加181亿SDR。

2018年一季度中国国际收支平衡表见表1-8。

表1-8 2018年一季度中国国际收支平衡表(概览表)

项　目	行　次	亿元人民币	亿美元	亿SDR
1. 经常账户	1	−2 170	−341	−236
贷方	2	41 195	6 474	4 472
借方	3	−43 365	−6 815	−4 708
1.A 货物和服务	4	−1 390	−218	−151
贷方	5	37 251	5 854	4 044
借方	6	−38 641	−6 073	−4 195
1.A.a 货物	7	3 291	517	357
贷方	8	33 653	5 289	3 654
借方	9	−30 362	−4 771	−3 296
1.A.b 服务	10	−4 680	−736	−508
贷方	11	3 599	566	391
借方	12	−8 279	−1 301	−899
1.B 初次收入	13	−615	−97	−67
贷方	14	3 480	547	378
借方	15	−4 094	−643	−445
1.C 二次收入	16	−166	−26	−18
贷方	17	464	73	50
借方	18	−629	−99	−68
2. 资本和金融账户	19	4 616	725	501
2.1 资本账户	20	−8	−1	−1
贷方	21	3	0	0
借方	22	−11	−2	−1
2.2 金融账户	23	4 624	727	502
资产	24	−6 251	−982	−679

(续表)

项　目	行　次	亿元人民币	亿美元	亿SDR
负债	25	10 875	1 709	1 181
2.2.1 非储备性质的金融账户	26	6 291	989	683
2.2.1.1 直接投资	27	3 502	550	380
资产	28	−1 141	−179	−124
负债	29	4 643	730	504
2.2.1.2 证券投资	30	654	103	71
资产	31	−2 133	−335	−232
负债	32	2 786	438	302
2.2.1.3 金融衍生工具	33	−4	−1	0
资产	34	12	2	1
负债	35	−16	−3	−2
2.2.1.4 其他投资	36	2 140	336	232
资产	37	−1 322	−208	−144
负债	38	3 462	544	376
2.2.2 储备资产	39	−1 667	−262	−181
3. 净误差与遗漏	40	−2 446	−384	−266

注：

1. 根据《国际收支和国际投资头寸手册》(第六版)编制，资本和金融账户中包含储备资产。
2. “贷方”按正值列示，“借方”按负值列示，差额等于“贷方”加上“借方”。本表除标注“贷方”和“借方”的项目外，其他项目均指差额。
3. 季度人民币计值的国际收支平衡表数据，由当季以美元计值的国际收支平衡表，通过当季人民币对美元季平均汇率中间价折算得到，季度累计的人民币计值的国际收支平衡表由单季人民币计值数据累加得到。
4. 季度SDR计值的国际收支平衡表数据，由当季以美元计值的国际收支平衡表，通过当季SDR对美元季平均汇率折算得到，季度累计的SDR计值的国际收支平衡表由单季SDR计值数据累加得到。
5. 本表计数采用四舍五入原则。
6. 细项数据请参见国家外汇管理局国际互联网站“统计数据”栏。

问题：

1. 结合上述中国国际收支平衡表，分析2018年第一季度中国国际收支主要项目及其整体情况。
2. 2018年第一季度中国国际收支主要项目变动的原因？后续我国应该从哪些方面进行完善？

第二章

外汇与汇率

【导读】

各国之间的政治、经济、文化往来必然会涉及以何种货币进行支付以及按何种比率进行兑换的问题，外汇与汇率是国际货币关系的基本因素，是我们研究国际金融的重点。外汇交易中必然涉及汇率，了解不同形式的汇率，可以帮助我们更好地把握外汇交易。汇率是一个非常重要的变量，汇率的变动不仅影响每笔进口和出口交易的盈利与亏损，影响出口商品的竞争能力，而且会通过各种传导机制对一国的国内经济和国际经济产生影响。

【学习重点】

1. 外汇、汇率及其标价方法。
2. 汇率决定的基础及影响因素。
3. 汇率变动对经济的影响。

【学习难点】

掌握主要汇率理论的基本内容，并结合实际理解、分析、解读我国外汇市场行情表。

【教学建议】

课堂讲授为主，适当结合案例教学和引导学生课堂讨论，要求学生课下观察外汇牌价。

第一节 外汇与汇率概述

外汇与汇率是国际金融学的主要研究对象，它既是国际货币收支往来的产物，同时又影响着国际收支往来关系。通过理解和把握外汇的含义，了解不同形式的汇率，可以帮助我们更好地分析国际收支及其变化。

一、外汇

在国际金融领域，外汇是一个最基本的概念，也是各国从事国际经济活动的基本手段。任何对外经济交往都离不开外汇，各个国家之间的贸易关系将引起不同货币之间的相互交换。

(一) 外汇的概念

当一个中国居民购买外国的商品、劳务或者金融资产时，必须把人民币兑换成外国货币。这种将本国货币兑换成外国货币，或者将外国货币兑换成本国货币以清偿国际债权债务的活动就被称为国际汇兑，而外汇(Foreign Exchange)则是国际汇兑的简称。Exchange一词本身有动词和名词两种词性，所以我们应该从动态(Dynamic)和静态(Static)两个角度来把握外汇的概念。

1. 动态的外汇

当外汇被看作一种经济活动时，它就具有了动态的含义。动态的外汇是一种汇兑行为，指把一个国家的货币兑换为另一个国家的货币以清偿国家间债权债务的金融活动。比如我国某进出口公司从美国进口一批机器设备，双方约定用美元支付，而我方公司只有人民币存款，为了解决支付问题，该公司用人民币向中国银行购买相应金额的美元汇票，汇给美国出口商，美国出口商收到汇票后，即可向当地银行兑取美元。这样一个过程就是国际汇兑，也是外汇最原始的概念。

2. 静态的外汇

随着世界经济的发展，国际经济活动日益活跃，国际汇兑业务的范围也越来越广泛，慢慢地，国际汇兑由一个动态过程的概念演变为国际汇兑过程中国际支付手段这样一个静态概念，从而形成了今天广泛使用的外汇静态含义：国家间为清偿债权债务关系进行的汇兑活动所凭借的手段或工具，或者说是用于国际汇兑活动的支付手段和支付工具。国际金融学主要研究静态含义的外汇，这一含义又有广义与狭义之分。

(1) 广义的外汇。广义的静态外汇泛指一国拥有的一切以外国货币表示的资产，如以外国货币表示的纸币和铸币、存款凭证、股票、政府公债、国库券、公司债券和息票等。IMF的解释是：外汇是货币行政当局(中央银行、货币管理机构、外汇平准基金组织及财政部)以银行存款、国库券、长短期政府债券等形式所持有的、在国际收支逆差时可以使用的债权。

根据《中华人民共和国外汇管理条例》(2008年)规定，我国的外汇是指下列以外币表示的可以用作国际清偿的支付手段和资产：

- 外币现钞，包括纸币、铸币；
- 外币支付凭证或者支付工具，包括票据、银行存款凭证、银行卡等；
- 外币有价证券，包括债券、股票等；
- 特别提款权(SDR)；
- 其他外汇资产。

(2) 狭义的外汇。狭义的外汇就是我们通常所说的外汇，是指以外币表示的用于清偿国家间债权债务的支付手段，其主体是在国外银行的外币存款，以及包括银行汇票、支票等在内的外币票据。目前全球主要货币名称如表2-1所示。

表2-1 全球主要货币名称

货币名称	ISO符号	符号或简称	货币名称	ISO符号	符号或简称
澳大利亚元	AUD	A	韩元	KRW	Won，W
加拿大元	CAD	Can.$	墨西哥比索	MXN	Mex.$
瑞士法郎	CHF	SF	挪威克朗	NOK	N.Kr.
人民币元	CNY	¥	美元	USD	$
欧元	EUR	€	泰铢	THB	฿

(续表)

货币名称	ISO符号	符号或简称	货币名称	ISO符号	符号或简称
英镑	GBP	£	日元	JPY	￥
港元	HKD	HK$	俄罗斯卢布	RUB	Rub，Rbl
印度卢比	INR	Rs	新加坡元	SGD	S$

严格来说，一种货币成为外汇应具备3个条件：第一，普遍接受性，即该货币在国际经济往来中能被各国普遍接受和使用；第二，可偿付性，即该货币是由外国政府或货币当局发行并可以保证得到偿付，如空头支票或遭到拒付的汇票不能视为外汇；第三，自由兑换性，即该货币必须能够自由地兑换成其他国家的货币或购买其他信用工具以进行多边支付。国际货币基金组织按照货币的可兑换程度，把各国货币大体分类为：可兑换货币(Convertible Currency)、有限制的可兑换货币(Restricted Convertible Currency)、不可兑换货币(Non-Convertible Currency)。我国的人民币属于有限度的自由兑换货币。严格意义上的外汇应是可兑换货币。目前有80多个国家宣布其货币为可自由兑换货币，主要有美元、日元、新加坡元、欧元、英镑、瑞士法郎、加拿大元、澳大利亚元、新西兰元(NZD)等。例如，美元可以自由兑换成日元、英镑、欧元等其他货币，因而美元对其他国家居民来说是一种外汇；而我国的人民币现在还不能自由兑换成其他种类货币，所以尽管对其他国家居民来说也是一种外币，却不能称作外汇。

(二) 外汇的种类

根据不同的区分标准，外汇可以区分为不同的种类。

1. 按外汇的来源和用途分为贸易外汇和非贸易外汇

贸易外汇是指通过货物的进出口贸易所引起收付的外汇。贸易外汇包括进出口贸易货款及其从属费用(运费、保险费、广告宣传费等)，是一国外汇收支的主要项目。

非贸易外汇是指贸易外汇以外的一切外汇，即一切非来源于或用于进出口贸易的外汇，如劳务外汇、旅游外汇、捐赠和援助外汇、侨汇及投资收益汇回等，在一国外汇收支中也占有重要地位。

2. 按外汇是否可以自由兑换分为自由外汇和记账外汇

自由外汇是指不需要经过货币发行国的批准，就可以随时自由兑换成其他国家(或地区)的货币，用以向对方或第三国办理支付的外国货币及其支付手段，如美元、英镑、日元、欧元等。这些货币发行国基本上取消了外汇管制，持有这些货币，可以自由兑换成其他国家的货币或者对第三国进行支付。

记账外汇又称双边外汇、协定外汇或清算外汇，指必须经过货币发行国的批准，否则不能自由兑换成其他国家的货币或对第三国进行支付的外汇。例如，我国与某些发展中国家和俄罗斯等一些国家的进出口贸易，为了节省双方的自由外汇，签订双边支付协定，采用记账外汇办理清算。记账外汇只有在双边的基础上才具有外汇意义，它是在有关国家之间签订的“贸易支付(或清算)协定”的安排下，在双方国家中央银行互立专门账户进行清算。一般是在年度终了时，双方银行对进出口贸易及有关费用进行账面轧抵，结出差额。发生的差额或者转入下一年度的贸易项目下去平衡，或者采用预先商定的自由外汇进行支付清偿。

3. 按外汇交割期限的不同分为即期外汇和远期外汇

即期外汇也称现汇，是指在即期外汇买卖交易中按当天汇率成交的外汇，原则上买卖双方须在成交日当天或在成交日后的两个营业日内办理交割。

远期外汇也称期汇，是指外汇买卖双方按照合同约定，在未来某一日期办理交割的外汇。

二、汇率

外汇同其他商品一样，在国际经济交往中被经常地、广泛地买卖。买卖外汇的价格就是外汇汇率，或称外汇汇价，在实际业务中又称外汇行市。汇率对一国的经济来说，是一个非常重要的变量，汇率的变动不仅影响每笔进口和出口交易的盈利与亏损，影响出口商品的竞争能力，而且会通过各种传导机制对一国的国内经济和国际经济产生影响。

(一) 汇率的概念

汇率(Exchange Rate)又称汇价，是指一国货币兑换成另一国货币的比率，即一个国家的货币用另一个国家的货币所表示的价格，它反映了一个国家货币的对外价值。汇率将同一种商品的国内价格与国外价格联系起来，为比较进口商品和出口商品、贸易商品和非贸易商品的成本与价格提供了基础。

(二) 汇率的标价方法

外汇汇率具有双向特征：既可用本币表示外币的价格，也可用外币表示本币的价格。确定两种不同货币之间的比价，应先确定用哪个国家的货币作为标准或参照物。由于确定的标准不同，便产生了不同的外汇汇率标价方法。

1. 直接标价法(Direct Quotation)

直接标价法又称应付标价法(Giving Quotation)，是以一定单位(1个、100个、10 000个)的外国货币作为标准，折算成一定数额的本国货币来表示汇率，即以本国货币来表示外国货币的价格。其实就是将外币看成一种普通商品，然后按照本国普通商品的标价方法进行标价。

在直接标价法下，外国货币数额固定不变，汇率涨跌都以相对的本国货币数额的变化来表示。一定单位外币折算的本国货币越多，说明外币汇率上涨，即外汇升值；反之，一定单位外币折算的本国货币越少，说明外汇贬值，本币升值。也就是说，在直接标价法下，汇率数值的变化与外汇价值的变化是同方向的，因此，以直接标价法来表示汇率有利于本国投资者直接明了地了解外汇行情变化。目前，除了美国和英国等少数国家外，大多数国家一般采用直接标价法来表示汇率，我国人民币与外汇的汇率也采用直接标价法来表示。例如，2018年7月18日，中国外汇交易中心公布的银行间外汇市场人民币汇率中间价为：USD1=CNY6.691 4，EUR1=CNY7.800 4，GBP1=CNY8.772 7，JPY100=CNY5.926 2。

2. 间接标价法(Indirect Quotation)

间接标价法又称应收标价法(Receiving Quotation)，是以一定单位(1个、100个、10 000个)的本国货币为标准，折算为一定数额的外国货币来表示汇率，即以外国货币来表示本国货币的价格。采用间接标价法的国家或者货币有英国、美国、澳大利亚、新西兰、SDR、EUR。

在间接标价法下，本币金额总是为一定单位而不变，汇率的涨跌都是以相对的外国货币数额的变化来表示的。一定单位本币折算的外国货币越多，说明本币升值，外汇贬值；反之，一定单位本币折算的外币越少，说明本币贬值，外汇升值。与直接标价法相反，在间接标价法下，汇率数值的变化与外汇价值的变化呈反方向。在国际外汇市场上，美元、欧元、英镑、澳元等均为间接标价法。例如，2018年7月18日，纽约外汇市场有USD1=JPY109.84，伦敦外汇市场有GBP1=USD1.356 5。

3. 美元标价法(US Dollar Quotation)

美元标价法是以一定单位的美元为标准来计算应兑换多少其他各国货币的汇率表示法。在美元标价法下，美元的数额始终固定不变，汇率的变化通过其他国家货币数量的变化来表现。第二次世界大战以后，由于纽约外汇市场交易量的迅速扩大以及美元的国际货币地位的确定，为便于在国家间进行外汇交易，银行间的报价都以美元为标准，不仅简化了报价的程序，而且可以广泛地比较各种货币的价格。例如，瑞士苏黎世某银行面对某一外国客户的询价，报出的货币汇价为：USD1=CAD1.320 9，USD1=AUD1.321 2，USD1=JPY103.94。目前，世界各金融中心的国际银行所公布的外汇牌价，都是美元对其他主要货币的汇率，非美元之间的汇率则通过各自对美元的汇率进行套算。

上述3种标价法，都是用标价货币来表示基础货币的价格。直接标价法下，基础货币是外国货币，标价货币是本国货币；间接标价法下，基础货币是本国货币，标价货币是外国货币；美元标价法下，基础货币是美元，标价货币是其他各国货币。

(三) 汇率的种类

外汇汇率的种类很多，有各种不同的划分方法，特别是在实际业务中，分类更加复杂，主要有以下几种分类。

1. 按银行买卖外汇角度的不同划分为买入汇率、卖出汇率、中间汇率和现钞汇率

(1) 买入汇率(Buying Rate)又称买价或银行出价，是指银行向同业或客户买入外汇时所使用的汇率。在直接标价法下，外币折合本币数额少的那个汇率，即前一个数字为买入价；在间接标价法下，本币折合外币数额多的那个汇率，即后一个数字为买入价。

(2) 卖出汇率(Selling Rate)又称卖价或银行要价，是指银行向同业或客户卖出外汇时所使用的汇率。在直接标价法下，外币折合本币数额多的那个汇率，即后一个数字为卖出价；在间接标价法下，本币折合外币数额少的那个汇率，即前一个数字为卖出价。中国银行人民币即期外汇的买入价、卖出价、中间价如图2-1所示。

如图2-1中的USD100=CNY669.09～671.93，这个汇率对于我们来讲就是直接标价法，那么669.09就是100美元现汇的人民币买价，而671.93就是100美元现汇的人民币卖价。而在间接标价法下，如GBP1=USD1.463 2～1.463 6，即在伦敦外汇市场上，银行卖出美元的汇率是GBP1=USD1.463 2，银行买入美元的汇率是GBP1=USD1.463 6。

各国外汇市场上，银行与工商企业、个人等顾客进行本币与外币交易时，采用双向报价法，即同时报出买入汇率和卖出汇率。外汇银行买卖外汇的目的是追求利润，它们通过低价买进、高价卖出来赚取买卖差价，即外汇的买入价和卖出价之间的差价就是银行经营外汇业务的利润，一般在1‰～5‰之间，具体情况受外汇市场行情、供求关系以及外汇银行的经营策略影响。

单位：人民币/100外币

货币名称	现汇买入价	现钞买入价	现汇卖出价	现钞卖出价	中行折算价	发布日期	发布时间
阿联酋迪拉姆		176.11		188.89	182.27	2018-07-18	12:21:46
澳大利亚元	493.1	477.78	496.72	497.81	494.19	2018-07-18	12:21:46
巴西里亚尔		167.67		183.39	174.8	2018-07-18	12:21:46
加拿大元	505.76	489.79	509.49	510.6	507.03	2018-07-18	12:21:46
瑞士法郎	666.94	646.36	671.62	673.3	669.22	2018-07-18	12:21:46
丹麦克朗	104.29	101.07	105.13	105.34	104.68	2018-07-18	12:21:46
欧元	777.93	753.76	783.67	785.23	780.04	2018-07-18	12:21:46
英镑	875.55	848.34	882	883.93	877.27	2018-07-18	12:21:46
港币	85.23	84.55	85.57	85.57	85.25	2018-07-18	12:21:46
印尼卢比		0.0449		0.0481	0.0466	2018-07-18	12:21:46
印度卢比		9.2043		10.3793	9.8042	2018-07-18	12:21:46
日元	5.9139	5.7302	5.9574	5.9574	5.9262	2018-07-18	12:21:46
韩国元	0.5913	0.5705	0.5961	0.6177	0.5944	2018-07-18	12:21:46
澳门元	82.92	80.14	83.25	85.92	83.1	2018-07-18	12:21:46
林吉特	169.12		170.64		165.46	2018-07-18	12:21:46
挪威克朗	81.8	79.28	82.46	82.62	82.11	2018-07-18	12:21:46
新西兰元	452.64	438.67	455.82	461.41	453.6	2018-07-18	12:21:46
菲律宾比索	12.5	12.11	12.6	13.19	12.56	2018-07-18	12:21:46
卢布	10.66	10	10.74	11.15	10.69	2018-07-18	12:21:46
沙特里亚尔		173.77		182.82	178.51	2018-07-18	12:21:46
瑞典克朗	75.4	73.07	76	76.15	75.71	2018-07-18	12:21:46
新加坡元	488.91	473.83	492.35	493.57	490.38	2018-07-18	12:21:46
泰国铢	20.03	19.41	20.19	20.81	20.11	2018-07-18	12:21:46
土耳其里拉	138.98	132.17	140.1	146.91	139.44	2018-07-18	12:21:46
新台币		21.15		22.8	21.96	2018-07-18	12:21:46
美元	669.09	663.65	671.93	671.93	669.14	2018-07-18	12:21:46
南非兰特	50.29	46.43	50.63	54.49	50.42	2018-07-18	12:21:46

图2-1　中国银行人民币即期外汇牌价

(资料来源：中国银行网站)

关于汇率的买价和卖价，需要注意以下3点。

第一，买价和卖价都是站在银行的角度来讲的，而不是客户的角度。如果客户要买入外汇，则需要按照银行的卖价进行交易，因为对银行来讲是卖出外汇；如果客户需要卖出外汇则要遵循银行的买价。如果是两家银行进行交易，这个买价和卖价则是报价行的买价和卖价。

第二，买价和卖价的对象是外汇，而不是本币。如在中国市场上，买价和卖价指的是人民币以外的其他货币。

第三，如果在一个汇率等式中，没有本币可以参考，可以这样对买价和卖价进行区分：处于等式左端的基础货币，其买价在前，卖价在后；而处于等式右端的标价货币，其卖价在前，买价在后。

(3) 中间汇率(Middle Rate)又称中间价，是买入汇率和卖出汇率的算术平均数，用公式表示为

中间汇率=(买入汇率+卖出汇率)/2

各种新闻媒体在报道外汇行情时大多采用中间汇率，人们在了解和研究汇率变化时也往往参照中间汇率，有些银行同业之间买卖外汇也使用中间汇率。中间汇率不适合客户交易，而一般适用于外汇汇率变化和走势分析。

(4) 现钞汇率(Bank Note Rate)也称现钞价，是指银行买卖外币钞票(包括铸币)的价格。买入汇率、卖出汇率是指银行购买或出售外币支付凭证的价格。银行买入外国钞票的价格低于买入各种形式的支付凭证价格。原因是，银行在购入外币支付凭证后，通过航邮划账，可很快存入国外银行，开始生息，调拨动用；而银行买进外国的钞票，要经过一段时间，积累到一定数额以后，才能将其运送并存入外国银行调拨使用。在此以前买进钞票的银行要承受一定的利息损失，同时，将现钞运送并存入外国银行的过程中还有运费、保险费等支出，银行要将这些损失及费用开支转嫁给出卖钞票的顾客。不过，银行卖出外国现钞时，则使用一般的支付凭证的卖出汇率，现钞卖出价不再单列。

2. 按制定汇率的方法不同划分为基本汇率和套算汇率

(1) 基本汇率(Basic Rate)，在众多外国货币中选择一种货币作为关键货币，根据本国货币与这种关键货币的实际价值对比而制定出的汇率。这是因为外国货币种类很多，一国在制定本国货币的对外汇率时，逐一地根据它们的实际价值进行对比来确定，既麻烦也没有必要。

(2) 套算汇率(Cross Rate)又称交叉汇率，是在各国基本汇率的基础上换算出来的各种货币之间的汇率。制定出基本汇率后，其他各种外国货币与本币之间的汇率可以通过基本汇率和国际金融市场行情套算出来。

从基本汇率和套算汇率的分类可知，一国所制定的汇率是否合理在很大程度上取决于关键货币的选择合理与否。因此，各国政府对关键货币的选择都非常慎重，一般遵循以下原则。

- 必须是该国国际收支中，尤其是国际贸易中使用最多的货币。
- 必须是在该国外汇储备中所占比重最大的货币。
- 必须是可自由兑换的、在国际上可以普遍接受的货币。由于美元在国际上的特殊地位，不少国家都把美元选择为关键货币，而把对美元的汇率作为基本汇率。

套算汇率的具体方法可分为3种。

第一种，两种汇率的中心货币相同时，采用交叉相除法。

例如：即期汇率行市 USD1=CAD1.040 8/1.041 0，USD1=JPY92.73/92.75，则加元对日元的套算买入价为

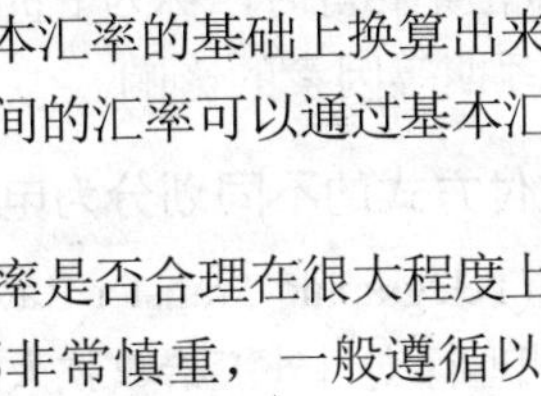

$$\text{CAD1=JPY}\frac{92.73}{1.0410}\text{=JPY89.08}$$

加元对日元的套算卖出价为

$$\text{CAD1=JPY}\frac{92.75}{1.0408}\text{=JPY89.11}$$

第二种，两种汇率的中心货币不同时，采用同边相乘法。

例如：即期汇率行市USD1=HKD7.794 9/7.795 3，GBP1=USD1.463 2/1.463 6，则英镑对港币的套算买入汇率为

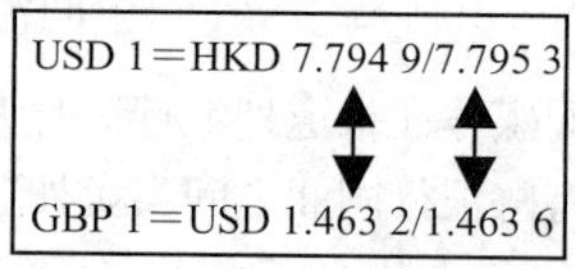

GBP1=HKD7.794 9×1.463 2=HKD11.405 5

英镑对港币的套算卖出汇率为

GBP1=HKD7.795 3×1.463 6=HKD11.409 2

第三种，按中间汇率求套算汇率。

例如：某日电信行市GBP1=USD1.464 3，USD1=JPY92.85，则英镑对日元的套算汇率为

GBP1=JPY1.464 3×92.85=JPY135.96

3. 按外汇买卖成交后交割时间的长短不同划分为即期汇率和远期汇率

(1) 即期汇率(Spot Rate)又称现汇汇率，是指交易双方成交后在两个营业日内办理交割时所使用的汇率。一般来说，即期汇率就是现时外汇市场的汇率。即期汇率的高低取决于即期外汇市场上交易货币的供求状况。表面上看，即期外汇交易似乎是同时支付，没有风险，但由于技术上的问题，各国只能在1天后才知道是否已经支付，因此，也承担一定风险。此外，由于亚、欧、美三大洲之间各有6～8小时的时差，有时就会遇到营业时间结束的问题。

(2) 远期汇率(Forward Rate)也称期汇汇率，是指买卖双方成交时，约定在未来某一日期进行交割时所使用的汇率。远期汇率是以即期汇率为基础约定的，而又与即期汇率存在一定的差价。当远期汇率高于即期汇率时，称为升水(Premium)；当远期汇率低于即期汇率时，称为贴水(Discount)；当远期汇率和即期汇率相等时，称为平价(Par)。汇率的升水、贴水或平价主要受利率差异、外汇供求关系以及汇率预期等因素的影响。

4. 按外汇支付方式的不同划分为电汇汇率、信汇汇率和票汇汇率

(1) 电汇汇率(Telegraphic Transfer Rate，T/T rate)也称电汇价，是指银行卖出外汇时用电讯方式通知境外联行或代理行支付外汇给收款人时所使用的汇率。在电汇方式下，银行一般用电传、电报或传真等方式通知国外分行支付款项，外汇解付迅速，银行很少占用客户的资金，能减少汇率波动风险，因此，国际支付大多采用电汇的方式，银行同业买卖外汇或划拨资金也都使用电汇。目前，电汇汇率是外汇市场的基准汇率，是计算其他各种汇率的基础。但一般情况下，电汇汇率价格较高。

(2) 信汇汇率(Mail Transfer Rate，M/T rate)也称信汇价，是买卖外汇时以信汇方式支付外汇所使用的汇率。信汇一般采用信函方式通知解付行支付外汇，所用时间比电汇长，银行可以在一定时期内占用客户资金，因此，信汇汇率通常比电汇汇率低一些。信汇汇率除了向中国香港地区和东南亚付款会使用以外，其他地区很少使用。

(3) 票汇汇率(Demand Draft Rate，D/D rate)也称票汇价，是指经营外汇业务的本国银行，在卖出外汇后，开出一张由其国外分支机构或代理行解付汇款的汇票交给收款人，由汇款人自带或寄往国外进行解付时所采用的汇率。由于在汇票从售出到付款这段时间间隔内，银行可以利用客户资金，因而票汇汇率也低于电汇汇率。票汇又分为短期票汇和长期票汇两种，短期票汇汇率是银行买卖即期汇票时的汇率，其汇率与信汇汇率相同；长期票汇汇率是银行买卖远期汇票时的汇率，由于银行能够更长时间地占用客户资金，长期票汇汇率比信汇汇率还要低。

5. 按外汇管制的宽严程度不同划分为官方汇率和市场汇率

(1) 官方汇率(Official Rate)又称外汇牌价或法定汇率，是一国货币当局规定的，要求一切外汇

交易都采用的汇率。例如，以前我国国家外汇管理局公布的牌价即为官方汇率。官方汇率又可分为单一汇率和多重汇率。单一汇率是货币当局只规定一种汇率，所有外汇收支全部按此汇率计算；多重汇率是一国政府对本国货币规定的一种以上的对外汇率，是外汇管制的一种特殊形式。制定多重汇率的目的在于奖励出口限制进口，限制资本的流入或流出，以改善国际收支状况。

(2) 市场汇率(Market Rate)是指在外汇市场上自由买卖外汇的实际汇率。它由市场上的外汇供求关系决定，随外汇供求关系的变化而自由波动。

官方汇率与市场汇率之间往往存在差异。在外汇管制较严的国家不允许存在外汇自由买卖市场，官方汇率就是实际汇率；而在外汇管制较松的国家，官方汇率往往流于形式，通常有行无市，实际外汇买卖都是按市场汇率进行的。

6. 按纸币制度下是否考虑通货膨胀率划分为名义汇率和实际汇率

(1) 名义汇率(Nominal Exchange Rate)一般指汇率的市场标价，即外汇牌价公布的汇率，如纽约外汇市场上，英镑与美元的报价为GBP 1=USD 1.463 2就是名义汇率。名义汇率仅仅表示一单位的某种货币名义上兑换多少单位的另一种货币，并没有充分考虑其购买商品和劳务的实际能力。名义汇率的升值和贬值并不一定表明一国商品在国际市场上竞争能力的增强或减弱，因此，名义汇率并不能完全反映两种货币实际所代表的价值量的比值。

(2) 实际汇率(Real Exchange Rate)有两种含义。一种含义是相对于名义汇率而言，是名义汇率与各国政府为达到奖励出口限制进口的目的而对各类出口商品进行的财政补贴或税收减免(加征)之和或之差，即公式表示为

$$\text{实际汇率}=\text{名义汇率}\pm\text{财政补贴或税收减免}$$

另一种含义是指在名义汇率的基础上剔除了通货膨胀因素的汇率，反映了通货膨胀对名义汇率的影响。它是在名义汇率的基础上，通过同一时期两国相对物价指数调整而得来的，计算公式为

$$E=SP^*/P$$

其中，E为实际汇率，S为名义汇率(直接标价法下)，P^*为外国的物价指数，P为本国的物价指数。实际汇率可以反映两国货币间汇率的实际变动趋势，在研究汇率调整、货币购买力、倾销调查与反倾销措施时经常被使用。

7. 按外汇买卖对象的不同划分为银行间汇率和商业汇率

(1) 银行间汇率(Inter-Bank Rate)又称同业汇率，指银行与银行之间买卖外汇所使用的汇率。一般报刊上刊登的汇率是银行同业间电汇汇率的中间价。由于外汇银行是外汇市场的主要参与者，银行间的外汇交易是整个外汇交易的中心，故银行间汇率又称为市场汇率。银行间汇率由外汇市场供求关系决定，买卖差价很小。

(2) 商业汇率(Commercial Rate)又称商人汇率，指银行与客户之间买卖外汇所使用的汇率。商业汇率是根据银行同业汇率适当增(卖出价)减(买入价)而形成的，所以买卖差价要大于同业汇率。

8. 按银行营业时间的不同划分为开盘汇率和收盘汇率

(1) 开盘汇率(Opening Rate)又称开盘价，是指外汇银行在一个营业日刚开始营业，进行首批外汇买卖时所使用的汇率。

(2) 收盘汇率(Closing Rate)又称收盘价，是指外汇银行在每日营业结束时，进行最后一批外汇买卖时所使用的汇率。

开盘汇率和收盘汇率大致反映了外汇市场汇率在本营业日内变化的趋势。目前，全球各个金融中心的外汇市场在营业时间上是相互衔接的，各个外汇市场上价格也是相互影响的。因此，一个外汇市场的开盘汇率往往受到上一个时区外汇市场的收盘汇率的影响，从而会发生较大的变化。

9. 按国际货币制度的演变划分为固定汇率和浮动汇率

(1) 固定汇率(Fixed Rate)是指一国货币同另一国货币的汇率保持基本固定，汇率的波动限制在一定幅度以内。固定汇率是在金本位制和布雷顿森林货币制度下各国货币汇率安排的主要形式。在金本位制下，货币的含金量是决定汇率的基础，黄金输送点是汇率波动的界限。在这种制度下，各国货币的汇率变动幅度很小，基本上是固定的，故称固定汇率。“二战”后到20世纪70年代初，在布雷顿森林货币制度下，因国际货币基金组织的成员国货币与美元挂钩，规定它的平价，外汇汇率的波动幅度也规定在一定的界限以内(上下1%)，所以也是一种固定汇率。

(2) 浮动汇率(Floating Rate)是指一个国家不规定本国货币的固定比价，也没有任何汇率波动幅度的上下限，而是听任汇率随外汇市场的供求关系自由波动。浮动汇率是自20世纪70年代初布雷顿森林货币制度崩溃以来各国汇率安排的主要形式，按一国政府是否对外汇市场进行干预可分为管理浮动(Managed Floating)和自由浮动(Free Floating)两种；按一国货币价值是否与其他国家保持某种特殊联系可分为单独浮动(Independent Float)、联合浮动(Joint Float)和盯住浮动(Pegged Float)3种。

10. 按外汇来源与用途不同划分为单一汇率和多种汇率

(1) 单一汇率(Single Rate)是指一国货币对某一外币只规定一个汇率，这一汇率适用于各种不同来源与用途的外汇买卖。

(2) 多种汇率(Multiple Rate)(复汇率、多重汇率)是指一国货币对某一外币的汇率因外汇来源和用途的不同规定两种或两种以上汇率。复汇率或多重汇率被视为是汇兑限制。

自2005年7月21日起，我国开始实行以市场供求为基础、参考一篮子货币进行调节、有管理的浮动汇率制度。

第二节　汇率的决定与变动

汇率作为两种货币之间的交换比率，其本质是两国货币各自所具有或所代表的价值的比率，因此，各国货币所具有或所代表的价值量之比是汇率决定的基础。但由于在不同货币制度下，货币发行基础、货币的种类和形态各异，因而汇率变动的幅度和方式也有所不同。

一、汇率的决定

汇率究竟是由什么决定的？一般认为，各国不同的货币之所以有比值，是因为它们之间具有可比性，各种货币的可比性来自于货币本身具有的价值或能代表的价值。因此，各国货币所具有或代表的价值量之比就是决定汇率的基础。

(一) 金币本位制度下汇率的决定

金本位制度(Gold Standard System)泛指以黄金为本位货币的货币制度，先后有金币本位制、金块本位制和金汇兑本位制3种类型，其中金币本位制是典型的金本位制。第一次世界大战前，国际上盛行的是金币本位制，英国于1816年率先实行金币本位制，随后其他欧美国家也陆续宣布实施金本位制，至1880年美国宣布实施金本位制之后，国际金本位制成型。金块本位制和金汇兑本位制出现于由金铸币流通向纸币流通过渡和第二次大战后对黄金与货币兑换实行限制的时期，存在的时间较短，属于不完全的金本位制度。通常，金本位制度主要是指金币本位制。

1. 金币本位制下的汇率决定基础是铸币平价

在金币本位制下，流通中的货币是以一定重量和成色的黄金铸造而成的金币，各国货币的单位价值就是铸造该金币所耗用的黄金的实际重量，我们把各国货币的单位含金量称为该国货币的铸币平价(Mint Par)。当时，两国货币汇率的确定，就是由两国货币的铸币平价来决定的，即汇率决定的基础是铸币平价，用公式表示为

1单位A国货币=A国货币含金量/B国货币含金量=X单位B国货币

例如，1925—1931年，英国规定1英镑金币的重量为123.274 4格令(Grains)，成色为22K(Karats，金为24开)，即1英镑含113.001 6格令纯金(123.274 4×22/24)；美国规定1美元金币的重量为25.8格令，成色为0.900 0，则1美元含23.22格令纯金(25.8×0.900 0)。根据含金量之比，英镑与美元的铸币平价是：113.001 6/23.22=4.866 5，即1英镑的含金量是1美元含金量的4.866 5倍，或1英镑可兑换4.866 5美元。按照等价交换的原则，铸币平价是决定两国货币汇率的基础。

2. 金币本位制下汇率波动的界限是黄金输送点

铸币平价与外汇市场上的实际汇率是不相同的。铸币平价是法定的，一般不会轻易变动，而实际汇率受外汇市场供求影响，经常上下波动。当外汇供不应求时，实际汇率就会超过铸币平价；当外汇供过于求时，实际汇率就会低于铸币平价。正如商品的价格围绕价值不断变化一样，实际汇率也围绕铸币平价不断涨落。但在典型的金币本位制下，由于黄金可以不受限制地输入输出，不论外汇供求的力量多么强大，实际汇率的涨落都是有限度的，即被限制在黄金的输出点和输入点之间。

黄金输出点和输入点统称黄金输送点(Gold Point)，是指在金币本位制下，汇率涨落引起黄金输出和输入国境的界限。它由铸币平价和运送黄金费用(包装费、运费、保险费、运送期的利息等)两部分构成。铸币平价是比较稳定的，运送费用是影响黄金输送点的主要因素。以直接标价法表示，黄金输出点等于铸币平价加运送黄金费用，黄金输入点等于铸币平价减运送黄金费用。金本位制度下汇率的波动规则如图2-2所示。

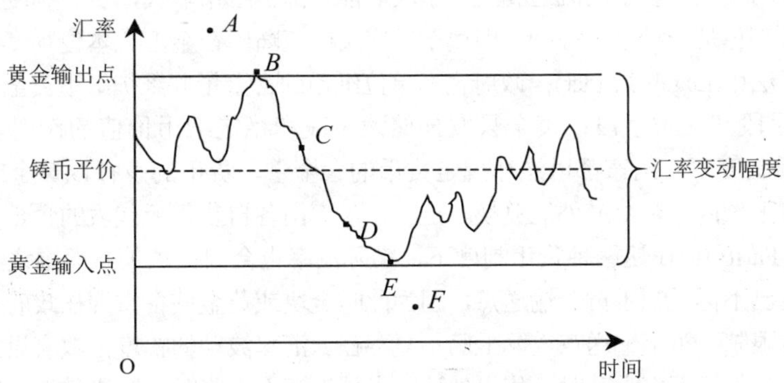

图2-2　金本位制度下汇率的波动规则

假定，在美国和英国之间运送价值为1英镑的黄金的运费为0.03美元，英镑与美元的铸币平价为4.866 5美元，那么对美国厂商来说，黄金输送点分别如下所示：

黄金输出点=4.866 5+0.03=4.896 5(美元)；

黄金输入点=4.866 5−0.03=4.836 5(美元)。

假设在美国外汇市场上，英镑外汇的价格受市场供求关系的影响而逐渐上涨，当英镑汇率上涨超过了$4.896 5即黄金输出点时，则美国进口商就不愿按此高汇率在市场上直接购买英镑，而宁愿直接运送黄金到英国去偿付债务。这时外汇市场上对英镑的需求就会减少，英镑汇率就会下跌，直至跌到$4.896 5以内；相反，当英镑汇率下跌到$4.836 5即黄金输入点时，则美国出口商就不愿意按此低汇率将英镑兑换为美元，而宁愿用英镑在英国购进黄金，再运回国内。这时外汇市场上英镑的供应就会相应减少，英镑汇率就会上升，直至上升到$4.836 5以上。

由此可见，金币本位制下，汇率波动的规则是：汇率围绕铸币平价，根据外汇市场的供求状况，在黄金输出点与输入点之间上下波动。当汇率高于黄金输出点或低于黄金输入点时，就会引起黄金的跨国流动，从而自动地把汇率稳定在黄金输送点所规定的幅度之内。所以，在金币本位制度下，金币汇率的波动幅度小，具有单一性和稳定性。

虽然金币本位制度下的汇率相对比较稳定，使得各国的经济往来保持稳定，但是这种制度下汇率的稳定性并不是绝对的。因为世界黄金储备有限，经济的快速发展使得对黄金的需求量越来越大，黄金供给与需求的矛盾越来越尖锐，此时金币本位制度的缺陷逐渐暴露出来。第一次世界大战中，由于黄金储备不足，许多国家为了应付巨额战争费用的开支而发行纸币，限制黄金的自由流通，货币的发行也不再受黄金储备的限制。而且欧洲各国此时也纷纷开始限制甚至禁止黄金出口和纸币自由兑换黄金，金币本位制度因此失去了汇率稳定的基础并开始走向崩溃的边缘。第一次世界大战结束以后，金币本位制度彻底瓦解，取而代之的是金块本位和金汇兑本位制度。

(二) 金块本位和金汇兑本位制度下汇率的决定

金币本位制度发展到后期，由于黄金产量跟不上经济发展对货币日益增长的需求，黄金参与流通、支付的程度下降，其作用逐渐被以其为基础的纸币(银行券)所取代，只有当大规模支付需要时，黄金才以金块的形式参与流通和支付。这种形式的货币制度，被称为金块本位制。金块本位制本质上依然是一种金本位制，因为在这种制度下，纸币的价值以黄金为基础，代表黄金流通，并与黄金保持固定的比价，黄金仍在一定程度上参与清算和支付。

后来随着经济的发展，黄金的流通和支付手段职能逐渐被纸币取代，货币制度演变为金汇兑本位制。金汇兑本位制也是一种金本位制，但属于较广义的范畴。在金汇兑本位制度下，纸币成了法定的偿付货币，即法币(Legal Tender)；政府宣布单位纸币的含金量并维护纸币黄金比价；纸币充当价值尺度、流通手段和支付手段；黄金只发挥储藏手段和稳定纸币价值的作用。

在这两种货币制度下，国家都以法律规定货币的含金量，货币的发行以黄金或外汇作为准备金，并允许在一定限额内与黄金或外汇兑换。这时，汇率由各自货币所代表的含金量之比决定，即法定平价(Official Parity)。在这两种货币制度下，实际汇率也会因供求关系而围绕法定平价上下波动，但其波动幅度已不再受制于黄金输送点，因为此时金块或黄金储备掌握在政府手中，黄金的流通和兑换受到一定限制，黄金输送点实际上已不复存在。汇率波动的幅度由政府设立的外汇平准基金来决定和维护。当外汇汇率上升时，售出外汇；当外汇汇率下降时，买进外汇，以将汇率波动控制在一定幅度内。因而在这两种制度下，汇率失去了稳定的条件，相对于金币本位制度，汇率的稳定性大大降低。

(三) 纸币制度下汇率的决定

1929—1933年的经济大萧条使西方各国的金本位制相继崩溃，并先后实行纸币流通制度。在纸币制度下，纸币不再代表或代替金币流通，而金平价(即铸币平价和法定平价)也不再是决定汇率的基础。

1. 布雷顿森林体系下汇率的决定

“二战”结束以后，资本主义各国为了稳定汇率，在1944年建立了布雷顿森林货币制度，该货币制度是在国际货币基金组织的监督下以美元为中心的固定汇率制，其核心是双挂钩：一是美元与黄金挂钩，确定1盎司黄金等于35美元的黄金官价；二是其他国家货币与美元挂钩，或者不规定含金量而规定与美元的比价，直接与美元挂钩，或者规定含金量，同时按美元的含金量与美元建立固定比价，间接与美元挂钩。在这种货币制度下，各国货币的价值分别通过黄金或美元来表示。由于这一货币制度是在国际货币基金组织的监督下协调运转的，因此，国际上把各国单位货币的美元价值或黄金价值称为国际货币基金平价(IMF Parity)，简称基金平价。汇率由各国货币的基金平价的比值来决定，即汇率决定的基础是基金平价。

2. 现行国际货币制度下汇率的决定

随着布雷顿森林货币制度的崩溃，资本主义各国纷纷放弃了与美元的固定比价，普遍实行浮动汇率制。在这种汇率制度下，各国货币基本与黄金脱钩，即不再在法律上规定货币的法定含金量。汇率已经不再由各国货币的基金平价或含金量来决定，而应当由各国纸币所代表的实际价值来决定。根据马克思的货币理论，纸币是价值的一种代表，两国纸币之间的汇率可用两国纸币各自所代表的价值量之比来确定。纸币所代表的价值量或纸币的购买力，即购买力平价是决定汇率的基础。换而言之，一国货币的对内价值是决定其汇率(即对外价值)的基础。而货币的对内价值是由其国内物价水平反映的。受纸币流通规律的制约，流通中的货币若与客观需要的合理货币流通量相等，则物价平稳，即货币的对内价值稳定；若流通中的货币量超过了客观需要的合理货币流通量(即通货膨胀)，则物价上涨，即货币的对内价值下降，此时，若汇率仍保持不变，则表现为高估本国货币的对外价值。本国货币的对外价值不能长期高估，若长期高估，则必然影响本国的国际收支。到一定时候，就不得不进行调整，使之与国内购买力基本一致。因此，在纸币制度下，一国货币的对内价值(物价)是该货币汇率(即对外价值)的基础。

二、汇率的变动

经济生活中有很多因素会引起汇率的变动，汇率变动又会反作用于经济的运行，对一国的国内经济和国际经济产生影响。正因为如此，汇率成为各国宏观经济调控的重要经济杠杆之一。要充分发挥汇率的经济杠杆作用，必须首先把握货币价值和汇率变动的基本方向，如升值(Revaluation)与贬值(Devaluation)、上浮(Appreciation)与下浮(Depreciation)、高估(Overvaluation)与低估(Undervaluation)等。

(一) 货币的升值与贬值

在不同的汇率制度下，汇率变动的形式有一定区别。

1. 法定升值和贬值

货币的法定升值和贬值是固定汇率制度下汇率变动的两种形式。如果政府正式宣布提高本国货币的法定平价，或者提高本国货币与外国货币的基准汇率，即法定升值，反之则是法定贬值。

2. 上浮与下浮

汇率的上浮与下浮是货币相对价值变动的一种现象，即货币汇率随外汇市场供求关系的变化而上下波动，但其法定平价并未调整。汇率上升，称为上浮；汇率下降，则称为下浮。需要指出，在自由浮动汇率制下，货币的汇率主要取决于外汇市场供求，这时汇率的波动严格来说，不是升值或贬值，而是上浮或下浮。当外汇供不应求时，其汇率上浮，当外汇供过于求时，其汇率下浮。外汇汇率上浮意味着该国货币贬值，外汇汇率下浮意味着该国货币升值。

人民币对主要货币有升有贬。2015年年末，人民币对美元汇率中间价为6.493 6元/美元，较上年年末贬值5.8%，银行间外汇市场(CNY)和境外市场(CNH)即期交易价累计分别下跌4.5%和5.4%。2015年年末，人民币对欧元、日元、英镑、澳元、加元汇率中间价分别为7.095 2元/欧元、5.387 5元/100日元、9.615 9元/英镑、4.727 6元/澳元、4.681 4元/加元，分别较上年年末升值5.1%、贬值4.6%、贬值0.8%、升值6.1%和升值12.7%。

3. 高估与低估

汇率的高估与低估是指货币的汇率高于或低于其均衡汇率。在固定汇率制下，官方汇率如能正确反映两国之间的经济实力对比和国际收支状况，就等于或接近均衡汇率。在浮动汇率制下，外汇市场上的供给与需求相平衡时，两国货币的交换比率便是均衡汇率。当官方确定的汇率或市场现行汇率高于或低于均衡汇率时，汇率就是被高估或低估了。

(二) 汇率变动的计算

无论在哪种汇率制度下，货币的贬值与升值都是指一种货币相对于另一种货币而言的，贬值和升值的幅度可以通过变化前后的两个汇率计算出来。

在直接标价法下：

本币汇率变化的幅度(%)=(旧汇率/新汇率−1)×100%

外币汇率变化的幅度(%)=(新汇率/旧汇率−1)×100%

在间接标价法下：

本币汇率变化的幅度(%)=(新汇率/旧汇率−1)×100%

外币汇率变化的幅度(%)=(旧汇率/新汇率−1)×100%

例如，根据前后两个不同时点上的数据，USD 1=CNY 8.1100，USD 1=CNY 6.2960，计算美元和人民币各自贬值与升值的幅度。

人民币升值：

(8.1100/6.2960−1)×100%=28.81%

美元贬值：

(6.2960/8.1100−1)×100%=−22.37%

(三) 影响汇率变动的主要因素

汇率是连接国内外商品市场和金融市场的一座重要桥梁，其变动受多种因素的制约和影响。如一国的国际收支状况、通货膨胀、经济实力、经济政策的变化以及突发事件等，这些因素都可能直接或间接影响各国货币的供求关系，从而反映在有关国家的国际收支状况中，最后再反映到汇率上。实际经济生活中影响汇率变化的因素很多，既有直接因素，也有间接因素；既有长期因素，也有短期因素；既有国内因素，也有国际因素；既有经济因素，也有社会和政治因素，这些因素相互影响、相互制约。随着世界政治、经济形势的发展，各种因素所占的影响权重也不尽相同，而且一种因素对于不同的国家，在不同的时间影响大小也不一样。因为影响汇率的因素很多，这里只选取一些相对重要的因素，分析它们是如何影响汇率的。

1. 国际收支

国际收支是一国对外经济活动的综合反映，其收支差额直接影响外汇市场上的供求关系，并在很大程度上决定了汇率的基本走势和实际水平，是影响汇率变动的最重要的因素。国际收支对汇率变动的影响，如图2-3所示。

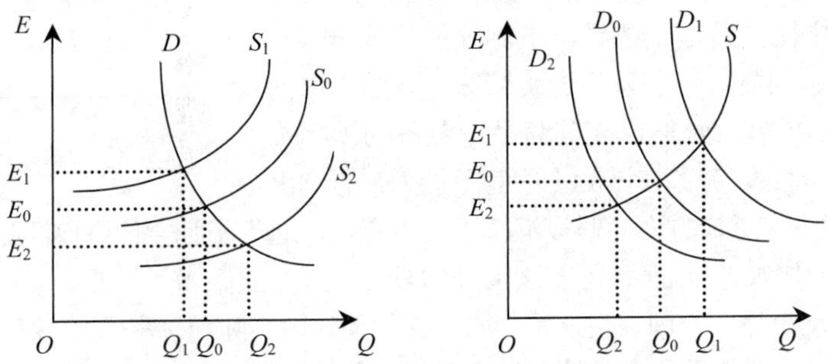

图2-3 国际收支状况对汇率变动的影响

图2-3中，纵轴为外汇汇率E，横轴为外汇数量Q。假定某国的国际收支处于平衡状态，其外汇市场上的均衡汇率为E_0。从外汇供给方面考察(假定该国外汇市场上的需求基本稳定，即外汇需求曲线D不变)，当该国的国际收支出现逆差时，其外汇供给就会相对减少(S_0移动到S_1)，这就会引起外汇汇率上升(E_0上升到E_1)；当该国的国际收支出现顺差时，其外汇供给就会相对增加(S_0移动到S_2)，就会引起外汇汇率下降(E_0下降到E_2)。从外汇需求方面考察(假定该国外汇市场上的供给基本稳定，即外汇供给曲线S不变)，当该国的国际收支出现逆差时，该国对外汇的需求相对增加(D_0移动到D_1)，导致外汇汇率上升(E_0上升到E_1)；当该国的国际收支出现顺差时，该国的外汇需求相对减少(D_0移动到D_2)，导致外汇汇率下降(E_0下降到E_2)。从以上分析可以得出：一国的国际收支出现顺差，就会引起外国对该国货币需求的增长与外国货币供应的增加，进而引起外汇的汇率下降或该国货币的汇率上升。反之，一国的国际收支出现逆差，就会增加该国的外汇需求和本国货币的供给，进而引起外汇的汇率上升或该国货币的汇率下降。

在实际经济运行中，一国国际收支状况对汇率的影响是很大的，美元汇率的演变就有力地说明了国际收支对汇率的影响。第二次世界大战结束后不久，美国巨额贸易顺差促使美元成为外汇市场上最抢手的货币，甚至出现了“美元荒”，美元成为金融体系中的核心货币。而随着后来的20世纪六七十年代美国贸易逆差的不断扩大，美元成为外汇市场竞相抛售的对象，迫不得已分别在1971年和1973年进行两次大幅度法定贬值。近几年来，美元的持续贬值也和美国的国际收支逆差扩大有着直接的关系。

2. 通货膨胀率差异

通货膨胀是影响汇率变动的一个长期、主要而又有规律性的因素。在纸币流通条件下，两国货币之间的比率，从根本上说是由其所代表的价值量的对比关系来决定的。因此，在一国发生通货膨胀的情况下，该国货币所代表的价值量就会减少，其实际购买力也就下降，对外比价也会下跌。当然，如果对方国家也发生了通货膨胀，并且幅度恰好一致，两者就会相互抵消，两国货币间的名义汇率可以不受影响，然而这种情况非常少见。一般来说，两国通货膨胀率是不一样的，通货膨胀率高的国家，货币汇率下跌；通货膨胀率低的国家，货币汇率上升。通货膨胀对汇率变动的影响，如图2-4所示。

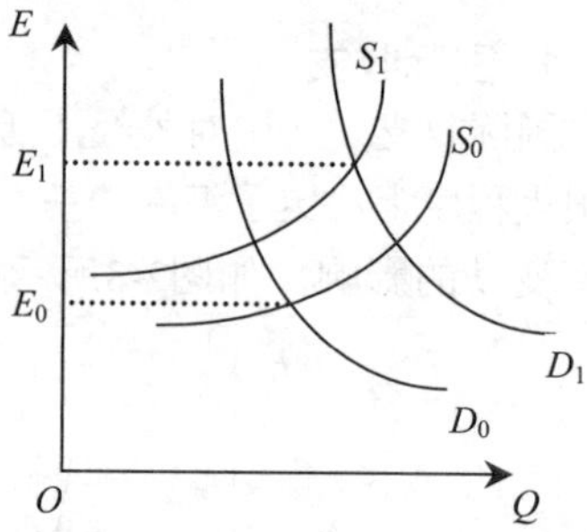

图2-4　通货膨胀对汇率变动的影响

图2-4表明了通货膨胀对汇率变动的影响。当某国通货膨胀率相对于别国增加时，就会通过进出口贸易和资本流动两个途径增加外汇需求(D_0移动到D_1)，减少外汇供给(S_0移动到S_1)，从而导致外汇汇率上升(E_0上升到E_1)。特别值得注意的是，通货膨胀对汇率的影响一般要经过一段时间才能显现出来，因为它的影响往往要通过一些经济机制才能体现出来。

(1) 商品劳务贸易机制。一国发生通货膨胀，该国出口商品、劳务的国内成本提高，必然提高其商品、劳务的国际价格，从而会削弱该国商品、劳务在国际上的竞争能力，影响出口和外汇收入。相反，在进口方面，假设汇率不发生变化，通货膨胀会使进口商品的利润增加，刺激进口和外汇支出的增加，从而不利于该国经常项目收支。

(2) 国际资本流动渠道。一国发生通货膨胀，必然使该国实际利息率(即名义利息率减去通货膨胀率)降低，这样，用该国货币所表示的各种金融资产的实际收益将下降，导致各国投资者把资本移向国外，不利于该国的资本项目收支。

(3) 心理预期渠道。一国持续发生通货膨胀，会影响市场上对汇率走势的预期心理，继而有可能产生外汇市场参加者有汇惜售、待价而沽、无汇抢购的现象，进而对外汇汇率产生影响。据估计，通货膨胀对汇率的影响往往需要经历半年以上的时间才能显现出来，然而其延续时间却较长，一般在几年以上。

3. 经济增长率差异

经济增长率与汇率之间的关系相对比较复杂。当一国经济增长率提高时，一方面反映该国经济实力增强，其货币在国际外汇市场上的地位提高，从而使该国货币汇率有上升趋势；另一方面，由于经济高速增长，该国国民收入增加，从而促使该国进口需求上涨，如果该国出口不变的话，那么就会使该国国际收支经常项目产生逆差，最终导致本币汇率下降。但如果该国经济是以出口导向型为主，那么经济的增长就意味着出口的增加，使经常项目产生顺差，最终导致本币汇率上升。与此同时，由于该国经济走强，其货币利率也往往处于上升状态，会吸引外资流入该国进行投资，进而改善国际收支的资本账户。因此，一般来说，高经济增长率在短期内不利于本币在外汇市场的行市，但从长期看，却有着支持本币汇率走势的强劲势头。如2007年中国经济增长11.4%，根据IMF的测算，2007年对全球经济增长的贡献中国首次超过美国，2008年中国经济增长率9%。2008年1月—7月17日，人民币对美元汇率已先后55次创出新高，2008年人民币升值超过7%，自2005年汇改以来累计升幅达18.93%。

4. 利率差异

利率是金融资产的价格。在开放经济条件下，利率的变化通过作用于资本流出流入而影响汇率的变化。当一国提高利率水平或本国的利率水平高于外国利率时，意味着本国金融资产的收益率更高，对投资者更具有吸引力，则资金流入增加，对本国货币的需求增加，本国货币汇率趋于上涨；相反，当一国降低利率水平或本国的利率水平低于外国利率时，就意味着本国金融资产的收益率降低，则资金流出增加，对外国货币的需求增加，外汇汇率上升，本国货币汇率趋于下降。这里所说的利率差异，是指实际利率差异。在西方国家，实际利率是指长期政府债券利率与通货膨胀率的差额。

但是，对于在国家间追逐高额利润的短期资本来说，在其投资于外国金融市场时，除了要考虑利率之外，还要考虑汇率因素。也就是说，必须考虑两国利率的差异与汇率预期变动率之间的关系，只有当外国利率加汇率的预期变动率之和大于本国利率时，把资金投入国外市场才会有利可图。这就是国际资金套利活动的"利息平价原理"。值得注意的是，这里的利率指的是实际利率，计算实际利率时通常采用长期政府债券利率减通货膨胀率的方法。

5. 市场心理预期

自20世纪70年代以来，预期被引入汇率的研究领域。预期对汇率的影响很大，其程度有时远远超过其他因素对汇率的影响。预期有稳定型和破坏稳定型之分。稳定型预期，是指人们预期一种货币汇率不会再进一步下跌时，就会买进该货币，从而缓和该货币汇率下跌程度；反之则抛出该货币，从而降低该货币汇率升值幅度。显然，按这种预期心理进行的外汇买卖行为有助于汇率的稳定。破坏稳定型预期则相反，按这种预期心理进行的外汇买卖，会在汇率贬值时进一步抛出该货币，在汇率升值时进一步买入，从而导致汇率暴涨暴跌，加剧汇率的不稳定。

影响人们心理预期的因素主要有3个方面：一是与外汇买卖和汇率变动相关的数据资料信息；二是来自电视、电台等的经济新闻和政治新闻；三是社会上人们相互传播的未经证实的消息。这些因素都会通过影响外汇市场交易者的心理预期进而影响汇率。有时虚假的经济新闻或者信息也会导致汇率的变动。

另外，外汇市场的参与者和研究者，包括经济学家、金融专家和技术分析员、资金交易员等，每天致力于汇市走势的研究，他们对市场的判断及对市场交易人员心理的影响以及交易者自身对市场走势的预测都是影响汇率短期波动的重要因素。当市场预计某种货币汇率下降时，交易者会大量抛售该货币，造成该货币汇率下浮的事实；反之，当人们预计某种货币汇率趋于坚挺时，又会大量买进该货币，使其汇率上扬。由于公众预期具有投机性和分散性的特点，加剧了汇率短期波动的振荡。

6. 中央银行干预

不论是在固定汇率制度下，还是在浮动汇率制度下，中央银行都会被动地或主动地干预外汇市场，稳定外汇汇率，以避免汇率波动对经济造成不利影响，实现自己的政策目标。这种通过干预直接影响外汇市场供求的情况，虽无法从根本上改变汇率的长期走势，但对汇率的短期走向会有一定的影响。固定汇率制度在第二次世界大战后被维持了25年之久，足以显示中央银行干预的成效。特别是20世纪80年代以来，西方主要国家在管理浮动汇率制度的基础上进行联合干预，更使得中央银行成为外汇市场上影响汇率的不可忽视的力量。

总之，影响汇率变动的因素是多种多样的，除上述因素以外，一国的宏观经济政策(包括汇率政策，见图2-5)、社会总供求的变动、国际储备状况、外汇市场的投机活动、政治与突发因素、信息传递等，也都会影响一国货币汇率的波动。

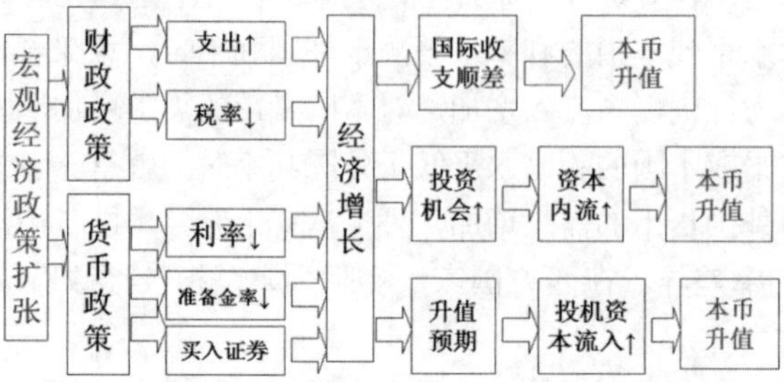

图2-5　宏观经济政策影响汇率示意图

第三节　汇率变动对经济的影响

汇率是一条连接国内外商品市场和金融市场的重要纽带，随着世界经济、金融全球化以及汇率市场化进程的加快，汇率对经济的影响越来越大。汇率的变动不仅要受诸如国际收支、通货膨胀、利率水平等一系列经济因素的影响，而且汇率的变动反过来又会对一国国际收支、国内经济乃至世界经济产生广泛的影响。了解汇率变动对经济的影响，一方面有助于一国外汇管理当局制定该国的汇率政策，另一方面也有助于涉外企业进行汇率风险管理。汇率变动对经济的影响表现在对一国国际收支、国内经济和国际经济关系等方面的影响。

一、汇率变动对一国国际收支的影响

国际收支状况变化意味着实际资源和货币资本的净流入或净流出，对一国的经济运行有着重要的作用。汇率变动能够调节国际收支状况，并对国际收支中的贸易收支、非贸易收支、资本流动、外汇储备产生影响。

(一) 汇率变动对货物贸易收支的影响

汇率变化的一个最为直接也是最为重要的影响就是对货物贸易收支的影响，这种影响有微观和宏观两个层面。从微观上讲，汇率变动会改变进出口企业成本、利润的核算；从宏观上讲，汇率变化因对货物进出口产生影响而使货物贸易收支差额以至于国际收支差额发生变化。

汇率变化对货物贸易收支产生的影响一般表现为：一国货币对外贬值后，有利于本国商品的出口，不利于外国商品的进口，因而会减少货物贸易逆差或增加货物贸易顺差；而一国货币对外升值后，则有利于外国商品的进口，不利于本国商品的出口，因而会减少货物贸易顺差或扩大货物贸易逆差。

以本币贬值为例，本币贬值后，对出口会产生两种结果：①等值本币的出口商品在国际市场上会折合比以前(贬值前)更少的外币，使国外销售价格下降，竞争力增强，出口扩大；②出口商品在国际市场上的外币价格保持不变，则本币贬值会使等值的外币兑换成比以前(贬值前)更多的本币，国内出口商品的出口利润增加，从而促使国内出口商积极性提高，出口数量增加。这就是说，本币贬值或者会使出口商品价格下降，或者会使出口商品利润提高，或者二者兼而有之，这都会使出口规模扩大。如果出口数量增加的幅度超过商品价格下降的程度，则本国出口外汇收入净增加。

但是，汇率的变动对货物贸易收支的影响不是在任何条件下都能发挥作用的，还需要满足一定的条件。

(1) 马歇尔-勒纳条件(Marshall-Lerner Condition)。汇率的变动能否影响货物贸易收支主要取决于进出口商品的供给和需求弹性。我们以贬值为例，根据马歇尔-勒纳条件，本币贬值改善货物贸易收支逆差需要具备的条件是进出口需求弹性之和大于1，即$(dx+dm)>1$(dx和dm分别代表出口需求弹性和进口需求弹性)。因为本币贬值对货物贸易收支会产生两方面作用：在数量上，本币贬值后会使出口增加、进口减少；在价格上，会使出口的外币价格降低、进口的本币价格提高，导致贸易条件恶化。只有在对数量方面的影响超过了对价格方面的影响时，即出口数量的增加幅度超过出口价格下降的幅度，进口数量下降的幅度超过进口价格提高的幅度，货物贸易收支才会改善。

(2) J曲线效应。本币贬值后对出口的刺激和对进口的抑制作用，不会在货币贬值后立竿见影地表现出来，从一国汇率的变动到货物贸易收支的变动还有一个时滞。本币对外币贬值后，出口商品以外币表示的价格下降，外国对该国商品的需求会增加，但是本国并不能立即增加供给，因为企业扩大生产还需要一个较长的过程，所以出口的增长会有一个时滞。同样，对于进口而言，因为原来已经签订的合同还要继续执行，因此货币贬值后进口不会立即减少。货币贬值后常常会出现这种现象，即在货币贬值的初期，出口商品的数量增加缓慢(以外币表示的价格已降低)，进口商品的外币价格不变而数量未见减少，贸易收支反而恶化。只有经过一段时间(大约9个月到1年)的调整，贸易收支才能够得以改善，这就是所谓的“J曲线效应”。

(二) 汇率变动对服务贸易收支的影响

一国货币汇率的变动对国际收支经常账户中的交通、旅游和教育等服务贸易收入状况的影响也是非常大的。在国内物价水平保持稳定的情况下，本国货币贬值，外国货币在国内的购买力就相对增强，本国的商品、劳务、交通和旅游等费用就变得相对便宜，这就增加了对外国游客的吸引力，促进该国旅游和其他收入的增加。反之，如果一国货币升值即本币汇率上升，则该国的商品、劳务、旅游等的相对价格将会大大提高，外国游客考虑到旅游成本的增加，将会减少对该国旅游的需求，因此会降低该国旅游、劳务等服务贸易收入。

此外，汇率的变动对一国的对外劳务支出和经常转移收支也会产生影响。本国货币贬值，使国外的旅游和其他劳务开支对该国居民来说相对提高，进而抑制了该国的对外劳务支出。同样，贬值对该国的单方面转移也可能产生不利影响。以外国侨民赡家汇款收入为例，贬值后，一单位的外币所能换到的本国货币数量增加，对侨民来说，以本币表示的一定数量的赡家费用就只需少于贬值前的外币来支付，从而使本国的外币侨汇数量下降。当然，汇率对非贸易收支的影响同样也存在供求弹性的制约和时滞问题。

(三) 汇率变动对资本流动的影响

国际资本的流动是由于国家间的货币交易而产生的货币转移行为，外汇市场中的汇率变动对国际资本流动，特别是短期资本流动影响很大。

对国家间的长期资本流动来说，汇率变动造成的影响比较小，因为长期资本流动遵循的是“高风险，高收益；低风险，低收益”的决策原则，注重投资环境总体的好坏，汇率变动所造成的风险只是诸多环境因素中的一个，而且不起决定性作用，更何况由汇率变动引起的汇率风险在很大程度上是可以防范与克服的。当然，汇率变动也有一定的影响力。例如，在其他条件不变的情况下，贬值使得外国货币的购买力相对上升，有利于吸引外商到货币贬值国进行新的直接投资；在一国发生严重通货膨胀的情况下，当该国货币汇率的下跌幅度大于通货膨胀的幅度，贬值后的新汇率扣除通货膨胀因素之后又低于基期汇率时，贬值可能降低长期投资的盈利水平。若一国货币升值，则情况正好与此相反。

对国家间的短期资本流动来说，汇率变动造成的影响则比较大。因为短期资本的流动性和套现能力强，一旦贬值使金融资产的相对价值降低，便会发生“资本抽逃”现象。例如，一国货币贬值时，该国资本持有者或外国投资者为避免损失，就会在外汇市场上把该国货币兑换成坚挺的外币，将资金调往国外；同时，货币贬值会造成一种通货膨胀预期，影响实际利率水平，打破“利率平价”关系，进而诱发投机性资本的外流。在贬值后的一段时间内，短期资本流出的规模一般都大于短期资本流入的规模。从这个意义上讲，贬值是不利于改善国际收支平衡表资本项目状况的。

(四) 汇率变动对外汇储备的影响

外汇储备是一国国际储备的主要内容，由本国对外贸易及结算中的主要货币组成。储备货币的汇率发生变动会直接影响一国持有储备的实际价值，如果某种储备货币汇率下浮，那么持有国的储备就要遭受汇率损失，而该种货币的发行国通过转嫁这种损失减轻了本国的债务负担。相反，若某种储备货币汇率上浮，持有国获得汇率上升的收益，发行国则增加了债务负担。

在第二次世界大战以后的布雷顿森林体系下，美元是各国外汇储备的主要币种。20世纪70年代以后，各国外汇储备逐渐走向多元化，如今，美元、欧元、日元、英镑等货币是主要储备货币。由于储备货币的多元化，汇率变化对外汇储备的影响也多样化。有时外汇市场汇率波动较大，但因储备货币中升、贬值货币的力量均等，外汇储备就不会受到影响；有时虽然多种货币汇率下跌，但占比重较大的储备货币汇率上升，外汇储备总价值也能保持稳定或略有上升。国际储备货币多元化加之汇率变化的复杂化，使国际储备管理的难度加大，各国货币当局因此都随时注意外汇市场行情的变化，进行相应地储备货币的调整，以避免汇率波动给外汇储备造成损失。

二、汇率变动对国内经济的影响

汇率变动改变了国内外相对价格水平，在开放经济条件下，势必影响国内经济的发展。下面我们集中分析汇率贬值对国内经济的影响，对于升值的影响，可以反过来进行阐释。

(一) 汇率变动对国内物价的影响

一般来说，一国货币贬值，有利于扩大出口、抑制进口，可以使一国进口替代业和出口产业得以扩展，从而带动国内生产和就业的增加。但在现实经济生活中，货币汇率贬值的结果并非那么理想。货币汇率的贬值通过货币工资机制、生产成本机制、货币供应机制和收入机制，有可能导致国内工资和物价轮番上涨，并最终使本币汇率贬值带来的好处全部被抵消。

首先，从货币工资机制来看，进口物价的上涨，会导致人们生活费用上涨，人们会要求更高的名义工资，而工资的增加会使生产成本和生活费用进一步上涨，并最终使出口商品和进口替代商品甚至整个社会物价上涨。由此可见，货币对外贬值有助长通货膨胀并抵消贬值带来好处的倾向。而通货膨胀本身又是引起本币贬值的一个重要原因。于是，许多国家有可能陷入“贬值—通货膨胀—再贬值—通货膨胀进一步加剧”的恶性循环。

其次，从生产成本机制来看，当进口的原材料和机器设备等资本货物投资再生产后，尤其是当它们构成出口产品的重要组成部分时，货币贬值会导致出口商品价格上涨，并可能使本国贸易收支最终恶化。

再次，从货币供应机制看，由于货币工资机制以及生产成本机制的作用，货币当局可能会通过扩大货币供给来迁就这种外汇汇率上涨的压力(而不是采取任何通货紧缩的抵消政策)，以维持原来的生产规模，满足原来的消费水平。此外，本币汇率贬值后，政府在外汇市场的结汇方面，将支出更多的本国货币，这也导致货币供给增加。

最后，从收入机制来看，若由于国内对进口商品的需求弹性较小从而货币汇率贬值不能使进口总量减少(或总量的减少不足以抵消价格的上涨)，外国对本国出口产品的需求弹性较小从而货币汇率贬值不能使本国出口总量增加(或总量的增加不足以抵消价格的下降)，那么，本国的贸易收支会由于外汇收入的减少及支出的增加而恶化，并且物价水平也会因此上涨。

当然，汇率贬值是否会引起物价上涨，不仅仅取决于进出口商品的需求弹性，还取决于整个经济制度、经济结构和人们的心理因素。一国经济越开放，货币工资收入者和企业对生活费用的上涨越敏感。可以说，任何较大程度的货币汇率贬值，都会或多或少地引起国内物价上涨。

(二) 汇率变动对社会总产量的影响

一国货币贬值的“奖出限进”作用，能够扩大该国的出口商品和进口替代品在国内外市场上占有的份额，从而为这些商品生产厂家的发展提供了更广阔的空间。由于生产的关联性，出口商品和进口替代品市场的扩大，又会直接或间接地推动整个工农业生产的发展。同时，一国货币贬值的“奖出限进”作用，还有利于增加该国的外汇积累，加大资本投入，形成新的生产能力。工农业生产的发展和新生产能力的形成，往往又使一国社会总产量明显增加。

(三) 汇率变动对就业水平的影响

一国货币贬值有利于出口商品的生产规模扩大和出口创汇企业的利润水平提高，而这又会牵引国内其他行业生产的发展，因此，国内就业总水平也将提高。同时，贬值后的进口商品成本增加，其销售价格上升，一方面使对进口商品的需求转向国内生产的产品，另一方面也提高了国内产品对进口产品的竞争能力，从而促进内销产品行业的繁荣，创造出更多的就业机会。但是，通过货币贬值来提高就业水平是有前提的。这就是，工资基本不变或变动幅度要小于汇率变动的幅度。如果工资随着本币汇率的下降而同比例上升，那就会抵消贬值所产生的改善国际贸易收支、增加就业机会的效应。另外，一国货币贬值，能够吸引外来的长期直接投资。外国资本流入会增加国内固定资本和流动资本的数量，有利于创造新的就业机会。

(四) 汇率变动对产业结构的影响

根据与汇率变动的关系是否密切，可以将产业结构划分为国际贸易部门和非国际贸易部门两大部分。国际贸易部门的产品主要用于国际贸易，非国际贸易部门的产品主要用于国内消费。汇率的变动对这两部分的影响程度并不完全相同，从而导致生产资源在两个部门的重新配置，进而影响一国的产业结构。

一国货币对外贬值后，本国出口产品价格相对较低，出口产品在国际市场上的竞争力提高，出口规模扩大，出口部门即国际贸易部门利润增加，由此导致生产资源由非国际贸易部门向国际贸易部门转移。这样，一国产业结构会倾向于国际贸易部门，国际贸易部门在整个经济体系中对经济的贡献增加，本国对外开放程度加大。同时，如果一国货币持续对外贬值会鼓励国内高成本低效益的出口产品和进口替代品的生产，在一定程度上具有保护落后产业、扭曲资源配置的可能。由于国外先进技术进口时本币价格相对较高，一些需要这些先进技术的企业就要承担过重的经济负担，不利于本国产业结构的升级。

(五) 汇率变动对国内利率水平的影响

本币汇率贬值对国内利率水平的影响具有双重性：从货币供应量的角度，本币贬值会造成鼓励出口、增加外汇收入、本币投放量增加，减少进口、外汇支出减少，货币回笼也会减少。因此，本币汇率贬值会扩大货币供应量，促使利率水平下降。另一方面，从国内居民对现金的需求来看，在贬值情况下，物价普遍上涨，因而人们手中所持有现金的实际价值下跌，因此就需要增加现金持有额才能维持原先的实际需求水平。这样整个社会的储蓄水平就会下降，同时有一些人会把原先拥有的金融资产换成现金，导致金融资产的价格下降，这样国内利率水平会由此趋于上升。因此，本币汇率贬值究竟是提高还是降低一国的利率水平，要视各国的具体情况而定。不过，一般来说，后面一种趋势出现的概率要更大些，即对于一般的国家来说，本币汇率贬值随之而来的总是利率上升。

三、汇率变动对国际经济关系的影响

一国货币汇率变动，会通过商品竞争能力、出口规模、就业水平和社会总产量等方面的相对变化，直接影响该国与贸易伙伴国之间的经济关系。大量事实表明，一国货币贬值带来的国际收支状况改善和经济增长加快，很可能使其贸易伙伴国的国际收支状况恶化和经济增长放慢。如果一国为摆脱国内经济衰退而实行本币贬值，就很可能是把衰退注入其他国家，因为除汇率外，生产、成本、效率等其他条件并没有改变。出于一国狭隘私利而进行的贬值，往往会激起国际社会的强烈不满，或引起各国货币的竞相贬值，或招致其他国家贸易保护主义政策的报复，其结果是恶化国际经济关系。从长期看，这对贬值国及世界的经济发展都是有害的，同时加剧了国际金融市场的动荡。按照国际货币基金组织章程的规定，会员国只有在经过充分的多边协商后，才能采取较大的贬值行动。

同样，西方金融市场上某些货币汇率的持续坚挺也会引起国际经济矛盾的产生。20世纪80年代前半期的美元和90年代初期的德国马克就是两个典型的例子。1981—1985年间，美元汇率在高利率的支持下居高不下，使其他各国货币(包括日元、德国马克等硬货币)对其大幅度贬值，这种因美元升值造成的多种货币贬值对许多国家国内经济、贸易和货币信誉都是一种沉重打击，同时也带来国家间债权债务关系的剧烈变动。因此，到20世纪80年代中期，国际上降低美元汇率的呼声日益激烈，美元汇率最终于1985年9月在西方中央银行行长和财长会议中由各方共同磋商之后被强制压低。20世纪90年代初，德国马克借其强大的经济实力和高利率而步步升值，给整个欧洲货币体系造成了巨大压力，其他国家货币(如意大利里拉、法国法郎等)在其强势之下大幅度贬值，西欧联合浮动汇率机制终于支持不住而扩大了浮动的界限。

有必要指出，汇率变动是通过改变国内外货币的交换比例，对国民经济和国际经济关系产生影响的。这种影响涉及面广，而且会因条件与环境的不同产生积极或消极的效果。因此，运用汇率变动以实现经济政策目标的做法，应是十分谨慎的，要预先判断它的影响是利大于弊，还是弊大于利。另外，汇率变动所产生影响的大小，还与一国的开放程度、商品生产的特征，同国际金融市场的联系，以及货币的可兑换性等有关。如果开放程度高，商品生产多样化，同国际金融市场联系紧密，而且货币可自由兑换，货币贬值所产生的影响就大；反之，其所产生的影响就小。

【专栏2-1】

人民币升值无助美国增加就业

中国承受着美国越来越大的压力，要中国允许人民币升值。很多人认为，人民币升值会增加美国的就业岗位。《纽约时报》(*New York Times*)专栏撰稿人克鲁格曼(Paul Krugman) 在去年年底说，据他粗略估计，如果人民币不升值，那么在接下来几年里，他所说的“中国重商主义”最后可能使美国减少约140万个就业岗位。

但这决非一种必然结果。中国允许人民币升值会对世界经济产生什么样的影响，这是一个复杂的问题。国与国之间的经济关联千丝万缕，在分析汇率变动的影响时都需要考虑在内。媒体一直强调的标准关联是，如果人民币升值，中国以美元计算的出口价格就会上升，美国就会放弃变得更加昂贵的中国出口商品，转而购买相对便宜的美国产品。这有利于美国的产出和就业，新的工作岗位于是诞生了。

第二种关联，即中国可能会购买更多的美国产品，因为它们相比中国产品已经变得更加便宜。(美国产品的人民币价格下降了，因为一定数量的人民币可比以前兑换更多的美元)这同样有利于美国的产出和就业。

第三种关联，在于中国的产出因为出口下降而下降。随着经济降温，中国进口减少，而中国进口的部分产品又是来自美国。所以从这个关联来看，美国出口下降了，这不利于美国的产出和就业。第二种关联属于相对价格关联，中国货被美国货取代；第三种关联属于收入关联，中国经济萎缩，进口减少。至于哪种关联更强，那是一个用经验判断的问题。

第四种关联，我把它称为一种美国物价关联。人民币升值后，进口中国产品的价格提高了。美国人去沃尔玛(Wal-Mart)购物时，会发现中国商品已经提价。这种情况可能导致一些美国公司提高自己的价格，因为来自中国商品的价格竞争压力已经缓和，所以美国的物价将会上升。美国物价上升，又会导致实际财富下降，通常也会导致实际薪资下降，因为名义工资根据物价上涨进行的调整通常是缓慢的。这不利于美国的消费需求，因此不利于美国的产出和就业。除此以外，美联储(Federal Reserve)可能会通过加息来应对物价的上涨(尽管在当前气候中加息幅度或许不会很大)，进而降低消费和投资需求。

在分析人民币对美元升值有何影响时，还有其他一些重要问题，即欧元、英镑和日元相对美元有什么变化，其他国家的货币当局会采取什么措施，各国之间的贸易联系会有多紧密。要把所有这些影响都考虑在内，就需要建立一个涵盖多国的模型。我建有这样一个模型，曾用来分析人民币对美元升值会给世界经济造成什么样的影响。结果发现，上面提到的两条正面关联被另两条负面关联大致抵消，所以人民币升值对美国产出和就业产生的净效应并不大。事实上，净效应还略呈负面，但考虑到其中存在的不确定范围，归总起来大概就是没有任何净效应。

所以，至少从我的模型来看，这上面提到的两种负面关联要超出很多人的认识。中国产出的下降足以对它的进口产生不小的影响，美国物价上升同样也会产生不小的负面影响。如果人民币真的升值了，美国的就业岗位似乎也不太可能出现大幅增加，跟很多人所认为的截然不同。

(资料来源：Ray C. Fair. 耶鲁大学经济学教授. 华尔街日报. 2010.6.1)

第四节　汇率的决定理论

汇率决定理论所阐述的是什么因素决定汇率的高低，又有哪些因素影响汇率的上下波动。汇率决定理论是国际金融理论的核心之一，随着经济背景和经济学基础理论的演变主要经历了国际借贷理论、购买力平价理论、利率平价理论和资产市场理论等几个阶段。

一、国际借贷理论

国际借贷理论(Theory of International Indebtedness)是由英国经济学家戈森(G. J. Goshen)于1861年在其所著的《外汇理论》一书中正式提出的，戈森是第一个较为系统地解释外汇决定和变动的学者。

(一) 国际借贷理论的核心观点

国际借贷理论是第一次世界大战前，在金本位制盛行的基础上，用以说明外汇汇率变动的最主要理论。戈森综合了亚当·斯密、大卫·李嘉图和约翰·穆勒等人有关国际贸易及外汇方面的理论，用古典经济学理论中的供求法则来解释汇率的变动，其主要观点包括如下几个方面。

(1) 汇率取决于外汇的供给和需求，而外汇的供给和需求又源于国际借贷，因此，国际借贷关系的变化是影响汇率变动的主要因素。

(2) 国际借贷的内容是宽泛的，包括商品的进出口、股票和公债的买卖、利润和捐赠的收付，以及资本交易等。

(3) 在一定时期内，如果一国国际收支中对外收入增加，对外支出减少，对外债权超过对外债务，则形成国际借贷出超；反之，对外债务超过对外债权，则形成国际借贷入超。出超说明该国对外收入大于对外支出，资金流入，外币供给相对增加，于是外币汇率下跌，本币汇率上涨；反之，入超说明该国对外收入小于对外支出，资金流出，外币需求相对增加，于是外币汇率上涨，本币汇率下跌。

(4) 根据流动性的大小，把国际借贷分为固定借贷和流动借贷。只有已经进入支付阶段的借贷即流动借贷(Floating Indebtedness)，才会对外汇的供求产生影响，而已经形成借贷关系，但尚未进入实际支付阶段的固定借贷(Consolidated Indebtedness)，则不会影响外汇的供求。

(5) 物价水平、黄金存量、利率水平和信用关系等也都对汇率产生影响，但这些因素都是次要因素。

(二) 对国际借贷理论的评价

戈森的国际借贷理论第一次较为系统地从国际收支的角度解释外汇供求的变化，分析汇率波动的原因，因此，该学说又被称为国际收支论或外汇供求说。该学说以金本位制为前提，把汇率变动的原因归结为国际借贷关系中债权与债务变动导致的外汇供求变化，在理论上具有重要意义，在实践中也有合理之处。因此，该学说在现实生活中很容易被人们所了解和接受。

但是，戈森仅说明了国际借贷差额不平衡时，外汇供求关系对汇率变动的影响，而未说明国际借贷平衡时汇率是否会变动，更没有说明汇率的变动是否围绕着一个中心，即汇率的本质是什么。因此，在金本位制转变为纸币本位制后，国际借贷学说的局限性就日益显现出来了。

二、购买力平价理论

购买力平价理论(Theory of Purchasing Power Parity，PPP)是西方诸多汇率理论中最有影响力的理论之一，它的历史渊源可追溯到16世纪西班牙萨拉蒙卡学派关于货币购买力的论述。1802年，英国经济学家桑顿(H. Thornton)最早提出了购买力平价思想。其后，它又成为英国古典经济学家李嘉图的经济理论的组成部分。1922年瑞典经济学家卡塞尔(G. Cassel)在其出版的《1914年后的货币和外汇》一书中首次清晰而强有力地对购买力平价理论进行了系统阐述，后人公认卡塞尔为购买力平价理论的创立者。

(一) 购买力平价理论的核心观点

卡塞尔认为，本国人之所以需要外国货币，是因为这些货币在外国市场上具有购买力，可以买到外国人生产的商品和劳务；而外国人之所以需要本国货币，则是因为这些货币在本国市场上具有购买力，可以买到本国人生产的商品和劳务。因此，货币的价格取决于它对商品的购买力，两国货币的兑换比率就由两国货币各自具有的购买力的比率决定，购买力比率即购买力平价。进一步说，汇率变动的原因在于购买力的变动，而购买力变动的原因又在于物价的变动。这样，汇率的变动最终取决于两国物价水平比率的变动。

(二) 购买力平价理论的两种形式

在卡塞尔的购买力平价理论中，购买力平价被分为两种形式：一种是绝对购买力平价(Absolute Purchasing Power Parity)，主要说明在某一时点上汇率决定的基础；另一种是相对购买力平价(Relative Purchasing Power Parity)，旨在解释在某一个时段里汇率发生变动的原因。绝对购买力平价理论又被称为严格的购买力平价，因为它更能满足购买力平价的最原始的解释，而相对购买力平价理论则被称为弱化的购买力平价形式。

1. 绝对购买力平价

绝对购买力平价的基本观点是：在某一时点上，一个国家的货币与另外一个国家的货币之间的比价是由两种货币在各自国内的购买力之比决定的。由于货币的购买力可表示为一般物价水平(通常以物价指数表示)的倒数，故两国货币的汇率就由两国一般物价水平之比决定。绝对购买力平价的公式为

$$E=\frac{P_a}{P_b}$$

式中：E表示汇率，即一单位B国货币以A国货币表示的价格；P_a表示A国的一般物价水平；P_b表示B国的一般物价水平。

实际上，上述公式暗含着一个重要假设，就是“一价定律”在国际范围内能够实现或得以维持。所谓“一价定律”(the Law of One Price)，是指在自由贸易的条件下，世界市场上的任何一件商品不论在什么地方出售，扣除运输费用外，价格都相同，即当不存在运输成本、信息成本和人为的贸易壁垒(如关税)时，同种商品在不同国家以不同货币表示的价格经过均衡汇率的折算，最终是相等的。

设P为某商品的国内价格，P^*为同一商品用外币表示的价格，E为汇率(一单位外币兑换的本币数)，则“一价定律”的公式为

$$P=EP^*$$

该公式可以看作绝对购买力平价的另一种表达方式，所以，绝对购买力平价实际上是一价定律的扩展。如果汇率不能使一价定律成立，那么国家间就会出现商品套购(Commodity Arbitrage)行

为，套购者会从低价地区买入，而在高价地区卖出，以套取套购的利润，直到现实汇率调整到与绝对购买力平价相等为止。例如，同一件衬衫在美国价值1美元，在中国价值8元人民币，则根据绝对购买力平价理论均衡汇率应当是1美元=8元人民币。如果此时的汇率不是1美元=8元人民币，而是1美元=10元人民币，就会出现衬衫从中国套购至美国的活动，即套购商在中国以8元人民币价格买入衬衫，运至美国出售，获得1美元，将1美元在外汇市场上卖出，则可以得到10元人民币，1件衬衫净赚2元人民币。套购商在外汇市场上不断卖出美元，买入人民币，会使美元不断贬值，人民币不断升值，这些变化将一直持续到绝对购买力平价成立为止。

2. 相对购买力平价

在实际经济生活中，各国的商品价格是不断变化的，因为各国的通货膨胀率是不同的，这样就会导致货币对商品的购买力发生变化。如果将各国的通货膨胀因素对购买力的影响考虑进来，那么所得到的理论就是相对购买力平价理论。

相对购买力平价将汇率在一段时间内的变动归因于两个国家在这一段时期中的物价水平和货币购买力的变化。具体来说，在一定时期内，汇率的变化与同一时期两国物价水平的相对变化成比例。相对购买力平价的公式为

$$\frac{E_t}{E_0}=\frac{P_{a_t}/P_{a0}}{P_{bt}/P_{b0}}$$

或者

$$E_t=\frac{P_{at}/P_{a0}}{P_{bt}/P_{b0}}\times E_0$$

式中：E_t和E_0分别代表当期和基期的汇率水平；P_{at}和P_{a0}分别代表当期和基期的A国物价；P_{bt}和P_{b0}分别代表当期和基期的B国物价。

接上例，假如一件衬衫的价格在美国由1美元上涨到2美元，而在中国由8元人民币上涨到12元人民币，那么美元与人民币之间的汇率就会由1美元=8元人民币，下降到1美元=6元人民币。

$$E_t=\frac{12/8}{2/1}\times 8=6$$

人们一般把价格水平的百分比变化看成是通货膨胀率，因此有关相对购买力平价的另一个表达式为

$$\frac{E_t-E_0}{E_0}=\pi_{at}-\pi_{bt}$$

式中：$\frac{E_t-E_0}{E_0}$表示汇率的变化率；π_{at}表示A国物价在经过t时间后，比基期物价水平上升的幅度(即通货膨胀率)；π_{bt}表示B国物价在经过t时间后，比基期物价水平上升的幅度(即通货膨胀率)。该式表明，汇率的变动等于两国的通货膨胀率之差。如果本国通货膨胀率高于外国，则本币贬值，外币升值；反之则本币升值，外币贬值。与绝对购买力平价相比，学术界对相对购买力平价更感兴趣，因为其更具有应用价值。它从理论上避开了一价定律的严格假设，通货膨胀的数据更易于得到，而且相对购买力平价可以用来预测实际汇率。在预测期内，如果两国经济结构不变，两国货币间汇率的变动便反映着两国货币购买力的变化。

(三) 对购买力平价理论的评价

购买力平价理论提出后，一直受到国际学术界的高度重视。然而，无论过去还是现在，人们围绕它的争论旷日持久、褒贬不一。但七十多年来，该学说一直对西方国家的外汇理论和汇率政策具有重大影响，是理解全部汇率理论的出发点。购买力平价理论的合理性在于：通过物价与货币购买力的关系去论证汇率的决定及其基础，这在研究方向上是正确的。虽然卡塞尔没有做更加深入的研究，但他离揭示汇率的本质已不远了。卡塞尔还直接把通货膨胀因素引入汇率决定的基础之中，这在物价剧烈波动、通货膨胀日趋严重的情况下，有助于合理地反映两国货币的对外价值。此外，购买力平价理论的表达形式简单、易于理解。所以，购买力平价说被广泛运用于对汇率水平的分析和政策研究。另外，购买力平价理论中所牵涉的一系列问题都是汇率决定中非常基本的问题。无论在实际操作中还是在理论研究中，其均具有较强的参考意义。然而，它也存在以下不足。

(1) 购买力平价理论过分强调物价对汇率的作用，但这种作用不是绝对的，汇率变化也可以影响物价。在过分强调物价对汇率影响的同时，忽视了如资本移动、生产成本、贸易条件、政局的变化、战争与其他偶发事件等对汇率变动的影响；特别在国际金融高度自由化的今天，国际资本跨国界流动往往是有关国家货币汇率在短期内偏离购买力平价的根本原因。

(2) 购买力平价理论是以货币数量为前提的，两国纸币的交换取决于纸币的购买力，因为各国居民是根据纸币的购买力来评价币值的。这实际上是一种本末倒置的做法。

(3) 购买力平价理论能够说明汇率的长期变化趋势，但对短期与中期汇率的变化趋势来说，它是无能为力的。

(4) 购买力平价的运用有严格的限制和一定的困难。它要求两国的经济形态相似，生产结构和消费结构大体相同，价格体系相当接近，不然的话，两国货币的购买力就没有可比性。同时，在物价指标的选择上，是以参加国际交换的贸易商品的价格为指标，还是以国内全部商品的价格为指标，很难确定。即使能够确定，由于经济活动千变万化和商品结构在各国不一致，在计算汇率时也会面临一些技术性困难。

三、利率平价理论

随着生产与资本国际化的不断发展，国家间的资本流动规模日益扩大，并且成为货币汇率尤其是短期汇率决定的一个重要因素。购买力平价说已经不能解释这种新现象，在这种情况下，需要一种新的理论，利率平价理论就是适应这种需要而产生并发展起来的。

利率平价理论(Interest Rate Parity Theory)最早是由英国经济学家凯恩斯在1923年出版的《货币改革论》一书中提出的，后来经济学者相继对远期汇率、即期汇率与利率关系进行了探讨，逐渐形成了现代利率平价理论。

(一) 利率平价理论的核心观点

利率平价理论的基本观点是：远期差价是由两国利率差异决定的，而且高利率国货币远期必定贴水，低利率国货币远期必定升水。在两国利率存在差异的情况下，资金将从低利率国流向高利率国以谋取利润。但套利者在比较金融资源共享产生的收益率时，不仅会考虑两种资产利率所提供的收益率，还会考虑两种资产由于汇率变动所产生的收益变动。套利者往往将套利与掉期业务结合进行，以避免汇率风险。大量掉期外汇交易的结果，是低利率货币的现汇汇率下降。远期差价为期汇汇率与现汇汇率的差额，由此低利率国货币就会出现远期升水，高利率国货币则会远期贴水。伴随抛补套利活动的不断进行，远期差价就会不断加大，直到两种资产所提供的收益率完全相等，这时抛补套利活动就会停止，远期差价正好等于两国利差，实现利率平价。

(二) 利率平价理论的平价方程式

假设本国利率水平为i，外国同期利率水平为i^*，即期汇率为S，远期汇率为F，S、F均为直接标价法下的汇率。若投资者用1单位本国货币在本国投资，到期的收益是$(1+i)$；若投资者选择在国外投资，则必须先将1单位本币兑换为$1/S$的外币，再进行投资，到期的收益是$(1+i^*)/S$；按照约定的远期汇率F兑换，则可以收回本币$(1+i^*)F/S$。投资者比较在两国的投资收益，以确定投资方向。

若$(1+i) > (1+i^*)F/S$，即在本国的投资收益大于国外的投资收益，于是资本将从国外转移至国内，本币的即期汇率上升而远期汇率下降，外币汇率的变化正好相反。

若$(1+i) < (1+i^*)F/S$，即在国外的投资收益大于本国的投资收益，资本将从国内转移至国外，外币的即期汇率上升而远期汇率下降，本币汇率的变化正好相反。

最终，套利性的资金流动使得在两国的投资收益相等，即

$$(1+i)=(1+i^*)F/S$$

或者

$$\frac{F}{S}=\frac{1+i}{1+i^*}$$

将上式两边减去1，可得

$$\frac{F-S}{S}=\frac{i-i^*}{1+i^*}$$

从上式可以看出，若$i>i^*$，则$F>S$，说明远期外汇出现升水；反之，若$i<i^*$，则$F<S$，说明远期外汇出现贴水。

令$\frac{F-S}{S}=\frac{i-i^*}{1+i^*}=\lambda$，则有$i-i^*=(1+i^*)\cdot\lambda$，从而$i-i^*=\lambda+\lambda\cdot i^*$。

由于$\lambda\cdot i^*$是两个百分比的乘积，通常很小，故$\lambda\cdot i^*\approx 0$。因此可得

$$\frac{F-S}{S}=i-i^*$$

该式就是利率平价方程式，表明：利率低的国家的货币，其远期汇率必然升水；利率高的国家的货币，其远期汇率必然贴水，远期汇率的升、贴水率大约等于两种货币的利率差。

(三) 对利率平价理论的评价

利率平价理论将汇率决定理论的研究角度从商品流动转移到资金流动，从资金流动的角度指出了汇率与利率之间的密切关系，合理地解释了利率变动和资本流动对即期汇率和远期汇率变动的影响，有助于人们对外汇市场形成机制的认识和了解，具有很高的实践价值，被广泛运用于外汇交易中，成为央行对外汇市场调节的有效途径和手段。

尽管利率平价说在理论推理上是严密的，但在实践中却很难得到准确的验证，因为这一理论也存在一些缺陷。

(1) 利率平价理论没有考虑交易成本。交易成本是很重要的因素，如果各种交易成本过高，就会影响套利收益，从而影响汇率与利率的关系。如果考虑交易成本，国家间的抛补套利活动在达到

利率平价之前就会停止。

(2) 利率平价说假定不存在资本流动障碍，假定资金能顺利、不受限制地在国家间流动。但实际上，资金在国家间流动会受到外汇管制和外汇市场不发达等因素的阻碍。目前，只有在少数国际金融中心才存在完善的期汇市场。

(3) 利率平价说还假定套利资金规模是无限的，故套利者能不断进行抛补套利，直到利率平价成立。

四、资产市场理论

资产市场理论是在20世纪70年代出现的一种汇率决定理论。该理论的特点是将商品市场、货币市场和证券市场结合起来进行汇率决定的分析。

(一) 资产市场理论产生的背景

资产市场理论是在国际资本流动高度发展的历史背景下产生的。20世纪70年代以来，资金的跨国流动远远大于国际商品的流动。统计数据显示，在外汇市场上，90%以上的交易量与国际资金流动有关，加之当时浮动汇率制度成为各国汇率制度的主流，外汇市场上的汇率变动频繁、波幅大，外汇市场上的汇率呈现出与股票等资产的价格相同的特点，例如变动频繁、受心理预期因素的影响等。传统的汇率理论显然不能解释汇率的这种易变性，经过20多年的研究，新的汇率理论——资产市场理论诞生了。新的理论对传统理论的假定进行了质疑与修正。应用一般均衡分析代替局部均衡分析，用存量分析代替流量分析，用动态分析代替静态分析，并将长短期分析结合起来，因而为全面、客观地进行汇率研究创造了条件。该理论将汇率看成一种资产价格。这一价格是在资产市场上确定的，从而在分析汇率的决定时应采用与普通资产价格决定基本相同的理论。这一理论一经问世，便迅速获得学术界的普遍关注，成为汇率理论的主流。

(二) 资产市场理论的类型

1. 汇率的货币论

汇率的货币论由美国经济学家约翰逊(H. G. Johanson)、蒙代尔(R. A. Mundell)等经济学家在20世纪70年代初提出，认为汇率变动是一种货币现象，强调货币市场上货币供给对汇率的决定性作用。当国内货币供给大于货币需求时，本国物价会上涨，这时，国际商品的套购机制就会发生作用，其结果会使外币汇率上浮，本币汇率下浮。相反，当国内货币需求大于货币供给时，本国物价则会下跌，从而通过国际商品套购机制，使本币汇率上浮，外币汇率下浮。该理论实际上是购买力平价理论的现代翻版。汇率的货币论认为，国民收入、利息率等因素是通过影响货币需求而对汇率发生作用的，本国国民收入增加，会扩大货币需求，从而使本币汇率上浮；本国利息率上升，会缩小货币需求，从而使本币汇率下浮。汇率的货币论认为：一国货币疲软，是由货币增长过快所致。因此，该理论主张：货币的增长率要控制在与GNP增长率相一致的水平上，才能保持汇率的稳定，否则，汇率将是不稳定的。

汇率的货币论有助于说明汇率的长期趋势，并唤醒人们对货币均衡的重视。但是，它过于绝对地把物价与货币市场均衡联系在一起，而忽略了影响物价的其他因素。另外，实证分析也表明，汇率符合购买力平价的现象极为少见。

2. 汇率的超调模式

汇率的超调模式是由美国经济学家鲁迪格·多恩布什(Rudiger Dornbusch)在1976年提出的。多恩布什接受资产市场理论的汇率变动是由货币市场失衡引起的观点，但他认为，从短期来看，商品市场价格由于具有黏性，对货币市场失衡的反应很慢，而证券市场的反应却很灵敏，因而利息率会立即发生变动。这样，货币市场的失衡就完全由证券市场来承受，从而形成利息率的超调，即利息率的变动幅度大于货币市场失衡的变动幅度。如存在资本在国家间自由流动的条件，利息率的变动必然引起套利活动和汇率的变动，而且汇率的变动幅度也大于货币市场失衡的变动幅度，这就是所谓的汇率超调现象。从长期来看，商品价格由于利率、汇率的变动也会慢慢变化，最终达到资产市场理论所说的长期汇率均衡。正因为如此，汇率的超调模式与资产市场理论同属汇率货币论，只不过汇率的超调模式是一种动态分析，有助于人们认识短期内的汇率变动。这是汇率的超调模式的贡献。但不足之处是，它将汇率的变动完全归因于货币市场的失衡，这也有失偏颇。

3. 汇率的资产组合平衡模式

汇率的资产组合平衡模式是托宾(J. Tobin)的资产选择理论的应用，由库礼(P. J. Kouri)等人提出。该理论赞同多恩布什的价格在短期内具有黏性的观点，因而认为在短期内，汇率取决于资产市场(包括货币市场和证券市场)的均衡。由于各国货币和证券之间具有替代性，一国居民既持有本国资产，也持有外国资产。当国内外利息率、货币财政政策、经常项目差额和对汇率的预期发生变化时，人们就会进行资产组合的调整，从而引起资本的国际流动、外汇供求与汇率的变动。长期而言，物价也会慢慢调整，物价与经常项目差额相互发生作用，共同影响汇率。

(三) 对资产市场理论的评价

资产市场理论针对以往外汇理论界迷惑不解的汇率剧烈波动现象提出了独到的见解，强调货币因素和预期因素的作用，这对研究储备货币汇率有一定的借鉴意义。但是，由于资产市场理论的前提条件是各国储备资产具有完全的流动性，而在实践中，尽管当前世界各国经济相互依赖、相互影响不断加强，但由于发达国家垄断资本之间利益冲突、南北差距越来越大，国际资本流动不可能实现完全自由化。因此，资产市场理论的基础也具有脆弱性。此外，资产市场以国内金融市场十分发达的工业国为分析对象，因此，这种分析方法难以适用于广大发展中国家，其应用有很大的局限性。

五、汇率决定理论的新发展

传统的汇率决定理论主要从宏观基本因素，如相对货币供应量、利率、物价水平、经济增长、内外资产的替代性和均衡价格的调整速度等，来解释汇率的决定和波动。在对这些因素进行分析的过程中，形成了以商品贸易为主的流量模型和以资产交换为主的存量模型，前者如早期的购买力平价说、国际借贷说，后者如20世纪70年代中期兴起的资产市场分析法，包括弹性价格货币模型、黏性价格货币模型、货币替代模型和资产组合平衡模型等。然而现实经济中，却很难运用这些传统理论来预测国际金融市场汇率的走势，大量的实证检验结果也表明，传统汇率理论的解释能力十分低下，尤其对短期内的汇率变化，预测能力甚至连简单的随机游走模型都不如。面对这一困惑，20世纪80年代以来很多学者不断寻求对传统理论的突破，将汇率决定理论的发展推向了一个新的阶段。在这一阶段的早期，人们对资产市场分析法中一个重要的假设前提——“有效市场”提出质疑，而关于市场有效性的检验则成为新一轮理论发展的突破点。20世纪80年代大量关于有效市场的检验从总体上来说拒绝了市场的有效性。基于此，一部分坚持理性预期假定的经济学家从汇率决定的新闻模型、投机泡沫模型以及风险补贴等方面对市场有效性被拒绝的原因给出了解释，在这一过程中，汇率决定理论也得到了进一步的发展。进入20世纪90年代，人们对汇率决定问题的研究开始将重心从宏观方面的分析转向微观方面的分析，同时理性预期的假定也开始突破，形成了具有微观基础的汇率宏观经济分析方法、汇率决定的微观结构分析和汇率决定的混沌分析方法3个新的发展方向。这3个方向共同构成了汇率决定理论最新突破和发展的主流。

从上面的介绍中可以看出，几百年来，汇率理论不断取得突破与进展，每一种新理论的问世都有很强的针对性。随着国际经济的发展，对汇率的研究势必继续下去。

本章小结

1. 外汇是国际汇兑的简称，有动态和静态两种含义。动态的外汇是一种汇兑行为，指把一个国家的货币兑换为另一个国家的货币以清偿国家间债权债务的金融活动。静态的外汇是国家间为清偿债权债务关系进行的汇兑活动所凭借的手段或工具，或者说是用于国际汇兑活动的支付手段和支付工具。静态含义的外汇又有广义与狭义之分。

2. 根据不同的区分标准，外汇可以区分为不同的种类。按外汇的来源和用途，可分为贸易外汇和非贸易外汇；按外汇是否可以自由兑换，可分为自由外汇和记账外汇；按外汇交割期限的不同，可分为即期外汇和远期外汇。

3. 汇率是指一国货币兑换成另一国货币的比率，即一个国家的货币用另一个国家的货币所表示的价格，反映了一个国家货币的对外价值。汇率的标价方法有3种：直接标价法、间接标价法和美元标价法。

4. 汇率的种类很多，有各种不同的划分方法。按银行买卖外汇角度的不同，划分为买入汇率、卖出汇率、中间汇率和现钞汇率；按制定汇率的方法不同，划分为基本汇率和套算汇率；按外汇买卖成交后交割时间的长短不同，划分为即期汇率和远期汇率；按外汇支付方式的不同，划分为电汇汇率、信汇汇率和票汇汇率；按外汇管制的宽严程度不同，划分为官方汇率和市场汇率；按银行营业时间的不同，划分为开盘汇率和收盘汇率；按纸币制度下是否考虑通货膨胀率、财政补贴或税收减免(加征)，划分为名义汇率和实际汇率；按外汇买卖对象的不同，划分为银行间汇率和商业汇率；按国际货币制度的演变，划分为固定汇率和浮动汇率；按外汇来源与用途不同，划分为单一汇率和多种汇率。

5. 不同货币制度下，汇率决定的基础不同。在金币本位制下，汇率决定的基础是铸币平价，波动的界限是黄金输送点。在金块本位和金汇兑本位制度下，汇率决定的基础是法定平价。在纸币制度下，一国货币的对内价值(物价)是该货币汇率(即对外价值)的基础。

6. 在外汇市场上，影响汇率变动的因素主要是国际收支、通货膨胀差异、利率差异、经济增长差异、市场预期心理、中央银行干预等。

7. 汇率变动对一国经济的影响体现在对该国国际收支、国内经济及国际经济关系的影响3个方面。

8. 几百年来，关于汇率理论的研究取得许多成果，形成了一些著名的学说和流派，其中主要包括：国际借贷理论、购买力平价理论、利率平价理论和资本市场理论等。

习　题

一、选择题

1. 广义的外汇泛指一切以外币表示的支付手段和(　　)。

A. 资产　　B. 债券　　C. 外国货币　　D. 股票

2. 狭义的外汇指以(　　)表示的可直接用于国际结算的支付手段。

A. 货币　　B. 外币　　C. 汇率　　D. 利率

3. 外汇必须具备的特征是(　　)。

A. 必须随时能够得到

B. 必须是以外国货币表示的资产

C. 必须是在国外能得到补偿的债权

D. 必须是以可兑换货币表示的支付手段

E. 必须与黄金保持稳定的比价关系

4. 在直接标价法下，如果一定单位的外国货币折算成的本国货币数额增加，则说明(　　)。

A. 外币币值上升，外币汇率下降

B. 外币币值下降，外汇汇率下降

C. 本币币值上升，外汇汇率上升

D. 本币币值下降，外汇汇率上升

5. 在间接标价法下，如果一定单位的本国货币折算成的外国货币数额减少，则说明(　　)。

A. 外币币值上升，本币币值下降，外汇汇率下降

B. 外币币值下降，本币币值上升，外汇汇率下降

C. 本币币值下降，外币币值上升，外汇汇率上升

D. 本币币值上升，外币币值下降，外汇汇率上升

6. 使用间接标价法表示汇率的国家有(　　)。

A. 中国

B. 日本

C. 英国、美国

D. 除英国、美国之外的国家

7. 当货币远期汇率低于即期汇率时，外汇交易中通常称此为(　　)。

A. 贴水　　B. 升水　　C. 平价　　D. 贬值

8. 如果一种货币的远期汇率高于即期汇率，称为(　　)。

A. 升水　　B. 贴水　　C. 隔水　　D. 平价

9. 在金币本位制下，汇率取决于(　　)。

A. 黄金输送点　　B. 铸币平价　　C. 金平价　　D. 汇价

10. 影响汇率变动的主要因素是(　　)。

A. 通货膨胀率　　B. 利率　　C. 国际收支状况

D. 心理预期　　E. 经济增长

11. 利率对汇率变动的影响有(　　)。

A. 利率上升，本国汇率上升

B. 利率下降，本国汇率下降

C. 须比较国外利率及本国的通货膨胀率后再定

D. 无法确定

12. 汇率变动对国内经济的影响包括(　　)。
    A. 社会总产量　　B. 就业　　C. 物价
    D. 利率　　E. 产业结构

13. 随着信息技术的发展，各个外汇市场之间的汇率差异呈现(　　)趋势。
    A. 扩大　　B. 缩小　　C. 不变　　D. 以上均不正确

二、判断题

1. 外汇就是以外国货币表示的支付手段。(　　)
2. 我国采用直接标价法，而美国采用间接标价法。(　　)
3. 在间接标价法下，当外国货币数量减少时，称外国货币汇率下浮或贬值。(　　)
4. 升水与贴水在直接与间接标价法下含义截然相反。(　　)
5. 如果一国汇率贬值，则该国偿还所利用的国际贷款的负担减少。(　　)
6. 本币升值会抑制一国的经济增长。(　　)
7. 外汇市场通常是一种无形市场。(　　)
8. 在金币本位制度下，各国货币之间的比价是由它们各自的含金量所决定的。(　　)
9. 国际金本位制度具备自动调节国际收支的机制。(　　)

三、填空题

1. 外汇银行对外报价时，一般同时报出__________和__________。
2. ________汇率不适合客户交易，而一般适用于外汇汇率变化和走势分析。
3. 在金本位制下，汇率决定的基础是货币_________。
4. 汇率按照外汇买卖的交割期限划分可分为________和________。
5. 在浮动汇率制度下，汇率水平的决定基础是________。
6. 如果一种货币的远期汇率高于即期汇率，称为________；如果一种货币的远期汇率低于即期汇率，称为________；如果远期汇率和即期汇率相等，则称为________。

四、计算题

即期EUR 1=USD 1.1910/20，GBP 1=USD 1.7280/90，USD 1=HKD 7.7573/78。问：

(1) 试套算即期GBP/HKD的汇率；

(2) 试套算即期GBP/ EUR的汇率。

五、名词解释

1. 外汇	2. 汇率	3. 直接标价法	4. 间接标价法
5. 基本汇率	6. 套算汇率	7. 即期汇率	8. 远期汇率
9. 官方汇率	10. 市场汇率	11. 名义汇率	12. 实际汇率
13. 固定汇率	14. 浮动汇率	15. 铸币平价	16. 购买力平价

六、简答题

1. 外汇和外币的区别是什么？

2. 外汇市场上的汇率是怎样形成的？
3. 直接标价法和间接标价法下外汇汇率升降的含义有何不同？
4. 简述不同货币制度下汇率决定的基础。
5. 请从利率平价角度说明汇率与利率之间的关系。

七、论述题

1. 论述汇率变动对宏观经济的影响。
2. 影响汇率变动的主要因素有哪些？
3. 试述购买力平价理论的主要内容，并对其进行简要评述。

案 例 分 析

案例一　关于货币升值的思考

资料1　日本汇率政策失败

日本历史上被认为是汇率政策失败的两个事件为1971年的“尼克松冲击”和1985年的“广场协议”。

“尼克松冲击”开始于1971年8月5日，起因是美国总统尼克松宣布终止布雷顿森林体系下美元对黄金自由兑换的义务。此前，日本长期实行抑制汇率浮动的政策，但面对“尼克松冲击”，日本不得不将日元升值，从360日元/1美元很快上升到315日元/1美元。此后美元兑换黄金比率下调7.89%，日元再次升到308日元/1美元。为避免通货紧缩，日本开始实施扩张性财政和货币政策。

但是由于经常账户余额对汇率调整的反应有一定时滞，日本经常项目顺差继续扩大。自1972年开始，日元汇率固守在308日元/1美元的水平。为加快复苏进程，日本银行将贴现率降低至4.25%，同时政府大幅增加财政预算。这正是日本政府和其央行犯下的一个致命错误，因为此时货币供应量增长已经超过20%，经常项目顺差开始下降，但仍然采用扩张性的政策。其后果是从1973年初开始，通货膨胀率迅速上升，很快突破两位数。日本银行将贴现率提高至6%，但为时已晚。石油危机冲击后的1974年通胀更是达到了24%。

日本政府犯下的另一个错误是，政策立即由扩张转向严厉紧缩，造成战后日本经济的首次负增长。而总体上，1969—1972年日本政府长期实行抑制汇率浮动政策的最终结果是引发了1973—1974年的恶性通货膨胀以及经济停滞。

1985年的“广场协议”是在美国财政和贸易账户双赤字的背景下签订的，在该协议中，西方五国一致认为美元被严重高估，他们同意以联合干预外汇市场的方式促使美元贬值。协议签署后，美元兑日元汇率迅速下降，由240日元/1美元跌至1986年的160日元/1美元，最终维持在130～140日元/1美元的水平上。日本经济因日元升值而受挫，1986年，日本银行不得不连续4次降低贴现率，到1987年2月已经降至2.5%。在扩张性货币政策刺激下，日本经济开始强劲复苏，但物价水平却相当稳定，甚至有所降低。这显然是日元升值的结果。

但此后出现了严重的后果。1987年秋，日本经济已经出现了过热迹象，贸易盈余快速下降，资产价格急剧攀升。日本财政和货币政策开始收缩，但不幸的是，10月19日美国“黑色星期一”的股灾使得日本货币紧缩计划落空。日本商业银行贷款，特别是对房地产行业的贷款继续大幅增加，货币供应量提高了12%，直到1989年3月，日本银行才开始提高贴现率，但此时泡沫经济已经形成。

泡沫不可避免地要破灭。1989年3月至1990年8月，日本银行连续5次提高贴现率，过于急剧的货币紧缩加快了资产市场崩溃：股票和房地产市场先后在1990年和1991年价格崩盘。1991年，日本经济开始衰退，政府不得不再次实施扩张性政策，但是金融机构巨额不良资产带来的资产贬值以及经济的严重衰退已经不可避免。经济泡沫的破灭造成了日本“失去的10年”，而资产泡沫正是日本政府为消除1985—1990年日元升值带来的通货紧缩压力而制造的。

资料2　经济观察：人民币升值的利与弊

最近，人民币升值问题再次成为国内外媒体关注的焦点。美国、日本乃至欧盟都纷纷要求人民币尽快升值，而我国政府则坚持认为，人民币汇率改革需要选择适当的时机。那么，西方各国为什么要逼人民币升值？人民币升值，对我们有什么好处和弊端？

讨论人民币升值问题，首先要客观分析它究竟有哪些利和弊，然后才能得出比较公正的结论。

1. 能刺激消费，缓解贸易摩擦

人民币如果适度升值，可以给我国带来四大好处。

第一，扩大国内消费者对进口产品的需求，使他们得到更多实惠。人民币升值给国内消费者带来的最明显变化，就是手中的人民币“更值钱”了。如果出国留学或旅游，将会花费比以前更少的钱，或者说，花同样的钱，将能够办比以前更多的事。如果买进口车或其他进口产品，你会发现，它们的价格变得“便宜”了，从而让老百姓得到更多实惠。

第二，减轻进口能源和原料的成本负担。我国是一个资源匮乏的国家，在国际能源和原料价格不断上涨的情况下，国内企业势必承受越来越重的成本负担。2004年，我国进口的成品油均价较2003年上涨了30.8%，钢材上涨了43.7%，铜材上涨了50.4%，铁矿石上涨了1倍多。进口能源和原料价格上涨，不仅会抬高整个基础生产资料的价格，而且会吞噬产业链中下游企业的利润，使其盈利能力下降甚至亏损。如果人民币升值到合理的程度，便可大大减轻我国进口能源和原料的成本负担，从而使国内企业降低成本，增强竞争力。

第三，有利于促进我国产业结构调整，改善我国在国际分工中的地位。长期以来，我国依靠廉价劳动密集型产品的数量扩张实行出口导向战略，使出口结构长期得不到优化，使我国在国际分工中一直扮演“世界打工仔”的角色。人民币适当升值，有利于推动出口企业提高技术水平，提高产品档次，从而促进我国的产业结构调整，改善我国在国际分工中的地位。

第四，有助于缓和我国与主要贸易伙伴的关系。鉴于我国出口贸易发展的迅猛势头和日益增多的贸易顺差，我国的主要贸易伙伴一再要求人民币升值。对此，简单地说“不”，看似振奋人心，实则于事无补。因为这会不断恶化我国和它们的关系，给我国对外经贸发展设置障碍。近年来，针对中国的反倾销案急剧增加，就是一个很有说服力的证明。人民币适当升值，不仅有助于缓和我国与主要贸易伙伴的关系，减少经贸纠纷，而且能够树立我国作为一个大国的良好国际形象。

2. 不利于吸引外资，影响市场稳定

如果人民币升值的幅度过大，或时机把握不当，将会带来五大弊端。

第一，将对我国出口企业，特别是劳动密集型企业造成冲击。在国际市场上，我国产品尤其是劳动密集型产品的出口价格远低于别国同类产品价格。究其原因，一是我国劳动力价格低廉，二是由于激烈的国内竞争，使得出口企业不惜血本，竞相采用低价销售的策略。人民币一旦升值，为维持同样的人民币价格底线，用外币表示的我国出口产品价格将有所提高，这会削弱其价格竞争力；而要使出口产品的外币价格不变，则势必挤压出口企业的利润空间，这必然会对出口企业特别是劳动密集型企业造成冲击。

第二，不利于我国引进境外直接投资。我国是世界上引进境外直接投资最多的国家，目前外资企业在我国工业、农业、服务业等各个领域发挥着日益明显的作用，对促进技术进步、增加劳动就业、扩大出口，从而促进整个国民经济的发展产生着不可忽视的影响。人民币升值后，虽然对已在中国投资的外商不会产生实质性影响，但是对即将前来中国投资的外商会产生不利影响，因为这会使他们的投资成本上升。在这种情况下，他们可能会将投资转向其他发展中国家。

第三，加大国内就业压力。人民币升值对出口企业和境外直接投资的影响，最终将体现在就业上。因为我国出口的产品大部分是劳动密集型产品，出口受阻必然会加大就业压力；外资企业能提供很多的新增就业岗位，外资增长放缓，会使国内就业形势更为严峻。

第四，影响金融市场的稳定。人民币如果升值，大量境外短期投机资金就会乘虚而入，大肆炒作人民币汇率。在中国金融市场发育还很不健全的情况下，会很容易引发金融货币危机。另外，人民币升值会使以美元衡量的银行现有不良资产的实际金额进一步上升，不利于整个银行业的改革和负债结构调整。

第五，巨额外汇储备将面临缩水的威胁。目前，中国的外汇储备高达6 591亿美元，仅次于日本居世界第二位。充足的外汇储备是我国经济实力不断增强、对外开放水平日益提高的重要标志，也是促进国内经济发展、参与对外经济活动的有力保证。然而，一旦人民币升值，巨额外汇储备便面临缩水的威胁。假如人民币对美元等主要可兑换货币升值10%，则我国的外汇储备便缩水10%。这是我们不得不面对的严峻问题。

3. 改革现行汇率制度是大势所趋

由此可见，人民币升值恰似一把双刃剑，有利也有弊。笔者认为，对人民币升值问题，不能就事论事，应将其放在更为深层的背景上考察。

现行的人民币盯住美元的汇率制度是1994年确定的。盯住美元的好处是，可以将我国国内价格锚定下来，减少汇率波动的风险，从而促进外贸发展和外资流入，但缺陷是不能对外部经济变化做出灵活反应。现在，国内外经济形势都已经发生很大变化，特别是美元汇率持续下跌，在这一背景下，我们如果仍墨守盯住美元的汇率制度，将很难适应国内外经济发展、变化的需要。因此，实行富有弹性的汇率制度，并据此使人民币适度升值便成为我国不可回避的政策选择。至于人民币升值的负面影响，我们要进行客观分析，并采取必要措施加以化解。比如，适度升值虽然会对出口造成一定冲击，但要看到我国出口产品尤其劳动密集型产品的价格竞争优势是很强的，即便人民币升值10%，也不能从根本上动摇这一优势。再说，升值可以促使企业将压力转变为动力，通过挖潜革新来提升竞争力。亚洲金融危机期间，在出口结构大致相同的东南亚国家的货币纷纷大幅贬值的情况下，我国出口贸易仍然取得了骄人的增长业绩，就是一个有力的证据。又如，适度升值虽然会使我国外汇储备面临缩水威胁，但通过控制储备规模、优化储备币种、调整储备形式等措施，亦可将这一威胁减至最小。

(资料来源：人民网，2010.3.26)

问题：

根据日元升值的情况，分析人民币所面临的升值压力及其影响。

案例二　人民币汇率走势

人民币对美元双边汇率升值。2017年12月末，人民币对美元汇率中间价为6.534 2元/美元，较2016年年末升值6.2%，境内市场(CNY)和境外市场(CNH)即期交易价累计分别升值6.8%和7.1%(见图2-6)，境内外市场日均价差130个基点(见图2-7)，低于2016年全年日均价差(134个基点)。

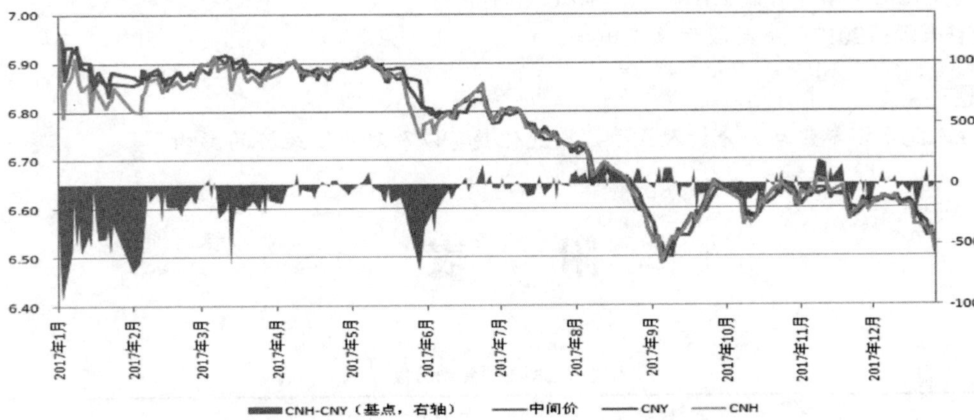

图2-6　2017年境内外人民币对美元即期汇率走势

(数据来源：中国外汇交易中心，路透数据库)

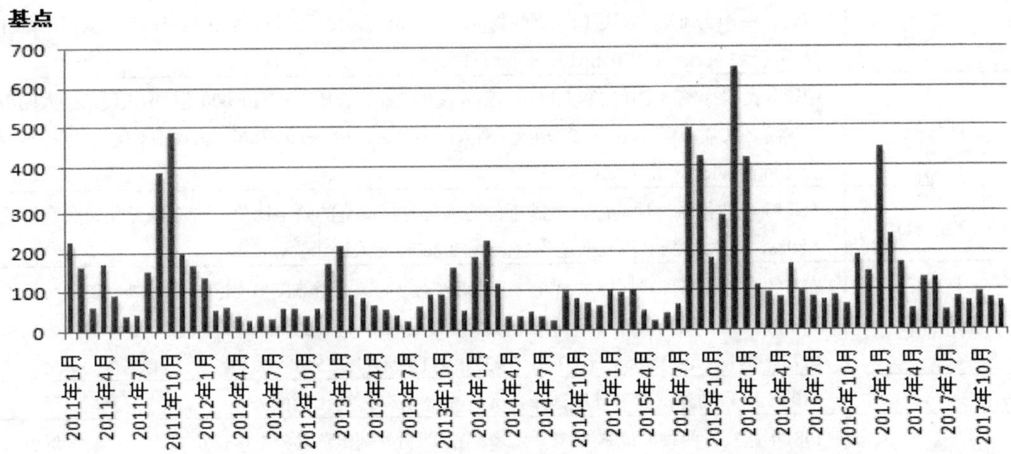

图2-7　境内外人民币对美元即期汇率价差(注：日均价差绝对值)

(数据来源：中国外汇交易中心，路透数据库)

2017年年末，人民币对欧元、日元、英镑、澳元、加元汇率中间价分别为7.802 3元/欧元、5.788 3元/100日元、8.779 2元/英镑、5.092 8元/澳元、5.200 9元/加元，分别较上年年末贬值6.4%、升值3.0%、贬值3.1%、贬值1.5%和贬值1.2%。

人民币对一篮子货币基本稳定。根据中国外汇交易中心的数据，2017年年末CFETS人民币汇率指数、参考BIS货币篮子和SDR货币篮子的人民币汇率指数分别为94.85、95.93和95.99，分别较上年年末升值0.02%、贬值0.32%和升值0.51%。

人民币汇率在双向波动中趋于稳定。2017年，国际经济金融运行平稳，美元汇率持续走弱；

国内经济稳中向好，人民币汇率形成机制不断完善，总体支持人民币汇率保持基本稳定。12月末，境内外市场人民币对美元汇率1年期历史波动率分别为3.1%和3.7%，较年初分别上升12.3%和8.5%；期权市场隐含波动率分别为4.6%和4.9%，较年初分别下降10.6%和39.5%。

远期外汇市场人民币走强。受本外币利差、外汇供求、市场预期等因素影响，2017年境内外远期市场人民币呈现逐步回升走势。2017年，境内、境外可交割和境外无本金交割远期市场1年期人民币对美元汇率累计分别上涨6.0%、10.1%和10.1%。

(资料来源：2017年中国国际收支报告。)

问题：

关注人民币汇率变动，分析人民币汇率变化趋势以及对中国经济的影响。

附　　表

人民币汇率主要变动历程

日　期	汇率变动的内容
1949年10月1日	确定了人民币作为唯一法定货币的地位。人民币并未规定金比价，最初对美元的汇率是根据购买力平价确定的。建国初期恶性通胀，造成人民币对美元汇价一降再降，从1949年1月18日的1美元=80元旧人民币，调低至1950年3月13日的1美元=42 000元旧人民币。1950年3月至1952年年底，中国为推动本国进口急需的物资，逐步调高人民币汇价，到1952年12月，人民币汇价已经调高至1美元=26 170元旧人民币
1955年3月1日	中国人民银行发行了第二套人民币，新人民币按照折合比率1∶10 000兑换旧人民币，人民币汇率也随之大幅调整至1美元=2.461 8元新人民币左右，1955—1971年，人民币对美元汇率一直是1美元折合2.461 8元新人民币
1971年12月18日	布雷顿森林体系出现问题，美国不再追求美元与黄金的固定比价，宣布美元兑黄金官价贬值7.89%，人民币汇率相应上调为1美元合2.267 3元人民币
1972—1979年	布雷顿森林体系彻底解体，西方国家普遍实行了浮动汇率制，中国采取盯住加权的“一篮子”货币的方法，人民币汇率变动较为频繁，并呈逐渐升值之势。1972年为1美元=2.24元人民币；1973年为1美元=2.005元人民币；1977年为1美元=1.755元人民币
1979年	中国政府启动外贸管理体制改革，允许企业留有一定比例的外汇
1981年1月	1981年起实行两种汇价制度(双重汇率制)，即另外制定贸易外汇内部结算价，并继续保留官方牌价用作非贸易外汇结算价。从1981年1月到1984年12月期间，中国实行贸易外汇内部结算价，贸易外汇1美元=2.80元人民币；官方牌价即非贸易外汇1美元=1.50元人民币
1985年1月1日	取消贸易外汇内部结算价，重新恢复单一汇率制，1美元=2.80元人民币
1991年4月9日	开始对人民币官方汇率实施有管理的浮动运行机制。国家对人民币官方汇率进行适时适度、机动灵活、有升有降的浮动调整。人民币汇率实行官方汇率与市场汇率(即外汇调剂价格)并存的多重汇率制度
1994年1月	实行人民币汇率并轨。人民币对美元的汇率定为1美元兑换8.70元人民币。建立银行间外汇交易市场，建立以市场供求为基础的、单一的、有管理的浮动汇率制度
1996年11月27日	中国人民银行正式致函国际货币基金组织，实现人民币经常项目可兑换，但对资本项目仍加以限制

(续表)

日　期	汇率变动的内容
2005年7月21日	启动汇改，开始实行以市场供求为基础、参考“一篮子货币”进行调节、有管理的浮动汇率制度。人民币汇率不再盯住单一美元，人民币立即升值2.1%
2006年	美国对中国的贸易逆差上升到2 330亿美元，两位美国参议员联合向国会提交议案，若中国不允许人民币升值，将对来自中国的进口商品课以重税
2007年	美元对人民币的即期汇率波动幅度扩大到0.5%
2008年	人民币自2005年汇改以来已经升值了19%，受到金融危机的影响，人民币停止了升值走势
2010年	中国稳定人民币币值的策略，遭遇到来自美国和欧洲的巨大压力
2012年4月16日	扩大银行间外汇市场人民币对美元即期交易价浮动幅度
2015年8月11日	完善人民币对美元汇率中间价报价机制

(资料来源：知名媒体整理的人民币汇率主要变动历程，亚洲外汇网，2015.10.7)

第三章

汇率制度与外汇管制

【导读】

汇率制度的选择是否得当，对一国国际贸易及国际经济关系的影响至关重要。1997年东南亚国家发生金融危机后，受其影响的许多国家相继采取本币贬值措施，以减缓危机的影响，究其危机发生的深层次原因是外汇管制方面过早地开放了资本和金融账户。本章将主要介绍汇率制度及外汇管制的相关内容，回顾我国外汇管理和人民币自由兑换的进程。

【学习重点】

通过本章的学习，要求学生掌握汇率制度的类型、固定汇率制度和浮动汇率制度的优缺点、外汇管制的措施、货币自由兑换需要具备的条件，了解我国外汇体制改革的目标与人民币自由兑换的发展进程。

【学习难点】

结合固定汇率制度和浮动汇率制度的优缺点，理解各国在不同时期如何选择适合的汇率制度，理解外汇管制的主要措施及发展趋势。

【教学建议】

第一节和第二节以课堂讲授为主，第三节和第四节建议结合案例分析加深对理论的理解和把握，提高学生分析实际问题的能力。

第一节　汇率制度

汇率制度，又称汇率安排，是一国货币当局关于汇率确定、维持、调整及汇率管理原则、机构等内容所做的一系列安排和规定。第二次世界大战以后，主要发达国家的汇率制度经历了两个阶段：第一阶段是从1945年到1973年春，建立的是固定汇率制度；第二阶段是1973年春以后，建立的是浮动汇率制度。发展中国家仍实行不同形式的固定汇率制度。

一、固定汇率制度

固定汇率制度，是将两国货币比价基本固定，并把两国货币比价的波动幅度控制在一定范围之内的汇率制度。

(一) 固定汇率制度的类型

固定汇率制度可以分为1880—1914年金本位体系下的固定汇率制和1944—1973年布雷顿森林体系下的固定汇率制(也称为以美元为中心的固定汇率制)两个阶段。

1. 金本位制度下的固定汇率制度

在金本位制度下，各国都以法律形式规定了本国货币的含金量。两国货币的含金量之比是铸币平价。铸币平价是决定两种货币汇率的基础，市场上的实际汇率，由于外汇供求关系的变动，会围绕铸币平价上下波动，波动的界限是黄金输送点。在金块本位制和金汇兑本位制下，汇率决定的基础是它们之间的法定平价。实际汇率的波动幅度大于金币本位制下的波动幅度，但波动仍然局限于很狭窄的范围内。可以说，金本位制度下的固定汇率制是比较典型的固定汇率制度。

2. 布雷顿森林体系下的固定汇率制度

1944年，在美国新罕布什尔州的布雷顿森林城召开了联合国货币金融会议，会上签订了“布雷顿森林协定”，确立了以美元为中心的固定汇率制度。这一汇率制度的最大特征就是确立了“双挂钩”原则，即美元与黄金直接挂钩，各国货币在确定含金量的基础上与美元直接挂钩。在此原则下，各国货币与美元之间的固定比价根据各国货币的含金量与美元的含金量之比确定，称为黄金平价。国际货币基金组织有统一的规定，根据供求关系汇率可以围绕黄金平价上下各浮动1%。超过此幅度，各国政府有义务进行干预，使汇率回到规定的幅度之内。只有当一国国际收支出现根本性失衡时，才可以经过国际货币基金组织的核准允许货币升值或贬值。由此可见，各国货币相互之间实际上保持着可调整的固定比价，整个货币体系成为一个固定汇率的货币体系。

3. 两种固定汇率制度的区别

布雷顿森林体系下的固定汇率制度，与金本位制度下的固定汇率制度有本质上的区别。主要表现在以下几个方面。

(1) 两种固定汇率制度形成的机理不同。金本位制度下的固定汇率制度是商品经济发展到一定阶段自发形成的。而布雷顿森林体系下的固定汇率制度则是通过国家间的协议(《布雷顿森林协定》)人为建立的，是主要资本主义大国控制和主宰国际货币金融的表现和结果。

(2) 货币与黄金的联系方式不同。金本位制度下，黄金与外汇直接发生联系，互相兑换自由，互相替补自由。而在布雷顿森林体系下，各国货币通过美元间接与黄金发生联系，而且在一定条件下实现美元与黄金的兑换，即兑换只限于各国政府所持有的美元，且能否兑换还要受美国黄金储备的约束。

(3) 汇率波动的调节机制不同。金本位制度下，汇率通过黄金自由的输出入进行自动调节，各国货币管理当局不参与外汇市场活动。而在布雷顿森林体系下，汇率波动的幅度及其维持都是人为的，即汇率波动超过一定幅度时，通过各国政府或中央银行的直接干预或国内经济政策措施调整，把汇率稳定在规定的幅度内。

(4) 汇率变动的影响范围不同。金本位制度下，汇率变动只影响到贸易双方的国内货币供给和贸易收支。在布雷顿森林体系下，若关键货币美元的价值发生变动，就会影响美元与黄金的比例关系，进而影响美元与各国货币之间的汇率变动，因而，其影响是世界性的。换而言之，以美元为中心的固定汇率能否维系取决于下列因素：一是美国的政治和经济实力；二是美国的国际收支状况和黄金储备水平；三是各国是否严格遵守“国际货币基金协定”；四是IMF的监管、协调是否得力。

(二) 固定汇率制度的优缺点

1. 固定汇率制度的优点

(1) 减少汇率风险。由于汇率的相对稳定，国际贸易和投资者易于确定国际商品价格，核算进出口贸易的成本及利润，减少汇率波动带来的风险损失，对世界经济贸易发展起到了一定促进作用。

(2) 抑制外汇投机行为。由于政府有稳定汇率的承诺，当汇率波动有可能超过上下限时，投资者将预期政府会干预外汇市场。国际游资和国际金融投机者就难于通过外汇市场大量买卖某种货币进行投机，一定程度上抑制了外汇投机活动，有利于稳定国际金融市场。

2. 固定汇率制度的缺点

(1) 削弱了国内货币政策的独立性与有效性。由于在固定汇率制度下各国货币汇率不能随意变动，所以，各国政府不能将汇率当作调整国际收支的政策工具，只能依靠调整国内经济政策来调整国际收支。当一国国际收支失衡而政府采取紧缩性或扩张性财政货币政策时，就有可能使国内经济增长受到抑制，或者加剧通货膨胀。

(2) 容易引起一国外汇储备的流失。固定汇率制度下，如果在外汇市场上两国汇率的波动超过规定的幅度，有关国家的货币当局有义务出来干涉。在汇率波动幅度不大时，一国货币当局往往动用外汇储备来维持本币汇率的稳定。

(3) 可能引起国际汇率制度的动荡与混乱。当一国国际收支恶化，进行市场干预仍不能平抑汇价时，该国最后有可能采取法定贬值的措施。这会引起与该国有密切经济联系的国家也采取法定贬值的措施，从而导致外汇市场和整个国际汇率制度的动荡与混乱。只有经过一段时间以后，才会平静下来。在未恢复相对平静以前的这段时期内，经营国际贸易、国际信贷与国际投资的经济主体，都有可能持观望态度，从而出现国际经济交易在某种程度上的中止、停顿现象。

二、浮动汇率制度

浮动汇率制度是指政府对汇率不加以固定，也不规定上下波动的界限，听任外汇市场根据外汇的供求状况，自行决定本国货币对外国货币的汇率。自1973年以美元为中心的固定汇率制度崩溃后，主要西方国家普遍实行了浮动汇率制度。1976年1月，国际货币基金组织正式承认浮动汇率制度。1978年4月，国际货币基金组织理事会通过《关于第二次修改协定条例》，正式废止以美元为中心的固定汇率制度。至此，浮动汇率制度在世界范围内取得了合法的地位。

(一) 浮动汇率制度的类型

1. 按政府是否干预划分

按照政府是否干预汇率变动，可划分为浮动和自由浮动两种。

(1) 浮动。汇率在很大程度上由市场决定，没有一个确定的或可预测的路径。特别是，一个满足类似盯住或类似爬行统计标准的汇率要被归为该类型，除非它明确汇率的稳定不是官方行动的结果。外汇市场干预可以是直接的或间接的，旨在缓和变化率和防止汇率的过度波动。浮动制度下可以出现或多或少的汇率波动，取决于影响经济的冲击的大小。

(2) 自由浮动。如果干预只是偶尔发生，旨在处理无序的市场状况，并且如果当局已经提供信息和数据证明在以前的6个月中至多有3例干预，每例持续不超过3个商业日，如果IMF不能得到所要求的信息或数据，那么该制度将被归为此类型。

2. 按汇率浮动方式划分

按汇率浮动方式划分，可划分为单独浮动、联合浮动、盯住汇率和联系汇率4种类型。

(1) 单独浮动。单独浮动即一国货币不与其他国家货币发生固定联系，其汇率根据外汇市场的供求变化而自动调整。如英镑、美元、日元等货币均属单独浮动。

(2) 联合浮动。联合浮动又称共同浮动，是指由几个国家组成货币集团，集团内各种货币之间保持固定比价关系，而对集团外的其他国家则共同浮动。

(3) 盯住汇率。在西方国家普遍采取浮动汇率制的同时，大部分发展中国家都实行盯住汇率制。盯住汇率是指一国货币与某种外币保持固定比价关系，随该外币的浮动而浮动的汇率。按盯住货币的不同，盯住汇率制可分为盯住单一货币浮动和盯住合成货币浮动。盯住单一货币，是指有些国家由于历史上的原因，对外经济往来主要集中于某一发达国家，或主要使用某种外国货币，为了使这种贸易金融关系得到稳定发展，这些国家通常使本国货币盯住该发达国家的货币，如巴哈马货币盯住美元等。盯住合成货币，是指有些国家为了摆脱本币受某一种货币支配的状况，将本币与一篮子货币挂钩。一篮子货币或是复合货币单位，或是以贸易额为权数确定出来的与本国经济联系最为密切的国家的一篮子货币组合。如缅甸、以色列、沙特阿拉伯和阿联酋货币盯住特别提款权。

实际操作过程中，又可分为硬盯住和软盯住两类。硬盯住包括无单独法定货币的汇率、货币局安排；软盯住包括传统盯住安排、稳定化安排、爬行盯住、准爬行安排、水平区间内的盯住汇率。详见专栏3-1。

(4) 联系汇率。这是一种特殊的盯住汇率制，但又不同于一般的盯住汇率制，最具有典型意义的是港元联系汇率制。联系汇率制源于英联邦成员国的货币发行制度。中国香港地区1983年10月开始实行港元与美元的联系汇率制。港元与美元的联系汇率制也称货币发行局制，是诸多货币发行局制的一种典型形式。

港元联系汇率制的主要内容是：发钞银行(目前有汇丰银行、渣打银行和中银集团)新发行的港元要按美元对港元1∶7.8的固定汇率向外汇基金(现并入金融管理局)缴纳等值的美元作为保证，以获取外汇基金无息的负债证明书(发钞银行是债权人)。而持牌银行要获得港元同样要有等值的美元存入发钞银行。当港元回笼时，发钞银行可以同样的汇率获得美元，同时交回外汇基金的负债证明书。发钞银行向持牌银行回笼港元时的做法与外汇基金同发钞银行之间回笼港元的做法相同。同时，外汇基金与发钞银行有义务通过外汇公开市场操作和调整利率来维护1美元兑换7.8港元的预定官价，使公开市场的汇率以2%的幅度在官定汇率水平上下浮动。中国香港金融管理局自2005年开始将联系汇率的区间确定在7.75~7.85之间，当港元升值幅度涨破7.75下方时，中国香港当局会卖出港元，买入美元；而当港元贬值幅度跌破7.85上方时，中国香港当局会买入港元，卖出美元。

中国香港地区的联系汇率制具有两个内在的自我调节机制。一是美元流动均衡机制。当港元被市场抛售或资本流出导致市场美元减少时，由于美元减少，发钞银行不仅不能增发货币，还需向外汇基金交回负债证明书赎回美元，导致基础货币减少，从而货币供应量减少，这又导致利率上升，物价下跌，国际收支状况好转，港元汇率趋于稳定，趋向官定汇率。二是套利机制。假设市场上美元汇率上升到1∶7.9港元，则发钞银行基于其作为商业银行的逐利动机，就会向外汇基金交回负债证明书，以1∶7.8港元的汇率赎回美元，再以1∶7.9港元的汇率向市场抛售，结果是美元供应量增加，港元供应量减少，最终导致市场汇率与官定汇率趋同。

联系汇率制具有以下特点：一国或地区流通的法定货币不是央行发行的，而是由独立的通货发行局发行的。这种货币的发行有完全的资金保证，即必须有一个可以作为国际储备的货币，按照事先预定的比价进行无条件的兑换。因此，联系汇率制的物质基础是外汇储备。联系汇率制是除货币联盟之外最严格的固定汇率形式。

联系汇率制的作用体现在如下几个方面。

第一，联系汇率制将货币发行机制和汇率机制较好地结合，因而具有稳定汇率和自动调节国际收支平衡的作用。首先，联系汇率制的推行建立在严格的货币发行准备金制的基础上，只有有充足的美元准备才能发行钞票，保证货币的稳定。这就杜绝了滥发钞票，造成货币贬值现象的发生。发行准备坚实，是保证货币稳定、汇率稳定的基础。其次，如上所述，当国际收支失衡、外资流出、外币汇率上涨、本币贬值时，则本币发行准备减少、通货紧缩、利率提高，其结果可减少需求、压缩进口、缓解国际收支逆差、使汇率趋于平稳。而当国际收支暂时保持顺差、外币汇率下跌、本币升值时，则本币发行准备增加、通货增多、利率下降，其结果可增加需求、增加进口、缓解顺差、使汇率趋于平稳。实践证明，联系汇率制在维持港元汇率的稳定、促进中国香港地区的经济发展中起着重要的作用。

第二，市场机制作用充分发挥，行政干预大大减少。在严格货币发行的基础上，市场外汇交易完全放开，由市场的供求机制决定汇率，“套汇”“套利”活动使利率成为汇率稳定的平衡器，从而使市场中的汇价既反映市场的供求关系，又保持相对稳定。

联系汇率制的弊端体现在如下几个方面。

第一，削弱联系汇率制国家或地区执行货币政策的独立性。维持港元与美元的固定比价的基本条件是港元利率尽可能与美元利率保持稳定水平，这就在客观上使港元利率必须随美元利率变化而变化，因此，独立地利用利率政策作为调节中国香港地区的经济的手段将受到一定程度的削弱。

第二，易于招致国际游资的冲击。港元过度坚挺会诱发国际游资流入，使港元升值；港元过于疲软，则会导致港元贬值。20世纪80年代初以及1994—1995年墨西哥金融危机期间和1997—1998年东南亚金融危机期间都曾出现过这种现象，以中国香港市场为例，1997年10月，索罗斯大军第一次攻击中国香港，疯狂抛售400亿港元；1998年8月，索罗斯联合摩根•斯坦利、高盛、美林、瑞士等组成联军再一次大规模向中国香港进攻，两天狂抛400亿港元。这就是当时索罗斯断定未来港元有贬值趋势的前提下做出的攻击，作为反击，中国香港特区政府依靠大量的美元储备和中央政府的支持稳住港元的汇率。

第三，不能利用汇率杠杆进行一定程度的下浮，有时对本地区经济发展不利。在其他国家，特别是东南亚有关国家(地区)货币贬值，汇率下浮，获得扩大出口的好处时，港元为维持联系汇率制，保持稳定与强势货币的势态，不能相应变更汇率，进行下浮，来加强其出口商品的竞争能力，这不利于本地区经济的发展。

【专栏3-1】

IMF对汇率制度的分类方法

IMF自成立至今的汇率制度分类方法的演变大致分为两个阶段：1998年11月之前的名义分类法和之后的事实分类法。

20世纪90年代以前，IMF的分类方法以一国政府公开宣称的汇率制度为依据，所以是一种名义的分类方法。名义分类法优点在于数据权威，且涵盖国家范围广、时间跨度长、更新频率快。如果一国事实上遵循其法定汇率制度，那么法定汇率制度可以被认为是其汇率的未来表现的一个很好的参考指标。然而，由于各国所宣称的汇率制度与实际汇率安排往往存在很大差异，名义分类法无法真实反映各国实际实行的汇率制度。

考虑到名义分类法的缺陷以及欧元区的诞生，1999年1月1日起，IMF开始采用基于各成员国名义汇率制度的事实分类法，即根据货币当局的政策意图和各国货币汇率的弹性程度等实际表现来划分汇率制度。2007年10月，IMF在AREAER(IMF每年编制的《汇兑安排与汇兑限制年报》，*Annual Report on Exchange Arrangements and Exchange Restrictions*)中对事实分类法的调整进行说明，主要是调整了货币联盟的归属。IMF将货币联盟各国汇率制度划分的依据调整为货币联盟统一货币的汇率表现，包括外部锚和货币体制的特点。调整后，欧元区各国归入独立浮动汇率制度，中非货币联盟和西非货币联盟各国归入传统盯住汇率制度，而东加勒比货币联盟各国归入货币局制度。以上改变仅为定义的变化，而并不代表各国汇率真实情况的变化。

随着国际经济形势和金融秩序的变化，IMF最初的事实分类法面临的挑战日益显现，尤其体现在以下两点：一方面，旧事实分类法下的“不事先公布汇率路径的管理浮动”所包含的各国实际汇率制度差异过大，这样笼统地将它们归为一类，则违背了汇率制度分类结果避免歧义性的基本原则。另一方面，各国政府干预措施的复杂程度不断提高，获得充分的汇率干预数据越来越难，数据的缺乏导致IMF难以准确地划分其汇率制度。于是，IMF在2009年对事实分类法做出重大修订，将汇率制度调整为三大类加一残差项(共十小类)，如表3-1所示。

表3-1 2009年IMF新事实分类法

三大类和残差项	十 小 类	2009 年实际对应国家数
硬盯住	无单独法定货币的汇率	10
	货币局安排	13
软盯住	传统盯住安排	45
	稳定化安排	22
	爬行盯住	3
	准爬行安排	5
	水平区间内的盯住汇率	3
浮动	浮动	39
	自由浮动	36
残差项	其他管理安排	12

无单独法定货币的汇率安排(Exchange Arrangement with No Separate Legal Tender)：指一国采用另一国的货币作为唯一法定货币，包括美元化和货币联盟。

货币局制度(Currency Board Arrangement)，指货币当局规定本国货币与某一外国货币保持固定的交换比率，并且对本国货币的发行做特殊限制以保证履行这一法定义务。货币局制度要求货币当局发行货币时，必须有等值的外汇储备作为保障，并严格规定汇率，没有改变平价的余地。

传统盯住安排(Conventional Pegged Arrangement)，指一个国家正式地或名义上以一个固定的汇率将其货币盯住另一种货币或一个货币篮子。国家当局通过直接干预或间接干预随时准备维持固定平价。没有承诺永久保持平价，但该名义制度必须被经验证实：汇率围绕中心汇率在小于±1%的狭窄范围内波动，或即期市场汇率的最大值和最小值保持在一个2%的狭窄范围内至少6个月。锚货币或篮子权重是公开的或报知IMF。

稳定化安排(Stabilized Arrangement)，又称为类似盯住制度，该制度要求无论是对单一货币还是对货币篮子即期市场汇率的波动幅度要能够保持在一个2%的范围内至少 6个月(除了特定数量的异常值或步骤调整)，并且不是浮动制度。作为稳定化安排，要求汇率保持稳定是官方行动(包括结构性市场僵化)的结果。该制度类别并不意味着国家当局的政策承诺。

爬行盯住(Crawling Peg)，指汇率按预先宣布的固定范围做较小的定期调整或对选取的定量指标(诸如与主要贸易伙伴的通货膨胀差或主要贸易伙伴的预期通胀与目标通胀之差)的变化做定期的调整。在爬行盯住制度下，货币当局每隔一段时间就对本国货币的汇率进行一次小幅度的贬值或升值。该制度的规则和参数是公开的或报知IMF。

类似爬行安排(Crawl-like Arrangement)，该制度要求汇率相对于一个在统计上识别的趋势必须保持在一个2%的狭窄范围内(除了特定数量的异常值)至少6个月，并且该汇率制度不能被认为是浮动制度。通常，要求最小的变化率大于一个稳定化安排(类似盯住)所允许的变化率。然而，如果年度变化率至少为1%，只要汇率是以一个充分单调和持续的方式升值或贬值，该制度就将被认为是类似爬行。

水平带盯住(Pegged Exchange Rate within Horizontal Bands)，该制度要求围绕一个固定的中心汇率将货币的价值维持在至少±1%的某个波动范围内，或汇率最大值和最小值之间的区间范围超过2%。中心汇率和带宽是公开的或报知IMF。

其他有管理的安排(Other Managed Arrangement)，这是一个剩余类别，当汇率制度没有满足任何其他类别的标准时被使用。

新的分类标准对一国汇率制度的划分采用科学快捷的判定方法，具体的判定过程为：首先IMF对各成员国宣称的汇率制度进行分析，判断各国在过去至少 6 个月的实际汇率安排表现是否与该国宣称的汇率制度相吻合。若吻合，则该国的事实汇率制度就是宣称的汇率制度；若不吻合，IMF则按照如下判定过程来判断这些国家事实上的汇率制度。

(1) 首先分析汇率制度是否由市场决定，由市场主导决定的被划归为浮动汇率制度，其他的划归为非浮动汇率安排。

(2) 非浮动的事实上的软盯住汇率安排被分为两个子类：稳定化安排和准爬行安排。在大多数经济分析中，稳定化安排可以认为是类似传统盯住的汇率制度。

(3) 浮动制度进一步细分，通过严格的定义和定性、定量的标准将自由浮动单独划分出来，这样的做法避免了以前管理浮动和独立浮动之间分界线模糊的情况。

以上步骤结束后，若一国汇率制度不属于以上任何一个类别的话，将被归入残差项，即其他管理安排。该判定过程中关键的标准是市场因素的决定程度，而且判断汇率制度是否由市场决定不能只看汇率的波动性，因为政府政策的频繁干预也可能导致汇率的变动。

(资料来源：魏增. IMF事实分类法及其分类框架研究. 2011(8). 经编者整理)

(二) 浮动汇率制度的优缺点

1. 浮动汇率制度的优点

1) 汇率随外汇市场的供求变化自由浮动，自动调节国际收支的不平衡

当一国国际收支持续逆差，出口额小于进口额，外国货币供给减少，该国货币汇率呈下降趋势时，意味着该国出口商品以外币表示的价格下降，将利于出口，抑制进口，从而扭转国际收支逆差；相反，当一国国际收支持续顺差，出口额大于进口额，外国货币供给加大，该国货币的汇率呈现上浮趋势时，该国出口商品以外币表示的价格上涨，就会抑制出口，刺激进口，从而使国际收支顺差减缓。

2) 可以防止外汇储备的大量流失和国际游资的冲击

在浮动汇率制度下，汇率没有固定的波动幅度，政府也没有义务干预外汇市场。因此，当本国货币在外汇市场上被大量抛售时，该国政府不必为稳定汇率动用外汇储备，大量抛售外币，吸购本币；相反，当本国货币在外汇市场上被大量抢购时，该国政府不必大量抛售本币，吸购外币。本币汇率的进一步上升，自然会抑制市场对本币的需求，这样就可减少国际游资对某一种货币冲击的可能性。

3) 有助于独立自主选用国内经济政策

与固定汇率制度相比，浮动汇率制度下一国无义务维持本国货币的固定比价，因而可以根据本国国情，独立自主地采取各项经济政策。同时，由于在浮动汇率制度下，为追求高利率的投机资本往往受到汇率波动的打击，因而减缓了国际游资对一国的冲击，从而使其货币政策能产生一定的预期效果。由于各国没有维持固定汇率界限的义务，在浮动汇率制度下，一定时期内的汇率波动不会立即影响国内的货币流通，国内紧缩或宽松的货币政策从而得以贯彻执行，国内经济则得以保持稳定。

2. 浮动汇率制度的缺点

1) 汇率波动增加了国际贸易的风险

在浮动汇率制度下，汇率有可能暴涨暴跌，国际贸易往来无安全感。例如，在以外币计价结算的贸易中，出口商要承受外汇汇率下跌而造成结汇后本币收入减少的损失；相反，进口商则要承受外汇汇率上涨而造成进口成本加大的损失。此外，汇率的剧烈波动使得商品的报价、计价货币的选择、成本的核算变得十分困难，这对国际贸易的发展是不利的。

2) 汇率剧烈波动助长了外汇市场上的投机

在浮动汇率制度下，汇率的波动取决于外汇市场的供求关系，汇率波动频繁，波动幅度大，外汇投机者就有机可乘。有些西方国家的商业银行也常常参与外汇市场上的投机活动，通过预测外汇汇率的变化，在外汇市场上低买高卖，牟取暴利。在浮动汇率制度下，汇率的自由升降虽可阻挡国际游资的冲击，但却容易因投机或谣言引起汇率的暴涨暴跌，造成汇率波动频繁和波幅较大的局面。在固定汇率制度下，因国家的干预，汇率波动并不频繁，其波动幅度也不过是铸币平价上下的1%，但在浮动汇率制度下，汇率波动则极为频繁和剧烈，有时一周内汇率波动幅度能达到10%，甚至在一天内就能达到8%。这进一步促使投机者利用汇率差价进行投机活动，来获取投机利润。但汇率剧跌，也会使他们遭受巨大损失。因投机亏损而引起的银行倒闭之风，在20世纪80年代至90年代曾严重威胁着西方金融市场，银行因投机亏损而倒闭的事件时有发生。

浮动汇率频繁与剧烈的波动，也会增加国际贸易的风险，使进出口贸易的成本加大或不易核算，影响对外贸易的开展。同时，这也促进了外汇期权、外汇期货、远期合同等有助于风险防范的国际金融业务的创新与发展。

由此看来，浮动汇率制度的利弊互见，优缺点并存。尽管它不是最理想、最完善的国际汇率制度，但仍不失为一种适应当今世界经济的适时、可行的汇率制度。

三、汇率制度的选择

没有一种汇率制度可以在所有的时候适用于所有的国家。每一个国家(地区)都应该根据自己的实际情况选择适合自己的汇率制度。

(一) 本国经济的结构性特征

如果一国是小国，那么它就较适宜采用固定性较高的汇率制度，因为这类国家一般与少数几个大国的贸易依存度较高。汇率的浮动会给它的国际贸易带来不便，而且其经济内部价格调整的成本较低。相反，如果一国是大国，则一般以实行浮动性较强的汇率制度为宜，因为大国的对外贸易多元化，很难选择一种基准货币实施固定汇率；同时，大国经济内部价格调整的成本较高，并倾向于追求独立的经济政策。一国选择什么样的汇率制度，主要取决于其经济特性：

(1) 经济规模，即国民生产总值(GNP)和人均GNP的规模；

(2) 对外贸易依存度，是指一国的进出口总额占该国国民生产总值或国内生产总值的比重，其中，进口总额占GNP或GDP的比重称为进口依存度，出口总额占GNP或GDP的比重称为出口依存度，对外贸易依存度反映一国对国际市场的依赖程度，是衡量一国对外开放程度的重要指标；

(3) 国内金融市场发达程度及其同国际金融市场一体化程度；

(4) 通货膨胀率同世界平均水平的差异；

(5) 进出口商品结构与外贸的地域分布。

一个经济规模宏大，对外贸易依存度较低，国内金融市场发达并与国际金融市场联系密切，通货膨胀率明显不同于世界平均水平，进出口商品结构与外贸地域分布多元化的国家，一般倾向于单独浮动，反之，则倾向于实行固定汇率制或者盯住汇率制。

(二) 特定的政策目的

这方面最突出的例子之一就是固定汇率有利于控制国内的通货膨胀。在政府面临高通胀问题时，如果采用浮动汇率制往往会产生恶性循环。例如，本国高通胀使本国货币不断贬值，本国货币贬值通过成本机制、工资收入机制等因素反过来进一步加剧了本国的通货膨胀。而在固定汇率制下，政府政策的可信性增强，在此基础上的宏观政策调整比较容易收到效果。又如，一国为防止从外国输入通货膨胀而往往选择浮动汇率政策。因为浮动汇率制下一国的货币政策自主权较强，从而赋予了一国抵御通货膨胀于国门之外，同时选择适合本国通胀率的权利。可见，政策意图在汇率制度的选择上也发挥着重要作用。再如，出口导向型与进口替代型国家对汇率制度的选择也是不一样的。

(三) 地区性经济合作情况

一国与其他国家的经济合作情况也对汇率制度的选择有着重要影响。例如，当两国存在非常密切的贸易往来时，两国间货币保持固定汇率比较有利于相互间经济关系的发展。尤其是在区域内的各个国家，其经济往来的特点往往对它们的汇率制度选择有着非常重要的影响。

(四) 国际、国内经济条件的制约

一国在选择汇率制度时还必须考虑国际国内条件的制约。例如，在国际资金流动数量非常庞大的背景下，对于一国内部金融市场与外界联系非常紧密的国家来说，如果本国对外汇市场干预的实力因各种条件限制而不是非常强的话，采用固定性较强的汇率制度的难度无疑是相当大的。进出口商品结构与外贸地域分布多元化的国家，一般倾向于让其货币单独浮动。

第二节 外汇管制

一、外汇管制的概念

外汇管制(Exchange Control)，是指一国政府为平衡国际收支，维持汇率稳定，以及实现其他政治经济目的，通过调整交易规则和交易条件，直接控制交易数量和汇率水平，对境内和其他管辖范围内的外汇交易实行的限制。包括对外汇的买卖、外汇汇价、国际结算、资本流动以及银行的外汇存款账户等各方面外汇收支与交易所做的规定。

外汇管制是当今世界各国调节外汇汇率和国际收支的一种常用的强制性手段，其目的就是谋求国际收支平衡，维持货币汇率稳定，保障本国经济正常发展，以加强本国在国际市场上的经济竞争力。

二、外汇管制的历史演进

外汇管制与外汇不是同时产生的，它是国际经济关系发展到一定阶段的产物。

(一) 第一阶段

第一阶段是从第一次世界大战爆发至第二次世界大战结束。外汇管制最早出现在17世纪的英格兰，但现代意义上的外汇管制是在1917年以后才被第一次世界大战的参战国普遍实施的。第一次世界大战爆发后，不少参战国都发生了巨额的国际收支逆差，由于本国货币的对外汇率发生了剧烈波动，引起大量资本外逃。为了集中宝贵的资源进行战争，减缓本国货币汇率的波动以及防止本国资本外流，所有参战国在战时都取消了外汇自由买卖的规定，禁止黄金输出，对外汇的收、支、存、兑实行人为的干预和控制。

第一次世界大战结束后，各资本主义国家进入了一个相对稳定的时期，随着经济的恢复与发展，为了扩大对外贸易，恢复和争夺海外市场，各国先后实行了金块本位制和金汇兑本位制。因此，这些国家原来实行的外汇管制都先后取消，基本恢复了外汇的自由买卖，但是一些经济实力较弱的国家仍然实行不同程度的外汇管制。1929年世界性经济危机发生后，一些实力较强的国家急速把资金从各金融市场大量撤回，导致大部分国家的国际支付无法维持。因此，很多国家为了稳定汇率，维持国际收支平衡，先后采取了各种措施来控制外汇交易。

第二次世界大战期间，参战国同样为了应付巨额的战争开支，都实行了比以往更为严格的外汇管制，纷纷禁止外汇的自由交易，以适应战争的需要。

这一阶段的外汇管制主要是防止资本外逃并限制资本和金融账户的投机行为。

(二) 第二阶段

第二阶段是从第二次世界大战结束至1958年。第二次世界大战结束后，大部分国家遭受了战争的严重伤害，经济急需恢复，而外汇与黄金储备又非常短缺，因此不得不实行外汇管制。在此期间美国曾利用其雄厚的经济实力抬高美元汇率，大量输出资本，占领国际市场，并一再施压，迫使英国、德国、法国、日本等国放松外汇管制。到了20世纪50年代后期，西欧和日本的经济有了巨大的提升，相比之下，美国的经济实力相对削弱，于是以法、德、英为首的欧洲14国实行了有限度的货币自由兑换。

在这一阶段，外汇管制的范围有了扩大，主要是从资本和金融账户扩大到经常账户，一切外汇交易都要经过外汇管理部门的批准。进行全面的外汇管制的最终目的是调整国际收支以使其达到均衡。

(三) 第三阶段

第三阶段是从1958年到现在。从20世纪60年代开始，资本主义国家的贸易和资本自由化有了巨大发展，对外汇管制开始放松。德国实行了全面的货币兑换，日本实行部分货币自由兑换，英国撤销了原有的外汇管理条例，意大利、法国、瑞士等国继续放松外汇管制。1990年7月1日起，欧共体决定其成员国原则上完全取消外汇管制。

三、外汇管制的类型

以是否实行全面的或部分的外汇管制为标准，外汇管制大致分为3种类型。

(一) 严格型外汇管制

有些国家和地区对贸易收支、非贸易收支和资本项目收支，都实行严格的外汇管制。经济不发达的国家大都实行比较严格的外汇管制。在资本输出的外汇管制方面，发展中国家大都实行严格的管制，一般不允许个人和企业自由输出外汇资金。根据国际货币基金组织的统计分类，世界上实施较严格的外汇管制的国家(地区)，或者是经济不发达的国家，或者是原计划经济国家。这些国家和地区出口创汇能力低，外汇资金短缺，国内外价格体系严重脱节，集中地、有优先秩序地使用外汇，可以保证国内经济的有序发展。但是，近年来随着区域经济一体化和贸易集团化趋势的出现和发展，不少发展中国家放松了外汇管制，鼓励企业积极向海外投资，以带动本国出口的增长。

(二) 非严格型外汇管制

有些国家和地区对贸易和非贸易收支，原则上不加管制，但对资本项目的收支则仍加以不同程度的管制。这类国家经济比较发达，市场机制在经济活动中起主导作用，并已承诺遵守国际货币基金组织基金协定的第八条款，即不对经常项目的收支加以限制，不采取有歧视性的差别汇率或多重汇率。如韩国、菲律宾等一些亚洲新兴工业国家。

(三) 松散型外汇管制

有些国家对经常项目和资本项目的外汇交易不实行普遍的和经常性的限制，但不排除从政治和外交需要出发，对某些特定项目或国家采取包括冻结外汇资产和限制外汇交易等制裁手段。这些国家的汇率一般为自由浮动制，其货币也实行自由兑换。这类国家一般经济发达，黄金和外汇储备充足，国际收支整体情况良好。比如美、英、德、加等工业发达国家和科威特、沙特阿拉伯等资金充裕的石油输出国。

总之，一个国家外汇管制范围的大小和程度的宽严，主要取决于该国的经济、贸易、金融和国际收支状况。由于世界各国的经济处于不断发展变化之中，所以其外汇管制也是在不断发展和变化的，其总体趋势是：工业化国家和地区的外汇管制逐步放松，发展中国家和地区的外汇管制则有松有紧。

四、外汇管制的机构与对象

(一) 外汇管制的机构

实行外汇管制的机构，即外汇管制的主体，国际上有3种类型：第一类是国家授权中央银行作为外汇管理机关，如英国就是由英格兰银行代表财政部执行外汇管理工作；第二类是国家专设外汇管理机构，如意大利、法国和中国等国就指令中央银行专设外汇管理局，专门负责外汇管理工作；第三类是国家行政部门直接负责外汇管理，如美国的外汇管理由其财政部负责，日本的外汇管理则由大藏省和通产省负责。

外汇管制机构负责制定和监督执行外汇管制的政策、法令和规定条例，并有权随时根据具体情况变化的需要，采取各种措施，对外汇的收、支、存、兑进行控制。

(二) 外汇管制的对象

外汇管制的对象分为人、物、地区3种。

1. 人

对人的管制主要包括法人和自然人，根据外汇管制的法令，将居住地点不同的法人和自然人划分为居民和非居民。所谓居民，是指长期(一般在1年以上)居住或设立在本国境内的自然人和法人以及派驻国外的本国机关、企业和工作人员。非居民是指短期(一般在1年以下)居住或设立在本国境外的自然人和法人以及外国派驻本国的外交人员。对居民和非居民一般在外汇管理政策上有所区别，大多数国家对居民的外汇管制较严，而对非居民的外汇管制较松。

2. 物

对物的管制是指对各种外汇有价资产的管制，主要包括：外国纸币和铸币；用外币表示的有价证券，如政府公债、国库券、公司债券、股票、息票等；用外币表示的支付凭证，如汇票、本票、支票、银行存款凭证、邮递储蓄凭证等；贵金属，如黄金、白银等；被携带出、入境的本国货币。

3. 地区

有些国家对本国的不同地区实行不同的外汇管制政策，例如对本国的出口加工区或自由港，实行较宽松的外汇管制。另外，还有些国家对不同的国家和地区实行不同的外汇管制政策。

五、外汇管制的措施

实行外汇管制的国家和地区，一般对货物贸易外汇收支、服务贸易外汇收支、资本输出入、汇率、黄金和现钞的输出入等采取一定的管制办法和措施。

(一) 对货物贸易外汇的管制

货物贸易收支，通常在一国的国际收支中所占的比例最大，所以，实行外汇管制的国家大多对贸易外汇实行严格管制，以增加出口外汇收入、限制进口外汇支出、减少贸易逆差、追求国际收支平衡。

1. 对出口收汇的管制

对出口实行外汇管制，一般都规定出口商须将其所得外汇及时调回国内，并结售给指定银行。也就是说，出口商必须向外汇管制机构申报出口商品价款、结算所使用的货币、支付方式和期限。在收到出口外汇后，又必须向外汇管制机构申报交验许可证，并按官方汇价将全部或部分外汇收入结售给指定银行。剩余部分既可用于自己进口，也可按自由市场的汇率转售他人。

许多国家在税收、信贷、汇率等方面采取措施，以促进本国商品出口，同时对国内供应短缺的某些商品则实行限量出口，也有些国家按其与有关国家达成的协议，对某些商品的出口实行数量限制。有些发达国家虽对出口收汇并无限制，但由于政治上的原因，对某些国家采取各种临时性的贸易制裁或禁止某些战略物资和尖端技术的出口。

2. 对进口付汇的管制

实行外汇管制的国家，除对进口外汇实行核批手续外，为了限制某些商品的进口，减少外汇支出，一般都采取下述措施：进口存款预交制，进口商在进口某项商品时，应向指定银行预存一定数额的进口货款，银行不付利息，数额根据进口商品的类别或所属的国别按一定比例确定；购买进口商品所需外汇时，征收一定的外汇税；限制进口商对外支付使用的外币；进口商品一定要获得外国提供的一定数额的出口信贷，否则不允许进口；提高或降低开出信用证的押金额；进口商在获得批准的进口用汇以前，必须完成向指定银行的交单工作，增加进口成本；根据情况，允许(或禁止)发行特定的债券，偿付进口货款，以调节资金需求，减少外汇支出，控制进口贸易。

(二) 对服务贸易外汇的管制

服务贸易外汇收支的范围较广，货物贸易与资本输出入以外的外汇收支均属服务贸易收支。主要包括：与货物贸易有关的运输费、保险费、佣金等；与资本输出入有关的股票、专利费、许可证费、特许权使用费、技术劳务费等；与文化交流有关的版权费、稿费、奖学金、留学生费用等；与外交有关的驻外机构经费；旅游费和赡家汇款。其中与货物贸易有关的从属费用，如运输费、保险费和佣金等，基本按货物贸易外汇管制办法处理，一般无须再通过核准手续，就可以由指定银行供汇或收汇。其他各类服务贸易外汇收支，都要向指定银行报告或得到其核准。

实行服务贸易外汇管制的目的在于集中服务贸易外汇收入，限制相应的外汇支出。各个国家根据其国际收支状况，往往不同时期实行宽严程度不同的服务贸易外汇管制。

(三) 对资本输出入的管制

资本的输出入直接影响一国的国际收支，因此，无论是一些发达国家还是绝大多数发展中国家都很重视对资本输出入的管制，只是根据不同的需要，实行不同程度的管制。

发展中国家由于外汇短缺，一般都限制外汇输出，同时对有利于发展本国民族经济的外国资金，则实行各种优惠措施，积极引进，例如：对外商投资企业给予减免税优惠；允许外商投资企业的利润用外汇汇出等。此外，有些发展中国家对资本输出、输入还采取如下措施：一是规定输出入资本的额度、期限与投资部门；二是从国外借款的一定比例要在一定期限内存放在管汇银行；三是银行从国外借款不能超过其资本与准备金的一定比例；四是规定接受外国投资的最低额度等。

相比较来说，发达国家较少采取措施限制资本输出、输入，即使采取一些措施，也是为了缓和汇价和储备所受的压力。例如：20世纪70年代，日本、瑞士、德国等发达国家由于国际收支顺差，他们的货币经常遇到升值的压力，成为国际游资的主要冲击对象，并且这些国家国际储备的增加，又会加剧他们本国的通货膨胀，因此，就采取了一些限制资本输入的措施，以避免本国货币的汇率过分上浮。这些措施包括：规定银行吸收非居民存款要缴纳较高的存款准备金；规定银行对非居民存款不付利息或少收利息；限制非居民购买本国有价证券等。与此同时，这些国家还采取了鼓励资本输出的措施，例如，日本从1972年起对于居民购买外国有价证券和投资于外国的不动产基本不加限制。

(四) 对汇率的管制

汇率管制是一国从本国的经济利益出发，为调节国际收支、稳定本币价值，而对本国所采取的汇率制度和汇率水平管制的方法，主要有以下几种。

1. 直接管制汇率

一国政府指定某一部门制定、调整和公布汇率，这一官方的汇率对整个外汇交易起着决定性的作用。各项外汇收支都必须以此汇率为基础兑换本国货币。但这种汇率的形成人为因素成分较大，很难反映真实的水平，极易造成价格信号的扭曲。此外，采取这种形式的汇率管制，通常都伴之以对其他项目较严格的外汇管制。

2. 间接调节市场汇率

由市场供求决定汇率水平的国家，政府对汇率不进行直接的管制，而是通过中央银行进入市场吸购或抛售外汇，以达到调节外汇供求、稳定汇率的效果。为进行这一操作，许多国家都建立了外汇平准基金，运用基金在市场上进行干预；有的则是直接动用外汇储备进行干预：除通过中央银行在外汇市场上直接买卖外汇以外，中央银行还通过货币政策的运用，主要是利率杠杆来影响汇率。利率水平的提高和信贷的紧缩，可以减少市场对外汇的需求，同时抑制通胀，吸引国外资金流入，阻止汇率贬值；反之，则可减轻汇率上升。

3. 实行复汇率制度

当一国货币对另一国货币的汇价因用途和交易种类的不同而规定有两种或两种以上的汇率时，IMF把一国政府或其财政部门所采取的导致该国货币对其他国家的即期外汇的买卖差价和各种汇率之间的买入与卖出汇率的差价超过2%的任何措施均视为复汇率。

一般来说，经济高度发达的市场经济国家，其汇率一般为自由浮动，国家不对汇率进行直接管制，而是运用经济手段间接调控引导汇率；而那些经济欠发达、市场机制发育不健全、缺乏有效的经济调控机制和手段的国家，则采取直接的行政性的方式来管理汇率，以保证汇率为本国经济政策服务。

(五) 对黄金、现钞输出入的管制

实行外汇管制的国家对黄金交易也进行管制，一般不准私自输出或输入黄金，而由中央银行独家办理。对现钞的管理，习惯的做法是对携带本国货币出入境规定限额和用途，有时甚至禁止携带

本国货币出境，以防止本国货币输出用于商品进口和资本外逃以及冲击本国汇率。

六、外汇管制对经济的影响

(一) 外汇管制的正面影响

1. 防止资本外逃

国内资金外逃是国际收支不均衡的一种表现。在自由外汇市场下，当资金大量外移时，由于无法阻止或调整，势必造成国家外汇储备锐减，引起汇率剧烈波动。因此，为制止一国资金外逃，避免国际收支危机，有必要采取外汇管制，直接控制外汇的供求。

2. 维持汇率稳定

汇率的大起大落，会影响国内经济和对外经济的正常进行，所以通过外汇管制，可控制外汇供求，稳定汇率水平，使之不发生经常性的大幅度波动。

3. 维护本币在国内的统一市场不易受投机影响

实行外汇管制，可以分离本币与外币流通的直接联系，维持本币在国内流通领域的唯一地位，增强国内居民对本币的信心，抵御外部风潮对本币的冲击。

4. 便于实行贸易上的差别待遇

一国实行外汇管制，对外而言，有利于实现其对各国贸易的差别待遇或作为国家间政府谈判的手段，还可通过签订清算协定，发展双边贸易，以克服外汇短缺的困难；对国内而言，通过实行差别汇率或贴补政策，有利于鼓励出口，限制进口，增加外汇收入，减少外汇支出。

5. 保护民族工业

发展中国家工业基础薄弱，一般工艺技术有待发展完善，如果不实行外汇管制及其他保护贸易政策，货币完全自由兑换，则发达国家的廉价商品就会大量涌入，从而使其民族工业遭到破坏与扼杀。实行外汇管制，一方面可管制和禁止那些可能摧残本国新兴工业产品的外国商品的输入，同时可鼓励进口必需的外国先进的技术设备和原材料，具有积极发展民族经济的意义。

6. 有利于国计民生

凡涉及国计民生的必需品，在国内生产不足时，政府均鼓励进口，准其优先结汇，按较低汇率申请进口，以降低其成本，保证在国内市场上廉价供应，而对非必需品、奢侈品则予以限制。

7. 提高货币币值，稳定物价

实行外汇管制，可集中外汇资财、节约外汇支出，一定程度上可提高货币的对外价值，增强本国货币的币信，加强一国的国际经济地位。

另外，纸币对外表现为汇率，对内表现为物价。当一国主要消费物资和生活必需品价格上涨过于剧烈时，通过外汇管制对其进口所需外汇给予充分供应，或按优惠汇率结售，则可增加资源，促进物价回落，抑制物价水平上涨，保持物价稳定。因此，外汇管制虽直接作用于汇率，但对稳定物价也有一定作用，可避免或减轻国外通货膨胀对国内物价的冲击。

(二) 外汇管制的负面影响

1. 不利于平衡外汇收支和稳定汇率

法定汇率的确定，虽可使汇率在一定时期和一定范围内保持稳定，但是影响汇率稳定的因素很多，单纯依靠外汇管理措施以求汇率稳定是不可能的。比如：一个国家财政状况不断恶化，财政赤字不断增加，势必增加货币发行，引起纸币对内贬值，通过外汇管制，人为高估本国币值的法定汇率，必然削弱本国商品的对外竞争力，从而影响外币收入，最后本国货币仍不得不对外公开贬值，改变法定汇率。若财政状况仍没有根本好转，新的法定汇率就不易维持，外汇收支也难以平衡。

2. 阻碍国际贸易的均衡发展

采取外汇管制措施，虽有利于双边贸易的发展，但由于实施严格的管制后，多数国家的货币无法与其他国家的货币自由兑换，必然限制多边贸易的发展。另外，官方对汇率进行干预和控制，汇率不能充分反映供求的真实状况，常出现高估或低估的现象。而汇率高估，对出口不利；汇率低估，又对进口不利，汇率水平不合理会影响进出口贸易的均衡发展。

3. 限制资本的流入

在一定情况下，实行外汇管制不利于本国经济的发展与国际收支的改善。比如，外商在外汇管制国家投资，其投资的还本付息、红利收益等往往难以自由汇兑回国，势必影响其投资积极性，进而影响本国经济发展。

4. 价格机制失调，资源难以合理配置

外汇管制会造成国内商品市场和资本市场与国际相分离，国内价格体系与国际相脱节，使一国不能充分参加国际分工和利用国际贸易的比较利益原则来发展本国经济，资源不能有效地分配和利用。资金有盈余的国家，不能将其顺利调出；而急需资金的国家又不能得到它，资金不能在国家间有效流动。

七、我国的外汇管理体制改革

改革开放30年，我国外汇管理体制改革经历了3个重要阶段。一是1978—1993年，改革开始起步，以双轨制为特征。实行外汇留成制度，建立和发展外汇调剂市场，建立官方汇率与调剂市场汇率并存的双重汇率制度，实行计划和市场相结合的外汇管理体制。二是1994—2001年，适应建立社会主义市场经济体制的要求，取消外汇留成与上缴，实施银行结售汇，实行以市场供求为基础的、单一的、有管理的浮动汇率制度，建立统一规范的全国外汇市场，实现人民币经常项目可兑换，初步确立了市场配置外汇资源的基础地位。三是2002年以来，市场体制进一步完善，我国加速融入经济全球化，对外开放进一步扩大，外汇形势发生根本性变化。外汇管理从“宽进严出”向均衡管理转变，有序推进资本项目可兑换，进一步发挥利率、汇率的作用，促进国际收支平衡，注重防范国际经济风险。经历了由分散到集中，由不完全到正在逐步完善的过程。

(一) 外汇管理体制改革的初级阶段(1978—1993年)

十一届三中全会后，为配合整体经济改革和对外开放政策，以及外贸体制改革中的下放外贸经营权，实行经营承包责任制，实行自主经营、自负盈亏经营方式，我国外汇管理体制进行了以“减少行政干预，增加市场调节”为主线的改革。改革主要围绕4个方面进行：一是不断放松直至取消

经常项目的汇兑限制；二是逐步培育和发展外汇市场；三是逐步使人民币汇率形成市场化；四是不断完善和开放资本项目的外汇管理。具体的改革措施包括如下方面。

1. 实行外汇留成制度

出口企业将出口外汇收入卖给国家后，国家按规定比例给出口企业和地方外汇留成额度。用汇时，企业用人民币配以额度，按国家公布的外汇牌价购买现汇，对外进行支付。值得注意的是，外汇留成制度只适用于中资企业。对外商投资企业，实行意愿结汇制度。

2. 建立和发展外汇调剂市场

外汇留成制度的实施，调动了企业和地方进出口贸易的积极性，但在具体实行过程中也出现了一些问题，如外汇额度与实体需求相分离。为了满足企业相互之间外汇余缺调剂的客观需要，1980年我国政府推出外汇调剂业务。

3. 改革人民币汇率制度

1979年8月，我国国务院开始改革汇率制度，除继续保留公布牌价外，另外制定内部结算汇率。1981年正式实行1美元兑2.8元人民币的贸易外汇内部结算价，适用于进出口贸易外汇的结算，同时继续公布1美元兑1.5元人民币的牌价，主要适用于非贸易外汇的兑换和结算。1985年1月1日取消贸易外汇内部结算价，进出口贸易外汇按官方汇率1美元兑2.8元人民币结算。1985—1990年，我国多次大幅调整汇率，实行人民币逐渐贬值政策，由1985年1月1日的1美元兑2.8元人民币，逐步调整至1993年年底的1美元兑5.72元人民币。由于外汇留成制度和调剂市场的存在，1985—1993年，我国实行的仍然是双重汇率，官方汇率与调剂市场汇率并存。1993年年底，外汇调剂市场汇率为1美元兑8.72元人民币。

(二) 我国外汇管理体制改革的推进阶段(1994—2001年)

1993年11月，中共中央《关于建立社会主义市场经济体制若干问题的决议》提出，“改革外汇管理体制，建立以市场供求为基础的、有管理的浮动汇率制度和统一规范的外汇市场，逐步使人民币成为可兑换货币”。我国从1993年下半年开始了进一步市场化的外汇管理体制改革。与建立社会主义市场经济体制相适应，借鉴国际经验，确定了人民币完全可兑换为外汇管理体制改革的长远目标，人民币经常项目可兑换为阶段性目标。

1. 实行银行结售汇制度

1994年，作为实现人民币经常项目可兑换的重要步骤，我国取消了实行了15年的外汇留成制度，实行了银行结售汇制度。同时，为配合银行结售汇制度，对中资企业实行外汇账户限额管理，限额以内的经常项目外汇收入实行意愿结汇，限额以外的实行强制结汇。1997—2001年，对中资企业的外汇账户限额按企业上年度经常项目外汇收入的15%核定。1994年，对外商投资企业的经常项目外汇收入实行意愿结汇制度，但不允许外商投资企业在外汇指定银行办理结售汇，外商投资企业要卖出外汇或者购汇都必须在外汇调剂中心进行。1996年12月1日，我国不再对经常性国际交易支付和转移，包括所有无形贸易的支付和转移实行限制，实现了人民币经常项目的完全可兑换。

2. 加强对资本项目的外汇管理

在经常项目实现可兑换的同时，我国对资本项目的交易和汇兑实行了严格控制，一是除国务院另有规定外，所有资本项目外汇收入均须调回境内；二是境内机构(包括外商投资企业)的资本项目外汇收入均应在银行开立外汇专用账户，经外汇管理部门批准后才能结汇；三是资本项目下的购汇和对外支付都须经过外汇管理部门的核准，持核准件方可在外汇指定银行办理购付汇。

3. 建立全国统一的银行间外汇市场

中资银行及其授权分行、外资金融机构和少量经授权的非银行金融机构等会员能够参与外汇市场的交易。对外汇指定银行实行外汇周转余额限额管理，外汇指定银行持有的结售周转外汇余额超过其限额比例部分必须在银行间外汇市场上卖出。交易方式采取分别报价、撮合成交，由计算机系统按照价格优先和时间优先的原则对各种报价进行匹配。

4. 进一步改革汇率制度

首先，实行汇率并轨。1993年12月31日的官方汇率是1美元兑5.8元人民币，而调剂市场汇率为1美元兑8.72元人民币左右。1994年1月1日实行汇率并轨，人民币对美元汇率为1美元兑8.70元人民币。其次，利用统一的银行间外汇市场，实行以市场供求为基础的、单一的、有管理的浮动汇率制度。

(三) 我国外汇管理体制改革的完善阶段(2002年至今)

2001年年底，我国加入了世界贸易组织，推动了我国外汇管理体制的进一步改革。这一阶段我国外汇管理体制改革做出了以下思路调整：一是转变长期以来形成的外汇流入越多越好的观念，加强对外汇流入的监测与管理；二是转变外汇流出越少越好的观念，逐步建立正常的、合理的、可控的流出机制；三是进一步树立市场机制观念，用符合市场经济运行规律的方法和手段实现外汇管理的目标。

1. 进一步改进经常项目外汇管理

(1) 进一步改革外汇账户限额管理。根据《个人外汇管理办法》(《中国人民银行令》〔2006〕第3号)，我国外汇管理局规定，个人每年的结售汇操作不能大于5万美元，换句话说，个人外汇限额是5万美元，如果超过5万美元的话，是不能进行结售汇的。人民币稳居中国跨境收付第二大货币。境内机构可按需自行保留其经常项目外汇账户中的外汇资金，不存在限额管理。2016年，跨境人民币收付金额合计9.85万亿元，占同期本外币跨境收付金额的比重为25.2%，人民币已连续六年成为中国第二大跨境收付货币。其中，经常项目人民币收付金额52 274.7亿元，对外直接投资(ODI)人民币收付金额10 618.5亿元，外商直接投资(FDI)人民币收付金额13 987.7亿元。截至2016年年末，使用人民币进行跨境结算的境内企业约24万家。

(2) 加强和改进了对外汇资金流入和结汇的管理。加强对经常项目外汇收支进行真实性审核，严格监控多收汇企业的货物贸易外汇收支行为。

(3) 进一步简化了进出口核销管理，加大了贸易便利化程度。

(4) 有力推动贸易投资便利化。一是A类企业贸易外汇收入可直接进入经常项目外汇账户或结汇，简化企业收汇和结汇手续。二是全面实施资本金和外债意愿结汇管理，更好地满足境内企业经营与资金运作需要。三是允许银行为机构客户办理差额交割的远期结汇业务，满足企业既持有外币资产又防范汇率风险的需要。

2. 完善并适度放松了资本项目外汇管制

首先，有选择、分步骤地开放证券投资，拓宽资金流出流入渠道。2002年，我国推出了合格境外机构投资者(QFII)制度，允许合格境外投资机构投资于境内证券市场上包括股票、债券和基金等人民币标价的金融工具。2007年6月，推出合格境内机构投资者境外证券投资制度(QDII)。2011年12月试点开展小“QFII”(RQFII)业务，允许境外人民币通过在港中资证券及基金公司投资A股市场，即放宽境外人民币或外汇经由此类机构来内地投资A股等市场。

其次，陆续出台了一系列放松资本流出的管制措施。如简化境内机构境外直接投资的各种手续，放宽购汇限制，放宽境内金融机构境外证券投资和代客理财等限制，实施“走出去”战略，成立国家投资公司，实行境内个人对外证券投资试点等。2009年7月，国家外汇管理局出台了《境内机构境外直接投资外汇管理规定》，鼓励外汇流出。该《规定》自2009年8月1日起实施，主要内容包括扩大境外投资外汇资金来源范围；将境外投资外汇资金来源的审核方式由事前审查改为事后登记，并对具体外汇管理操作环节进行了明确；明确境内机构可以向其境外直接投资企业提供商业贷款及融资性担保，对境外投资企业的后续融资提供支持等。

再次，对短期资本流动，尤其是“热钱”投机活动进行抑制，如加强外资对房地产业投资的审批和监管、大幅度核减中外资银行和非银行金融机构的短期外债余额指标等。

人民币国际使用稳步发展。截至2016年年末，中国境内(不含港、澳、台地区，下同)银行的非居民人民币存款余额为9 154.7亿元，主要离岸市场人民币存款余额约为1.12万亿元，人民币国际债券未偿余额为7 132.9亿元。截至2016年年末，共有18个国家和地区获得人民币合格境外投资者(RQFII)额度，合计人民币1.51万亿元；共有407家境外机构获准进入银行间债券市场，入市总投资备案规模为1.97万亿元。据不完全统计，截至2016年年末，共有60多个国家和地区将人民币纳入外汇储备。人民币资本项目可兑换稳步推进。2016年，将全口径跨境融资宏观审慎管理试点范围扩大至全国；进一步开放和便利境外机构投资银行间债券市场，简化人民币合格境外机构投资者管理，完善沪港通机制，取消总额度限制，启动深港通。自2017年7月3日“债券通”项下“北向通”正式开通至12月31日，累计成交2 760亿元人民币。截至2017年年末，共有866家(只)境外机构或产品入市开户，境外机构银行间市场债券托管规模为11 775亿元人民币。

3. 实行统一规范的全国银行间外汇市场

在市场主体方面，银行间外汇市场会员扩大到非银行金融机构和大型非金融企业。将外汇指定银行结售汇周转头寸的涵盖范围扩展为外汇指定银行持有的因人民币与外币间交易而形成的外汇头寸，并实行结售汇头寸综合管理。交易方式由竞价方式增加到竞价方式和询价方式并用。此外，通过以下方面的改革，外汇市场效率得以提高：降低交易手续费，引入做市商制度，改变标准交割时间，与国际接轨，延长交易时间，采用远期交易/掉期交易主协议的做法，统一内外资银行远期结售汇业务准入标准和结售汇限额核定标准，远期结售汇定价由一价变为多价。

加强跨境收支监测管理体系建设。一是不断提高监测分析前瞻性和针对性，密切跟踪形势变化，加强对跨境资金流动和国际金融市场的监测。二是个人外汇业务监测系统正式上线运行，进一步加强个人外汇业务监测。

4. 进一步改进人民币汇率形成机制

2005年7月21日，中国人民银行正式宣布开始实行以市场供求为基础、参考一篮子货币进行调节、有管理的浮动汇率制度，从此人民币汇率不再盯住单一美元，逐渐形成更富有弹性的汇率机制。

2005年以来，人民银行一直稳妥有序地推进人民币汇率形成机制市场化改革。2007年5月21日、2012年4月16日和2014年3月17日，人民币对美元汇率浮动幅度经三次调整由0.3%扩大至2%。2005年9月起，取消了对银行为客户办理结售汇业务时非美元货币对人民币的挂牌汇率浮动区间限制。2010年6月，中国人民银行宣布进一步推进人民币汇率形成机制改革，重在坚持以市场供求为基础，参照一篮子货币进行调节。2012年4月16日，扩大银行间外汇市场人民币对美元即期交易价浮动幅度。2014年7月起，取消了银行对客户美元挂牌汇率浮动区间限制。2015年8月11日，人民银行宣布完善人民币对美元汇率中间价形成机制，做市商在每日银行间外汇市场开盘前，参考上日银行间外汇市场收盘汇率，综合考虑外汇供求情况以及国际主要货币汇率变化向中国外汇交易中心提供中间价报价。一方面在机制上加大市场供求对汇率形成的决定性作用，提高中间价的市场化程度；另一方面则顺应市场的力量对人民币汇率进行适当调整，使汇率向合理均衡水平回归。改革后中间价与市场汇率之间的偏离得到校正，中间价的市场化程度和基准作用明显增强。

5. 进一步完善远期结售汇业务和银行卡境外交易的各种规定

中国人民银行制定了《银行办理结售汇业务管理办法》，自2014年8月1日起施行，下发了关于银行卡境外交易外汇管理系统上线有关工作的通知(2017年8月3日)和关于规范银行卡境外大额提取现金交易的通知(2017年12月30日)。

未来，人民银行将坚持市场化取向，根据中央的改革部署和国际收支格局的变化规律，稳妥有序完善市场化汇率形成机制，发挥市场在汇率形成中的决定性作用，增强人民币汇率双向浮动弹性，建立汇率调节国际收支的市场化长效机制，保持人民币汇率对一篮子货币基本稳定，促进国际收支平衡。

【专栏3-2】

人民币汇率形成机制的运行情况

2015年8月11日以来，人民银行采取了一系列完善人民币汇率市场化形成机制的措施，包括完善人民币对美元汇率中间价报价机制，加大参考一篮子货币力度等。2016年春节以来，初步形成了“收盘汇率+一篮子货币汇率变化”的人民币对美元汇率中间价形成机制，以市场供求为基础、参考一篮子货币进行调节的特征更加清晰。

按照“收盘汇率+一篮子货币汇率变化”的机制，做市商的人民币对美元汇率中间价报价是由两个组成部分直接相加而成的：一是银行间外汇市场前日16时30分的收盘汇率，主要反映市场供求情况；二是为保持人民币对一篮子货币汇率稳定，人民币对美元双边汇率应调整的幅度，主要是反映一篮子货币汇率变化。分析当前的人民币汇率走势，可从这两个组成部分分别观察。

从收盘汇率看，2016年以来受企业外币负债去杠杆以及海外兼并收购意愿不断升温等因素影响，我国外汇市场整体呈现外汇供小于求的局面，人民币对美元收盘汇率大多偏向较中间价贬值的方向。2016年2月15日至6月30日，人民币对美元收盘汇率较当日中间价变化幅度累计为贬值2 489个基点。

从参考一篮子货币汇率变化看，5月份以前，在全球经济复苏乏力、国际金融市场波动加大的背景下，市场对美联储加息预期降温，美元指数一度跌至92左右，相应的人民币对美元汇率中间价较上日收盘汇率有所升值。5月份以后，市场对美联储加息预期再次升温，英国“脱欧”又引发了国际金融市场的不确定性，导致美元由弱转强，人民币对美元汇率中间价较前日收盘汇率的升幅也相应有所收窄。观察2016年春节以来的情况，由于美元指数在波动中总体上呈小幅贬值走势，为保持人民币对一篮子货币汇率相对稳定，人民币对美元汇率中间价应有所升值。2016年2月15日至6月30日，人民币对美元汇率中间价较前日收盘汇率变化幅度累计为升值1 295个基点。

总体来看，人民币汇率正在按照“收盘汇率+一篮子货币汇率变化”的形成机制有序运行。由于市场供求因素导致的收盘汇率较当日中间价累计贬值幅度，大于保持人民币对一篮子货币汇率稳定导致的中间价较前日收盘汇率累计升值幅度，2016年春节后至6月30日人民币对美元汇率中间价整体上是贬值的，累积贬值1 194个基点，贬值幅度为1.8%。

“收盘汇率+一篮子货币汇率变化”的机制提高了人民币对美元汇率中间价形成的规则性、透明度和市场化水平，在稳定市场预期方面发挥了积极作用。一方面，在规则明确以及前日收盘汇率、篮子货币权重和一篮子货币汇率变化都公开透明的情况下，虽然各家做市商参考CFETS、BIS、SDR三个货币篮子的程度不同，导致其中间价报价有所差异，但变动方向和大体幅度具有较高的一致性，因此市场参与者能够比较准确地预测当日中间价。另一方面，由于美元走势具有不确定性，参考一篮子货币使得人民币对美元汇率也会呈现双向浮动的特点，这有助于打破市场单边预期，避免单向投机。2016年2月份以来，随着市场对新机制的理解更为深入，市场预期趋于平稳。外汇储备降幅逐渐收窄，个别月份还有所增加。衍生品市场也反映出人民币汇率贬值预期得以缓解，2016年6月30日在岸和离岸远期报价显示1年后人民币对美元汇率分别为6.725 7元和6.806 3元，预期贬值幅度分别为1.2%和2.4%；离岸人民币无本金交割远期报价显示1年后人民币对美元汇率为6.817 0元，预期贬值幅度为2.5%；离岸和在岸市场人民币对美元期权的1年期隐含波动率总体呈下行态势。

未来，人民币汇率将继续按照以市场供求为基础、参考一篮子货币进行调节的形成机制有序运行。人民银行将继续完善人民币汇率市场化形成机制，进一步发挥市场在汇率形成中的决定性作用，逐步形成以市场供求为基础、双向浮动、有弹性的汇率运行机制，保持人民币汇率在合理均衡水平上的基本稳定。

(资料来源：2016年第二季度中国货币政策执行报告)

第三节　货币自由兑换

一种货币之所以不能成为可自由兑换的货币，一个重要的原因就是该国实行的外汇管制。外汇管制的中心内容是：凡出口和其他渠道获得的外汇必须按金融管理当局人为指定的外汇牌价全部结售给政府指定的外汇银行；所有外汇资源的分配亦集权于计划部门或金融管理当局，凡是由于进口商品和其他方面的外汇需求，都必须首先向当局申请外汇，在得到批准后，才有权用本国货币按当局指定的外汇牌价购买外汇。在外汇管制条件下，外汇是一种稀缺资源，社会公众和厂商不能够把持有的本国货币自由地兑换成外汇或外国货币，本币的流通被界定在本国范围内，本币则成为所谓的非自由兑换货币。

一、货币自由兑换的概念

货币自由兑换也称货币可兑换，一般是指一个国家或某一货币区的居民，不受官方限制地将其所持有的本国货币兑换成其他国家或地区的货币，用于国际支付或作为资产持有。

二、货币自由兑换的类型

(一) 按货币可兑换的程度，可分为部分自由兑换和完全自由兑换

1. 部分自由兑换

部分自由兑换指一国或某一货币区的居民，可以在国际支付的部分项目下，自由地将其所持有的本国货币兑换成他国货币，用于国家间的支付和资金转移。部分自由兑换分为经常账户自由兑换与资本和金融账户自由兑换两种。

经常账户自由兑换是指对国际收支中经常账户的外汇支付和转移的汇兑实行无限制的兑换。《国际货币基金组织协定》第八条款对基金成员国在可兑换性方面应承担的义务做了具体的规定。

(1) 避免对经常性支付的限制，各会员国未经基金组织的同意，不得对国际经常往来的支付和资金转移施加汇兑限制。

(2) 不得实行歧视性的货币措施或多种汇率措施。歧视性的货币措施主要是指双边支付安排，它有可能导致对非居民转移的限制以及多重货币做法。

(3) 兑付外国持有的本国货币，任何一个成员国均有义务购买其他成员国所持有的本国货币结存，但要求兑换的国家能证明。经常项目可兑换是一国成为《国际货币基金组织协定》第八条款国后必须承担的国际义务。

资本和金融账户自由兑换又称资本账户自由兑换，是指对资本流入和流出的兑换均无限制。《国际货币基金组织协定》第六条中，区分了经常账户和资本账户的自由兑换，允许成员国运用必要的控制手段来调节资本的转移，即成员国没有义务来实施资本账户的自由兑换。

2. 完全自由兑换

完全自由兑换指一国或某一货币区的居民，可以自由地将其所持有的本国货币兑换成其他国家或地区的货币，用于经常项目和资本项目的国际支付和资金转移。归纳起来，一国货币走向完全自由兑换的阶段大致有4个：经常项目的有条件自由兑换；经常项目自由兑换；经常项目自由兑换与资本和金融项目的有条件自由兑换；经常项目和资本项目都自由兑换。

实行完全自由兑换还是实行部分自由兑换，在一定程度上取决于一个国家对资本管制的宽严程度，以及一国货币政策和财政政策的运筹能力。

(二) 按货币可兑换的范围，可分为国内自由兑换和国际性自由兑换

1. 国内自由兑换

国内自由兑换指一国或某一货币区的居民能够自由地、不受限制地将本币兑换为外币，但这种货币并不是国际化的货币，在国际支付中接受这种货币的持有者，可以将所持有的此种货币用于向发行国支付，也可以向发行国兑换为其他国货币。目前，一些国家尽管实行了货币自由兑换，却未使本币国际化。

2. 国际性自由兑换

国际性自由兑换指一国或某一货币区的货币不仅能够在国内自由兑换成其他国货币，而且在国际市场上也能自由地兑换为其他国货币，也就是货币国际化。

【专栏3-3】

国际货币基金协定(节选)

第八条　会员国的一般义务

第一节　引言

各会员国除承担本协定其他各条下的义务外，尚须履行本条规定的义务。

第二节　避免限制经常性支付

一、除第七条第三节第二款及第十四条第二节的规定外，各会员国未经基金同意，不得对国际经常往来的付款和资金转移施加限制。

二、有关任何会员国货币的汇兑契约，如与该国按本协定所施行的外汇管理条例相抵触时，在任何会员国境内均属无效。此外，各会员国得相互合作采取措施，使彼此的外汇管理条例更为有效，但此项措施与条例，应符合本协定。

第三节　避免施行歧视性货币措施

除本协定规定或基金准许者外，无论是在第四条或附录三规定的幅度之内或之外，任何会员国或第五条第一节所述之财政机关不得施行歧视性货币措施或多种货币汇率制。如在本协定生效前已经施行此项安排与措施，该有关会员国应与基金磋商逐步解除的办法，但其根据第十四条第二节规定而施行者不在此限。在该情况下得适用该条第三节的规定。

第四节　兑付外国持有的本国货币

一、任何会员国对其他会员国所持有的本国货币结存，如其他会员国提出申请，应予购回，但申请国应说明：

(一) 此项货币结存系最近经常性往来中所获得，或

(二) 此项兑换系为支付经常性往来所必需。购买国得自行选用特别提款权支付(须遵守第十九条第四节规定)或者用该申请国的货币支付。

二、上述第一款所规定的义务，不适用下列情况：

(一) 按本条第二节或第六条第三节规定，已限制此项货币结存的兑换；

(二) 此项货币结存系一会员国在撤销依照第十四条第二节所施行的限制前的交易所得；

(三) 此项货币结存之获得违反被要求购买的会员国的外汇条例；

(四) 申请国的货币，依照第七条第三节第一款的规定，已经被宣告为稀少货币；

(五) 被要求购买的会员国由于其他原因，已经无资格用本国货币向基金购买其他国家的货币。

第五节　供给资料

一、基金得要求各会员国提供基金认为其进行活动所需的各种资料，为了有效地实现基金的任务，至少应包括以下全国性的资料：

(一) 官方在国内外持有的1.黄金，2.外汇；

(二) 官方机构以外的银行和金融机构在国内外持有的1.黄金，2.外汇；

(三) 黄金生产量；

(四) 黄金输出入量，及输出入国别；

(五) 商品进出口量(价值用本国货币表示)，及进出口国别；

(六) 国际收支状况，包括1.商品与劳务的交易，2.黄金交易，3.可知的资本往来，4.其他项目；

(七) 国际投资状况，即外国人在本国境内的投资，及本国人在国外的投资，就可能范围内提供

此项资料；

(八) 国民收入；

(九) 物价指数，即批发和零售市场的商品价格指数，及进出口价格指数；

(十) 买卖外币的汇率；

(十一) 外汇管理情况，即加入基金时外汇管理的全面情况，以及后来变更的详情；

(十二) 如有官方的清算安排，关于商业及金融交易待清算的数额，及此项未清算款项拖欠的时间。

二、基金在要求此项资料时，应考虑到各会员国提供资料能力的不同。会员国并无义务提供资料详细到这种地步以致泄露了私人和公司的事务。但会员国应提供尽可能详细而准确的必要资料，避免单纯的估计。

三、基金得与会员国协商，获取更多的资料。基金应成为收集和交换货币金融情报的中心，以便进行研究协助会员国拟定政策，促进基金目的的实现。

第六节 会员国间对现行国际协定的协商

如根据本协定，某会员国被准许在本协定规定的特殊或临时情形下维持或施行外汇交易限制，而在本协定以前已与其他会员国签订的协议与此项外汇限制的实施相抵触时，有关会员国应互相协商，以达成双方可以接受的必要调整。本条规定不应影响第七条第五节的施行。

第七节 在储备资产政策上合作的义务

每个会员国应和基金或其他会员国进行合作，以保证会员国有关储备资产的政策应与促进对国际流动资金较好的国际监督，以及使特别提款权作为国际货币制度的主要储备资产的目标相一致。

(资料来源：国际货币基金组织协定)

三、货币自由兑换的条件

从表面上看，自由兑换是一国货币能不能自由地与其他国家货币兑换的问题，但其实质上则是一国的商品和劳务能不能与其他国家自由交换。能否自由兑换和自由兑换的程度，与一国经济在国际上的地位密切相关，受一国商品、劳务在国际国内市场上的竞争能力、资本余缺状况等许多因素制约。因此，一国货币能够自由兑换，必须具备以下条件。

(一) 有充分的国际清算支付能力

在不受限制的情况下，国际收支平衡体现了一国的外汇收入满足了国民对外汇的需求，这样才能保持国家外汇储备的稳定和增加，为本币自由兑换提供基础。如果国际收支长期逆差，国家的外汇储备会很快减少甚至消失，从而失去货币自由兑换的基础。保持国际收支大体平衡和外汇储备的稳定及增长，要求该国有较强的交换性和替代性。

(二) 具有合理的汇率水平和开放的外汇市场

货币自由兑换要求避免和取消外汇管制，任何企业和个人都可以在外汇市场上买入和卖出外汇，这就要有开放的外汇市场。同时还要求汇率能够客观地反映外汇的供求，从而正确地引导外汇资源的合理配置。

(三) 具有完善有效的宏观调控系统

在财政方面，收支平衡没有过大的财政赤字而导致国际收支逆差。在金融方面，中央银行有较强的实施货币政策的能力，具有较强的外汇市场干预政策和操作能力，包括外汇风险管理与控制，储备资产投资战略以及与这些业务有关的会计和监督能力；同时，还应具备良好的宏观经济政策环境。

(四) 树立国民对本币的信心

必须抑制通货膨胀，维持物价基本稳定，建立货币政策的可信性，增强国民对本币的信心。随着上述过程的深入和国民对本币信心的树立，对经常项目交易以及对所有外汇交易的限制即可取消，实现本币的自由兑换。

(五) 具有宽松的外汇管制政策或取消外汇管制

一国货币能否自由兑换，与一国的外汇管制程度密切相关。可以说，一国实现货币自由兑换的过程，就是一国逐渐取消外汇管制的过程。一国如果适度放宽外汇管制，例如：放宽经常项目管制，就可以说该国实现了货币在经常项目下可自由兑换；如果一国大幅度放宽或取消外汇管制，也就意味着该国货币基本实现了自由兑换或实现了完全可自由兑换。当然，一国要放松或取消外汇管制，应具备一定的条件，必须依据一国的整体经济发展状况、金融市场的成熟程度以及相应的管理水平来定。

(六) 微观经济实体对市场价格迅速做出反应

货币自由兑换与微观经济实体如银行、企业等关系密切，只有微观经济实体能对市场价格迅速做出反应，才会加强对外汇资源的自我约束能力，自觉参与市场竞争，提高国际市场的竞争能力，而要做到这一点，一国必须实现货币的自由兑换。

四、货币自由兑换的利弊分析

(一) 货币自由兑换的有利影响

1. 有利于完善金融市场，增强国内金融机构竞争力和经济效率

当资本和金融项目开放后，一国国内金融机构不仅在吸引外国资本方面与国外金融机构展开竞争，也与外来的金融机构在本国金融市场上展开竞争。面对这两方面竞争，国内金融机构必然要不断改进服务质量，提高经营效率，并在产品开发、设计、定价和创新等方面加大力度。

2. 有利于不同经济实体实现资产组合多元化，分散风险

当资本和金融项目开放后，个人、企业和政府可以选择在国内外不同的金融市场上运作，进行资产多元化组合，降低风险，提高投资回报。

3. 有利于进一步开放和发展国内经济

货币自由兑换后，将使一国的对外贸易、金融和国际投资出现大幅度增长，使本国经济更多地融入整个国际经济中，各国优势互补，实现多赢。

4. 有利于合理配置社会资源和引进外资

货币自由兑换意味着一国的资本流出和流入更为自由。当一国经济高速增长并出现资金缺口时，可以通过扩大利用外资来提高投资能力和生产能力，进而增强综合国力。

5. 有利于节省审批成本

在货币不能自由兑换的情况下，国家的外汇管理机构需要经常审批资本和金融项目，不仅涉及的环节多，容易滋生腐败，而且还耗费大量人力、物力和财力，造成高额社会成本。货币自由兑换后，国家外汇管理机构就可以只需要负责对外汇交易的合规性监督，取消大量烦琐的审批事务，既节约成本又提高效率。

(二) 货币自由兑换的不利影响

1. 容易遭受国际投机资本的冲击

从国际投机资本的本质来看，它们在一国经济和金融出现问题时，很可能对该国货币发起冲击，希望从中赚取投机利润。

2. 国内金融市场容易发生动荡

货币自由兑换后，资本的流出和流入肯定会更加频繁。这势必会使国内的外汇市场、货币市场和资本市场出现大的金融风潮，并对央行的货币政策效力产生不利影响。

3. 有可能出现大量资本外逃

短期资本是国际资本流动中最活跃且破坏性也很强的一种资本。货币自由兑换后，一旦国家经济指标恶化，很有可能导致资本出现大量外逃。

鉴于上述货币自由兑换的不利影响，一国在开放资本和金融项目方面应该非常谨慎，法国、意大利和日本等国在接受了《国际货币基金组织协定》第八条款义务——实行经常项目自由兑换二十多年后，才于20世纪80年代末实现了本国货币在资本和金融项目下的自由兑换。

五、人民币自由兑换

迄今为止，人民币自由兑换的进程经历了以下5个阶段。

(1) 高度集中控制阶段(1979年以前)。当时，一切外汇收支由国家管理，一切外汇业务由中国银行经营，国家对外汇实行全面的计划管理，统收统支。

(2) 向市场化过渡阶段(1979—1993年)。这一时期，随着经济体制改革的发展，对人民币兑换的控制开始放松：国家对企业创汇实行额度留成制度；相应地，为解决创汇企业和用汇企业之间调剂外汇余缺的需要，我国形成了外汇调剂市场。这时，相当一部分用汇需求可在外汇调剂市场上实现，但经常账户下的支付用汇仍有一部分需要计划审批。

(3) 经常账户下有条件自由兑换时期(1994—1996年)。1994年1月1日，我国外汇管理体制实行了重大改革，改汇率双轨制为以市场为基础的、单一的、有管理的浮动汇率制；以结售汇制代替外汇留成制，经常账户下正常对外支付用汇不必计划审批，可持有效凭证用人民币到外汇指定银行办理购汇，而且消除了以往对经常账户收支的歧视性等多种汇率现象。

(4) 经常账户下完全自由兑换时期(1996年12月至2006年4月)。从1996年12月1日起，我国承诺接受《国际货币基金组织协定》第八条的全部义务，人民币实现了经常项目下的完全可兑换。当然，我国对经常账户下外汇收支的管理仍然存在，如对企业还实行结售汇制，对经常账户下的外汇收支还实行监管。与此同时，我国还对资本与金融账户实行较严格的管制。

(5) 经常账户外汇管理新政与资本项目管制放松时期(2006年4月至今)。2006年4月13日，国家外汇管理局发布《国家外汇管理局关于调整经常项目外汇管理政策的通知》，放宽了我国经常项目下的多项外汇管理政策。同一天，中国人民银行发布了2006年第5号公告，对包括资本项目在内的外汇管理政策进行了重大调整。境内资本投资于境外金融产品的大门，就此正式打开。银行、证券、保险QDII获准齐发，使得中国资本市场融入国际资本市场的步伐进一步加快。

2015年已经着力提升资本项目可兑换程度。一是实施合格境外机构投资者外汇管理改革，放宽单家QFII机构投资额度上限、简化审批管理、便利资金汇出入、放宽锁定期限制。二是推动银行间债券市场对外开放。允许境外机构投资者投资银行间债券市场，不设单家机构限额或总限额，方便境外机构投资者直接办理资金汇出入和购结汇手续。

随着我国经济的发展以及与世界经济依存度的不断提高，今后的人民币对外汇汇率制度，将从以市场供求为基础的、参考一篮子货币管理浮动起步，最终实现人民币的自由兑换，并不断推进人民币的国际化进程。

【专栏3-4】

中央银行双边本币互换协议简介

一、央行本币互换定义

中央银行间的本币互换协议是指一国(或地区)的中央银行(或货币当局)与另一国(或地区)的中央银行(或货币当局)签订一个协议，约定在一定的条件下，任何一方可以一定数量的本币交换等值的对方货币，用于双边贸易投资结算或为金融市场提供短期流动性支持，到期后双方换回本币，资金使用方同时支付相应利息。

协议签署时属于备用性质，在实际发起动用前双方不发生债权债务关系。协议签署规模为一方可动用另一方货币的最大金额。

二、央行本币互换的目的

双边本币互换安排是国家间经济金融领域合作深化的表现，有利于便利双方贸易投资中使用本币，规避汇率风险。央行间本币互换也在维护金融市场稳定，为金融市场提供紧急流动性支持方面发挥了重要作用。

三、我国本币互换合作的基本情况

2008年以来，我国不断推动对外货币合作，与境外央行或货币当局的本币互换合作成效显著。目前，我国已与中国香港特别行政区、韩国、马来西亚、瑞士、俄罗斯等32个国家和地区的中央银行或货币当局签署了双边本币互换协议，总金额超过3.1万亿元人民币。

四、央行间本币互换协议的使用

通过协议，任何一方可以发起交易，以一定数量的本币交换等值的对方货币。互换的发起和收回都为本币，并不承担汇率风险。以对方央行发起动用我方人民币为例，本币互换发起动用流程如图3-1所示。

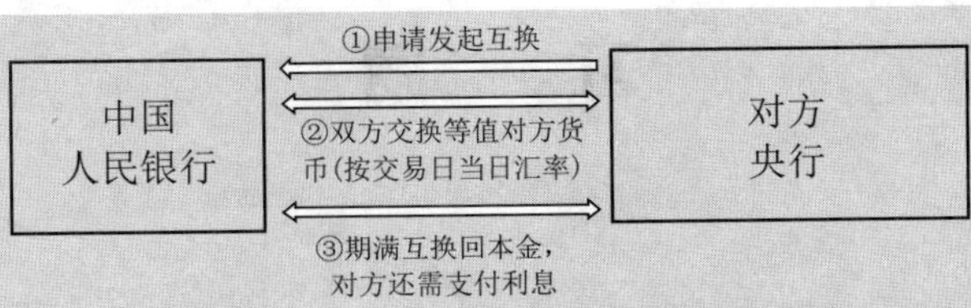

图3-1 本币互换发起动用流程图

互换发起后，协议双方还将定期根据最新双边汇率调整互换金额，减少因某一方货币汇率波动引起的质押物减值风险。

我国外汇管理体制改革的长远目标是实现人民币完全可兑换。国际货币基金组织规定的43个资本项目主要分为国际直接投资和国际资本流动两大类。目前，我国已经有一半左右的资本项目交易基本不受限制或者受较少限制，在国际直接投资方面的开放程度很高，在防止境外投机资本流入上仍需监控和限制，这是维护金融市场稳定的需要。目前我国离完全放开资本项目管制还有一定的距离，将在遵循“先流入后流出，先长期后短期，先直接投资后证券投资，先机构投资者后个人投资者”的原则下，逐步放开。

从国际上货币可兑换的进程来看，在经常项目实现可兑换之后，逐步推进资本项目可兑换大约需要10～15年的时间，也可能更长，而人民币的国际化进程则需要更加漫长的时间。一旦人民币成为国际货币，将大幅提高我国金融机构在国际市场上的竞争能力，提升我国在世界金融版图上的地位。

本章小结

1. 汇率制度，又称汇率安排，是一国货币当局关于汇率确定、维持、调整及汇率管理原则、机构等内容所做的一系列安排和规定。其分为固定汇率制度和浮动汇率制度。

2. 固定汇率制度，就是将两国货币比价基本固定，并把两国货币比价的波动幅度控制在一定范围之内的汇率制度。浮动汇率制度是指政府对汇率不加以固定，也不规定上下波动的界限，听任外汇市场根据外汇的供求情况，自行决定本国货币对外国货币的汇率。

3. 没有一种汇率制度可以在所有的时候适用于所有的国家。每一个国家(地区)都应该根据自己的实际情况选择适合自己的汇率制度。通常，影响一国汇率制度选择的主要因素有：本国经济的结构性特征、特定的政策目的、地区性经济合作情况、国际国内经济条件的制约。

4. 外汇管制(Exchange Control)，是指一国政府为平衡国际收支，维持汇率稳定，以及实现其他政治经济目的，通过调整交易规则和交易条件，直接控制交易数量和汇率水平，对境内和其他管辖范围内的外汇交易实行的限制。包括对外汇的买卖、外汇汇价、国际结算、资本流动以及银行的外汇存款账户等各方面外汇收支与交易所做的规定。

5. 实行外汇管制的国家和地区，一般对货物贸易外汇收支、服务贸易外汇收支、资本输出入、汇率、黄金和现钞的输出入等采取一定的管制办法和措施。

6. 随着我国经济的发展以及与世界经济依存度的不断提高，今后的人民币对外汇汇率制度，将从以市场供求为基础的、参考一篮子货币管理浮动起步，最终实现人民币的自由兑换，并不断推进人民币的国际化进程。

习　　题

一、选择题

1. 汇率制度有两种基本类型，它们是(　　)。
   A. 固定汇率制度　　B. 浮动汇率制度
   C. 盯住汇率制度　　D. 联合汇率制度
2. 浮动汇率制按政府是否干涉干预可分为(　　)。
   A. 独自浮动　　B. 浮动
   C. 自由浮动　　D. 联合浮动
3. 我国现行汇率制度是(　　)。
   A. 复汇率制度
   B. 盯住美元的固定汇率制度
   C. 以市场供求为基础的、单一的、有管理的浮动汇率制度
   D. 以市场供求为基础的、参考一篮子货币进行调节的、有管理的浮动汇率制度
4. 货币自由兑换对一国有哪些不利影响(　　)。
   A. 容易遭受国际投机资本的冲击　　B. 有可能出现大量资本外逃
   C. 国内金融市场容易发生动荡　　D. 合理配置社会资源和引进外资

二、判断题

1. 浮动汇率制度，就是将两国货币比价基本固定，并把两国货币比价的波动幅度控制在一定范围之内的汇率制度。(　　)

2. 金币本位制度下，汇率波动的上下限是黄金输送点。(　　)

3. 实行严格外汇管制的国家必然存在复汇率。(　　)

4. 一个国家或地区为了平衡国际收支，维持货币汇率，而对外汇买卖、外汇资金流动及外汇进出国境加以限制，控制外汇的供求而采取的一系列政策措施，就是外汇管制。(　　)

三、填空题

1. 外汇管制的类型，主要以是否实行全面的或部分的外汇管制为标准，大致分为__________、__________和__________。

2. 按货币可兑换的程度，货币自由兑换可分为__________和__________。

3. 按货币可兑换的范围，货币自由兑换可分为__________和__________。

四、名词解释

1. 汇率制度　2. 固定汇率制度　3. 浮动汇率制度　4. 浮动
5. 自由浮动　6. 外汇管制　7. 货币自由兑换　8. 经常账户自由兑换
9. 资本和金融账户自由兑换

五、简答题

1. 固定汇率制度的优缺点主要有哪些？
2. 浮动汇率制度的优缺点主要有哪些？
3. 简述港元联系汇率制度的主要内容。
4. 一国应如何选择合理的汇率制度？
5. 外汇管制主要有哪些措施？
6. 经常项目下，货币可兑换的标准和内容是什么？

六、论述题

一种货币实现自由兑换的条件有哪些？我国应如何进一步改革实现人民币自由兑换？

案例分析

案例一 人民币正式加入SDR

自2016年10月1日起，人民币正式纳入国际货币基金组织特别提款权(SDR)货币篮子。人民币被认定为可自由使用的货币，成为继美元、欧元、日元、英镑后的第五种货币，每种货币的权重分别为：美元41.73%、欧元30.93%、人民币10.92%、日元8.33%、英镑8.09%，人民币位列第三。人民币加入SDR，体现了国际社会对于中国综合国力和改革开放成效，特别是人民币国际使用功能的认可，是人民币国际化的重要里程碑。

在新特别提款权货币篮子生效之际，基金组织总裁克里斯蒂娜·拉加德女士表示：特别提款权货币篮子的扩大对于特别提款权、基金组织、中国和国际货币体系都是一个重要的、历史性的里程碑。对基金组织来说，这是一个重大变化，因为这是自欧元采用以来第一次将一种货币增添到篮子中。人民币的加入反映了中国货币、外汇和金融体系改革取得的进展，并认可了中国在放开和改善其金融市场基础设施方面取得的成就。在具备适当保障的情况下，这些举措的继续和深化将使国际货币和金融体系更加强健，进而会对中国经济的增长和稳定以及全球经济提供支持。

随着人民币储备货币地位逐渐被认可，越来越多的央行和货币当局把人民币作为其储备资产。2017年上半年，欧洲央行共增加等值5亿欧元的人民币外汇储备。新加坡、俄罗斯等60多个国家和地区将人民币纳入外汇储备。

人民币加入SDR，意味着自20世纪80年代以来，第一次有新兴市场货币进入SDR货币篮子，这有助于改善以往单纯以发达国家货币作为储备货币的格局，增强SDR本身的代表性和吸引力。此外，人民币加入SDR还有助于提高SDR的稳定性，提升它在国际货币体系中的地位，增强它作为国际储备货币的功能，这也会进一步改善国际货币体系。中国将以此为契机，进一步激发市场活力，释放改革红利，为促进全球经济增长、维护全球金融稳定、完善全球经济治理做出积极贡献。

问题：

1. 人民币加入特别提款权的背景？
2. 人民币加入特别提款权的意义？

案例二　2018年上半年人民币国际化大事记

1. 财政部在中国香港特别行政区发行50亿元人民币国债

2018年7月5日，中华人民共和国财政部在中国香港特别行政区发行50亿元人民币国债。其中，面向机构投资者招标发行45亿元，包括2年期30亿元、5年期15亿元，中标利率分别为3.65%和3.8%；面向国外中央银行和地区货币管理当局发行5亿元，包括2年期3亿元、5年期2亿元，发行利率为同期限国债中标利率。

2. 瑞银资产管理将在日本设立人民币债券基金

瑞银资产管理公司表示，将在日本设立首只买家可投资中国政府和企业在境内发行的人民币债券基金。瑞银称，该基金将于2018年7月31日设立，Iwai Cosmo Securities 将于7月2日开始寻找投资者。

3. 中哈首笔硫黄贸易人民币计价结算正式落地

哈萨克斯坦中国石油(阿克纠宾)油气股份有限公司与新疆阿拉山口翰林贸易有限公司签订协议，约定自2018年7月1日起双方石油副产品硫黄交易将以人民币计价结算，本次签订合同项下中方进口硫黄2.66万吨，价值426.24万元人民币。2018年7月3日，合同正式执行，标志着中哈石油副产品硫黄贸易以人民币计价结算正式落地，大宗能源产品以人民币计价结算取得突破。

4. 国开行将发行350亿元“债券通”金融债

国家开发银行2018年7月1日公布消息，在“债券通”机制开通一周年之际，国开行将于2018年7月3日在银行间债券市场面向全球投资人发行350亿元“债券通”金融债券。

5. 债券通开通一周年

2018年7月3日是中国内地与中国香港地区债市互联互通的债券通开通一周年。中国人民银行副行长潘功胜在一周年论坛上宣布了一系列支持债券通发展的新措施：预计2018年7月月中推出交易分仓；较快全面实行券款对付(DVP)；尽快明确境外投资者相关税收安排；即将允许债券通投资者开展回购及衍生品交易；增加10家报价商，至34家；将交易平台费用下调，最多可达一半；积极推进与其他国际主流电子平台的合作。

6. 债券通的市场参与规模稳步增长

2018年6月债券通总成交量达1 309.2亿元人民币，比5月增加一倍；当月日均成交量达65.5亿元人民币，较今年首季增加一倍。

7. 参与债券通的境外机构数量持续增长

截至2018年6月底，共有356家来自21个国家和地区的境外机构参与债券通(2017年年底为247家)。

8. 完善合格境外机构投资者外汇管理

2018年6月12日，外汇局发布《合格境外机构投资者境内证券投资外汇管理规定》，人民银行会同国家外汇管理局发布《中国人民银行国家外汇管理局关于人民币合格境外机构投资者境内证券投资管理有关问题的通知》，完善合格境外机构投资者(QFII/RQFII)境内证券投资相关管理，进一步便利跨境证券投资。主要政策措施包括：一是取消QFII资金汇出20%比例要求，QFII可委托托管人办理相关资金汇出；二是取消QFII、RQFII本金锁定期要求，QFII、RQFII可根据投资情况汇出本金；三是允许QFII、RQFII开展外汇套期保值，对冲境内投资的汇率风险。

9. 港交所争取再推人民币国债期货

2018年6月12日，港交所行政总裁李小加表示，争取今年或明年正式推出人民币国债期货。

10. 英格兰银行发布2017年伦敦离岸人民币业务统计数据

2018年5月24日，英格兰银行发布2017年伦敦离岸人民币业务统计数据。数据显示，2017年伦敦离岸市场总体呈现波动上涨态势，存贷款业务和多数外汇交易较2016年四季度均呈现不同程度改善，市场活跃度波动回暖态势明显。

11. 中巴两国央行续签双边本币互换协议

2018年5月24日，中国人民银行与巴基斯坦国家银行续签了中巴双边本币互换协议。协议规模为200亿元人民币/3 510亿巴基斯坦卢比，有效期3年，经双方同意可以展期。

12. 中国将坚持“本币优先”，扩大人民币跨境使用

2018年5月7日，在2018年跨境人民币业务工作电视电话会议上，人民银行党委委员、副行长潘功胜明确提出2018年跨境人民币业务的工作任务：一是要坚持“本币优先”，扩大人民币跨境使用；二是要稳步推进人民币资本项目可兑换；三是要夯实汇率市场化改革的市场基础；四是要完善宏观审慎管理框架。

13. 人民币跨境支付系统(二期)全面投产

2018年5月2日，人民币跨境支付系统(二期)全面投产，符合要求的直接参与者同步上线。人民币跨境支付系统(CIPS)向境内外参与者的跨境人民币业务提供资金清算结算服务，为人民币国际化铺设“高速公路”，是符合国际标准的重要金融基础设施。CIPS的建成运行是我国金融市场基础设施建设的里程碑事件，标志着人民币国内国际支付统筹兼顾的现代化支付体系建设取得重要进展。

14. 中尼两国央行签署双边本币互换协议

2018年4月27日，中国人民银行与尼日利亚央行在北京签署了中尼(日利亚)双边本币互换协议，协议规模为150亿元人民币/7 200亿奈拉，协议有效期3年，经双方同意可以展期。

15. 中阿两国央行续签双边本币互换协议

2018年4月3日，中国人民银行与阿尔巴尼亚中央银行续签了中阿双边本币互换协议，规模保持为20亿元人民币/342亿阿尔巴尼亚列克，互换协议有效期3年，经双方同意可以展期。

16. 中澳两国央行续签双边本币互换协议

2018年3月30日，中国人民银行与澳大利亚储备银行续签了中澳(大利亚)双边本币互换协议，协议规模仍为2 000亿元人民币/400亿澳大利亚元，协议有效期3年，经双方同意可以展期。

17. 人民币跨境支付系统(二期)投产试运行

2018年3月26日，人民币跨境支付系统(CIPS)二期投产试运行，10家中外资银行同步试点上线。自此，CIPS运行时间基本覆盖全球各时区的工作时间，支持全球的支付与金融市场业务，满足全球用户的人民币业务需求。

18. 中国版原油期货登台

2018年3月26日，中国首个国际化期货品种、以人民币计价的原油期货在上海期货交易所子公

司——上海国际能源交易中心正式挂牌交易，直接引入境外投资者参与。

19. 以人民币计价的中国国债和政策性银行债券纳入彭博巴克莱全球综合指数

2018年3月23日，彭博宣布将从2019年4月开始，把以人民币计价的中国国债和政策性银行债券逐步纳入彭博巴克莱全球综合指数，初始纳入比重为5%，随后每月递增5%，计划用20个月完成。

20. 中国澳门特别行政区首次发行离岸人民币债券“莲花债”

2018年2月26日，中国银行澳门分行发行合计40亿元的离岸人民币债券，期限分别为1年期及3年期，系中国澳门特别行政区首笔离岸人民币债券。

21. 央行授权摩根大通担任美国人民币业务清算行

2018年2月9日，中国人民银行宣布授权美国摩根大通银行担任美国人民币业务清算行，此举让摩根大通成为全球首家承担这一职责的非中资银行。此外，摩根大通还在去年取得中国银行间债券市场公司债承销执照，是首家取得这项执照的美资银行。人民币业务清算行是人民币国际化的“基础设施”之一。目前，中国央行授权的美国人民币清算行已有两家，另一家是中国银行。

22. 推出外币对货币掉期交易

2018年2月5日，在新一代外汇交易平台CFETS FX2017推出澳元兑美元(AUD/USD)、欧元兑美元(EUR/USD)、英镑兑美元(GBP/USD)、美元兑港元(USD/HKD)和美元兑日元(USD/JPY)5个货币对的外币对货币掉期交易。

23. 新增人民币对澳元货币掉期交易

2018年2月5日，在新一代外汇交易平台CFETS FX2017新增澳元兑人民币(AUD/CNY)货币掉期交易。人民币外汇货币掉期交易支持的货币对增至6个。

24. 人民币对泰铢直接交易

自2018年2月5日起，银行间外汇市场完善人民币对泰铢交易方式，从人民币对泰铢区域交易发展为人民币对泰铢直接交易。

25. 中泰两国央行续签双边本币互换协议

2018年1月18日，中国人民银行与泰国中央银行续签了中泰双边本币互换协议，规模保持为700亿元人民币/3 700亿泰铢，互换协议有效期3年，经双方同意可以展期。

26. 德法宣布将人民币纳入外汇储备

2018年1月15日，德国联邦银行(央行)董事会成员安德烈亚斯·东布雷在中国香港地区表示，继欧洲央行去年6月宣布增加等值5亿欧元的人民币外汇储备后，德国央行也已在去年决定将人民币资产纳入外汇储备。同日，法国央行也公开表示，已经持有一些人民币外汇储备。已有超过60个境外央行或货币当局将人民币纳入官方外汇储备。

27. 进一步完善人民币跨境业务政策

2018年1月5日，中国人民银行印发《关于进一步完善人民币跨境业务政策促进贸易投资便利化的通知》(银发〔2018〕3号)，明确凡依法可使用外汇结算的跨境交易，企业都可以使用人民币结算。

28. 与中行台北分行续签清算协议

2018年1月4日，中国人民银行与中国银行台北分行续签《关于人民币业务的清算协议》。(资料来源：中国外汇)

问题：

1. 收集更多资料，试总结人民币国际化的成就。
2. 简述人民币国际化遇到的困难。
3. 简述未来人民币国际化努力的方向。

案例三　波兰外汇体制改革的经验

与波兰经济改革的“休克疗法”不同，波兰的汇率市场化采取了“主动渐进”模式；波兰的资本项目可兑换坚持了“积极审慎”原则。每一次汇率制度改革和资本市场开放都顺应了当时国际、国内经济形势变化，解决了当时国民经济中面临的困难和难题。

一、波兰的汇率市场化

与经济改革的“休克疗法”不同，波兰的汇率市场化改革选择了“主动渐进”模式，从1990年到2000年，波兰尝试了几乎所有类型的汇率制度，较为平稳地完成了从盯住制度向浮动汇率的转变，成为转轨国家中汇率渐进改革的一个经典案例。

盯住美元。1990年1月到5月，在转轨初期，波兰建立了单一盯住美元的汇率制度，并以此作为反通胀的“名义锚”。同时建立了汇率平准基金，并在此基础上，对兹罗提大幅贬值。

盯住一篮子货币。1991年5月到10月，波兰实行了“盯住一篮子货币”的汇率制度。篮子货币由美元、德国马克、英镑、法郎和瑞士法郎5种货币组成，它们在货币篮子中的权重分别为45%、35%、10%、5%、5%。篮子汇率的计算方法为：将前一天的兹罗提对篮子货币的汇率，折算成兹罗提对美元的汇率，再根据权重计算当天的篮子汇率。

爬行盯住一篮子货币。1991年10月至1995年5月，波兰实行“爬行盯住一篮子货币”的汇率制度。“爬行盯住一篮子货币”的特点是在盯住篮子汇率的基础上，允许兹罗提名义汇率在一定的区间内爬行浮动，爬行率根据波兰与其主要贸易伙伴国的通胀差决定。1991年，波兰中央银行规定，兹罗提的月爬行区间为±0.5%；1992年，月爬行区间扩大为±1.6%；1995年，月爬行区间进一步扩大为±2%。

“爬行盯住＋浮动区间”。1995年5月，波兰政府开始实施更加灵活、更具弹性的“爬行盯住＋浮动区间”制度。“爬行盯住”是指兹罗提汇率爬行盯住一篮子货币；“浮动区间”是指兹罗提汇率可以在规定的区间之内自由浮动。为了增强市场力量在汇率形成和变动中的作用，波兰中央银行不断扩大浮动区间，并承诺只利用市场工具来维护浮动区间的上限和下限。1995年，兹罗提的浮动区间为±7%，1998年扩大到±10%。

自由浮动。1998年2月至1999年3月，波兰将兹罗提的浮动区间从±10%扩大至±15%，达到国际上公认的宽幅浮动标准。2000年4月，波兰政府宣布，放弃“爬行盯住+区间浮动”的汇率制度，实行浮动汇率制度。

二、波兰的资本账户开放

1990年，波兰在启动经济改革的同时，也拉开了资本账户可兑换的序幕。波兰的资本市场开放采取了“积极审慎”的方式，并且坚持“先流入、后流出，先长期、后短期”的顺序。

1990年，波兰允许非居民在波兰交易兹罗提和外汇，允许居民出国换汇。1991年，出台了吸引外商直接投资的法案，允许外商投资企业将利润汇回国内，并且提供了3年期免税的优惠政策。1994年，允许非居民进入国内股票市场。1995年，实现了经常项目可兑换。随后，波兰放开了对大部分资本项目的外汇管制，对资本项目的管制仅限于短期资本。

1995年，波兰政府规定，在波兰注册的外国企业可以在波兰银行开设外汇账户，用于进出口结算；年度财务决算核准后的企业利率(包括外方股东红利)以及有公司出具证明的个人合法收入在依法纳税后可以自由汇往国外。1996年，波兰允许外商直接投资于国内的绝大部分行业，取消了对经合组织成员的直接投资限制，允许居民对外提供信用担保和贷款担保。1997年，允许居民购买国外长期证券，提供非居民在国内市场发行和交易证券的最高限额，开放居民在经合组织资本市场上的证券操作。1999年，除抵押债券外，向所有居民和非居民开放证券市场，允许非居民为居民提供保证和担保，允许居民在境外进行本外币兑换。2000年，放开国内证券投资的管制。2002年，波兰实行新的外汇法，取消了最后的外汇管制，允许波兰公民在国内开设银行账户，允许波兰企业在国际市场进行债券交易。

(资料来源：王宇. 波兰汇率市场渐进与经济改革休克能兼容吗. 第一财经日报，2013年8月15日)

问题：

1. 从上例可看到一国政府的经济政策在外汇管制方面所起的作用是巨大的，你认为一国的货币是自由兑换还是严格管制对经济的发展更有利？

2. 波兰的外汇体制改革在哪些方面值得我国借鉴？

第四章

外汇交易实务

【导读】

外汇交易实务是对外汇基础理论知识的进一步运用。全世界的外汇市场在时间和空间上的联系越来越紧密，因此，外汇市场交易对国际经济的影响也日益显著。尤其是新型衍生金融工具，它不仅可以导致一个企业或一家银行破产倒闭，甚至有可能引发一国严重的金融危机和经济危机。因此，熟练掌握各种外汇业务的交易规则及运作方法是进出口商、投资者、投机商赚取利润的基础，也是防范和规避各种汇率风险的必要技能。

【学习重点】

掌握即期外汇业务、远期外汇业务、套汇、套利、外汇期货业务、外汇期权业务以及互换业务等外汇工具的交易规则、交易程序、基本原理及应用。

【学习难点】

通过判断不同外汇市场汇率差异和预期外汇波动趋势，利用套汇和套利工具在外汇市场赚取汇率差异的利润，以及利用远期外汇交易、外汇期货交易、外汇期权交易和货币互换交易等规避汇率波动带来的风险。

【教学建议】

建议在教学过程中讲练结合，组织学生分组模拟即期、远期、掉期、期货、期权等外汇业务操作流程，通过课堂演示和课后练习，使其掌握如何利用各种外汇工具规避风险、投机获利。

第一节　即期外汇交易

一、即期外汇交易的含义

即期外汇交易(Spot Exchange Transaction)又称现汇交易，指外汇买卖成交后，在两个营业日内办理交割的外汇业务。即期外汇交易可以满足买方临时性的付款需要，也可以帮助买卖双方调整外汇头寸的货币比例，规避外汇汇率风险，因此是外汇市场上最常用的一种交易方式。

交易双方进行资金交割的日期称为交割日(Delivery Date)或起息日(Value Date)。根据交割日的不同，即期外汇交易可以分为以下3种类型。

(1) 标准交割日交割(Value Spot or VAL SP)。指在成交后第二个营业日交割。目前大部分的即期外汇交易都采用这种方式。

(2) 隔日交割(Value Tomorrow or VAL TOM)。指在成交后第一个营业日交割。如港元对日元、新加坡元、马来西亚林吉特、澳大利亚元就是在次日交割。

(3) 当日交割(Value Today or VAL TOD)。指在成交当日进行交割。如中国香港外汇市场用美元兑换港元的交易(T/T)可以在成交当日进行交割。

营业日的确定问题是即期外汇交易中的重要问题，一般遵循“价值抵偿原则”。即一项外汇合同的双方，必须在同一时间交割，以免任何一方由于交割时间的差异而遭受损失。例如，伦敦和中国香港地区的银行都在星期六和星期日休息，所以，如果一家伦敦的银行和一家中国香港地区的银行之间即期交易是发生在星期五，两个营业日后就是星期二，即应在星期二交割。如果星期二又是某国的公共假日，则交割日要顺延到下一个营业日。

二、即期外汇交易的报价

即期外汇交易的报价是交易双方达成交易的基础和关键。在外汇市场上，通常把提供交易价格的机构称为报价者，一般由外汇银行充当这一角色。与之相对应的，把向报价者索价并在报价者所提供的汇价上成交的其他外汇银行、外汇经纪商、个人和中央银行等称为询价者。即期外汇报价如表4-1所示。

表4-1 即期外汇报价

币　种	现　价	涨　跌　幅	涨　跌	开　盘	最　高	最　低	买价/卖价
AUD/USD	0.740 8	0.15%	0.001 2	0.739 8	0.744 1	0.739 2	0.741 2/0.741 3
EUR/USD	1.163 7	0.01%	0.000 1	1.164 4	1.165 7	1.163 5	1.234 6/1.243 8
GBP/USD	1.305 9	−0.07%	−0.000 9	1.307 7	1.308 3	1.305 7	1.305 9/1.306 1
USD/CAD	1.317 8	0.08%	0.001 1	1.316 8	1.318 2	1.315 5	1.317 8/1.318 2
USD/CHF	0.999 7	0.10%	0.001 0	0.998 7	0.999 8	0.997 8	0.999 7/0.999 9
USD/JPY	112.86	0.03%	0.030 0	112.80	112.87	112.64	112.86/112.88
NZD/USD	0.676 9	−0.34%	−0.002 3	0.679 1	0.680 5	0.676 8	0.676 9/0.677 3

(资料来源：和讯外汇，2018.7.19，14：36)

在即期外汇交易中，外汇银行在报价时都遵循一定的惯例。

(一) 双向报价

在外汇交易成交之前，询价者通常不会向报价者透露其交易意图，因此，报价银行必须同时报出买入价和卖出价。买入价和卖出价的差额称为差价。汇率一般用5位有效数字表示，由大数和小数两个部分组成，大数是汇价的基本部分，小数是汇价的最后两位数字。报价的最小单位，市场称为基点。每个基点为万分之一，即0.000 1；或者百分之一，即0.01。

如表4-1中，即期外汇报价为：GBP/USD=1.305 9/1.306 1。其中，1.30是大数，59和61是小数，59和61之间的差额2为2个基点的差价。

(二) 简化报价

在国际外汇市场上，外汇交易员非常紧张和繁忙，因此，他们会尽可能简化报价，在通过电讯(如电话、电传)报价时，报价银行只报汇价的最后两位数。只有在需要证实交易，或是在变化剧烈的市场，报价银行才会报出大数。

如上述汇率简化报价为：GBP/USD：59/61。

(三) 美元报价

一般所有货币的汇价都是针对美元的，在外汇市场上，外汇交易银行所报出的买卖价格如没有特殊说明，均是指所报货币与美元的比价。

报价汇率斜线左边的货币称为基础货币(Base Currency)，右边的货币称为标价货币(Quoted Currency)。除欧元、英镑、澳大利亚元、新西兰元和爱尔兰镑的汇率报价采用间接标价法，美元为标价货币外，其他可兑换货币的汇率报价均采用直接标价法，美元为基础货币。

三、即期外汇交易的操作

一笔完整的即期外汇交易一般包括4个步骤：询价(Asking)、报价(Quotation)、成交(Done)及确认(Confirmation)。

(1) 询价。主动发起外汇交易的一方，在自报家门之后询问有关货币的即期汇率的买入价和卖出价。询价的内容主要包括交易币种、交易金额、合同的交割期限等。

(2) 报价。接到询价的外汇银行的交易员，应迅速完整地报出被询问的有关货币的即期汇率的买入价和卖出价。

(3) 成交。询价者接到报价后，表示愿意以报出的价格买入或卖出某个期限的多少数额的某种货币，然后由报价银行对此交易承诺。

(4) 确认。当报价银行的外汇交易员说“成交了”，外汇交易合同即成立，双方都应遵守各自的承诺。但依照惯例，交易得到承诺后，双方当事人都会将交易的所有细节以书面形式相互确认一遍。

一旦成交，汇价水平、交易金额、交易币种等细节已经确定，对交易双方都具有约束力，不可以返回或撤销。确认交易后，要对交易进行记录并交割。询价者或报价者需要在询价和报价过程中协商价格规避各自风险。

【例4-1】直接询价成交。

A：Hi, BANK OF CHINA SHANGHAI, Calling For Spot JPY For USD PLS.	A：您好，中国银行上海分行，请问即期美元兑日元报什么价？
B：MP 92.43/63.	B：稍等，1美元兑92.43/63日元。
A：Taking USD 10.	A：买进1 000万美元。
B：OK. Done. I Sell USD 10 Mio Against JPY At 92.63 Value July 20,JPY PLS To ABC BANK TOKYO For A/C No.123456.	B：好的，成交啦。我卖给你1 000万美元买进日元，汇率为92.63，起息日为7月20日，我们的日元请付至东京ABC银行，账号为123456。
A：OK. All Agree USD To XYZ BANK N.Y. For Our A/C 654321. CHIPS UID 09123, TKS.	A：好的，我们的美元请付至纽约的XYZ银行，账号为654321，清算系统会员编号为09123，谢谢您的交易，再见。

【例4-2】再次询价成交A。

A：GBP 6 Mio.　　A：询价，金额为600万英镑兑美元。

B：1.442 6/33.　　B：报价GBP1=USD1.442 6/33。

A：My Risk.　　A：A不满意B的报价，不做交易，B所报价格不再有效；A在数秒内可以再次向B询价。

A：Now PLS.　　A：现在再次询价。

B：1.443 0 Choice.　　B：1.443 0选择价，你可选择买或卖(一般当报价银行报出选择价时，一定要做交易，询价者不可以价格不好为借口不做交易)。

A：Sell PLS My USD To ABC N.Y..　　A：按照再次询价价格卖出600万英镑，美元付至我在纽约ABC银行的账户。

B：OK. Done. At 1.443 0 I Buy GBP 6 Mio AG USD Val July 20. GBP To My LONDON TKS for Deal, BIBI.　　B：好的，成交。在1.443 0我买进600万英镑兑美元，起息日为7月20日，我的英镑请付至我在伦敦的英镑账户，谢谢，再见。

【例4-3】再次询价成交B。

A：CHF/JPY 7 CHF　　A：询价瑞士法郎兑日元的交叉汇率，金额为700万瑞士法郎。

B：CHF/JPY 81.426 7/73.　　B：报价CHF1=JPY81.426 7/73。

B：OUR Risk Off Price.　　B：由于询价者A做出决定略显迟疑，报价者B取消所报价格，可以重新询价。

A：Now PLS 5 CHF PLS.　　A：再次询价，但金额改为500万瑞士法郎。

B：81.426 9/71.　　B：报价CHF1=JPY81.426 9/71。

A：Sell CHF 5 My JPY To My Tokyo.　　A：卖出500万瑞士法郎，日元请付至我在东京的账户。

B：Done. At 81.426 9 I Buy CHF 5 Mio AG JPY Val July 20. CHF To My Frankfurt.　　B：交易成交。价位81.426 9，我买进瑞士法郎500万兑日元，7月20日起息，瑞士法郎汇入我在法兰克福的瑞士法郎账户。

四、即期外汇交易的应用

(一) 满足客户临时性的支付需要

通过即期外汇买卖业务，客户可以将手上的一种货币即时兑换成另一种货币，用以应付进出口贸易、投标、海外工程承包等的外汇结算或归还外汇贷款。

【例4-4】某公司星期四需要偿还某外国银行美元贷款100万元，现持有瑞士法郎，它可以在星期二按USD1=1.132 8CHF的即期汇率向外汇银行购入美元100万元，同时出售瑞士法郎。星期四，该公司通过转账将113.28万瑞士法郎交付外汇银行，同时外汇银行将100万美元交付公司，该公司可用美元偿还到期贷款。

(二) 帮助客户调整外币币种结构

如果某企业外汇存款中美元比重较大，为了防止美元下跌带来损失，可以卖出一部分美元，买入欧元、英镑等其他货币，调整外币币种结构。

(三) 通过即期外汇买卖实现外汇投机

【例4-5】纽约外汇市场上，美元的即期汇率为USD/JPY=92.80/90，某投机者预测1个月后美元的即期汇率将下跌，于是卖出100万美元，买入9 280万日元。如果1个月后美元汇率下跌，跌至USD/JPY=90.30/50，则他可以再次在即期外汇市场上，卖出9 280万日元，买入102.5万美元。通过投机交易，他可赚得2.5万美元。但是，如果投机者预测错误，1个月后美元汇率上升，那他可能会遭受损失。

第二节　远期外汇交易

一、远期外汇交易的含义

(一) 远期外汇交易的概念

远期外汇交易(Forward Exchange Transaction)又称期汇交易，是指外汇交易成交时，双方先约定交易的细节，到未来的约定日期再进行交割的外汇交易。远期外汇交易的期限一般为1个月、2个月、3个月或6个月，也可以长达12个月，但通常为3个月。

远期外汇交易交割日的推算需要遵循一定的规则，具体如下。

(1) 整月原则。通常按照即期交割日(起息日)后整月或整月的倍数推算，而不管各月的实际天数差异。

(2) 不跨月原则。假设整月后的起息日不是有效营业日，则按惯例顺延到下一个营业日。但如果顺延后的交割日到了月底，需遵循不跨月原则，即往回推算到该月的最后一个营业日将其确定为有效交割日，而不能跨到下月。

(3) 最后营业日原则。假定即期交易的起息日是当月的最后一个营业日，则所有的远期起息日是相应各月的最后一个营业日。

(二) 远期外汇交易的类型

远期外汇交易根据交割日的不同，可以分为固定交割日的远期外汇交易和选择交割日的远期外汇交易。

固定交割日的远期外汇交易(Fixed Forward Exchange Transaction)是指交易的交割日期是确定的，交易双方必须在约定的交割日期办理外汇的实际交割，此交割日不能提前也不能推后。

选择交割日的远期外汇交易(Optional Forward Exchange Transaction)又称择期外汇交易，是指在做远期外汇交易时，不规定具体的交割日期，只规定交割的期限范围。在规定的交割期限范围内，客户可以按预定的汇率和金额自由选择日期进行交割。交割的范围可以包括从成交后的第二个工作日至到期日的整个期间，也可以定于该期间内某两个具体日期之间，或具体的月份中。交割的期限越长，银行所承受的风险越大。例如，一英国出口商在9月28日向美国出口价值12 500USD的货物，他预计美国进口商可能在10月28日至12月28日支付货款，但具体日期尚不能确定。因此，该出口商在签订贸易合约时与银行签订一项卖出美元的择期交易，择定期限在10月28日至12月28日。

二、远期外汇交易的报价

(一) 远期汇率报价方法

1. 完整汇率报价方式(Outright Rate)

完整汇率报价方式又称为直接报价方式，银行按照期限的不同直接报出某种货币的远期外汇交易的买入价和卖出价。这种报价方式一目了然，通常用于银行对顾客的远期外汇报价。完整汇率报价方式如表4-2所示。

表4-2　中国银行人民币部分远期外汇牌价(完整汇率报价方式)

日期：2018-07-19　　　　单位：人民币/100外币

		美　元	欧　元	英　镑	澳　元	加　元
7天	买入	671.693 95	780.344 1	876.121 383	497.102 274	508.859 2
	卖出	674.814 05	789.01	885.006 983	503.480 174	514.225 7
1个月	买入	671.846 95	781.902 6	877.118 672	497.109 888	509.064 7
	卖出	675.137 55	790.653 4	886.313 272	503.757 888	514.731 4
3个月	买入	672.314 30	786.149 1	880.122 423	497.512 691	509.970 3
	卖出	675.655 70	794.980 8	889.388 823	504.207 291	515.717 7
6个月	买入	672.661 30	792.615 05	884.508 722	498.005 825	511.048 5
	卖出	676.003 70	801.634 45	893.939 622	504.728 625	516.828 9
9个月	买入	673.062 90	799.164 05	888.850 167	498.730 759	512.043 85
	卖出	676.606 20	808.544 25	898.728 667	505.639 859	518.030 15
12个月	买入	673.022 650	805.818 15	893.074 073	499.333 558	512.795 6
	卖出	676.667 350	815.260 25	903.078 673	506.356 658	518.914 1

(资料来源：中国银行网站，以上人民币牌价系当日市场开盘价。)

中国银行的远期汇率所报币种包括英镑、港元、美元、瑞士法郎、日元、加拿大元、澳大利亚元、欧元8个币种，期限包括一周、二十天、一个月、两个月、三个月、四个月、五个月、六个月、七个月、八个月、九个月、十个月、十一个月、十二个月14种。

2. 掉期率报价方式(Swap Rate)

掉期率也称为远期汇水，是指某一时点远期汇率与即期汇率的汇率差，通常表现为升水、贴水和平价。升水是指某种货币的远期汇率大于即期汇率。贴水是指某种货币的远期汇率小于即期汇率。平价是指某种货币的远期汇率等于即期汇率。升水和贴水是一个相对概念，例如，即期汇率为USD/CNY=6.194 2，远期汇率为USD/CNY=6.196 0，则表明远期美元升水，人民币贴水。

掉期率报价方式的好处是简明扼要，因为远期差价通常比较稳定，因此用掉期率来报价比直接报价方式要简便。

在实务中，报价银行通常只报出远期汇率的升水和贴水“点数”，并不标明升水还是贴水，远期汇率由即期汇率加减远期差额得到，询价者需要根据报价规则自行判断远期汇率变化。计算远期汇率的方法为：首先判断即期汇率报价中的基准货币；其次看远期汇水数字的大小，如前小后大，基准货币远期为升水；如前大后小，基准货币远期为贴水。即在银行使用直接标价法的情况下，远期差价点数前小后大表示远期外汇升水，前大后小表示远期外汇贴水；在银行使用间接标价法的情况下，远期差价点数前小后大表示远期外汇贴水，前大后小表示远期外汇升水。

(1) 在直接标价法下

远期汇率=即期汇率+升水

远期汇率=即期汇率-贴水

(2) 在间接标价法下

远期汇率=即期汇率-升水

远期汇率=即期汇率+贴水

其实无论银行使用何种标价方法，在计算远期汇率时，都可以遵循以下规则计算。

远期汇率=即期汇率+远期差价点数(远期差价点数前小后大)

远期汇率=即期汇率-远期差价点数(远期差价点数前大后小)

【例4-6】某日中国香港外汇市场的外汇报价：即期汇率为USD/HKD=7.781 0/20，3个月远期差价为30/50，计算美元兑港元3个月远期汇率。

分析：因为中国香港外汇市场采用直接标价法，且所报点数的小数在前，大数在后，所以美元远期升水，港元远期贴水。即前小后大，基准货币美元远期升水。

远期汇率=即期汇率+升水，3个月远期汇率

7.781 0	7.782 0
+0.003 0	+0.005 0
7.784 0	7.787 0

即美元兑港元3个月远期汇率7.784 0/70。

【例4-7】某日纽约外汇市场的外汇报价：即期汇率为USD/CHF=1.132 8/33，6个月远期差价为40/20，计算美元兑瑞士法郎6个月远期汇率。

分析：因为纽约外汇市场采用间接标价法，且所报点数的大数在前，小数在后，所以瑞士法郎远期升水，美元贴水。即前大后小，基准货币美元远期贴水。

远期汇率=即期汇率-升水，6个月远期汇率

1.132 8	1.133 3
–0.004 0	–0.002 0
1.128 8	1.131 3

即美元兑瑞士法郎6个月远期汇率为1.128 8/1.131 3。

(二) 远期汇率的决定

根据利率平价理论，一种货币相对于另一种货币是升水还是贴水，升贴水的幅度如何，是由两种货币的利率决定的。

假设，英镑年利率为2%，美元年利率为4%，外汇市场上的即期汇率为GBP/USD=1.446 5。这时客户将会卖掉手中的英镑买入美元，赚取较高存款利息。同时为规避美元汇率变化风险，会向银行购买

远期英镑。这时外汇银行就会按照即期汇率用美元购买英镑，存放在银行以便远期交割英镑。银行放弃了高利率的美元而存放低利率的英镑，将会遭受损失。银行会通过影响远期汇率的方式把此损失转嫁到客户身上。因此，远期美元汇率下跌，英镑升值。远期汇率的变动结果使投资于英镑和美元在相同时期内的获利状况是一样的。

假如客户买入美元存放银行1年，并卖出1年期的远期美元，则投资1英镑在1年内的收益为1+1×2%=1.02(英镑)。

将英镑转换成美元投资在1年内的收益为1×1.446 5×(1+4%)=1.504 4(美元)。

1年期的远期汇率为1.504 4/1.02=1.474 9，即GBP/USD=1.474 9。

上述计算过程表明，在其他因素不变的情况下，利率对远期汇率的影响是：利率高的货币远期贴水，利率低的货币远期升水；远期汇率的升贴水率大约等于两种货币的利率差。

(三) 远期汇率的计算

在远期外汇交易中，外汇银行远期汇率的报价主要是遵循一价定律。一价定律是指在完全竞争的市场上，相同的交易产品或金融资产，经过汇率调整后，在世界范围内其交易成本是相等的。根据利率平价理论可知，远期汇率由两种货币的利率差决定，同时，远期汇率是在即期汇率的基础上加、减升贴水得到的。因此，外汇银行所报远期汇率升贴水的计算公式为

升水(贴水)数=即期汇率×两种货币的利率差×天数/360

或者

升水(贴水)数=即期汇率×两种货币的利率差×月数/12

【例4-8】已知日元年利率为8%，美元年利率为5%，某日东京外汇市场即期汇率报价USD/JPY=92.30，计算USD/JPY 3个月的远期汇率。

分析：升水(贴水)数=即期汇率×两种货币的利率差×月数/12

=92.30×(8%-5%)×3/12

=0.69

即3个月远期汇率USD/JPY=92.30+0.69=92.99。

(四) 远期汇率的套算

当客户需要知道远期套算汇率时，需要先分别计算两种货币的远期汇率，再按照即期汇率套算的方法计算远期套算汇率。

【例4-9】某日法兰克福外汇市场即期汇率报价EUR/USD=1.262 0/50，1个月远期汇水20/30，东京外汇市场即期汇率报价USD/JPY=96.40/70，1个月远期汇水40/20。计算EUR/JPY 1个月远期汇率。

分析：

(1) 计算EUR/USD 1个月远期汇率：1.262 0+0.002 0=1.264 0；1.265 0+0.003 0=1.268 0。即1个月远期汇率EUR/USD=1.264 0/80。

(2) 计算USD/JPY 1个月远期汇率：96.40-0.40=96.00；96.70-0.20=96.50。即1个月远期汇率USD/JPY=96.00/50。

(3) 按一般交叉汇率计算方法计算EUR/JPY 1个月远期汇率：1.264 0×96.00=121.34；1.268 0×96.50=122.36。即1个月远期汇率EUR/JPY=121.34/122.36。

三、远期外汇交易的操作

远期外汇交易同即期外汇交易一样，也包括询价、报价、成交及确认4个步骤。

【例4-10】远期外汇交易流程。

A：Bank Of China GUANGDONG Calling Yen Forward Outright Value 6th July For 5 USD.	A：我方是中国银行广东省分行，请报7月6日交割的美元/日元远期汇率，金额为500万美元。
B：Swap 138/132 Spot 23/28.	B：远期点数为138/132，即期汇率为23/28(注：即期汇率92.23/92.28中的大数取自当时路透社的ASAP即期行情)。
A：3 Mine.	A：我方买入300万美元。
B：OK. Done. At 90.96 We Sell USD 3 Mio Against Yen Value 6th July. Yen To Bank Of Tokyo For A/C 12345.	B：好，成交了。按1美元等于90.96日元我方卖出300万美元，交割期为7月6日。日元划到我方在东京的东京银行账户12345。
A：USD To Bank Of China N.Y. For Our A/C 54321.	A：美元划到中国银行纽约分行我方往来账户54321。

四、远期外汇交易的应用

(一) 利用远期外汇交易规避外汇风险

在国际贸易中，进出口商从签订贸易合同到执行合同、收付货款通常需要经过一段相当长的时间，在此期间进出口商可能因汇率的变动遭受损失。因此，对未来有外汇支出(空头)的进口商而言，可以通过与银行签订远期合约买入期汇的方式，即通过远期外汇市场上的多头对已知的外汇空头交易进行抵补，对未来外汇的支出进行保值。与此相对应的，对未来有外汇收入(多头)的出口商而言，可以通过与银行签订远期合约卖出期汇的方式，即通过远期外汇市场上的空头对已知的外汇多头交易进行抵补，对未来的外汇收入进行保值。

同样，资金借贷者持有净外汇债权或债务时，汇率的不利变动也会引起本币计值的收入减少或成本增加。因此，资金借贷者也会通过远期外汇交易在收取或支付款项时按成交时的汇率办理交割。

【例4-11】某年3月12日，外汇市场上的即期汇率为USD/JPY=92.06/20，3个月远期差价点数30/40。假定当天某日本进口商从美国进口价值100万美元的机器设备，需在3个月后支付美元。若日本进口商预测3个月后(6月12日)美元将升值到USD/JPY=94.02/18。在其预期准确的情况下：

(1) 如果日本进口商不采取保值措施，则6月12日需支付多少日元？

(2) 如果日本进口商采用远期外汇交易进行保值避免的损失为多少？

分析：

(1) 如果日本进口商不采取保值措施，6月12日，按当日即期汇率买入美元，需支出的日元为1 000 000×94.18=94 180 000。

(2) 如果日本进口商采取保值措施，即在签订进货合同的同时，与银行签订3个月的远期协议，约定在3个月后的6月12日买入100万美元，从而锁定日元支付成本。

3个月的远期汇率：92.06+0.30=92.36；92.20+0.40=92.60。

6月12日进口商按远期汇率买入美元时，需付出的日元为1 000 000×92.60=92 600 000。

因此，日本进口商进行远期交易时，避免的日元损失为94 180 000−92 600 000=1 580 000。

(二) 利用远期外汇交易进行外汇投机

与保值者利用市场轧平风险头寸、规避风险的动机不同，投机者是有意识地持有外汇头寸以获得风险利润。外汇投机者与保值者的区别主要是前者没有已发生的商业或金融交易与之对应。外汇投机者往往相信自己比大多数市场参与者更了解市场趋势，自己对汇率趋势的预期更为正确，从而进行外汇交易操作。因此，外汇投机能否获得利润主要依赖于其预期是否正确。若预期正确，就可以获得收益，否则将会蒙受损失。

利用远期外汇交易进行投机，有买空和卖空两种基本形式。买空是指投机者在预期某种货币的未来即期汇率将会高于远期汇率的基础上进行单纯买入该种货币远期的交易。卖空是指投机者在预期某种货币的未来即期汇率将会低于远期汇率的基础上进行单纯卖出该种货币远期的交易。

【例4-12】加拿大某投机商预期6个月后美元兑加元有可能大幅度下跌至USD1=1.137 0/ 90CAD，当时美元6个月远期汇率为USD/CAD=1.153 0/60。如果预期准确，不考虑其他费用，该投机商进行500万美元的远期卖空交易，可获得多少投机利润？

分析：

(1) 6个月后投机商按即期汇率买入500万美元，需支付的加元为5 000 000×1.139 0=5695 000。

(2) 6个月后投机商履行远期合约卖出500万美元，可获得的加元为5 000 000×1.153 0=5765 000。

(3) 投机商通过卖空获利加元为5 765 000−5 695 000=70 000。

(三) 利用远期外汇交易平衡外汇头寸

当外汇银行接受了客户为避免和转嫁风险而发生的远期外汇交易时，外汇银行就会产生相应的外汇“综合持有额”或称总头寸，期间难免会出现期汇或现汇的超买或超卖，这时，外汇银行就处于汇率变动的风险之中。因此，为避免外汇风险，外汇银行需对不同期限、不同货币头寸的盈亏进行抵补，来平衡外汇头寸。

【例4-13】某日苏黎世外汇市场的报价即期汇率为GBP/CHF=1.665 0/70，6个月的远期汇率为GBP/CHF=1.682 0/50。瑞士某银行卖给客户6个月期的远期英镑200万。如果6个月后英镑交割日的即期汇率为GBP/CHF=1.693 0/60，那么，该行听任外汇敞口存在，其盈亏状况如何？

分析：

(1) 如该行为履行合约在6个月后按即期汇率买进英镑，需支付瑞士法郎为2 000 000×1.696 0=3 392 000。

(2) 银行履行6个月期的远期合约，收入瑞士法郎为2 000 000×1.685 0=3 370 000。

(3) 银行如果听任外汇暴露存在，将会亏损瑞士法郎为3 392 000−3 370 000=22 000。

可见，客户将外汇风险通过远期外汇交易转嫁到了银行身上，如果银行不愿承担这种外汇风险，可以将超卖的远期外汇反向买入，或将超买的远期外汇反向卖出，通过平衡外汇头寸，规避外汇风险。如上例中，外汇银行在接受了此业务后，可以同时买入6个月远期英镑200万来锁定成本。

五、掉期外汇交易

(一) 掉期外汇交易的含义

掉期外汇交易(Swap Contracts)是指外汇交易者在买进或卖出一定交割期限和数额的某种货币的

同时，卖出或买进另一种交割期限、相同数额的同种货币的活动。也就是说，掉期外汇交易实际由两笔外汇交易组成，两笔交易买卖方向相反，交割期限不同，而交易的币种和金额完全相同。因为银行在办理掉期交易时，只收取一次手续费，所以对客户来说，掉期交易的成本比较低。

(二) 掉期外汇交易的分类

按照两笔交易的交割期限，掉期交易可以分为即期对远期、即期对即期、远期对远期3种情况，其中最常见的是即期对远期的掉期交易。

1. 即期对远期(Spot-Forward Swap)

即期对远期的掉期交易，是指买进或卖出某种即期外汇的同时，卖出或买进相同币种的远期外汇。即期对远期的掉期交易，广泛应用于客户调整资金的期限结构、进行抵补套利、银行轧平头寸、调整交割日等外汇交易活动中，以避免汇率变动的风险。在国际外汇交易市场上，常见的即期对远期掉期交易有以下几种。

(1) 即期对次日(S/N，Spot/Next)：自即期交割日算起，至下一个营业日为止的掉期交易。

(2) 即期对一周(S/W，Spot/Week)：自即期交割日算起，为期一周的掉期交易。

(3) 即期对整数月掉期：如1个月、2个月、3个月、6个月等。第一个交割日在即期，后一个交割日是1个月或其整数倍的远期。

2. 即期对即期(Spot-Spot Swap)

即期对即期的掉期交易，是指买进或卖出一笔即期外汇的同时，卖出或买进相同货币或金额但交割日期不同的另一笔即期外汇，主要用于大银行之间的短期资金拆借，目的在于避免敞口头寸导致的外汇风险。

(1) 今日对明日掉期(O/N，Over-Night)：也叫隔夜交易，将第一个交割日安排在成交的当天，后一个交割日是明天，即交易日后的第一个工作日。

(2) 明日对后日掉期(T/N，Tom-Next)：又称为隔日交易，前一个交割日是明天，即交易日后的第一个工作日，后一个交割日是交易后的第二个工作日。

3. 远期对远期(Forward-Forward Swap)

远期对远期的掉期交易，是指同时做不同交割期限的两笔远期外汇交易，币种和金额相同而买卖方向相反，远期对远期交易能够使银行利用较为有利的时机，在汇率变动中获利，这种掉期交易只是偶尔使用。

(三) 掉期外汇交易的操作

掉期外汇交易也包括询价、报价、成交及确认4个步骤。

【例4-14】掉期外汇交易流程。

A：CHF Swap USD 10 Mio AG CHF Spot/1 Month.

A：询问关于瑞士法郎掉期交易的价格，美元1 000万兑瑞士法郎，即期对1个月远期。

B：CHF Spot/1 Month 53/56.

B：报出即期对1个月远期的双向掉期率为53/56(即期汇率1.132 3/1.133 5)。

A：53 Pls My USD To A N.Y. My CHF To A Zurich.

A：53成交。我的美元请汇入A银行纽约分行。我的瑞士法郎请汇入A银行苏黎世分行。

B：OK. Done. We Sell/Buy USD 10 Mio AG CHF May 20/June 22. Rate at 1.133 5 AG 1.138 8 USD To My B N.Y. CHF To My B Zurich, Tks For Deal, BI BI.

A：OK, All Agreed, BI BI.

B：同意。我们卖/买美元1 000万，交割日为5月20日及6月22日，汇率为1.133 5/1.138 8。美元汇入B银行纽约分行，瑞士法郎汇入B银行苏黎世分行。谢谢惠顾，再见。

A：同意，再见。

(四) 掉期外汇交易的应用

1. 利用掉期外汇交易进行保值

掉期交易可以被用来轧平不同期限的外汇头寸，调整交割日，从而达到保值的目的。

【例4-15】某港商1个月后有一笔100万欧元的应付账款，3个月后有一笔100万欧元的应收账款。在掉期市场上，1个月欧元远期汇率为EUR/HKD=9.807 0/90，3个月期欧元汇率为EUR/HKD=9.875 0/80，该港商可以进行1个月对3个月的远期对远期掉期交易：买入1个月期的100万欧元，并卖出3个月期的100万欧元进行保值。计算该港商的贴水收益。

分析：

1个月后买入欧元100万，需支付的港元为1×1 000 000×9.809 0=9 809 000。

3个月后卖出欧元100万，可获得的港元为1×1 000 000×9.875 0=9 875 000。

通过掉期交易的港元贴水收益为9 875 000−9 809 000=66 000。

2. 利用掉期外汇交易从事货币转换

掉期交易可以使投资者将闲置的货币转换为所需要的货币，并得以运用，从中获得利益。

【例4-16】假设：即期汇率为USD/HKD=7.804 0，3个月远期汇率为USD/HKD=7.807 0。银行承做了两笔外汇交易：

(1) 卖出3个月远期美元100万，买入相应港元。

(2) 买入即期美元100万，卖出相应港元。

问银行应如何规避外汇敞口风险？

分析：

为了轧平两种货币的资金流量，银行可以承做一笔即期对远期的掉期交易：卖出即期美元100万，买入相应港元，买入3个月远期美元100万，卖出相应港元，从而调整两种货币的资金缺口。

3. 利用掉期外汇交易投机获利

掉期率主要通过即期汇率与市场利率决定，其中即期汇率对掉期率变动幅度的影响较小，影响掉期率的主要因素是两种货币之间的利率差，未来的市场利率随时都可能发生变化，当利差扩大时，掉期率上升；当利差缩小时，掉期率下跌。因此，投机者可以根据对利率变化的预期，做出对未来某个时刻市场汇率的预期，并根据这种预期进行投机性的掉期交易，从中获得利润。

【例4-17】假设5月某外汇市场报价：GBP/USD 3个月掉期率为30/32，GBP/USD 6个月掉期率为59/61。试分析交易员可以通过何种掉期交易投机获利？

分析：

掉期率为升水，表明英镑利率水平低于美元利率水平。预期在未来3个月内英镑和美元之间的利差将会缩小，这意味着英镑兑美元的掉期率将下跌。

根据预期，交易员可以承做两笔掉期交易：

(1) 即期卖出英镑买入美元，按升水32点，买入3个月远期英镑，卖出美元；

(2) 即期买入英镑卖出美元，按升水59点，卖出6个月远期英镑，买入美元。

交易员可以从3个月和6个月的汇率差额中获得27(59−32)点收益。

3个月后，如真像预期的那样，英镑和美元之间的利差缩小，则英镑兑美元的掉期率水平下跌。假设8月该外汇市场报价：GBP/USD 3个月掉期率为18/20。则原持有3个月的远期头寸在此时已经变成即期头寸，原持有6个月的远期头寸相应成为3个月远期头寸。

交易员再承做一笔掉期交易，将原有头寸轧平：

即期卖出英镑买入美元，按升水20点，买入3个月远期英镑，卖出美元。

交易员从即期和3个月远期的汇率差价中损失20点。

通过前后两次操作，交易员可以实现7(27−20)点赢利。

六、汇率折算与进出口报价

在国际贸易活动中，经常会发生需要改变进出口报价的情况，熟练掌握汇率的计算以及进出口报价的原则，能提高企业效益，规避风险。

(一) 即期汇率与出口报价

1．本币折算外币时用买入价

出口商对外报价时，原以本币报价，现改报外币，需以所收取的外币向银行兑换本币，即银行买入外币，付出口商本币，所以按买入价折算。

【例4-18】我国出口商报价一批货物100万元人民币(本币)，美国进口商想知道需支付多少美元，即要求我国出口商改为美元(外币)报价，当我国出口商收取了美元货款后，需向银行卖出美元并买入人民币，获得与所报100万人民币等值的货款。所以，如果当时市场即期汇率为USD1=CNY6.822 0/6.826 0，那么我国出口商改成外币报价应为100/6.822 0=14.658 5万美元。即当我国出口商收取14.658 5万美元时，才相当于收回价值100万元人民币的货款。

2．外币折算本币时用卖出价

出口商对外报价时，原以外币报价，现改报本币，出口商需计算将所收取的本币卖给银行后获得与原外币报价等值的货款，即银行买入本币，付出口商外币，所以按卖出价折算。

【例4-19】我国出口商报价一批货物100万美元(外币)，美国进口商要求改用人民币报价，当我国出口商收取了人民币货款后，经过折算应等于100万美元的价值。所以，如果当时市场即期汇率为USD1=CNY6.822 0/6.826 0，那么我国出口商改成本币报价应为100×6.826 0=682.6万元人民币。即当我国出口商收取628.6万元人民币时，相当于收回价值100万美元的货款。

3．以一种外币折算成另一种外币时按国际外汇市场牌价折算后再行报价

折算应遵循的基本原则是：无论是直接标价市场的牌价，还是间接标价市场的牌价，均将外汇市场所在地国家的货币视为本币，而将其他国家的货币视为外币。然后按照上述两个原则进行：本币折算为外币时，按买入价折算；外币折算为本币时，按卖出价核算。

【例4-20】我国某出口商原以美元报价，每件80美元，现英国进口商要求改以英镑报价。当日纽约外汇市场即期汇率为GBP1=USD1.444 0/70。这时我国出口商应将美元视为本币，英镑视为外币。将美元报价改为英镑报价即为将本币报价折算为外币报价，应使用买入价，报价80/1.444 0=55.40英镑。如果以当日伦敦外汇市场的牌价作为依据，则将美元视为外币，英镑视为本币。把美元报价改为英镑报价，就是将外币报价折算为本币报价，应使用卖出价折算。如果当日伦敦外汇市

场报价也为GBP1=USD1.444 0/70，为间接标价法，所以1.444 0为美元的卖出价，则报价80/1.444 0=55.40英镑。

可见，一种外币改为另一种外币报价时，无论以哪个外汇市场作为基准，只要不同外汇市场的汇率相同，折算出的同一货币表示的进出口报价亦是相同的。

(二) 即期汇率与进口报价

在进口贸易中，外国出口商如果以两种货币对同一商品进行报价，进口商应尽量选择较低支付的方式接受报价。

1. 将进口商品的两种报价按人民币汇价折算成人民币进行比较

【例4-21】我国某公司从法国进口商品，法国出口商给出了两个报价：以欧元报价的单价为500欧元，以美元报价的单价为600美元，当时外汇市场的即期汇率为：EUR1=CNY 8.381 0，USD1=CNY 6.820 0。我国应在欧元报价和美元报价中选择一个相对较低的价格，这时需要分别将两个报价折算成人民币报价进行比较。欧元报价折算为人民币：8.381 0×500=CNY 4 190.5；美元报价折算为人民币：6.820 0×600=CNY 4 092。可见，美元报价的人民币成本低于欧元报价的人民币成本，因此该公司应该接受美元的报价。

2. 将进口商品的两种报价按国际外汇市场的即期汇率统一折算进行比较

【例4-22】接上例，参照上述法国商品的欧元和美元报价，如果以当天纽约外汇市场的美元与欧元的比价进行折算，也可得出应该以何种货币报价较为合理。假设同日，纽约外汇市场的报价为EUR/USD=1.126 8/78，按此汇价，欧元的报价折算为500×1.127 8=563.5美元，但以美元报价则为600美元。所以，在不考虑其他因素的情况下，该公司应接受欧元的报价。

(三) 远期汇率与出口报价

1. 在进行出口报价时，应参考汇率表中远期升贴水(点)数

远期汇率表中升水货币为增值货币，贴水货币为贬值货币。我方在出口贸易中，国外进口商在延期付款条件下，要求我方以两种外币报价。假如甲币为升水，乙币为贴水。如以甲币报价，则按原价报出；如以乙币报价，应按汇率表中乙币对甲币贴水后的实际汇率报出，以减少乙币贴水后的损失。

【例4-23】某日纽约外汇市场即期汇率报价USD1=CHF1.158 0/90，3个月远期汇率贴水135/140，我国公司向瑞士出口机床，如即期付款每台报价2 000美元，现瑞士进口商要求我国出口商改以瑞士法郎报价，并于货物发运后3个月付款，所以我方改报时，应首先计算3个月远期汇率：1.158 0 + 0.013 5=1.171 5；1.159 0 + 0.014 0=1.173 0。

考虑到我方要3个月后才能收款，因此需要将3个月瑞士法郎贴水的损失加在货价上，又根据纽约外汇市场报价折算，美元应判断为本币，瑞士法郎为外币，根据本币折算外币按买入价折算的原则，应报的瑞士法郎价=2 000×1.173 0(瑞士法郎的买入价)=2 346瑞士法郎。

2. 在出口报价中，汇率表中的贴水年率，也可作为延期收款的报价标准

远期汇率表中的贴水货币，也即具有贬值趋势的货币。该货币的贴水年率，即贴水货币(对升水货币)的贬值年率。如某商品原以较硬(升水)货币报价，但国外进口商要求改以贴水货币报价，出口商在根据即期汇率将升水货币金额换算为贴水货币金额的同时，为弥补贴水损失，应再将一定时期内的贴水率加在折算后的货价上。

【例4-24】我国某公司向英国出口商品原报即期价款为USD500/箱，英国进口商要求改用英镑报价，并延期3个月付款。伦敦市场即期汇率报价为GBP1=USD1.274 0/70；3个月远期差价200/240点。英国进口商如果即期付款，我方需要按伦敦外汇市场汇率将外币折算为本币，应按卖出价折算，我方报价应为500/1.274 0=392.46GBP。如果外商延期3个月付款，根据远期升贴水年率，远期英镑升水，美元贴水，按远期汇率的卖出价折算，我方报价500/(1.274 0+0.02)=386.40GBP。这样同即期收款相比，延期收款不利于我方资金周转，而报价又低了6.06英镑。故我方报价的标准应按即期收款的升水货币报价，即392.46英镑/箱。

(四) 远期汇率与进口报价

在进口业务中，某一商品从合同签订到外汇付出约需3个月，国外出口商以硬(升水货币)、软(贴水货币)两种货币报价，其以软币报价的加价幅度，不能超过该货币与相应货币的远期汇率，否则我方可接受硬币报价。只有这样，才能达到货价与汇价均不吃亏的目的。

【例4-25】某日苏黎世外汇市场即期汇率报价为USD1=CHF1.158 0，3个月远期汇率USD1=CHF1.143 0，我国某公司从瑞士进口机械零件，3个月后付款，瑞士出口商报的单价为100瑞士法郎，如我方要求瑞士出口商改以美元报价，则其报价水平不能超过瑞士法郎对美元的3个月远期汇率，即100/1.143 0=87.49美元。如果瑞士出口商以美元报价，超过87.49美元，则我方不应接受，仍应接受100瑞士法郎的报价。因为接受瑞士法郎硬币报价后，我方以美元买进瑞士法郎3个月远期进行保值，以防瑞士法郎上涨的损失，其成本也不过87.49美元，硬币对软币的远期汇率是核算软币加价可接受幅度的标准。

第三节　套汇交易

一、套汇的含义

套汇(Arbitrage)是指套汇者利用两个或两个以上外汇市场在同一时刻货币的汇率差异进行外汇交易，在汇率较低的市场上买入一种货币，在汇率较高的市场上卖出该货币，从中赚取差价利润的活动。

一般要进行套汇必须具备以下3个条件：①存在不同外汇市场的汇率差异；②套汇者必须拥有一定数量的资金，且在主要外汇市场拥有分支机构或代理行；③套汇者必须具备一定的技术和经验，能够判断各外汇市场汇率变动及其趋势，并根据预测采取行动。所以，在西方国家，大型商业银行是最大的套汇投机者，他们在海外广设分支机构和代理行，消息灵通、资金雄厚、套汇便捷。

套汇交易结束后，原先汇率较低的外汇市场上，该种货币的需求大于供给，从而该货币的汇率上升；原先汇率较高的外汇市场上，该种货币的供给大于需求，使得货币汇率下降。这使各个市场的汇率差异减小，趋于消失。

套汇交易一般可分为时间套汇和地点套汇。时间套汇(Time Arbitrage)是指套汇者利用不同交割期限所造成的汇率差异，在买入或卖出即期外汇的同时，卖出或买入远期外汇；或者在买入或卖出远期外汇的同时，卖出或买入期限不同的远期外汇，借此获取时间收益，以获得赢利的套汇方式。因此，实质上时间套汇与掉期交易相同。地点套汇(Space Arbitrage)是利用两个或两个以上外汇市场中某种货币在汇率上的差异来进行外汇交易，从中套取汇差利润的外汇交易。地点套汇一般可以分为直接套汇和间接套汇。

二、直接套汇

直接套汇(Direct Arbitrage)又称两点套汇、两地套汇或两角套汇。它是套汇者利用两个外汇市场之间在同一时间的汇率差异，同时在两个外汇市场买卖同一种货币，以赚取汇差利润的外汇交易。其交易准则是：在汇率较低的市场买进，同时在汇率较高的市场卖出，亦称贱买贵卖。

【例4-26】假定某一时刻伦敦和纽约外汇市场的汇率如下。

伦敦的外汇市场：GBP1=USD1.420 0/10

纽约的外汇市场：GBP1=USD1.431 0/20

试用美元进行套汇。

分析：显然，英镑在伦敦外汇市场的价格比在纽约外汇市场的价格低。

根据贱买贵卖的原则，套汇者在伦敦外汇市场按GBP1=USD1.421 0的汇率用142.10万美元买进100万英镑。同时在纽约外汇市场以GBP1=USD1.431 0的汇率卖出100万英镑，收入143.10万美元，这样套汇者通过上述两笔外汇业务就可以赚取1万美元的收益。

三、间接套汇

间接套汇(indirect arbitrage)又称三地套汇或三角套汇，是套汇者利用3个或3个以上不同地点的外汇市场在同一时间的汇率差异，在多个市场间调拨资金，贱买贵卖，从中获取利润的外汇交易。间接套汇涉及多个外汇市场，情况复杂，所以必须判断是否存在套汇机会，然后再进行套汇操作。

套汇的步骤可遵循如下规则。

第一步：统一标价方法，判断是否存在套汇的机会。

方法是首先将三地的3种货币汇率统一成一种标价法(直接标价法或间接标价法)，然后连乘，如果乘积等于1，说明不存在汇率差异和套汇获利机会；如果乘积不等于1，说明存在汇率差异和套汇获利机会，可以从事套汇交易。

第二步：判断三地汇率差异。

方法是通过套算汇率，将一个市场的外汇汇率与另外两个市场套算出的同种货币汇率进行比较，找到某种货币在不同市场上的贵贱结果。

第三步：套汇。在该种货币价格比较贵的市场上将其卖掉，然后经过3个市场的转换在相对比较便宜的市场上买回来，完成套汇过程。

【例4-27】某日，中国香港地区、纽约、法兰克福三地的外汇市场报价如下。

中国香港外汇市场：USD1=HKD7.8

纽约外汇市场：EUR1=USD1.4

法兰克福外汇市场：EUR1=HKD10

试用100万美元套汇。

分析：

1) 统一标价方法

中国香港外汇市场：USD1=HKD7.8(直接标价法)

纽约外汇市场：EUR1=USD1.4(直接标价法)

法兰克福外汇市场：HKD1=EUR1/10(直接标价法)

将汇价连乘：7.8×1.4×1/10=1.092≠1。乘积不为1，有套汇机会。

2) 判断三地汇率差异

由纽约和法兰克福两个市场的汇率套算出美元和港元之间的汇率：10/1.4=7.14；USD1=HKD7.14。

与中国香港外汇市场的汇率进行比较，纽约和法兰克福两地外汇市场美元对港元的汇价相对比较低。

3) 套汇路线

由于中国香港外汇市场的美元较贵，因而首先在中国香港外汇市场卖出100万美元，得到港元，金额为1 000 000×7.8=7 800 000。

再在法兰克福外汇市场卖出7 800 000港元，得到欧元，金额为7 800 000/10=780 000。

最后在纽约外汇市场卖出780 000欧元，收回美元，金额为780 000×1.4=1 092 000。

投资者的套汇美元收益为1 092 000−1 000 000=92 000。

在现实套汇交易中，外汇银行报价为双向报价，不像上例中均假设为中间汇率。因此，套汇者在实际交易中，将会损失一定的汇率差。

【例4-28】 某日，中国香港地区、纽约、伦敦三地的外汇市场报价如下。

中国香港外汇市场：USD1=HKD7.780 4～7.781 4

纽约外汇市场：GBP1=USD1.420 5～1.421 5

伦敦外汇市场：GBP1=HKD11.072 3～11.073 3

试用100万美元套汇。

分析：

1) 统一标价方法

中国香港外汇市场：USD1=HKD7.780 4～7.781 4(直接标价法)

纽约外汇市场：GBP1=USD1.420 5～1.421 5(直接标价法)

伦敦外汇市场：HKD1=GBP1/11.073 3～1/11.072 3(直接标价法)

将汇价连乘：7.780 4×1.420 5×1/11.073 3=0.999 808≠1。乘积不为1，有套汇机会。

2) 判断三地汇率差异

由纽约和伦敦两个市场的汇率套算出美元和港元之间的汇率为USD/HKD=(11.072 3/1.421 5)/(11.073 3/1.420 5)=7.789 2/7.795 4。与中国香港外汇市场的汇率进行比较，纽约和伦敦两地外汇市场美元对港元的汇价相对比较高。

3) 套汇路线

由于纽约外汇市场的美元较贵，因而首先在纽约外汇市场卖出1 000 000美元，得到英镑，金额为1 000 000/1.421 5=703 482。

再在伦敦外汇市场卖出703 482英镑，可得到港元，金额为703 482×11.072 3=7 789 164。

最后在中国香港外汇市场卖出7 789 164港元，收回美元，金额为7 789 164/7.781 4=1 000 998。

投资者的套汇收益为1 000 998−1 000 000=998美元。

需要注意的是，在当今世界，由于现代通信设备的迅速发展与完善，各大外汇市场交易已由国际卫星通信网络紧密联系起来，加之电脑在外汇交易中的广泛使用，外汇市场与外汇交易已日趋全球化、同步化。因此，对于套汇来说，其赖以存在的基础——汇率差异出现的概率大大减小，套汇的机会也大大减少了，取而代之的是诸如期权交易、现汇套汇交易等创新的业务形式。

第四节　套利交易

一、套利的含义

套利交易(Interest Arbitrage Transaction)也叫利息套汇，是指投资者利用不同国家或地区短期利率的差异，将资金由利率较低的国家或地区转移到利率较高的国家或地区进行投资，以从中获得利息差额收益的外汇交易。

套利也是外汇市场上重要的交易活动。由于目前各国外汇市场联系十分密切，一有套利机会，大银行或大公司便会迅速投入大量资金，最终促使各国货币利差与货币远期贴水率趋于一致，使套利无利可图。套利活动使各国货币利率和汇率形成了一种有机的联系，两者互相影响制约，推动国际金融市场的一体化。

按照套利者在套利的同时是否做远期外汇交易进行保值，套利交易可分为非抵补套利和抵补套利。

二、非抵补套利

非抵补套利(Uncovered Interest Arbitrage)是指单纯把资金从利率低的国家调往利率高的国家，从中谋取利率差额收入。这种交易不同时进行反方向交易，要承担高利率货币贬值的风险。

【例4-29】英国短期市场的存款利率为年利8%，美国的利率为年利10%。英国一套利者有100 000英镑闲置6个月，即期外汇市场报价GBP1=USD 1.477 0/80，他将如何进行套利活动？

分析：

英国某套利者把100 000英镑存入伦敦的银行6个月，到期利息为100 000×8%×6/12=4 000，本息和为104 000英镑。

如果按当时市场汇率将100 000英镑兑换成美元存放在美国6个月，到期利息为100 000×1.477 0=147 700，147 700×10%×6/12=7 385，本息和为147 700 + 7 385=155 085。

假设6个月到期时汇率无变化，将155 085美元汇回英国可得155 085/1.478 0=104 928.96，比存放在英国产生的利息多928.96 (104 928.96−104 000)英镑。

三、抵补套利

抵补套利(Covered Interest Arbitrage)是指套利者把资金从低利率国家调往高利率国家的同时，在外汇市场上卖出高利率货币的远期，以避免汇率风险。这实际上是将远期和套利交易结合起来。

【例4-30】假设某美国投资者手中有暂时闲置的资金10万美元，此时，美国货币市场1年期利率为5%，德国货币市场1年期利率为10%，市场即期汇率报价为EUR1=USD 1.226 0/90，1年期远期汇率报价为EUR1=USD1.220 0/20，投资者在一年的时间里将如何套利？

分析：

该投资者将美元存放在美国银行1年，可获得的利息为100 000×5%=5 000，本息和为105 000美元。

如果先将美元按即期汇率兑换成欧元，存放在德国银行1年，同时为了防止汇率变动风险，卖出1年期的欧元，可得美元为

兑换欧元：100 000/1.229 0=81 366.97

欧元本息和：81 366.97×10% + 81 366.97=89 503.67

卖出1年期欧元：89 503.67×1.220 0=109 194.47

该投资者在套利过程中，锁定风险，比在美国投资多获利美元为109 194.47−105 000=4 194.47。

套利者在套利时需要注意以下几点：①套利活动必须以有关国家对货币的兑换和资金的转移不加任何限制为前提；②所谓两国货币市场上利率的差异，是就同一性质或同一种类金融工具的名义利率而言，否则不具有可比性；③套利活动涉及的投资是短期性质的，期限一般都不超过1年；④抵补套利是市场不均衡的产物，然而随着抵补套利活动的不断进行，货币市场与外汇市场之间的均衡关系又会重新得到恢复；⑤抵补套利也涉及一些交易成本，如佣金、手续费、管理费、杂费等，它们将降低套利者的套利收益；⑥由于去国外投资会冒巨大的政治风险或国家风险，投资者一般对抵补套利持谨慎态度，特别是在最佳资产组合已经形成的情况下，除非抵补套利有足够大的收益来补偿资产组合的重新调整所带来的损失，一般不轻易进行抵补套利。

第五节 外汇期货交易

一、金融期货的含义

期货是指在未来某个特定日期购买或出售的实物商品或金融凭证，与之相对的是现货。金融期货(Financial Futures)是指交易者在特定的交易所通过公开竞价方式成交，承诺在未来特定日期或期间内，以事先约定的价格买入或卖出特定数量的某种金融商品的交易方式。金融期货主要包括外汇期货、利率期货、股价指数期货和黄金期货。本节主要介绍外汇期货交易。

二、外汇期货的含义

外汇期货交易又称货币期货交易，是指在期货交易所内，根据成交单位、交割时间标准化的原则进行的外汇期货合约买卖。外汇期货合约是交易双方承诺在未来某个确定的日期、按事先确定的价格交割特定标准数量外汇的合约。

20世纪70年代开始，布雷顿森林体系崩溃以后，国际金融市场上汇率波动频繁，出现了大量的外汇保值和外汇投机的需求，外汇期货业务也随之迅速发展。

三、外汇期货交易市场的组织结构

虽然世界各地的外汇期货市场的组织结构不尽相同，但都是参照芝加哥国际货币市场(IMM)而来的，因此这里着重介绍IMM的组织结构。芝加哥外汇期货市场的组织结构由以下几部分组成。

(一) 外汇期货交易所

外汇期货交易所是进行标准化外汇期货合约买卖的场所，是以会员制或公司制的组织形式设立

的一个非营利性机构。外汇期货交易所的中心是交易厅，交易厅周围一圈设有众多交易亭。会员代表在这里通过电话、电传等先进的通信工具时刻与总部或客户保持联系。交易所的经纪人和场内交易员在交易场内通过喊价和固定的手势进行交易。

期货交易所的主要功能如下。

(1) 提供固定的交易场所和交易设备。

(2) 订立并监督执行标准的期货合约与交易规则。

(3) 收集和传播最新的市场行情与影响市场行情的重要信息。

(4) 仲裁交易活动中所发生的争执和纠纷。

由于大多数会员是交易者，因此，对于交易所内重大决策的制定与监督工作，他们都会积极参与。会员之间除了互选董事之外，还成立另外的机构以协助日常管理和交易活动，如仲裁委员会、交易厅委员会及经纪商行业委员会等。

【专栏4-1】

世界主要的金融期货交易场所

一、芝加哥交易所集团

2006年10月17日，美国芝加哥商品交易所(CME)和芝加哥期货交易所(CBOT)宣布两家交易所合并成全球最大的衍生品交易所——芝加哥交易所集团(CME公司)。交易集团总部设在芝加哥，总市值将达到250亿美元，CME占其中的180亿美元，CBOT约占其中的70亿美元。合并后的交易所交易品种涉及利率、外汇、农业和工业品、能源以及诸如天气指数等其他衍生产品。

芝加哥商品交易所创立于1874年，其前身为农产品交易所，由一批农产品经销商创建，当时该交易所上市的主要商品为黄油、鸡蛋、家禽及其他不耐储藏的农产品。1972年，该交易所为进行外汇期货交易而组建了国际货币市场分部(International Monetary Market，IMM)。IMM当时共推出美元、英镑、加拿大元、德国马克、日元、瑞士法郎及法国法郎7种货币的外汇期货合约。1976年1月，又推出90天期的美国国库券期货合约。1981年12月，它开办了3个月的欧洲美元定期存款期货交易。1984年，芝加哥商品交易所与新加坡国际货币交易所建立了世界上第一个跨交易所期货交易联络网，交易者可以在两个交易所之间进行欧洲美元、日元、英镑和德国马克的跨交易所期货买卖业务。

芝加哥期货交易所是1848年，由82位谷物交易商发起组建的。该交易所成立后，对交易规则不断加以完善，1865年用标准的期货合约取代了远期合同，并实行了保证金制度。芝加哥期货交易所提供玉米、大豆、小麦等农产品期货交易，这些品种的期货价格，不仅成为美国农业生产、加工的重要参考价格，而且成为国际农产品贸易中的权威价格。交易所自1975年10月推出利率期货交易以来，其金融期货的交易量占总交易量的比重日益上升，已超过其农产品期货的交易量，成为一个以金融期货为主的期货市场。1977年8月，该交易所开办美国长期国库券期货交易。1979年6月，该交易所开办10年期美国中期国库券期货交易。1984年7月，该交易所又推出主要市场指数(MMI)期货交易。1987年4月30日，该交易所开始在星期日至星期四的晚上开设夜市，时间与远东主要期货市场的交易时间相对应，在国际化的道路上迈出了重要一步。目前，该交易所交易的金融期货品种以各种利率期货为重点。利率期货的交易量占整个交易所总交易量的一半以上，成为世界上最重要的金融期货市场之一。

二、伦敦国际金融期货交易所

伦敦国际金融期货交易所(LIFFE)于1982年9月正式开业，是欧洲建立最早、交易最活跃的金融期货交易所。目前，该交易所交易的货币期货有以美元结算的英镑、瑞士法郎、欧元和日元期货。利率期货包括英国的各种国库券期货、美国长期国库券期货、日本长期国库券期货、3个月期欧洲美元定期存款期货以及3个月期英镑利率期货等。股票指数期货有《金融时报》100种股票指数期货。此外，该交易所的结算与国际货币市场等不同，它是依靠独立的结算公司——国际商品结算公司(ICCH)进行的。国际商品结算公司作为独立的专业性结算公司，与伦敦国际金融期货交易所没有行政隶属关系，仅负责该交易所的日常结算。

三、新加坡国际货币期货交易所

新加坡国际货币期货交易所(SIMEX)建立于1984年9月，由原来的新加坡黄金交易所与芝加哥商品交易所以合伙的方式创办。在该交易所上市的欧洲美元、日元、欧元、英镑4种期货合约都是芝加哥商品交易所的上市品种，合约规格完全一样，并可在两个交易所之间实行相互对冲。这一相互对冲制度延长了交易时间，提高了交易效率，极大地促进了金融期货交易的国际化进程。此外，在新加坡国际货币期货交易所上市的品种还有90天期欧洲日元期货合约、日经225股指期货合约及美国长期国库券期货合约等。目前，该交易所已成为东南亚地区最有影响的金融期货市场。

四、中国香港期货交易所

中国香港期货交易所(HKFE)的前身是1977年开始运营的中国香港商品交易所。1984年，对交易所改组和对管理条例修订后才重新挂牌，将中国香港“商品”交易所更名为“期货”交易所。1998年，恒生指数期货和期权合约交易量占市场总交易量的90%以上。目前，在中国香港期货交易所上市的还有红筹股票指数、个股等金融品种的期货和期权。由于中国香港地区是国际金融中心，有着发达的外汇市场、金融衍生品市场、股票市场、债券市场、资本市场和黄金市场。因此，中国香港期货交易所有着良好的发展前景。

(二) 清算所

清算所的主要功能在于撮合买卖双方在交易所完成期货合约成交，并进行买卖双方的保证金的划拨。清算所采用保证金制度，为所有在交易所内达成的期货合约交易提供履约保证。一笔交易完成后，经纪商负责向买卖双方收取保证金并由结算所的会员存入清算所，作为买卖双方履行其未结算的期货合约所需的财力保证。清算所执行严格的保证金制度，其目的是规避外汇期货交易中的信用风险和价格风险，确保外汇期货市场稳定、有序地进行。所以，清算所既是作为会员账户向买卖双方提供资金流动与转移的场所及资金存放的中心，又是买卖双方履行外汇期货合约的保证。

(三) 出市经纪公司

出市经纪公司即经纪商，是接受客户委托，按照客户指令，以自己的名义为客户进行期货交易并收取交易手续费的中介机构。外汇期货交易所实行会员制，会员资格是通过向有关部门申请，经过其批准取得的，每年向交易所缴纳会费。因此，经纪商必须是注册登记的外汇期货交易所会员公司，但交易所的会员资格只能归个人所有，经纪商通过向交易所派驻具有会员资格的员工进行场内期货交易活动，经纪商通过自己的经纪人与客户联系。

在交易所内，会员可以进行两类交易：一是代客买卖，充当经纪人，收取佣金；二是作为交易商，进行自营，赚取利润。所以，经纪商按其职能的不同也可分为场内经纪商和场内交易商两种。

场内经纪商的主要职责如下：

(1) 代客户下达指令，办理买卖商品期货的各项手续；

(2) 向客户介绍和解释期货合约的内容和交易规则；

(3) 征收客户履约保证金；

(4) 经常向客户传递市场信息，提供市场研究报告，并在可能的情况下提出有利的交易策略；

(5) 报告合约的执行情况及盈亏结果。

当然，场内经纪商也可以从事自营外汇期货交易。

场内交易商通常只为自己从事外汇期货交易，以赚取买卖差价利润为主。

(四) 商业交易者

商业交易者本身主要以从事现货市场交易为主，其之所以参与外汇期货市场的交易，主要出于规避汇率风险的动机，也可利用期货市场来调整资产配置，以满足其对风险的偏好与达到获得预期收益的目标。此类交易者主要是进出口商和商业企业等。商业交易者按交易类型可以分为以下几种。

(1) “抢帽子”交易商：他们在场内眼观六路，耳听八方，寻找机遇，及时买进和卖出，很少持有头寸超过几分钟，试图从合约价格的微小波动中获利。

(2) 日交易商：在一个交易日内既买期货合约又卖期货合约，当天轧平头寸的商业交易者。

(3) 头寸交易商：这类商人热衷于长期行情的预测和投资，专做长线买卖，对于短期如几分钟、几小时的行情变化和买卖不感兴趣，通常购进头寸后，至少持仓几天，多为几个星期乃至几个月。

(4) 跨市交易商：在不同市场买卖某种外汇期货，利用不同市场之间的价格差异赚取利润的交易商。其交易的前提是市场出现异常情况，在一个市场买进，在另一个市场卖出。

(5) 小投机商：这种商人主要是根据对行情的预测自己进行买卖，还常雇佣日交易商、“抢帽子”交易商、头寸交易商和跨市交易商在场内交易。他们从事外汇期货交易的主要目的是投机，从中赚取高额利润，也愿意承担较高的汇率风险。

四、外汇期货交易的主要制度

(一) 外汇期货合约规格

不同交易所的期货合约的规格不尽相同，但其内容基本相同。IMM外汇期货合约的规格如表4-3所示。

表4-3 IMM外汇期货合约的规格

期货合约类型		澳元	英镑	加元	欧元	日元	瑞士法郎
交易单位		10万	6.25万	10万	12.5万	1250万	12.5万
最小变动价位		0.000 1	0.000 1	0.000 1	0.000 1	0.000 001	0.000 1
最小变动值		USD10	USD6.25	USD10	USD12.5	USD12.5	USD12.5
每日价格波动	7：20～7：35	150	400	150	100	150	150
	7：35以后	无	无	无	无	无	无
合约月份		3、6、9、12月					

(续表)

期货合约类型	澳　元	英　镑	加　元	欧　元	日　元	瑞士法郎
交易时间	7：20～14：00；到期合约最后交易的时间截止到上午9:16					
初始保证金	1 200	2 800	900	2 100	2 100	2 100
维持保证金	900	2 000	700	1 700	1 700	1 700
最后交易日	合约月份的第三个星期三往回数的第二个营业日上午9：16					
交割日期	合约月份的第三个星期三					
交割地点	结算所指定的货币发行国银行					

注：本表所列时间为芝加哥时间。

(二) 订单或指令制度

所谓订单或指令，是指客户决定在进行外汇期货交易时向期货经纪商下达的买进或卖出某种外汇期货合约的指示。其主要内容包括买进或卖出、合约数量、交割日期、货币类别、交易地点、交易价格及委托书有效期等。客户通常通过电话或电传等方式通知期货经纪商，然后期货经纪商根据客户的要求通知期货交易所场内的交易员进行交易。一旦成交，则交易员通知期货经纪商，期货经纪商再通知客户。根据订单上限制场内交易员买卖期货合约的条件，可将订单分为两类。

第一类是根据在价格方面的限制条件将订单分为以下几种。

(1) 市价订单，是指客户愿意按照现行市场行情的最好汇价买进或卖出某一特定交割日期的一定数量期货合约的订单。此种订单客户不规定具体的成交价格，只规定交割日期和合约数量，是期货市场上客户经常使用的订单。

(2) 限价订单，是指按客户规定的汇价买进或卖出某一特定交割日期的一定数量期货合约的订单。此种订单的灵活性比市价订单差，因此客户在选择限价订单时，要把握好现行市场汇价。一般而言，买进限价订单的汇价比现行市场汇价低，卖出限价订单的汇价比现行市场汇价高。

(3) 到价订单(也称止损订单)，是指客户发出的高于现行市场汇价某一既定水平时停止买进、低于现行市场汇价某一既定水平时停止卖出的指令。此种订单常用于对冲和形成期货头寸，其目的是减少损失或取得好价位。例如，一交易商买入价格为1.483 0美元的英镑合约1份，想要把损失限制在每份合约62.5美元，则卖出停止价格定为1.482 0美元。如果市价上升，将不履行到价订单；如果市价下跌，将执行订单，交易商以62.5美元的亏损退出市场。“止损”一词不出现在订单里，只使用“停止”一词。

(4) 停止订单，是指在市价高于某指定价格水平时买入或在市价低于某指定价格水平时卖出的一种订单。下达停止订单的目的有两个：一是通过规定市价背向运动时进行平仓的价格来限定某项交易的风险；二是在市价超出正常水平时入市。停止订单可以分为买入停止订单和卖出停止订单。买入停止订单指示在比现有市价高的特定价格时买入。买入停止订单用于在市场强劲时入市成为多头。例如，英镑的外汇期货价格一直是1英镑=1.237 0～1.246 0美元，而交易商认为一旦价格超出1.246 0美元阻力点，价格将可能上升到很高，于是可以买入停止订单指示价格1.246 0美元价位，当市场价格上涨到1.246 5时，订单生效，达成交易。如果市场行情真如交易商预测继续上升，则交易商就可以从中获利。同样，卖出停止订单用于在市场疲软时做空头，交易商预测当市场价格下跌到某特定价格时，市场将大幅下挫，于是下达卖出停止订单指令，避免更多的损失。

(5) 触发市价订单，是指当市场价格达到预定水平后执行订单的指令。该订单规定的价格通常在销售订单时比现有市场价格高，而在购买时比现有市价低。即交易商希望以比市价更高的价格出售订单，而以比市价更低的价格买入订单。比如订单是在1.378 0美元买欧元触发市价，那么只有价格达到1.378 0美元时，订单才生效。当订单生效时，经纪商一定会尽力在市场中达成一个最好的价格，但实际情况是，由于市场变化，经纪商实际成交价格既可能比1.378 0美元的价格高也可能低，1.378 0只是一个执行订单的前提条件而已。

第二类是根据在有效期间方面的限制条件将订单分为开盘或收盘订单、除非客户撤销否则一直是有效订单等。

(1) 开盘订单，是指在开盘后相当短的时间内按市场价格执行订单的指令。这种订单应在开市铃响之前到达出市经纪人那里。许多交易商认为，开盘价不能很好地反映市场状况而倾向于避免下达这类订单。

(2) 收盘订单，是指出市经纪人在收市前一段相当短的时间内执行订单的指令。在活跃的市场中，这种订单常能带来好的协议，但有时成交价格会与标出的收盘价相差几个最小的变动单位。

(3) 除非顾客撤销否则一直是有效订单，是指在它被执行或被取消之前，它将一直保留在交易台。除了这一类订单，大部分经纪公司在每个交易日收市时将清除所有未执行订单。一张这样的订单在交易台上留上7天或几周并不少见，但交易商应时刻记住已下达了这一订单，防止遗忘。

(三) 公开喊价制度

外汇期货市场交易是通过公开喊价来表示客户买进或卖出某种外汇期货合约的要求的。买方总是报出比较低的价格，卖方总是报出比较高的价格。如果双方谈不拢就要互相退让，买方喊价调高，卖方喊价调低，直至有人愿意接受为止。当然买卖双方并不是对等退让，而是根据双方力量强弱对比而定。买方市场时，卖方让价幅度要大一些；卖方市场时，买方报价提高的幅度要大一些。在竞争激烈的外汇期货市场上，通过公开喊价竞争达成外汇期货合约买卖，有利于维护外汇期货市场的公平、公开与公正的竞争原则，保护参与者利益。

由于在交易大厅内人头攒动，喧哗嘈杂，面对面说话都很难听清楚，必须借助手势来报价谈交易，于是每个进场交易员必须熟练掌握和运用约定俗成的交易手势，如图4-1所示。

2008 年 7 月 16 日，受到美国原油库存大幅增加等影响，油价 16 日延续前一交易日的跌势。交易员杰伊·安泽维诺在美国芝加哥的商品交易所竞价交易。

图4-1　期货喊价

手势的含义(如图4-2所示)：手心向内表示买入，向外表示卖出；仅出一个食指示意“1”；出食指和中指示意“2”；出中指、无名指和小指示意“3”；出食指、中指、无名指和小指示意“4”；五指全部伸出表示“5”；出大拇指示意“6”(即我们表示赞扬的手势)；出大拇指和食指示意“7”；出大拇指、食指和中指示意“8”；攥拳食指压拇指尖示意“9”；出一个食指并左右摆动示意“10”。同理，出食指和中指并左右摆动示意“20”。一般手指向上表示买卖合约的数量，向两旁表示价格高低。

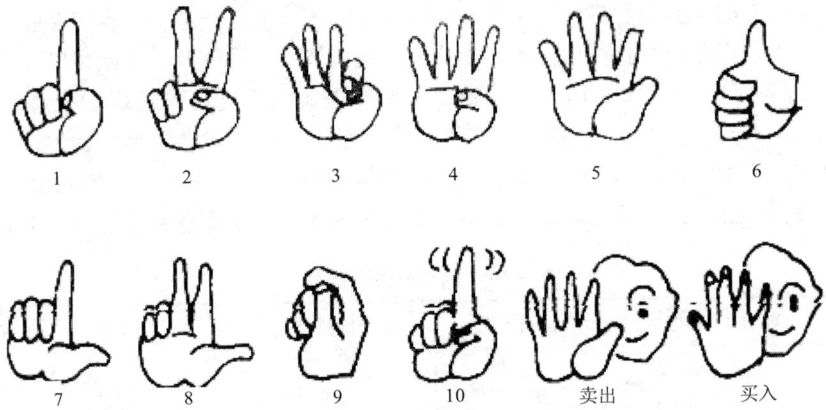

(卖的时候手掌向外侧，买的时候手掌向内侧)

图 4-2　用手势表示价格和数量的方法

(四) 保证金制度

外汇期货交易采取保证金制度，即买卖双方都需缴纳保证金，其目的在于保障买卖双方的权利，以作为买卖双方都能履行其权利和义务的保证。因为外汇期货市场通常会存在信用风险，若买卖双方直接达成交易，如果市场汇价出现不利于一方的情况，则会出现亏损，亏损达到一定程度时，亏损方很可能会选择违约。因此，期货市场采用保证金制度来防止买卖双方违约行为的发生，使外汇期货市场能正常、有序地进行下去。所以，保证金制度是外汇期货市场的核心机制。保证金可分为初始保证金、维持保证金和变动保证金3种。

(1) 初始保证金。初始保证金是指当每个外汇期货合约交易成交时，买卖双方均需依照各类合约的有关规定缴纳一定金额的保证金。初始保证金缴纳多少在不同的交易所内并不一样，一般是合约金额的5%～10%，且初始保证金缴纳多少通常也随着合约金额的大小及参与客户的身份不同而不同。

(2) 维持保证金。维持保证金是指经逐日清算后，保证金所必须维持的最低水平。维持保证金通常为初始保证金的75%。在缴纳初始保证金后，交易所的清算所根据外汇期货价格的变动，逐日清算未交割合约的盈亏，并通知客户补缴或撤回部分保证金。当客户的保证金余额经清算后低于维持保证金时，客户则必须补足差额以恢复到初始保证金的水平，否则交易所便可公开拍卖其外汇期货合约。当市场汇价有利于客户时，交易所会自动将盈余加到客户的保证金账户上，客户便可提领超过初始保证金部分的金额。

(3) 变动保证金。变动保证金是指当客户的保证金余额经清算后低于维持保证金时，客户必须补足差额以恢复到初始保证金的水平，此笔必须补足的差额就称为变动保证金。由于外汇期货市场上实行逐日清算制度，使客户的变动保证金随着市场汇价每日都在变动。因此，客户根据变动保证金金额的大小，可随时进行反方向对冲交易，以控制自己的盈亏。

(五) 逐日盯市制度

逐日盯市制度是指清算所对会员经纪商的保证金账户根据每日的收益与损失进行调整，以便实际反映当日汇价的变化给其带来的损益情况，其目的是控制期市风险。会员的保证金通常是以持有合约净头寸计算的。因此，清算所在每日收市后就会对会员经纪商计算出应有的保证金及变动的保证金，以便经纪商及时掌握自己持有期货合约的净头寸和应有的保证金。同样的道理，经纪商也采用此法对客户的保证金账户根据当日汇价的变化进行每日调整，以便及时掌握客户每日损益情况。如果保证金出现不足，则立即通知客户补足；如果出现盈余，则客户可提走或继续增仓。

【例4-31】2014年11月24日，星期一，一位投资者买入1份次年6月到期的瑞士法郎期货合约。目前，期货价格为CHF1=0.863 0USD，IMM瑞士法郎期货合约的每份合约价值为125 000CHF。初始保证金要求为2 100USD，维持保证金要求为1 700USD。期货价格的变化如表4-4所示。

表4-4 期货价格的变化

日期	期货价格	当期损益	累计损益	保证金金额	补缴保证金
11.30	0.863 0			2 100	
11.30	0.862 2	−100	−100	2 000	
12.1	0.860 6	−200	−300	1 800	
12.2	0.859 4	−150	−450	1 650	450
12.3	0.859 8	50	−400	2 150	
12.4	0.860 4	75	−325	2 225	
12.7	0.861 8	175	−150	2 400	
12.8	0.861 6	−25	−175	2 375	

其中，2 100美元为初始保证金，1 700美元为维持保证金，当客户的瑞士法郎期货合约保证金至12月2日降至1 650美元，低于维持保证金1 700美元时，客户必须缴纳450美元，使保证金达到初始保证金的水平，450美元被称为变动保证金。上述清算所计算保证金账户增减变动的过程称作逐日盯市制度。

(六) 现金交割制度

大多数外汇期货交易者并非以实际买卖期货为目的，其目的在于投机。因此，大多数期货合约都在交割日以前以反方向交易方式冲销掉，即买进再卖出或卖出再买进。据估计，只有5%左右的外汇期货合约等到交割日到期时进行实际交割。因此，当合约进行现金结算时，就按冲销的汇价进行清算，计算出头寸了结的损益情况。

五、外汇期货交易的基本流程

外汇期货交易在专营或兼营外汇期货的交易所进行，任何企业和个人都可通过外汇期货经纪人或交易商买卖外汇期货。

客户欲进行外汇期货交易，首先必须选定代理自己交易的经纪公司，开设账户存入保证金。然后，客户即可委托经纪公司办理外汇期货合约的买卖。在进行每一笔交易之前客户要向经纪公司发出委托指令，说明他愿意买入或卖出外汇期货合约的种类、成交的价格和数量等，指令以订单的形式发出。经纪公司接到客户订单后，便将此指令用电话或其他通信设备通知交易厅内的经纪人，由他执行订单。成交后，交易厅内的经纪人一方面把交易结果通知经纪公司和客户，另一方面将成交的订单交给交易所，进行记录并进行最后结算。每个交易日末，清算所计算出每一个清算会员的外汇头寸。芝加哥外汇期货的交易程序如图4-3所示。

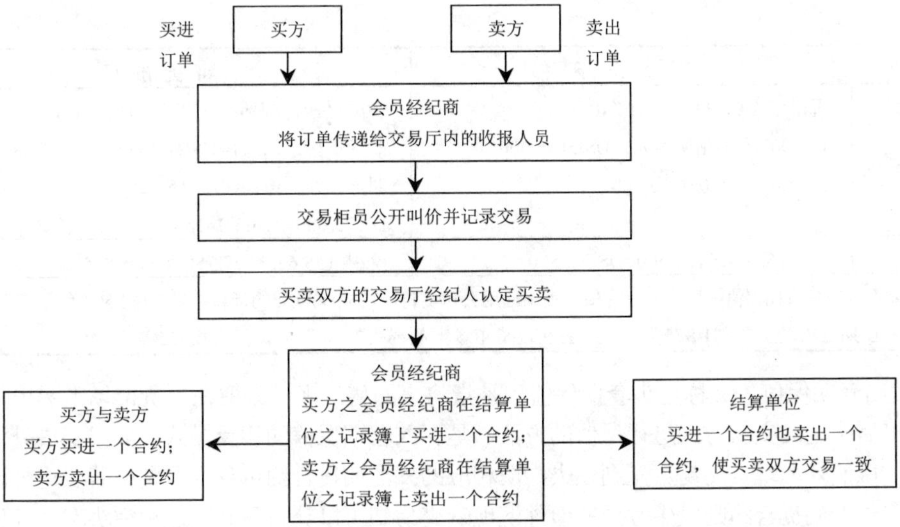

图4-3　外汇期货交易程序(芝加哥)

六、外汇期货交易的应用

(一) 套期保值

套期保值(Hedging)是指为了避免实际的或预期的现货头寸汇率变动的风险，而进行与现货头寸相反方向的外汇期货交易。根据套期保值所采取的方向不同，外汇期货的套期保值可以分为买入套期保值、卖出套期保值和交叉套期保值。

(1) 买入套期保值。又称多头套期保值，是指将来的用汇者，采取在现货市场上买进，期货市场上先买进后卖出的交易方式进行保值的方法。如果买进外汇期货合约后汇价下跌，虽然外汇期货交易受到损失，但相应的外汇现货交易却可以获得盈利；如果卖出外汇期货后汇价上涨，外汇现货交易虽然发生亏损，但外汇期货交易却可获得盈利，从而对冲了外汇现货交易的亏损。多头套期保值一般应用于在未来某日期将发生外汇支出的场合，如从国外进口商品、出国旅游、跨国公司的母公司向其设在外国的子公司供应资金及债务人到期偿还贷款等。

【例4-32】假设6月10日，美国通用公司从法国进口价值125 000欧元的货物，3个月后支付货款，市场即期汇率为EUR1=USD1.220 0。为防止3个月后欧元升值，而使进口成本增加，该公司便买入1份9月份到期的欧元期货合约，面值为125 000欧元，约定价格为EUR1=USD1.230 0。3个月后，欧元果然升值，9月市场即期汇率为EUR1=USD1.240 0，期货价格为EUR1=USD1.245 0。其套期保值过程如表4-5所示。

表4-5　多头套期保值

日　期	现 货 市 场	期 货 市 场
6月10日	现汇汇率EUR1=USD1.220 0 125 000欧元兑换美元：USD152 500 125 000×1.2200=152 500	买入1份9月到期的欧元期货合约(开仓) 期货价格：EUR1=USD1.230 0 期货合约价值：USD153 750 1×125 000×1.230 0=153 750

(续表)

日　期	现 货 市 场	期 货 市 场
9月10日	现汇汇率EUR1=USD1.240 0 125 000欧元兑换美元：USD155 000 125 000×1.240 0=155 000	卖出1份9月到期欧元期货合约(平仓) 期货价格：EUR1=USD1.245 0 期货合约价值：USD155 625 1×125 000×1.245 0=155 625
结果	损失155 000-152 500=USD 2 500	盈利 155 625-153 750=USD1 875
结论：如果不做期货套期保值，由于欧元升值，美国通用公司支付的125 000欧元的货款将多支付2 500美元。但由于做了套期保值，在期货市场上盈利1 875美元，减去在现货市场上的损失2 500美元，只亏损625美元。		

(2) 卖出套期保值。又称空头套期保值，是指将来的售汇者，采取在现货市场上卖出，期货市场上先卖出后买进的交易方式进行保值的方法，是买入套期保值的相反模式。如果买进外汇现货后汇价下跌，虽然外汇现货交易会受到损失，但相应的外汇期货合约可获得盈利；若买进外汇现货后汇价上涨，外汇期货合约则发生亏损，但外汇现货交易却可以获得盈利。这种空头套期保值一般应用于在未来某个日期有外汇收入的公司、银行和个人，如向国外出口商品、提供服务、收回到期对外贷款等。

【例4-33】假设6月12日，美国IBM公司向加拿大出口价值100万加元的货物，3个月后以加元结算货款。市场即期汇率为CAD 1=USD 0.759 0。为了防止3个月后加元贬值带来的损失，于是该公司便以CAD l=USD 0.758 0的价格卖出10份9月到期的加元期货合约(每份10万加元)避险。3个月后，如果加元贬值，9月市场即期汇率为CAD l=USD 0.757 0，期货价格为CAD l=USD 0.756 0，其套期保值过程如表4-6所示。

表4-6　空头套期保值

日　期	现 货 市 场	期 货 市 场
6月12日	现汇汇率CAD 1=USD 0.759 0 1 000 000加元兑换美元：USD 759 000 1 000 000×0.759 0=759 000	卖出10份9月到期的加元期货合约(开仓) 期货价格：CAD l=USD 0.758 0 期货合约价值：USD 758 000 10×100 000×0.758 0=758 000
9月12日	现汇汇率CAD l=USD 0.757 0 1 000 000加元兑换美元：USD 757 000 1 000 000×0.757 0=757 000	买入10份9月到期加元期货合约(平仓) 期货价格：CAD l=USD 0.756 0 期货合约价值：USD 756 000 10×100 000×0.756 0=756 000
结果	损失759 000-757 000=USD 2 000	盈利758 000-756 000=USD 2 000
结论：如果不做期货套期保值，由于加元贬值，美国IBM公司收到的1 000 000加元的货款将减少收入2 000美元。但由于做了套期保值，在期货市场上盈利2 000美元，减去在现货市场上的损失2 000美元，企业规避了汇率波动的风险。		

(3) 交叉套期保值。外汇期货市场上一般有多种形式的外币对美元的期货合约，而很少有两种非美元货币之间的期货合约。在发生两种非美元货币收付的情况下，就要用到交叉套期保值。交叉套期保值是指利用相关的两种外汇期货合约为一种外汇保值。

【例4-34】假设日本某公司向加拿大出口一批货物，预计3个月后将收到5 000 000加元的货款，如果在这3个月中，加元对日元汇率下跌，则该日本公司收到这5 000 000加元后，只能兑换到较少的日元。为了避免这种加元贬值风险，这家日本公司应利用外汇期货交易进行套期保值。这家日本公司只有通过实行加元期货合约和日元期货合约交叉套期保值，才能规避外汇风险。

(二) 投机获利

(1) 多头投机。多头投机是投机者预测外汇期货价格将要上升，从而先买后卖，希望低价买入、高价卖出进行对冲。

【例4-35】在6月10日，某投机者预测瑞士法郎期货将进入牛市，于是在CHF1=USD 0.838 7的价位买入两份6月期瑞士法郎期货合约。到6月20日，瑞士法郎期货价格果然上升，该投机者在CHF1=USD 0.848 7的价位卖出两份6月期瑞士法郎期货合约平仓。其盈亏如下：(0.848 7−0.838 7)×125 000×2=2 500美元。

在不计算手续费的情况下，该投机者在瑞士法郎期货的多头投机交易中获利2 500美元。

(2) 空头投机。空头投机是指投机者预测外汇期货价格将要下跌，从而先卖后买，希望高价卖出、低价买入进行对冲。

【例4-36】在3月10日，某投机者预测英镑期货将进入熊市，于是在GBP1=USD1.493 0的价位卖出4份3月期英镑期货合约。到3月15日，英镑期货价格果然下跌，该投机者可以在GBP1=USD1.488 0的价位买入两份3月期英镑期货合约平仓。其盈亏如下：(1.493 0−1.488 0)×62 500×2=625美元。

在不计算手续费的情况下，该投机者在英镑期货的空头投机交易中获利625美元。

七、外汇期货交易与远期外汇交易的比较

外汇期货交易与远期外汇交易极其相似，其相同之处是：首先，都是通过合同的形式，把购买或出售外汇的汇率固定下来；其次，都是一定时期以后交割，而不是即期交割；再次，目的都是保值或投机；最后，交易市场互相依赖。外汇期货市场与远期外汇市场虽然分别为两个独立的市场，但由于市场交易的标的物相同，一旦两个市场出现较大差距，就会出现套利行为，因此，两个市场的价格互相影响、互相依赖。但作为两种不同的外汇交易方式，外汇期货交易和远期外汇交易在诸多方面也都存在很大差异。

(一) 合同的规范程度

外汇期货交易是一种标准化的合约交易，一般期货合同可以归纳为3个标准化：一是交易单位标准化，每次交易量只能是合同金额的整数倍；二是交割期限标准化，如芝加哥国际货币市场外汇期货合同的交割期分别为3月、6月、9月、12月的第3个星期三；三是交割地点标准化，外汇期货的交割地点一律在清算所，一笔交易完成后，清算所就成为买卖双方的对方。对买方而言，它是卖方；对卖方而言，它是买方。所以交割清算的对象不是当初成交时的对方，而是清算所。而在传统的远期外汇交易中，交易金额、交割日期、交割地点等均是买卖双方根据每笔交易的具体情况，逐一谈判解决的。

(二) 交易场所与方式

外汇期货交易必须在固定的期货交易所，在特定的时间内，由有资格的经纪人以公开喊价的方式进行交易。交易双方不直接接触，银行也不直接介入市场，由清算所承担信贷风险。而远期外汇交易没有规范化的交易场所，它的市场大多是由各银行间、银行与外汇经纪商之间通过电话、电报、电传等组成的电讯网络，交易时间不受任何限制，买卖双方也可直接接触成交。

(三) 市场参与者

外汇期货市场中，任何投资人只要依规定缴纳保证金均可通过外汇经纪商来进行外汇期货交易，在远期外汇市场上参与者大多是专业化的证券交易商或与银行有良好往来关系的大客户，需要在外汇银行取得相应的信用额度。

(四) 实际交割率

在外汇期货交易中，绝大多数合同在到期前就已对冲了结，实际交割率通常在5%以下；而远期外汇交易一般是以实际交割为目的，在成交的远期合约中，90%以上将于到期日被实际交割。

(五) 保证金制度

参加外汇期货交易的各方都具有缴纳一定比率保证金的义务，并根据逐日盯市的计算结果调整保证金金额，基本没有信用风险；而远期外汇交易一般以客户的信用作为履约的保证，交易者不缴纳保证金，存在一定的信用风险。

(六) 佣金制度

外汇期货合同在购买和出售时均需支付佣金，费率无统一规定，一般由经纪人与客户协商决定，在远期外汇交易中一般不收取佣金费用。

两者的不同之处，如表4-7所示。

表4-7 外汇期货交易与远期外汇交易的区别

比较项目	外汇期货交易	远期外汇交易
标准化程度	标准化的合约价值、交割期限、交割地点	无固定的标准和规定
交易场所	有形的期货交易所	无形市场
交易货币的种类	少数几种	无固定的标准
交易时间	交易所营业的时间	24小时都可以
交易者的资格	交易所的会员； 非会员须通过会员经纪人	虽无资格限制，但受交易额限制
买卖双方关系	买卖双方分别于期货交易所的清算所签订合同，双方之间无直接合约责任关系	买卖双方签订远期合约，具有合约责任关系
标价方式	标准化的标价方式：美元/外币	多数使用美元标价法
报价方式	买方只喊买价，卖方只喊卖价，买方或卖方只报出一种价格	同时给出买入价和卖出价，它们都可以是成交价
合约风险	一般不存在信用风险	可能产生信用风险
保证金	保证金是交易的基础	一般不收取保证金
佣金	双向征收	一般不收取佣金
现金流动的时间	每日都有	到期日一次性交割，交割时才会有现金流动
合约的流动性	强，实际交割的不到5%，绝大多数提前对冲	差，90%以上到期交割

第六节　外汇期权交易

一、金融期权的含义

期权(Option)又称选择权，是指赋予其买方在规定的期限内按双方约定的价格买进或卖出一定数量的某种资产的权利。对于期权的买方来说，期权合约给予其交易的选择权，在有效期内，期权买方可以行使其购买或出售标的资产的权利，也可以放弃这个权利。但对于期权的卖方来说，他必须承担履行合约的义务，没有选择的权利。当期权买方按合约规定行使买进或卖出标的资产的权利时，期权卖方必须依约相应卖出或买进该标的资产。

在期权交易中，作为给期权卖方承担义务的报酬，买方通常应事先支付给卖方一定的费用，称为期权价格或期权费。期权与远期外汇交易及货币期货合约最显著的区别，就在于上述期权买卖双方权利和义务的非对称性，以及由此产生的买方向卖方支付的前端费用(期权费)。

金融期权是期权的一种，是指以金融商品或金融期货合约为标的物的期权交易形式。1973年，芝加哥期货交易所成立了世界上第一个期权交易所(Chicago Board of Options Exchange，CBOE)。CBOE在成立初期，仅进行股票期权的交易，之后以相当快的速度增长，不但各主要工业国纷纷建立期权市场，而且各期货交易所陆续推出了各种交易标的物的期权交易。1982年12月，美国费城股票交易所率先推出了标准化的货币期权交易合同，随后芝加哥等交易所立即仿效，不久标准化的交易方式又传到其他西方国家。现在金融期权已经成为一种应用广泛、交易活跃、挑战性强的衍生金融工具。金融期权交易已经覆盖利率、外汇、股票、股指等各种基础资产，形成了全球性的交易网络。本节主要介绍外汇期权。

二、外汇期权的含义

外汇期权(Foreign Currency Option)又称货币期权，是指期权的购买者在支付给期权的出售者一笔期权费后，获得的一种可以在合同到期日或期满前按预先确定的汇率(即执行价格)购买或出售某种货币的权利。在期权行使期内，当行市有利时，期权买方有权执行期权，买进或卖出约定的外汇资产；而当行市不利时，可以放弃买卖该种外汇资产，不执行期权。但是，期权的卖方有义务在买方要求履约时卖出或买进约定的外汇资产。

在外汇期权交易中，每笔外汇期权都需要确定执行价格和期权费。

执行价格(Strike Price or Exercise Price)，又称协定价格或履约价格，即期权交易双方在期权合约中事先约定的双方买卖外汇资产的价格。当期权购买方要求执行期权或行使期权时，双方会根据此约定汇率进行实际的货币收付。

期权费(Premium)，又称期权价格或保险费、权利金，是指期权合约成交后，由期权的购买方向期权的出售方支付的合同费用。无论合同购买者最终是否执行合同，这笔费用都归合同出售者所有。

三、外汇期权的特征

(一) 买卖双方的权利和义务不对称

外汇期权的交易对象是一种将来可以买卖某种货币的权利，而不是货币本身。因此，期权的买方有权利但不承担义务，期权的卖方只有义务但没有权利。

(二) 买卖双方的收益与风险不对称

对于外汇期权的购买方而言，他所承担的最大风险就是所支付的期权费。当外汇期权的购买者在价格对其有利的情况下执行期权时，收益可能是无限的。外汇期权的出售者获得的最大收益就是所收取的期权费，而一旦外汇期权购买者在价格对其有利时执行了期权，那么外汇期权的出售者就要遭受无限的风险损失。因此，外汇期权具有杠杆效应。

(三) 期权费不能收回且费率不固定

期权交易的买方获取期权，意味着卖方出售了这种权利，所以卖方要收取一定金额作为补偿。期权费在期权交易成交时由合约买方支付给合约卖方，无论买方在有效期内是否行使期权，期权费均不能收回。

期权费在期权交易中扮演着重要的角色，期权费的确定主要依据以下几个因素。

(1) 期权内在价值。内在价值是立即履行该期权合同所获取的利润，取决于期权执行价格与市场价格之间的差价。

看涨期权的内在价值=期权金额×(市场价格-协定价格)

看跌期权的内在价值=期权金额×(协定价格-市场价格)

如果期权规定了以低于即期价格的价格买入或以高于即期价格的价格卖出，那么这个期权是具有内在价值的。因此，对于看涨期权而言，较低的执行价格可能要收取较高的期权费；较高的执行价格其期权费可能就会低些。反之，看跌期权较低的执行价格可能要收取较低的期权费，较高的执行价格要收取较高的期权费。

(2) 期权合约的到期时间。合约时间越长，期权费越高，因为时间越长，汇率波动的可能性就越大，期权卖方遭受损失的可能性也就越大。对于美式期权，由于买方选择执行合约的日期更加灵活自由，合约买方也就需要支付相对更多的期权费。

(3) 货币汇率的波动性。通常来说，汇率较为稳定的货币收取的期权费比汇率波动大的货币低，因为前者的风险相对后者要小。

(4) 市场利率。利用期权交易可比远期外汇交易节省更多资金(避免到期交割)。因此，市场利率越高，这部分被节省的资金利息收入越高，期权卖方有理由要求更高的期权费，反之则越低。

(5) 期权供求状况。一般而言，外汇期权市场上的供求关系对期权费也有直接影响。期权买方多卖方少，期权费自然收得高些；期权卖方多买方少，期权费就会便宜一些。

(四) 外汇期权交易的对象是标准化的合约

通常，期权交易中期权合约的内容已实现标准化，如货币数量、到期日等。在费城股票交易所，每个期权合约的金额分别为62 500瑞士法郎、50 000加元、31 250英镑、50 000澳元、6 250 000日元。期权合约的到期日分别为每年的3月、6月、9月、12月。

四、外汇期权的分类

(一) 按履约方式划分为欧式期权和美式期权

(1) 欧式期权，规定外汇期权买方只能在期权合约有效期的最后一天(即交割日)才能执行合同。

(2) 美式期权，允许外汇期权买方在期权合约到期日之前的任何时间执行期权。

【例4-37】某投资者以每股10美元的期权费购买一份数量为100股、执行价格为100美元、到期日为7月第3个星期五的IBM公司股票的美式看涨期权，这意味着买方在支付期权费1 000美元之后，在7月第3个星期五之前的任何时候都可以以每股100美元的价格购买IBM公司的股票。期权的卖方收取了期权费，因而要承担潜在的义务，即按合约价格卖出股票的义务。假使在合约有效期内股价上升到150美元，该投资者可以立即执行期权，以100美元的价格买入100股IBM公司的股票，然后再到市场上卖出，其股票增值5 000美元，减去购买期权所付的1 000美元，可获利润4 000美元(这里忽略了经纪人的佣金)。相应地，期权卖方必须以每股100美元的价格出售当前价值150美元的股票，从而遭受损失。看跌期权的情形则正好相反，IBM公司股票的看跌期权赋予了合约买方按协定价格卖出IBM公司股票的权利，合约卖方要承担买入股票的潜在义务。

显然，美式期权具有更大的灵活性，对于卖方而言，所承担的汇率风险更大。所以美式期权的期权费比欧式期权高。目前，在交易所内进行的期权交易多为美式期权，而在场外交易的期权多数是欧式期权。

(二) 按双方权利的内容划分为看涨期权、看跌期权和双向期权

(1) 看涨期权也称择购期权、买权，是指外汇期权的买方有权按协定价格在期权到期日或之前，享有向期权出售者买进期权合约中外汇的权利，而不承担必须买进的义务。一般当进口商或投资者预测某种货币有上涨趋势时，购买看涨期权以避免汇率上涨的风险。

(2) 看跌期权也称择售期权、卖权，是指外汇期权的买方有权按协定价格在期权到期日或之前，享有向期权出售者卖出期权合约中外汇的权利，而不承担必须卖出的义务。一般出口商或有外汇收入的投资者在预测某种货币有下跌趋势时，购买看跌期权以避免汇率下跌的风险。

(3) 双向期权是指外汇期权的买方，在同一时间内、以同一执行价格同时买入看涨期权和看跌期权。买方之所以购买双向期权，是因为他预测该种外汇未来市场价格将有较大波动，但波动的方向是涨是跌难以断定，所以只有既买看涨期权又买看跌期权，以保证无论是涨是跌都有赢利的机会。卖方之所以会出售双向期权是因为他预测未来市场价格变化的幅度不会太大。双向期权的保险费高于前者中的任何一种，故卖方愿意承担外汇波动的风险。

(三) 按执行价格与市场价格的关系划分为溢价期权、折价期权和平价期权

(1) 溢价期权。对看涨期权来说，溢价期权是指合约执行价格低于市场汇率的期权；对看跌期权来说，溢价期权是指合约执行价格高于市场汇率的期权。

(2) 折价期权。对看涨期权来说，折价期权是指合约执行价格高于市场汇率的期权；对看跌期权来说，折价期权是指合约执行价格低于市场汇率的期权。

(3) 平价期权。期权合约的执行价格等于市场汇率的期权。

(四) 按交易方式划分为交易所内交易的期权和场外交易的期权

通常情况下，期权交易在交易所内进行，交易的期权都是合约化的，交易规则由交易所事先确定，参与者只需要同意交易中合约的价格和数量。在交易所交易的期权由于已经标准化，因此可以进入二级市场买卖，具有流动性。在场外交易市场(柜台市场)交易的期权主要是适合个别客户的需要，其合约不像交易所那样标准化，通常通过协商达成，且根据客户的需要可以进行特制。目前，

场外交易市场的期权合同也在向标准化方向发展，其目的是提高效率、节约时间。

五、外汇期权合约的基本规则

(一) 合约的规格

期权合约是期权交易的对象，场内交易市场的期权合约是一个标准化合约，场外交易虽不是标准化合约，但是也需要参照场内交易合约来制定。外汇期权标准化合约除了期权费之外，其他条件都是固定的，外汇期权标准化合约规格如表4-8所示。

表4-8 外汇期权标准化合约规格

市　场	币　种	基础资产	标准代码	合约规模	协定汇率间隔	最小价格变动
CME	欧元	期货	EUR	125 000	0.01	0.01
	日元	期货	JPY	12 500 000	0.000 1	0.000 1
	加元	期货	CAD	100 000	0.005	0.01
	英镑	期货	GBP	625 000	0.02	0.02
PHLX	欧元	现货	EUR	62 500	0.02	0.01
	日元	现货	JPY	6 250 000	0.05	0.000 1
	加元	现货	CAD	50 000	0.005	0.01
	英镑	现货	GBP	31 250	0.01	0.01

(二) 保证金制度

外汇期权交易的保证金与外汇期货交易的保证金的性质与作用相同，但执行却有很大差别。在外汇期货交易中，无论是期货买方还是期货卖方，都要按交易所的规定开立保证金账户，缴纳履约保证金。而在外汇期权交易中，交易所只要求外汇期权卖方开立保证金账户，缴纳保证金。即使是外汇期权的卖方，也并不是非要以现金缴纳保证金不可，如果他在出售某种外汇看涨期权时，实际上拥有该期权的标的外汇资产，并预先存放于经纪人处作为履约保证，则可以不缴纳保证金。交易所之所以不要求外汇期权的购买者——买方缴纳保证金，是因为保证金的作用在于确保履约，而外汇期权的买方没有必须履约的义务。

(三) 头寸限制

在外汇期权中，交易所实行头寸限制制度。所谓头寸限制，是指交易所对每一账户在市场行情看涨看跌中可持有的某种外汇期权合约的最高限额。期权交易所之所以要实行头寸限额制度，做出每个账户可持有期权合约头寸最高限额的规定，主要是为了防止某一投资者承受过大的风险或对市场有过强的操纵能力。在实际交易活动中，不同期权交易的交易所都有头寸限额的规定，有的以外汇期权合约的数量作为实行头寸限额的标准，有的则以外汇期权合约的总值作为实行头寸限额的标准。

(四) 对冲与履约制度

为了保证外汇期权交易的正常进行，期权交易所要求参与外汇期权交易的投资者必须遵守对冲与履约制度。按照交易所的规定，在场内外汇期权交易中，如果交易者不想继续持有未到期的期权头寸，就必须在最后交易日之前或在最后交易日，通过反向交易即对冲加以结清。如果在最后交易日或在最后交易日之前，期权的购买者所持有的期权仓位没有平仓，可行使其享有的权利，要求履约，而期权的卖方必须按外汇期权合约的规定无条件履约，并按期权交易所的清算制度进行清算。

(五) 清算制度

在场内外汇期权交易中，无论是对冲还是履约，按照期权交易所的规定，都要通过期权清算公司加以配对和清算。在这种配对和清算过程中，期权清算公司充当了期权买卖双方的中介。

在外汇期权交易中，当期权的购买者想要执行期权时，首先，需要通知其经纪人；然后，由经纪人再通知负责结清其交易的期权清算公司的会员，由该会员向期权清算公司发出指令。

这时，期权清算公司需要在所有出售该种期权的投资者的经纪商中随机选择一个加以配对，向其发出期权执行通知单。当该经纪商接到通知后，则应从其出售该种期权的顾客中选择一个或几个加以配对，向其发出期权执行通知单。该顾客一旦被选中，就要采取一定的方式进行履约清算。这种履约清算，对外汇现货期权来说，就是要以协定价格进行现货交割；而对外汇期货期权来说，则是要以协定价格将外汇期权现货仓位转化为相对应的外汇期权期货仓位。

六、外汇期权交易的应用

(一) 外汇看涨期权的套期保值

购买看涨期权可以对将来要支付的外汇进行套期保值，避免汇率上涨的风险。

【例4-38】美国某进口商从英国进口一套价值100万英镑的机器设备，3个月后交货付款。当时的即期汇率为GBP1=USD1.450 0，那么美国进口商需花145万美元进口这套设备。为了避免3个月后货到付款时由于英镑升值使购买这套设备的美元价格上升的风险，该美国进口商决定购买英镑看涨期权进行保值。他查了一下行情表，执行价格为GBP1=USD1.450 0、期限为3个月的英镑看涨期权，期权费为每英镑2美分，于是他买进40份(每份交易金额为2.5万英镑)期权合约，共计100万英镑，花去期权费2万美元。那么以后3个月无论即期汇率如何变化，他始终可以按GBP1=USD1.450 0的价格从期权卖方手中买进100万英镑。在该进口商买进英镑看涨期权至期权到期的3个月内，会出现以下5种情况。

(1) 英镑贬值，即期汇率<执行价格，应该放弃期权，损失全部期权费，但实际支付的美元货款比按签订购货合同时的汇率计算的要少。

假如市场即期汇率变为GBP1=USD1.420 0，那么美国进口商可直接到即期外汇市场买进100万英镑，付出142万美元，比签订购货合同时的美元价格少3万美元。但买入的英镑期权合约到期自动作废，损失2万美元期权费。当然这是该进口商没有看准行情所发生的情况。

(2) 英镑汇率不变，即期汇率=执行价格。这时客户执行或不执行合约没有差别，都将损失期权费。

(3) 英镑升值，但升值幅度较小，执行价格<即期汇率<(执行价格+期权费)，如上例中USD1.45<GBP1<USD1.47，这时可以行使期权，追回部分或全部期权费。

假如即期汇率变为GBP1=USD1.46，那么若从市场买进100万英镑需要花146万美元，而从英镑期权卖者手中买进100万英镑需要花145万美元，节省了1万美元，但由于购买期权支付了2万美元期权费，实际还要损失1万美元。

(4) 英镑升值，且升值水平达到：即期汇率=(执行价格+期权费)。这时执行合约将不亏不盈，也就是说，执行合约所赚得的利差刚好付了期权费，不执行合约则损失期权费，因此这时应执行合约。假如即期汇率变为GBP1=USD1.47，那么行使期权的赢利恰好弥补了期权费的损失。因此，这一汇率水平为购买该期权的保本点或称盈亏平衡点，当然这种情况也不是该进口商所期望的。

(5) 英镑升值，且升值水平达到：即期汇率>(执行价格+期权费)，如上例中GBP1>USD1.47，这时可以行使期权并获取利润，英镑升值越大，获取利润也就越多。假如英镑从GBP1=USD1.45上升到GBP1=USD1.49，那么美国进口商从现汇市场买入100万英镑需要花149万美元，但从英镑期权卖方手中按协议价格买进100万英镑只需要支付145万美元，加上期权费2万美元，共花147万美元，与没有套期保值相比，节省(或获利)了2万美元。

在此过程中，看涨期权的收益与损失可以通过表4-9来反映。

表4-9 外汇看涨期权的收益与损失

GBP即期汇率	期权实施情况	单位损失与收益($)	
		买 方	卖 方
1.420 0	不实施	−0.02	0.02
1.450 0	不实施	−0.02	0.02
1.460 0	实施	−0.01	0.01
1.470 0	实施	0	0
1.480 0	实施	0.01	−0.01
1.490 0	实施	0.02	−0.02
…	…	…	…

上表的情况可用图4-4表示。

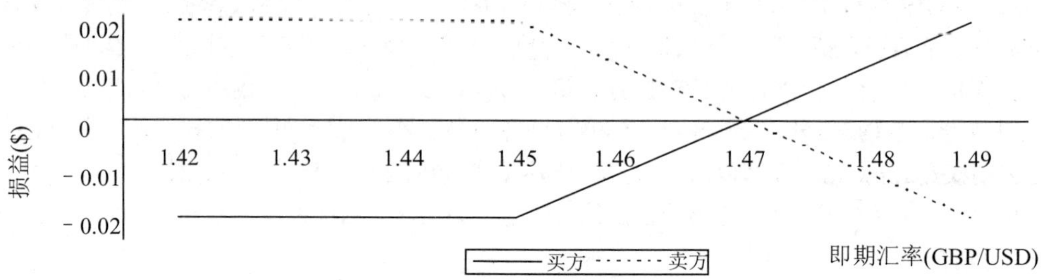

图4-4 外汇看涨期权损益

购买了外汇期权后，可以在期权到期日前流通转让。如果即期汇率上升，期权保险费也会上升，此时将期权转让出去，可以获取期权费差价；如果即期汇率下跌，期权费也会下跌，此时将期权转让出去，可以追回部分期权费。由上可知，购买外汇看涨期权对将来要支付的外汇套期保值的最大代价是损失全部期权费，最大损失是固定的、有限的，并且是事先知道的，但最大收益或者说避免的汇率风险从理论上说却是无限的。这是外汇期权交易优于远期外汇交易和外汇期货交易之处。

(二) 外汇看跌期权的套期保值

购买外汇看跌期权可以对将来收进的外汇进行套期保值。

【例4-39】美国某出口商3个月后将收到一笔欧元货款，如果他预期欧元将贬值，于是购买欧元看跌期权，执行价格为EUR1=USD1.30，期权费为0.02USD/EUR。至到期日，该公司视到时的即期汇率与执行价格之间的关系，决定是否执行期权。基本原则是：若执行价格>市场即期汇率，则执行看跌期权；反之，不执行。期权买方的收益和损失恰好是期权卖方的损失与收益，可通过表4-10进一步说明。

表4-10　外汇看跌期权的收益与损失

EUR即期汇率	期权实施情况	单位损失与收益($)	
		买　方	卖　方
1.260 0	实施	0.02	−0.02
1.270 0	实施	0.01	−0.01
1.280 0	实施	0	0
1.290 0	实施	−0.01	0.01
1.300 0	不实施	−0.02	0.02
1.310 0	不实施	−0.02	0.02
…	…	…	…

上表的情况可用图4-5表示。

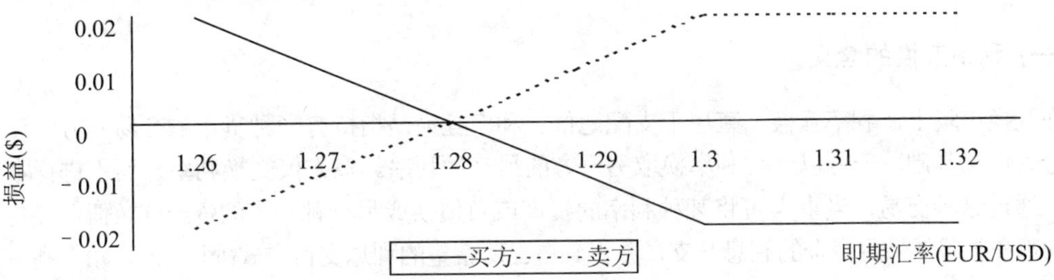

图4-5　看跌期权损益

第七节　互换交易

一、金融互换的含义

金融互换市场出现于20世纪80年代初期，是布雷顿森林体系崩溃后利率和汇率多变环境下的产物。金融互换起源于20世纪70年代初的英国公司为了逃避英国当局的外汇管制而安排对外贷款业务，即不同国家的两个交易者向对方分别提供一笔等值、放款日和到期日相同，分别以贷方国货币标价的贷款。其最初的形式是平行贷款和背对背贷款，也就是不同国籍的两个公司相互为对方在本国的子公司提供贷款的互换。例如，一家美国母公司和一家英国母公司都需要向其海外子公司融资，如果直接用本币汇出，需要经过外汇市场，还要受到外汇管制。若有关的两个母公司签订一个平行贷款协议，按商定的汇率折算成对方国的货币金额，按商定的利息贷款给对方在本国的子公司，便可以回避外汇管制，也无须担保。如果一方违约，可以用另一方的债务抵消。平行贷款操作流程如图4-6所示。

1979年英国取消外汇管制后，平行贷款作为一个金融创新和长期有效的保值工具而继续流行，并演变为后来的货币互换交易。

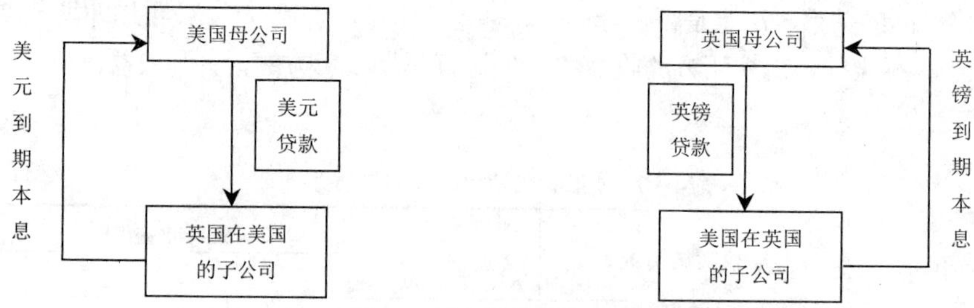

图4-6　平行贷款操作流程

可见，互换交易是交易双方预先约定汇率和利率等条件，在一定期限内相互交换一组资金，以达到回避风险目的的一种交易。起初金融互换是保护利润不受汇率和利率波动损害的风险管理方法，很快就成为流行的保值工具，加强了市场的流动性。金融互换市场也成为目前为止最为成功的场外交易金融创新工具市场。

金融互换主要包括：利率互换和货币互换。另有其他互换，较为复杂，暂不介绍。

二、利率互换

(一) 利率互换的含义

在互换市场上，利率互换一直居于支配地位。利率互换是指持有同种货币的交易双方，以协定的本金为计息基础，一方以一种利率换取另一方的另一种利率。双方仅交换利率，而不进行本金的互换。通过这种交易，当事人可将某种利率的资产或负债换成另一种利率的资产或负债。交易双方的目的都在于降低借用资金的利息开支，并得到自己所希望的利息支付方式(固定或浮动)。利率互换同时需要以银行或其他金融机构为媒介进行。

利率互换交易中，双方的现金支付(利息)是受事先签订的法律合同制约的，而且本金不动，双方的信用风险仅被限制在从对方收到的利息总额之内，如果一方违约，另一方也可停止支付。如果双方彼此对对方的信誉不放心，也可以借助信用证、抵押或其他担保方式得到额外的保护。因此，这种交易比较安全，简便易行，很受客户欢迎。

(二) 利率互换的原理与应用

利率互换的依据是比较优势原理，互换当事人使用利率互换的最直接动因在于，能够以比债券市场利率或银行贷款利率更低的利率水平筹集资金，从而获得成本利益。

利率互换有固定利率和浮动利率互换以及浮动利率和浮动利率互换两种基本形式。两种互换的交易过程相同，本节重点介绍固定利率和浮动利率互换的交易过程和原理。

【例4-40】假设A公司在欧洲美元市场筹资，固定利率为12%，浮动利率为6个月期LIBOR(伦敦银行同业拆借利率)加10个基本点(即6个月期LIBOR加0.1%)，B公司筹资的固定利率为13%，浮动利率为6个月期LIBOR加30个基本点，它们的筹资成本如表4-11所示。

表4-11　筹资成本

利　率	A 公 司	B 公 司
固定利率	12%	13%
浮动利率	LIBOR+0.1%	LIBOR+0.3%

为了与已发放的浮动利率贷款相匹配，A公司需要浮动利率的负债；B公司为了锁定财务成本，要筹集固定利率的负债。两公司同时发现尽管A公司在两个市场上都具有绝对优势，但在固定利率市场更具有相对优势。于是他们在中介的安排下，进行了固定利率和浮动利率互换。首先，A公司在欧洲美元市场以发行利率为12%固定利率的1年期债券筹资5 000万美元。B公司按LIBOR+0.3%借入 5 000万美元1年期贷款，确定了利率互换的本金基础。然后A公司向投资人支付6个月LIBOR并从中介收取12%的固定利率，B公司向银行支付12.5%的固定利率并从中介收取LIBOR+0.25%的浮动利率。中介收取一定的手续费，利率水平由双方共同商定，互换过程如图4-7所示。

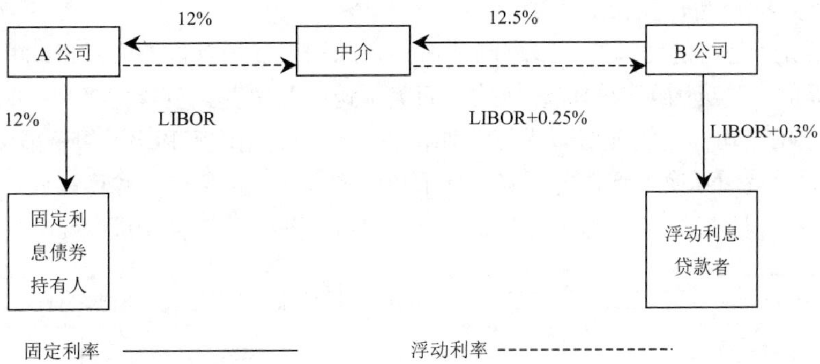

图4-7　固定利率和浮动利率互换

互换以后两公司的实际筹资成本发生了变化，具体情况如表4-12所示。

表4-12　利率互换后的融资成本

	A 公 司	B 公 司	中 介
互 换 前	直接借浮动利率LIBOR+0.1%	直接借固定利率13%	无收益
互 换 后	浮动利率LIBOR	固定利率为12.55%(12.5%+LIBOR+0.3%-(LIBOR+0.25%)=12.55%)	收益为0.25%(12.5%-12%+LIBOR-(LIBOR+0.25%)=0.25%)
结 果	节约利率成本0.1%	节约利率成本0.45%	获利0.25%

可见，固定利率和浮动利率互换不仅能方便地改善资产负债结构，而且还可以利用交易者筹资成本的差异，共同降低筹资成本。

三、货币互换

(一) 货币互换的含义

货币互换(Currency Swap)是指交易双方当事人各以固定或浮动利率筹措资金，在一定期限内将筹措货币进行互换，以避免各方所承担的风险，并降低成本。

(二) 货币互换的原理与应用

货币互换的基础也是比较优势原理，一个公司如果在某种货币的融资中具有相对优势，通过互换可以转换成所需要的货币。

货币互换包括固定利率货币互换、固定利率与浮动利率货币互换和浮动利率与浮动利率货币互换3种情况。本节重点介绍固定利率货币互换的原理。

固定利率货币互换，是指交易双方当事人各以自己持有货币的固定利率的利息与对方持有的另一种货币的固定利率的利息相交换，以便把一种货币的债务有效地转换为另一种货币的债务。这种交易一般包括“本金初期互换→利息互换→到期本金再次互换”3个基本步骤。按照互换市场的标准做法，第一步是双方按商定的汇率互换本金。这种互换可以是名义上的，也可以是真实本金的相互划拨。最重要的是确定各自本金的金额，以便将来计付利息或再换回该本金。第二步，交易双方按交易开始时商定的各自的固定利率，相互用对方的货币向对方支付利息。合约到期日，再进行第三步，双方换回交易开始时互换的本金。

【例4-41】假定A公司是美国的一家跨国公司。它想利用货币互换的方式资助其在英国的子公司B，向B公司提供一笔英国英镑的优惠贷款，而美国跨国公司并无英镑优惠利率的筹资能力。与此同时，一家英国C公司需用美元资金进行海外投资，却无美元优惠利率的筹资能力。这时，A公司与C公司即可通过货币互换得到各自所需的货币和低成本的融资条件，并可有效地避免汇率和利率变动可能遭受的风险损失。其基本操作流程如图4-8、图4-9和图4-10所示。

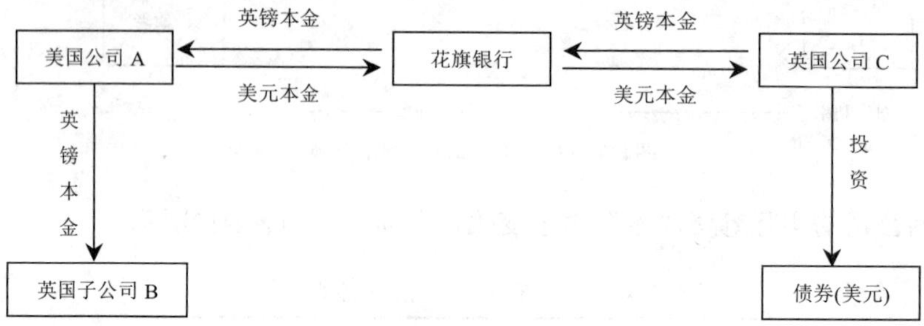

图4-8　本金初次互换

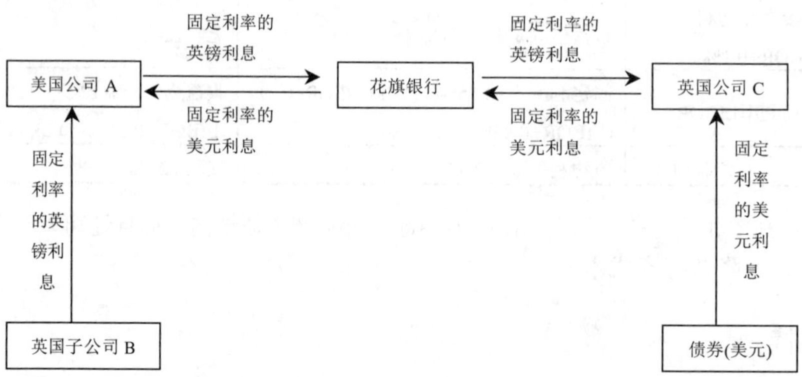

图4-9　利息互换

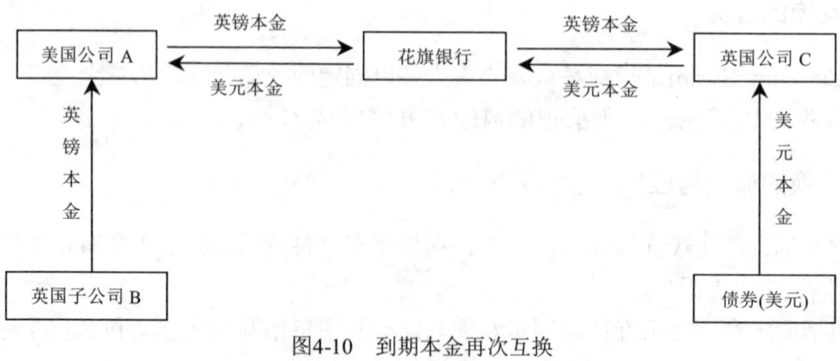

图4-10　到期本金再次互换

交易当天，A公司按即期汇率以美元同花旗银行调换相当于将要贷给B公司的本金金额的英镑，然后以公司间贷款方式转拨给B公司。作为交易媒介的花旗银行在与A公司互换货币的同时又安排了与一家英国公司C的资产互换交易，即代理C公司购买由A公司提供的美元资产，然后通过固定利率货币互换交易，将其转换为充分保值的固定利率英国英镑。

互换期间，A公司将向B公司贷款获得的利息额，在付息日完全支付给花旗银行，向后者收取相应固定利率的美元利息(实际由C公司提供，花旗银行只是起媒介作用)。

货币互换中，重要的是考虑两种货币间存在的利差，银行可以从中得利，A、C两公司也可满足各自需要。

【例4-42】甲企业有一笔2年期的美元负债，本金为200万美元，到期一次偿还，年息为8%，付息日为每年7月1日。乙企业有一笔2年期英镑负债，本金为100万英镑，到期一次偿还，年息为9%，付息日为每年7月1日。由于开展业务的需要，甲企业希望将负债换成固定利率的英镑，乙企业希望将负债换成固定利率的美元。因为两项债务都是过去发生的，开始时可以不交换本金。以第一个付息日为互换的开始日。假设为2010年7月1日，英镑/美元的汇率是1.5。因此，互换的本金金额为100万英镑和150万美元。这样，乙企业将其全部英镑负债换为美元负债，而甲企业将其部分(75%)美元负债换为英镑负债。由于乙企业美元需求强烈，同意每年向甲企业支付本金1%的费用。

在以后的两年中，甲企业每年向乙企业支付9万英镑的利息，并在第2年的7月1日支付100万英镑本金。乙企业每年向甲企业支付12万美元的利息，加1万英镑的费用，并在第2年的7月1日支付150万美元本金。这样，甲企业75%的美元债务转换成了实际年息为9%的英镑负债；乙企业的全部英镑负债转化为实际年息8%的美元负债。双方都可以规避两年内汇率变化的风险。

(三) 货币互换的作用

一般而言，货币互换通常用来实现下列目标。

1. 对货币敞口头寸进行保值或投机

世界上许多公司都产生非本国货币的现金流，为了最大限度地降低一种货币在将来升值或贬值的长期风险，通过与本国货币进行互换创造出该种货币的反方向现金流，可以有效抵消特定现金流的不利影响。互换也使公司财务人员可以迅速改变一个公司的负债的货币状况，从而可以用来对公司的负债进行保值。

2. 以更低的成本筹集资金

通过在资本市场上筹集一种货币的新借款并把它互换成想要的货币，借款人可以降低筹措资金的成本。

3. 获得进入一个受限制的市场的途径

直接进入国际资本市场的某个特定部分，常常会受到这样或那样的限制。在某些国家中，对于可以在债券市场上筹措新资金的借款人类型有各种限制。在这种情况下，货币互换可以用来将一种货币的借款转换成为所想要的货币的负债。

本章小结

1. 即期外汇交易是指外汇买卖成交后，在两个营业日内办理交割的外汇业务。即期外汇交易是外汇市场上最常用的一种交易方式，其报价通常采用美元标价法，并且采取双向报价。

2. 远期外汇交易是指外汇买卖双方成交时，双方约定交易的细节，到未来的约定日期再进行交割的外汇交易。远期汇率的报价通常有完整汇率报价法和掉期率报价法两种方式。远期外汇交易可以被用来进行套期保值或投机。

3. 掉期外汇交易指外汇交易者在买进或卖出一定交割期限和数额的某种货币的同时，卖出或买进另一种交割期限、相同数额的同种货币的活动。根据交割日的不同，掉期交易可分为即期对远期、即期对即期和远期对远期的掉期交易。掉期交易可以被用来轧平不同期限的外汇头寸、调整外汇交易的交割日，从而起到套期保值的作用。

4. 套汇是指套汇者利用两个或两个以上外汇市场在同一时刻货币的汇率差异进行外汇交易，在汇率较低的市场上买入一种货币，在汇率较高的市场上卖出该货币，从中赚取差价利润的活动。套汇交易一般可分为时间套汇和地点套汇。时间套汇与掉期交易相同。地点套汇是利用两个或两个以上外汇市场中某种货币在汇率上的差异来进行外汇交易，从中套取汇差利润的外汇交易。地点套汇一般可以分为直接套汇和间接套汇。

5. 套利交易(Interest Arbitrage Transaction)也叫利息套汇，是指投资者利用不同国家或地区短期利率的差异，将资金由利率较低的国家或地区转移到利率较高的国家或地区进行投资，以从中获得利息差额收益的外汇交易。按套利者在套利的同时是否做远期外汇交易进行保值，可分为抵补套利和非抵补套利。

6. 外汇期货交易又称货币期货交易，是指在期货交易所内，根据成交单位、交割时间标准化的原则进行的外汇期货合约买卖。外汇期货交易属于金融期货，金融期货还包括利率期货、黄金期货和指数期货等。

7. 外汇期权(Foreign Currency Option)又称货币期权，是指期权的购买者在支付给期权的出售者一笔期权费后，获得的一种可以在合同到期日或期满前按预先确定的汇率(即执行价格)购买或出售某种货币的权利。在期权行使期内，当行市有利时，期权买方有权执行期权，买进或卖出约定的外汇资产；而当行市不利时，可以放弃买卖该种外汇资产，不执行期权。但是，期权的卖方有义务在卖方要求履约时卖出或买进约定的外汇资产。

8. 互换交易是交易双方预先约定汇率和利率等条件，在一定期限内相互交换一组资金，以达到回避风险目的的一种交易。金融互换主要包括：利率互换和货币互换。利率互换的依据是比较优势原理，互换当事人使用利率互换的最直接动因在于，能够以比债券市场利率或银行贷款利率更低的利率水平筹集资金，从而获得成本利益。货币互换的基础也是比较优势原理，一个公司如果在某种货币的融资中具有相对优势，通过互换可以转换成所需要的货币。

习　题

一、选择题

1. 一般情况下，即期外汇交易的交割日定为(　　)。

A. 成交当天　　B. 成交后第一个营业日

C. 成交后第二个营业日　　D. 成交后一个星期内

2. 以下选项中，(　　)是外汇掉期业务。

A. 卖出一笔期汇

B. 买入一笔期汇

C. 卖出一笔现汇的同时，卖出同等金额的期汇

D. 卖出一笔现汇的同时，买入同等金额的期汇

3. 某银行报出即期英镑兑美元的汇率的同时，报出3个月英镑远期差价为10/20，则可以判断，3个月远期英镑(　　)。

A. 升值　　B. 贬值　　C. 贴水　　D. 升水

4. 有远期外汇收入的厂商与银行订立远期外汇合同，是为了(　　)。

A. 防止因外汇汇率上涨而造成损失

B. 防止因外汇汇率下跌而造成损失

C. 获得因外汇汇率上涨而带来的收益

D. 获得因外汇汇率下跌而带来的收益

5. 其他条件不变，远期汇率的升贴水率与(　　)趋于一致。

A. 国际利率水平　　B. 两国公司债券的利率差

C. 两国政府债券的利率差　　D. 两国货币的利率差

6. 下列选项中，(　　)不属于期货与远期的区别。

A. 期货是标准化合同，远期不是

B. 期货一般在场外交易，远期主要在银行间交易

C. 期货没有违约风险，远期存在

D. 期货采用保证金交易，远期并不需要

7. 期权交易的特性是(　　)。

A. 代表金融资产的合约　　B. 买方向卖方交付期权费费率固定

C. 买方向卖方交付的期权费不能收回　　D. 买方与卖方的损益具有对称性

8. 期权买方必须支付一定的(　　)以购买期权合约，这就是期权的价格。

A. 定金　　B. 预付款　　C. 期权费　　D. 结算金

9. 美式看涨外汇期权的买方(　　)。

A. 有义务在期权到期日之前的任何时间以商定的价格购买一定数量的外汇

B. 有权利在期权到期日之前的任何时间以商定的价格购买一定数量的外汇

C. 有权利在将来的某个时间以商定的价格购买一定数量的外汇

D. 有权利在期权到期日之前的任何时间以商定的价格出售一定数量的外汇

10. 假设一家英国企业预期在6个月后会收到美元货款，但是企业担心6个月后美元会贬值，因而该企业可以通过以下(　　)方式实现套期保值。

A. 买入美元远期合约　　B. 买入美元期货合约

C. 买入美元看涨期权　　D. 买入美元看跌期权

二、判断题

1. 即期外汇交易也称现汇交易，是指外汇买卖双方按照业务惯例在外汇买卖成交的同时进行交割的交易。(　　)

2. 只要有足够数量的套汇资金在国家间自由流动，套汇活动将使不同市场上、不同货币间的汇率趋于一致。(　　)

3. 间接套汇是利用两个外汇市场的汇率差异，通过外汇买卖差价赚取利润。(　　)

4. 期货交易和远期交易都采用保证金制度。(　　)

5. 期货交易采用当日结算制度，如果保证金账户差额低于维持保证金，那么交易所会发出催付通知，要求将保证金账户差额恢复到维持保证金水平。(　　)

6. 在期货交易中，大约有95%的期货合约都不会在到期日进行外汇实际交割。(　　)

7. 在外汇看涨期权中，只要市场即期汇率大于执行汇率，买方一定会选择执行期权。(　　)

8. 外汇期权其他条件一定时，时间越长，期权费越高。(　　)

9. 当企业未来有外币应收账款时，应该买入看涨期权进行套期保值。(　　)

10. 互换的原理是交易各方利用各自在国际金融市场上筹集资金的绝对优势而进行对双方有利的安排。(　　)

三、填空题

1. 根据交割日的不同，即期外汇交易可以分为__________、__________、__________3种类型。

2. 利用期货交易可以对现货市场的头寸进行套期保值，现货市场的多头会在期货市场上__________，现货市场上的空头会在期货市场上__________。

3. 远期汇率的报价方法通常有两种，即__________和__________。

4. 目前交易量最大的金融期货有__________、__________、__________和__________4种类型。

5. 按双方权利的内容划分，期权可分为__________、__________和__________。

6. 互换交易主要包括__________和__________两种类型。

四、计算题

1. 某年某月某日加拿大外汇市场：USD/CAD即期汇率为1.476 4/1.478 4，3个月远期点数为20/40，计算USD/CAD3个月远期汇率。

2. 某年某月某日纽约外汇市场：GBP/USD即期汇率为1.565 7/1.565 9，3个月远期点数为30/20，计算GBP/USD3个月远期汇率。

3. 即期汇率为EUR1=USD1.052 8，美元年利率为6%，欧元年利率为9%，求欧元6个月远期升贴水和远期汇率。

4. 某日外汇市场行情为：即期汇率EUR/USD=0.921 0，3个月欧元升水20点。假设美国一进口商从德国进口价值100万欧元的机器设备，3个月后支付。如3个月后市场汇率变为EUR/USD=0.943 0，问：

(1) 若美进口商不采取保值措施，3个月后损失多少美元？

(2) 美进口商如何利用外汇市场进行保值？可避免多少损失？

5. 某年2月10日，一美国出口商向英国出口价值10万英镑的货物，3个月后收款。签约日的市场汇率为GBP/USD=1.626 0/90。美国出口商预测3个月后英镑将贬值为GBP/ USD=1.616 0/90。问：

(1) 若预测正确，3个月后美出口商少收多少美元？

(2) 若3个月掉期率为50/30，美出口商如何利用期汇市场进行保值？

(3) 若已保值，但预测错误将会如何？

6. 已知纽约外汇市场汇价为USD1=HKD7.720 2/7.735 5，中国香港外汇市场汇价为USD1=HKD7.685 7/7.701 1。有人以9 000万港元套汇，能获多少毛利？

7. 已知外汇市场行情如下。

伦敦：GBP1=USD2；中国香港地区：GBP1=HKD12；纽约：USD1=HKD8。请问：

(1) 有无套汇的可能？

(2) 如能套汇，如何进行？套汇收益是多少？

8. 某银行当天公布的外汇牌价是：USD1=JPY106.05/35，USD1=CHF0.947 6/0.950 6，客户现欲以瑞士法郎向银行购买日元，问银行应给该客户什么价格？

9. 某日我国某机械进出口公司从美国进口机械设备。美国出口商采用两种货币报价。美元报价单价为USD6 000.00，英镑报价为GBP4 000.00。

(1) 当日人民币对美元和英镑的即期汇率分别是：

USD1=CNY6.267 1～6.291 9；GBP1=CNY10.694 1～10.740 5。

(2) 若当日伦敦外汇市场的即期汇率为GBP1=USD1.535 5～1.536 5。

现只考虑即期汇率因素，在以上两种条件下，我公司应分别接受哪种货币报价？

10. 英国某公司从美国进口一批货物，合同约定3个月后交货付款。为防止汇率变动造成损失，该公司购入3个月的远期美元以备到期支付。已知伦敦外汇市场即期汇率为GBP1=USD1.574 4，伦敦市场英镑利率为6%，纽约市场美元利率为4%，问：

(1) 3个月美元远期汇率是升水还是贴水，为什么？升贴水值是多少？实际远期汇率是多少？

(2) 英国公司因进口用汇(美元)的汇率变动是受益还是受损？升贴水年率是多少？

五、名词解释

1. 即期外汇交易	2. 远期外汇交易	3. 掉期交易	4. 套汇
5. 套利	6. 外汇期货	7. 保证金制度	8. 逐日盯市制度
9. 套期保值	10. 外汇期权	11. 看涨期权	12. 看跌期权
13. 美式期权	14. 欧式期权	15. 货币互换	

六、简答题

1. 即期外汇交易中的交割日及报价是如何规定的？
2. 什么是远期外汇交易？远期外汇交易的基本动机是什么？
3. 举例说明远期外汇交易的报价。
4. 掉期外汇交易的种类有哪些？
5. 掉期外汇交易主要应用于哪些方面？
6. 什么是套汇交易？其主要类型有哪些？
7. 外汇远期合约与外汇期货合约的异同点有哪些？
8. 请解释外汇期货交易的逐日盯市制度。
9. 简述外汇期货交易保证金的类型及含义。
10. 简述外汇期权的类型。
11. 简述外汇期权交易的特点。

12. 简述影响外汇期权中期权费的因素。

13. 举例说明货币互换的比较收益原理。

案 例 分 析

中国外汇市场外汇市场交易开展情况

2017年，人民币外汇市场累计成交24.08万亿美元(日均987亿美元)，较上年增长18.7%。其中，银行对客户市场和银行间外汇市场分别成交3.75万亿和20.34万亿美元；即期和衍生产品分别成交9.49万亿和14.60万亿美元(见图4-11)，衍生产品在外汇市场交易总量中的比重升至历史新高的60.6%，交易产品构成进一步接近全球外汇市场状况(见图4-12)。

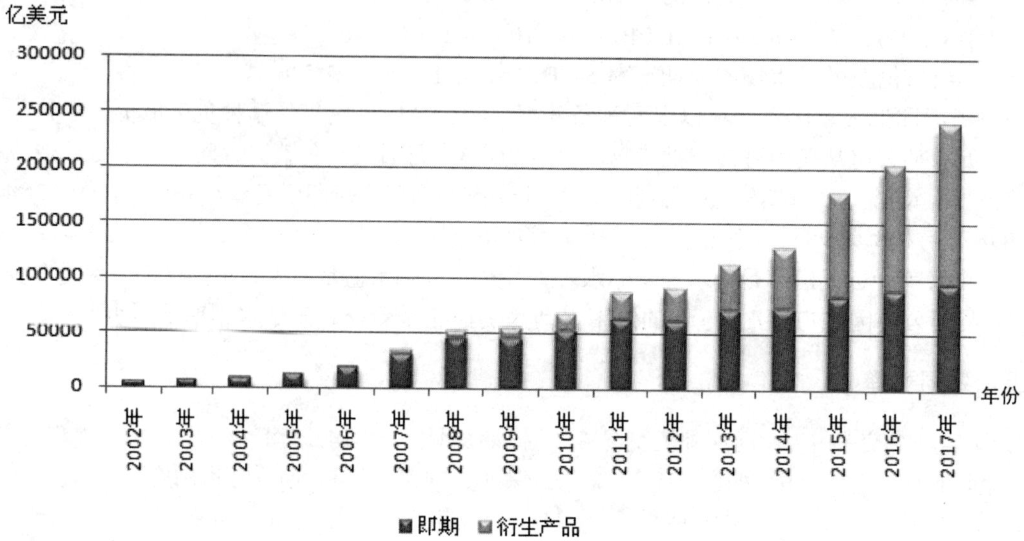

图4-11　我国外汇市场交易量

(数据来源：国家外汇管理局，中国外汇交易中心，国际清算银行)

即期外汇交易平稳增长。2017年，即期市场累计成交9.49万亿美元，较上年增长7.4%。在市场分布上，银行对客户即期结售汇(含银行自身，不含远期履约)累计3.09万亿美元，较上年增长6.3%；银行间即期外汇市场累计成交6.40万亿美元，较上年增长7.9%，其中美元交易份额为96.7%。

远期外汇交易小幅回升。2017年，远期市场累计成交4 259亿美元，较上年增长12.6%。在市场分布上，银行对客户远期结售汇累计签约3 225亿美元，其中结汇和售汇分别为1 482亿和1 743亿美元，较上年分别增长43.1%、110.9%和12.3%，6个月以内的短期交易占67.0%，较2016年上升7.7个百分点；银行间远期外汇市场累计成交1 034亿美元，较上年下降32.4%。

掉期交易稳步增长。2017年，外汇和货币掉期市场累计成交13.57万亿美元，较上年增长33.9%。在市场分布上，银行对客户外汇和货币掉期累计签约1 032亿美元，较上年下降3.3%，其中近端结汇/远端购汇和近端购汇/远端结汇的交易量分别为869亿和163亿美元，较上年分别增长

18.0%和下降50.8%；银行间外汇和货币掉期市场累计成交13.46万亿美元，较上年增长34.3%，掉期交易是银行管理本外币流动性的一个重要工具。

外汇期权交易下降。2017年，期权市场累计成交6 021亿美元，较上年下降37.0%。在市场分布上，银行对客户期权市场累计成交2 308亿美元，较上年增长11.0%；银行间外汇期权市场累计成交3 712亿美元，较上年下降50.3%。

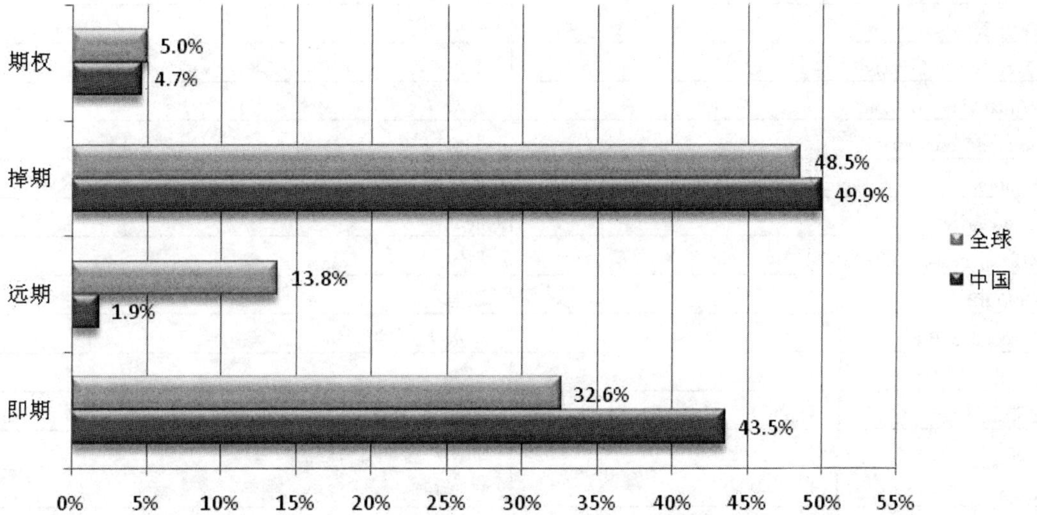

图4-12 我国与全球外汇市场的交易产品构成比较

(数据来源：国家外汇管理局，中国外汇交易中心，国际清算银行)

外汇市场参与者结构保持稳定。银行自营交易延续主导地位，2017年，银行间交易占整个外汇市场的比重从2016年的82.4%上升至83.9%；非金融客户交易的比重从16.7%下降至15.3%；非银行金融机构交易的比重为0.8%，与上年持平，市场参与度仍有限。

(资料来源：国家外汇管理局，中国外汇交易中心)

问题：

1. 分析中国外汇市场开展的外汇业务种类。
2. 中国外汇市场外汇业务开展与全球外汇市场相比较，差距体现在哪些方面？

附　　表

附表1 市场操作用语

Bid(Buy, Pay, Take)	买
Offer(Sell, Give)	卖
Mine	我方买进
Yours	我方卖出
Five(Mio)	500万

(续表)

I Sell You Five USD	我卖给你500万美元
Buying Rate	买价
Selling Rate	卖价
Call	买入权
Put	卖出权
Over Sold(Short)	空头、超买
Over Bought(Long)	多头、超卖
Which Way Are You?	你做哪一头？(买还是卖？)
Square(Close-Out)	平仓
Position	头寸
Quote Price	报价
MP(Moment Period)	稍候
Out(Off)	取消报价
Discount & Premium	贴水/升水
Par	平价
Spread	差价
Left	远期升水、贴水差幅加大
Right	远期升水、贴水差幅缩小
Go North	上升
Go South	下降
Dealing Price	交易价
Indication Rate	参考价
Spot Rate	即期汇价
Forward Rate	远期汇价
Middle Rate	中间价
Change	(价格)变化
Off	取消(价格)
Rally	反弹
Open Interest	空盘量
Arbitrage	套汇
Roll Over	展期
Confirmation	确认书(证实书)
Large	大金额
Small	小金额
Delivery Date	交割日
Maturity Date	结算日
Value Date	起息日

附表2 主要货币、银行俗称

Cable(Quid)	英镑/美元汇率
Funds	加拿大元/美元汇率
Swissy	瑞士法郎/美元汇率
TT	港元/美元汇率
Ozzie	澳大利亚元/美元汇率
European Central Bank(ECB)	欧洲中央银行
Federal Reserve(Fed)	联邦储备署
Federal Deposit Insurance Corporation(FDIC)	联邦存款保险公司

附表3 相关词汇

Bar Chart	条形图
Bear Market	熊市
Bull Market	牛市
Broker	经纪商
Chart	图表
Consolidation	凝固
Correction	调整
Currency Future	货币期货
Currency Option	货币期权
Fundamental Analysis	基本因素分析
Libid	伦敦同业放款利率
Libor	伦敦同业借款利率
Liquidity	流动性
Lot	单(外汇交易数量的单位)
Market Maker	报价行、造市商
Outright Forward	直接远期
Pips	点(汇率变动的最小单位)
Point & Figure(Chart)	点数图
Resistance	阻力点
Spot Rate	即日对翌日的掉期买卖
Support	支持点
Technical Analysis	技术性因素分析
Volatility	波动

第五章

外汇风险管理

【导读】

本章主要介绍外汇风险的概念、构成、种类和外汇风险的管理。外汇风险由本币、外币和时间3个因素构成。外汇风险包括交易风险、折算风险和经济风险。交易风险的管理是微观经济主体涉外经贸活动过程中必须了解的重要知识，能够帮助微观经济主体有效防范外汇风险，避免损失或者增加收益。为此，既要学会利用贸易谈判、合同的商洽和经营决策来规避交易风险，又要善于利用金融工具来规避交易风险。

【学习重点】

外汇风险的种类、构成因素、管理方法。

【学习难点】

利用金融工具来规避交易风险，涉及金融工具的综合运用。

【教学建议】

通过本章的学习和实际案例的分析，深入体会衍生金融工具在汇率风险中的应用。

第一节　外汇风险的内涵及类型

一、外汇风险的概念和构成

(一) 外汇风险的概念

外汇风险(Foreign Exchange Risk)，有广义和狭义之分。广义的外汇风险是指在国际经济、贸易、金融活动中，在一定时期内由于未预料到的汇率变动或其他原因，而使以外币计价的资产或负债获得收益或遭受损失的风险。广义的外汇风险包括汇率风险、国家风险、制度风险和信用风险等。狭义的外汇风险是指在一定时期的经济交往中，经济实体或个人以外币计价的资产或负债由于汇率变动而引起价值变动的风险。狭义的外汇风险仅指汇率风险。本章讨论的外汇风险主要是指狭义的外汇风险。

(二) 外汇风险的构成

1. 外汇风险的对象

需要特别指出的是：不是所有的个人或经济实体所持有的外币资产和负债都要承担外汇风险。从国际外汇市场的业务来看，只有买卖盈亏未能抵消的那部分资产或负债，才会面临汇率波动的风险。人们将这部分承受外汇风险的外币金额称为外汇敞口或受险部分(Foreign Exchange Exposure)。具体来说：风险头寸就是外汇持有头寸中的“超卖”或“超买”的部分。在企业经营中表现为外币资产不相符的部分，例如外币资产不等于外币负债，或者虽然外币的资产和外币负债相等，但是期限的长短却不同。

2. 外汇风险的构成因素

外汇风险有3个构成因素：本币、外币和时间。一个经济实体在开展国际业务中所发生的业务包括：外币应收和应付账款、外币资本的借出和借入等，完成都需要使用本币进行结算，以便考核其经营成果。通常情况下，上述业务的最后偿付都有一个期限。例如，某涉外企业6月1日收到30天后到期的一笔美元的应收账款，同时还有一笔60天之后到期的欧元应付账款。这些期限就是时间的因素。一般说来，外币账款的时间因素与外汇风险之间存在正相关关系，即时间越长，汇率在此期间波动的可能性越大，外汇风险就相对越大；时间越短，汇率在此期间波动的可能性越小，外汇风险就越小。缩短一笔外汇业务的收付时间可以降低外汇风险，但不能消除外汇风险，因为本币和外币之间兑换的汇率波动的风险(价值风险)还存在。要消除外汇风险，就意味着既要消除价值风险又要消除时间风险。

二、外汇风险的类型

涉及国际化经营的企业与单纯经营国内市场的企业相比，要面临很多不确定的因素，其中汇率变动的风险就是国际企业经常面临的金融风险之一。汇率风险可以分为交易风险、折算风险和经济风险3种类型。

(一) 交易风险

交易风险是指在以外币计价的交易中，由于外币和本币之间汇率的波动使交易者蒙受损失的可能性。也就是应收账款与应付账款价值变化的风险。交易风险又可分为外汇买卖风险和交易结算风险。

1. 外汇买卖风险

外汇买卖风险又称金融性风险，产生于本币和外币之间的反复兑换。这种风险产生的前提条件是交易者一度买进或卖出外汇，后来又反过来卖出或买进外汇。银行的外汇风险主要是外汇买卖风险，因为外汇银行的交易几乎都是外汇买卖，即外币现金债权的买卖。银行以外的企业有时也面临外汇买卖风险，它主要存在于以外币进行借贷款或伴随外币借贷而进行外币交易的情况之中。

例如，中国银行在某一时间买进了10万元港币，同时又卖出了8万元港币，出现了2万元港币的多头。当中国银行日后卖出这2万元港币时，如果港币贬值，就会出现亏损，这种亏损的可能性就是外汇买卖风险。同理，当中国银行在外汇交易中出现卖出的港币多，买进的港币少，而在日后补进港币时，如果港币升值，中国银行同样也会面临由于外汇买卖风险而造成的损失。

再如，美国某公司在国际金融市场上以5%的年利率借入1亿日元，期限一年。借到款项后，该公司立即按当时的汇率USD1=JPY100，将1亿日元兑换成100万美元。一年后，该公司为归还贷款的本息，必须在外汇市场买入1.05亿日元，而此时如果美元对日元的汇率发生变动，即日元升值，该公司将面临外汇买卖风险。假设此时的汇率已变为USD1=JPY80，则该公司购买1.05亿日元需支付131.25万美元，虽然该公司以日元借款的名义利率为5%，但实际利率却高达(131.25-100)÷100×100%=31.25%。但是，如果日元出现贬值的情况，该公司不但不会遭受损失，反而会获得额外的收益。

由此可见，交易风险的结果是不确定的，它既有可能造成亏损，也有可能增加收益。当然从交易的某一方来说，风险是可以避免的，其实质就是将风险从一方转移到了另一方。上述案例中，如果美国公司能够准确预测日元将会升值，而以美元计价收款，可以避免交易风险。但是，如果对方不愿意以美元成交，则可能无法达成交易。

2. 交易结算风险

交易结算风险又称商业性风险，是指以商业信用的方式购买或销售以外币计价的商品或劳务时，在货物装运或劳务提供之后，而货款或劳务费用尚未收支期间，外汇汇率变化所发生的风险。

在国际经济贸易中，贸易商无论是以即期支付还是延期支付都要经历一段时间(从签订进出口合同到债权债务的最终清偿)，而这段时间内汇率可能会发生变化，于是，以外币表示的未结算的金额就成为承担风险的受险部分。因此，交易结算风险是由进出口商承担的，需要基于进出口合同而在未来通过外汇交易将本币与外币或外币与本币进行兑换，承担未来进行外汇交易时由于汇率的不确定性所带来的风险。

例如，中国某公司签订了价值200万美元的出口合同，3个月后交货、收汇。假设该公司的出口成本、费用为1 230万元人民币，目标利润为90万元人民币，则3个月后当该公司收到200万美元的货款时，由于美元对人民币的汇率不确定，该公司将面临交易结算风险。3个月后若美元与人民币的汇率高于6.6，则该公司不仅可收回成本，获得90万元人民币的利润，还可获得超额利润；若汇率等于6.6，则该公司收回成本后，刚好获得90万元人民币的利润；若汇率高于6.15，低于6.6，则该公司收回成本后所得的利润少于90万元人民币；若汇率等于6.15，则该公司刚好只能收回成本，没有任何利润；若汇率低于6.15，则该公司不仅没有获得利润，而且还会亏本。

同样，进口商从签订合同到结清货款之间也有一段时间，也要承担交易结算风险，原理与出口商相同，只是汇率变动的方向与出口商刚好相反。

影响交易风险的因素有3个：一是企业拥有的远期外汇的头寸，显然企业拥有的头寸越多，所承担的交易风险就越大；二是外汇汇率的波动幅度，显然汇率波动的幅度越大，本币蒙受损失的可能性就越大；三是在公司拥有多种外币业务的情况下，几种外币相对本币汇率变化的综合变动趋势，也就是几种货币汇率变化之间的相关程度，显然，如果几种外币汇率变化的相关联程度较大，则这些外币形成的交易风险或者形成叠加关系或者形成相互抵消关系。

(二) 折算风险

折算风险，又称会计风险或转换风险，是指企业在进行会计处理和外币债权、债务结算时，将必须转换成本币的各种外币计价项目加以折算时所产生的风险。企业会计通常是以本国货币表示一定时期的营业状况和财务内容的，这样，企业的外币资产、负债、收益和支出，都需要按一定的会计准则换算成本国货币来表示。将外币债权、债务折算成本币时，由于使用的汇率与当初入账时的汇率不同会产生账面上损益方面的差异。虽然折算风险所产生的损益并不是实际损益，但它会影响到企业向股东和社会所公布的营业报告书的结果。

例如，中国某公司持有银行往来账户余额100万美元，汇率为USD1=CNY6.8，折成人民币为680万元。以后美元贬值，人民币升值，汇率变为USD1=CNY6.5，该公司100万美元的银行往来账户余额折成人民币后就只有650万元了。在两个折算日期之间，该公司这100万美元的价值，按人民币折算减少了30万元。

同一般的企业相比，跨国公司的海外分公司或子公司所面临的折算风险更为复杂。一方面，当这些海外分支机构以东道国的货币入账和编制会计报表时，需要将所使用的外币转换成东道国的货币，这当然面临折算风险；另一方面，当它们向总公司或母公司上报会计报表时，又要将东道国的货币折算成总公司或母公司所在国的货币，这同样也面临折算风险。

例如，上海某公司在某国有一分公司，该公司2017年12月31日的资产负债表如表5-1所示。

表5-1 2017年12月31日某国分公司的资产负债表

单位：某国货币千元

资 产	金 额	负债和所有者权益	金 额
现金	40 000	负债	100 000
应收账款	60 000	权益	160 000
厂房及设备	120 000		
存货	40 000		
合计	260 000	合计	260 000

上海公司在准备编制合并财务报表时，先要按某个特定的汇率将该资产负债表折算成以人民币计价的资产负债表。假定2018年1月1日人民币兑某国货币的当天汇率是1∶1.5，那么折算后的资产负债表如表5-2所示。

表5-2 2018年1月1日某国分公司的资产负债表(1)

单位：人民币千元

资 产	金 额	负债和所有者权益	金 额
现金	26 666	负债	66 666
应收账款	40 000	权益	106 666
厂房及设备	80 000		
存货	26 666		
合计	173 332	合计	173 332

假如2018年1月1日，人民币兑某国货币变为1∶1.25，那么折算后的资产负债表如表5-3所示。

表5-3 2018年1月1日某国分公司的资产负债表(2)

单位：人民币千元

资 产	金 额	负债和所有者权益	金 额
现金	32 000	负债	80 000
应收账款	48 000	权益	128 000
厂房及设备	96 000		
存货	32 000		
合计	208 000	合计	208 000

由此可见，由于汇率的变动，资产由人民币173 332元增加到208 000元。

(三) 经济风险

经济风险又称经营风险，是指由于意料之外的汇率变动，使企业在将来特定时期的收益发生变化的一种潜在的可能性。经济风险是由于汇率的变动产生的，这种潜在的风险会直接关系到企业在海外的经营成果。公司的价值主要取决于它能带来的现金流量，而汇率的变动又通过影响企业的生产成本、销售价格，进而引起产销数量的变化，并由此最终带来获利状况的变化。例如，当本币贬值时，某企业一方面由于出口货物的外币价格下降，有可能刺激出口使其出口额增加；另一方面因该企业在生产中所使用的主要是进口原材料，本币贬值后又会提高以本币所表示的进口原材料的价格，出口货物的生产成本因而增加，结果该企业将来的纯收入可能增加，也可能减少，这就是经济风险。

汇率的波动不但会影响外币现金流兑换为本币之后的价值幅度，还会影响外币现金流本身的价值幅度，这一点可以通过表5-4反映。

表5-4 汇率波动的经济表现

	交易情况	本币升值对未来交易的影响	本币贬值对未来交易的影响
影响本币流出量的交易	外债的利息	减少	增加
	以本币标价进口的原料	无	无
	以外币标价进口的原料	增加	减少
影响本币流入量的交易	以本币标价的出口量	无	无
	以外币标价的出口量	增加	减少
	本国销售	减少	增加
	对外投资的利息收入	减少	增加

值得注意的是，经济风险中所说的汇率变动，仅指意料之外的汇率变动，不包括意料之中的汇率变动。因为企业在预测未来的获利状况而进行经营决策时，已经将意料到的汇率变动对未来产品成本和获利状况的影响考虑进去了，因而排除在风险之外。对于企业来说，经济风险的影响比交易风险和折算风险更大，因为经济风险不能被准确地识别和测量，经济风险在很大程度上取决于销售数量、销售成本的变动对汇率变动的反应程度；交易和折算风险的影响是一次性的、相对短期的，而经济风险的影响则是在长期、中期和短期都存在；经济风险通过间接渠道产生，即汇率变化—经济环境变化—企业收益变化。

三、外汇风险的经济影响

(一) 对国际货物贸易的影响

一国的货币汇率下浮(本币贬值)，有利于出口，不利于进口，这是因为其他条件不变时，等值本币的出口商品在国际市场上会折合比贬值前更少的外币，使国外销售价格下降，竞争力增强。若出口商品在国际市场上的外币价格保持不变，则本币贬值会使等值的外币兑换成比贬值前更多的本币，国内出口商品的出口利润增加，从而促使国内出口商积极性提高，出口数量增加。而以外币计价的进口商品在国内销售时折合的本币价格比贬值前提高，进口商成本增加，利润减少，进口数量相应减少；如果维持原有的国内销售价格，则需要压低进口商品的外币价格，这又会招致外国商人的反对，因此，本币贬值会自动地抑制外国商品的进口。与上述情况相反，一国的货币汇率上浮(本币升值)，不利于出口，但可以增加进口。

(二) 对国际服务贸易的影响

一般来讲，一国货币汇率下浮，会增加该国的服务贸易收入；汇率上浮，会减少服务贸易收入。在其他条件不变的情况下，一国货币汇率下浮，以本币所表现的外币价格上涨，而国内物价水平不变，外国货币购买力相对增强，贬值国的商品、劳务、交通、导游和住宿等费用就变得相对便宜，这对外国游客便增加了吸引力，促进了本国旅游和其他服务贸易收入的增加。相反，本币贬值后，国外的旅游和其他劳务开支对本国居民来说相对提高，进而抑制了本国的对外劳务支出。当一国货币汇率上浮，以本币表现的外币价格下降，而国内物价水平不变，外国货币购买力减弱，从而减少本国旅游等其他服务贸易项目的收入。相反，本币升值后，国外的旅游和其他劳务开支对本国居民来说相对减少，从而促进了本国的对外劳务支出。

(三) 对国际资本流动的影响

外汇市场汇率变动对国际资本游动特别是短期资本流动有很大影响。当本国货币汇率下降时，国内资金持有者为了规避因汇率变动而蒙受的损失，就要把本国货币在外汇市场上兑换成汇率较高的货币进行资本逃避，导致资本外流；同时，将使外国在本国的投资者调走在该国的资金，这不仅使该国国内投资规模缩减，影响其国民经济的发展，而且由于对外支出增加，将恶化本国的国际收支。反之，若本国货币汇率上升，则对资本流动的影响与上述情况相反。

(四) 对国内物价的影响

汇率变动对国内经济的直接影响，集中表现在对物价的影响上。如果一国货币汇率下跌，一方面引起进口商品以本币表示的价格上涨，其中进口消费品的价格上升会直接引起国内消费品价格某种程度的上升，进口原材料、中间品和机器设备等的价格上升还会造成国内生产使用这些进口投入品的非贸易品生产成本上升，也推动了非贸易品的价格上升；另一方面汇率下跌将引起出口扩大，进口缩减，加剧国内供需矛盾，使国内整个物价水平提高，加剧通货膨胀，导致经济恶化。相反，如果一国货币汇率上升，则会降低国内物价水平，减缓本国的通货膨胀。

(五) 对涉外企业的影响

涉外经济部门及涉外企业由于在日常经营活动中涉及两种或两种以上的货币，因此不可避免地处于各种外汇风险之中。这里仅讨论外汇风险对涉外企业经济活动的影响。

1. 对涉外企业经营效益的影响

在汇率波动频繁的今天，企业预期的本币现金流量和以外币计价的各种资产、负债的价值常因汇率变动而发生变化，可能使企业遭受损失，也可能给企业带来收益。事实上，收益与损失是并存的一对互为消长的矛盾体，避免了损失便意味着收益；放弃或丧失了可能获取的收益，便是一种损失。涉外企业只有了解和预测外汇风险，提高对外汇风险的管理水平，才有可能避免巨大的外汇风险所带来的收益损失。

2. 对涉外企业长远经营战略的影响

企业经营战略是指企业人力、物力和财力的合理配置及产供销活动的总体安排。如果汇率变动有利于涉外企业的资金营运，企业就会采取大胆的、开拓性的、冒险的经营战略，如扩张海外投资、扩大生产规模，开辟新产品、新市场。相反，如果汇率变动不利于涉外企业的资金营运，企业就会采取保守的、稳妥的、谨慎的经营策略，尽量避免使用多种外汇，把海外市场、海外融资缩小到一定范围。因此，这一影响在某种程度上关系到企业的兴衰成败。

3. 对涉外企业税收的影响

一般来说，对涉外企业已经实现的外汇损失可享受所得税减免，已经实现的外汇赢利才能构成应纳税收入。因交易风险造成的外汇亏损，往往会降低当年的应纳税收入；因经济风险造成的外汇亏损，往往会降低将来几年的应纳税收入；会计风险由于不是现实的亏损，因此是不能减免税收的。税收政策是由企业所在国决定的，所以，作为一个跨国经营企业，应从全局着眼制定其外汇风险管理战略。

第二节　外汇风险管理

管理外汇风险的方法很多，特别是近十几年来，由于汇率波动频繁，又出现许多新的方法，但所有这些方法又大致可以分为两大类：事前和事后。事前称为外汇风险的防范，主要通过改善企业内部经营来实现；事后称为外汇风险的转嫁，主要利用外汇市场金融资产的交易来实现。

一、外汇风险管理概述

(一) 外汇风险管理的概念

外汇风险管理就是对外汇风险的特征以及影响因素进行识别与测定，并设计和选择防止损失发生的处理方案，以最小成本达到风险管理的最佳效果。

外汇风险是涉外经济中不可避免的一种风险，对一国政府、企业乃至个人都会产生很大影响。因此，对待外汇风险应积极主动地进行风险管理，而不是简单规避、被动接受和无所作为。事实上，在日趋波动的经济和金融环境下，外汇风险管理能力已经成为涉外企业生存和发展的核心能力。

(二) 外汇风险管理的原则

外汇风险管理的目标是充分利用有效信息，力争减少汇率波动带来的现金流量的不稳定性，控制或消除业务活动中可能面临的不利影响。为了达到上述目标，外汇风险管理中应该遵循一些共同的指导思想。

1. 稳妥防范原则

所谓稳妥防范，就是使风险消失或转嫁的同时还尽可能地从风险防范中获利。

2. 全面重视原则

外汇风险有不同种类，有的企业经营活动中可能只会面临一种风险，而有的企业可能面临多种风险。所以，跨国经营的企业需要对国际结算、国际筹资成本、跨国投资收益以及外汇买卖等项目下的外汇风险保持清醒的头脑，避免造成重大损失。

3. 风险最小化原则

风险最小化是把外汇风险损失减小到最低限度，但并不意味着风险为零，应尽可能缩短外汇敞口的期限、减小外汇敞口的额度。

二、外汇风险管理方法

(一) 交易风险的管理

管理交易风险的方法有很多种，这些方法大致可以分为两大类。一类是利用贸易谈判、合同的商洽和经营决策来规避交易风险，另一类是利用金融工具来规避交易风险。

1. 利用贸易谈判、合同的商洽和经营决策来规避交易风险

成功地利用贸易谈判策略也能够起到很好规避交易风险的作用。具体包括如下几个方面。

1) 提早收付

提早收付包括提前收汇和提前付汇两种。所谓提前付汇是指在企业的应付外汇账款中的计价货币可能出现升值时使用的方法；而提前收汇是指在企业的应收外汇账款中的计价货币可能出现贬值时使用的方法。这种方法的原理主要是通过缩短外汇敞口的时间期限来规避交易风险。

例如：中国的出口商与美国的进口商签订了以欧元为计价货币、30天之后付款的进出口合同，如果订立合同之后欧元出现了大幅度升值，而且这种情况短时间内不会改变。这时美国的进口商可以通过提前付汇的方法使损失降到最低。

2) 延迟收付

这种方法与提早收付相反。当企业的应收外汇账款中的计价货币出现升值或者企业的应付外汇账款中的计价货币出现贬值时均可以延迟收付。一般企业提前、延迟结汇方法如表5-5所示。

表5-5　一般企业提前、延迟结汇方法

汇率预测 / 企业行为	本币升值	本币贬值
出口企业	提前收汇	推迟收汇
进口企业	推迟付汇	提前付汇

实际交易中，如果一方申请提前收付或者延迟收付，一般会给对方一定的折扣来弥补对方的损失，折扣的多少由双方协商而定。

3) 选择货币法

(1) 本币计价法。外汇交易中双方有两种计价货币的选择方法：一是以第三国货币计价；二是以任意交易方的本国货币计价。一般而言，外汇交易中应尽量选择以本国货币计价。

(2) 出口以硬货币计价，进口以软货币计价。对于债权人来说，应该尽量争取让债务人用硬货币支付，这对于债权人来说没有风险。对于债务人来说，应该尽量争取用软货币向债权人支付。

例如：中国某公司借入100万加元，折合人民币523.13万元，期限6个月。若到期时加元的汇率升高变为5.347 3，此时购买100万加元需要人民币534.73万元，该企业需要多支付11.6万元。

但在实际业务中货币的选择不是一厢情愿，按上述所说很难达成交易。

(3) 软硬货币搭配法。货币的软和硬是有时间性的。在实际交易中，由交易的承担一方独自承担风险，一般是难以接受的。折中的做法是一半用硬货币，一半用软货币，使买卖双方均不吃亏。

(4) 多种货币组合法。当前，有些交易金额比较大的企业采用多种货币组合的方法，例如采用4种货币，两软两硬，以使汇率大幅度波动的影响大大降低。

(5) 平衡结汇法。平衡结汇法是指创造一个与存在风险相同币种、相同金额、相同期限的资金反方向流动，以抵补外汇敞口。

例如：某公司在3个月之后有一笔1万英镑的应收外汇账款，该公司应该设法进口3个月之后支付的1万英镑的货物，借以抵消应收账款，从而消除外汇风险。

一般情况下，一个公司所有交易的收支完全平衡是难以做到的。企业采用平衡结汇法，还有赖于各个部门的密切合作。在金额较大，存在着一次性外汇风险的贸易中尚可采用平衡结汇法。

4) 加列保值条款

(1) 黄金保值条款。该条款适用于固定汇率时期，是指根据签订合同时计价货币的金平价对原货币进行支付。

【例5-1】 A、B两国签订借贷合同，金额为1 000万美元，借贷期限为两年，并在合同中加列黄金保值条款。(此处，不考虑利息，只算本金)

借款时：1美元=0.8克，1 000万美元=800万克黄金

还款时若美元贬值：1美元=0.7克黄金

还款人应偿还的本金为800万克黄金÷0.7=1 142.86万美元

该例中，借贷交易无论成交时还是偿还时，本金始终是与800万克黄金等值的美元，避免了合同货币美元价值变化给借贷双方带来的不合理的利益重新分配。不过，黄金保值条款因为只适用于固定汇率时期，所以现在基本不用。

(2) 外汇保值条款。外汇保值条款就是用硬货币保值，用软货币支付。常见的做法就是，在贸易合同中，规定某种软币为结算货币，某种硬币为保值货币，签订合同时，按当时软币与硬币的汇率，将货款折算成一定数量的硬币，到货款结算时，再按此时的汇率，将硬币折回成软币来结算。

例如：一笔进出口贸易合同，其支付货币是美元，合同金额10万，双方约定以日元为保值货币。在签约时，美元与日元的汇率是1 : 100，合同金额折算为1 000万日元，到了支付日时，美元兑日元的汇率变为1：80，则应付合同金额为12.5万美元(1 000万日元÷80)。这样一来，美元贬值给收汇方带来的损失将得以弥补。

(3) 用“一篮子”货币保值。“一篮子”货币指的是多种货币的组合。在浮动汇率制度下，各种货币的汇率时时刻刻在变动之中，而且变化的方向和幅度并不一致，由于是多种货币的组合，各种货币的汇率有升有降，汇率的风险得以分散。在使用“一篮子”货币保值时，首先要确定“一篮子”货币由哪几种货币构成；其次在签订合同时，确定支付货币与“一篮子”保值货币之间的汇率，并规定各种保值货币与支付货币之间的汇率变化的调整幅度。到期支付时，汇率的变动超过了规定的幅度，则按合同规定的汇率进行支付，从而达到保值的目的。

【例5-2】 一份贸易合同，金额为500万美元，并约定以美元、日元、英镑作为保值货币，其中美元、日元各占30%，英镑占40%。

已知签约时汇率为USD1=JPY120；GBP1=USD1.5。

则500万美元折算成保值货币为

500×30%×1=150万美元

500×30%×120=18 000万日元

500×40%÷1.5=133.34万英镑

由此可知：签约时，合同货币与“一篮子”货币的关系为

500万美元=150万美元+18 000万日元+133.34万英镑

若支付时，市场汇率变动为USD1=JPY130；GBP1=USD1.43。

则将各保值货币再折算为合同货币：

150万美元÷1=150万美元

18 000万日元÷130=138.46万美元

133.34万英镑×1.43=190.68万美元

150+138.46+190.68=479.14万美元

货款支付日，由于美元升值，进口商只需向出口商支付479.14万美元即可。

5) 价格调整法

在国际贸易中，一般是坚持出口收“硬币”，进口付“软币”的原则，但是在实际交易中，常常出现出口商不得不收“软币”，进口商不得不付“硬币”的情况，这时往往可以通过调整进出口商品的价格的方法，将外汇风险分摊到价格中去，这就是价格调整法。价格调整法包括加价保值法和压价保值法。

加价保值的计算公式为

$$出口商品的新价=出口商品的原价\times 1/(1-计价货币预期贬值率)$$

压价保值的计算公式为

$$进口商品的新价=进口商品的原价\times 1/(1+计价货币预期升值率)$$

2. 利用金融工具规避交易风险

1) 即期合同法

即期合同法是指具有应收或者应付外汇账款的企业通过与外汇银行签订出卖或者购买外汇的即期合同来消除外汇风险的方法。

2) 远期合同法

远期合同法是指具有应收或应付外汇账款的企业通过与外汇银行签订出卖或者购买外汇的远期合同来消除外汇风险的方法。外汇风险由本币、外币和时间3个因素构成，远期合同法的基本原理是利用远期合同，可以把时间结构由将来转移到现在从而剔除时间因素，并在规定的时间内实现本币与外币的冲销，剔除另外两个因素，从而消除外汇风险。

3) 期货合同法

期货合同法是指具有应收或应付外汇账款的企业，在外汇期货市场，根据标准化原则与清算公司或经纪人签订货币期货合同，以消除或减少外汇风险的方法。期货合同法的原理就是利用现货和期货两个市场，一方面将时间的结构提前，消除时间因素的影响，另一方面利用两个市场的对冲来减少风险。具体方法就是多头套期保值和空头套期保值。

4) 外汇期权合同法

外汇期权合同法就是具有应收或应付外汇账款的企业，通过外汇期权市场进行外汇期权交易，以降低外汇风险的方法。外汇期权合同法的原理是利用期权交易合约的买方具有选择权的特点，通过选择是否执行期权合约规避汇率波动对企业的影响。具体做法是买进看跌期权和买进看涨期权。

5) 掉期合同法

在买进或卖出一种期限的某种货币的同时，卖出或买进另一种期限的同种货币的外汇交易就是掉期交易。掉期交易因为实现了资金的反向流动所以可以减少外汇风险。

6) 借款法和投资法

借款法就是拥有应收外汇账款的企业通过向银行借入一笔与远期收入金额相同、期限相同、币种相同的贷款，并通过融资来降低外汇风险的一种方法。借款法的原理就是通过改变外汇风险中的时间结构来降低外汇风险。但是因为要从银行借款，所以借款法防范外汇风险是有成本的，即借款利息。但如果利息的支出小于汇率波动带来的损失，仍可以起到规避风险的作用。借款法只适用于有应收外汇账款的企业。

例如，我国某公司向美国出口价值500万美元的货物，半年后收回货款。该公司即可在签订贸易合同后首先从外汇银行借入500万美元贷款，然后将500万美元在现汇市场出售，收回本币资金，半年后收回500万美元货款，以此偿还外汇银行借款(不考虑利息)。

对该公司来讲，借助这一操作，将本来应该在未来进行的本、外币之间的兑换提前到现在进行，从而消除了未来汇率变化的影响。

投资法就是有应付外汇账款的企业通过将一笔资金(一般为闲置资金)投放于某金融市场，一定时间之后连同利息收回，从而使该笔资金增值，并降低外汇风险。投资法的原理也是通过改变时间结构来降低风险，但是与借款法不同的是，借款法是将未来的收入转移到现在，投资法是将未来的支付转移到现在。投资法只适用于有应付外汇账款的企业。

例如，某公司从国外进口价值100万英镑的货物，半年后货到付款。该公司即可在签订贸易合同后先在现汇市场购进100万英镑，然后在国际货币市场将100万英镑做半年期投资。半年后收回英镑投资本息，约为100万英镑(不考虑利息)，然后以收回的投资支付货款。

7) BSI法和LSI法

在即期合同法、借款法和投资法等方法的基础上，将其综合利用，以达到消除全部风险效果的方法，就是BSI法和LSI法。

(1) BSI法即借款—即期合同—投资法(Borrow-Spot-Invest，BSI)。可以从企业的应收外汇账款和应付外汇账款两个方面阐述BSI法的应用。

BSI法在应收外汇账款中的应用：企业首先应从银行中借入与应收外汇账款相同数额、相同币种、相同期限的外币，将借入的外币通过即期交易兑换成本国货币，再将换得的本币进行投资，投资的期限与应收账款的期限一致，到期后将本金和利息全部收回，应收外汇账款用于偿还银行借款，投资的利息所得用于弥补银行借款的利息。

例如，德国某公司90天之后有一笔50万美元的应收外汇账款，为防止美元对欧元的汇率出现波动，德国公司可以先向银行借入50万美元(不考虑利息因素)，时间是90天，在借得这笔款项后按即期汇率USD1=EUR0.835 7兑换成41.785万欧元，随之将41.785万欧元投资于金融市场，期限是90天。90天后，德国公司的应付美元账款到期，恰好其欧元的投资期满，以收回的美元账款偿付美元债务，最终消除了美元债务。

BSI法在应付外汇账款中的应用：企业从银行借入与应付账款相同期限的本币，将借入的本币通过即期交易兑换成与应付账款币种相同、金额相等的外币，再将换得的外币进行投资，投资的期限与应付账款的期限一致，到期后将本金和利息全部收回，本金用于应付账款的支付，投资的利息所得用于弥补银行借款的利息。

(2) LSI法即提早收付—即期合同—投资法(Lead-Spot-Invest，LSI)。可以从企业的应收外汇账款和应付外汇账款两个方面阐述LSI法的应用。

LSI法在应收外汇账款中的应用：有应收账款的企业在征得债务方的同意后，请其提前支付货款，并给予对方一定的折扣，然后通过即期合同兑换成本币，与此同时，将换回的本币用于短期投资，其收益弥补折扣的损失。

LSI法在应付账款中的应用：有应付账款的企业先借入一笔与外币金额等同的本币贷款，然后通过即期合同兑换成外币，以外币提前支付并获得对方的折扣。整个过程虽然是借款—即期合同—提前支付，但是国际传统习惯不把它称为BSL，而称为LSI。

8) 贸易融资法

(1) 出口押汇。出口押汇是指在出口商发出货物并交来信用证或合同要求的单据后，银行应出口商要求向其提供的以出口单据为抵押的在途资金融通。出口押汇的范围包括：信用证下出口押汇和跟单托收下出口押汇；外币出口押汇和人民币出口押汇。出口押汇的原理就是出口商将单据押给银行后，将时间结构改变，因此也将外汇风险转嫁给外汇银行。

(2) 打包放款。打包放款指出口地银行为支持出口商按期履行合同、出运交货，向收到合格信用证的出口商提供的用于采购、生产和装运信用证项下货物的专项贷款。打包贷款的期限一般很短，出口商借入打包贷款后，很快将货物装船运出，在取得各种单据并向进口商开出汇票后，出口商通常前往贷款银行，请其提供出口抵押贷款，该银行收下汇票和单据后，将以前的打包放款改为出口押汇，这时的打包放款即告结束。打包放款对于出口商来说相当于把货款提前取出，所以收汇的风险也就变小了。

(3) 出口信贷。出口信贷是一种国际信贷方式，是一国为了支持和鼓励该国大型机械设备、工程项目的出口，增强国际竞争力，以向该国出口商或国外进口商提供利息补贴、出口信用保险和信贷担保的优惠贷款方式，鼓励该国的银行对该国出口商或国外的进口商提供利率较低的贷款，以解决该国出口商资金周转的困难，或满足国外进口商对该国出口商支付货款需要的一种融资方式。出口信贷名称的由来就是因为这种贷款由出口方提供，并且以推动出口为目的。出口信贷包括买方信贷和卖方信贷。

买方信贷是出口国政府支持出口方银行直接向进口商或进口商银行提供信贷支持，以供进口商购买技术和设备等，并支付有关费用。

卖方信贷是出口方银行向该国出口商提供的商业贷款。出口商(卖方)以此贷款为垫付资金，允许进口商(买方)赊购自己的产品和设备等。出口商(卖方)一般将利息等资金成本费用计入出口货价中，将贷款成本转移给进口商(买方)。

(4) 福费廷。福费廷又称包买票据或买单信贷，是指出口商将经过进口商承兑的，并由进口商的往来银行担保的，期限在1年以上的远期票据，无追索权地向进口商所在地的包买商(通常为银行或银行的附属机构)进行贴现，提前取得现款的融资方式。由于福费廷对出票人无追索权，出口商在办理此业务后，就把外汇风险和进口商拒付的风险转嫁给了银行或贴现公司。福费廷业务必须事先由进出口双方协商才可以使用。

(5) 保付代理。保付代理简称保理，是指出口商以延期付款的形式出售商品，在货物装运后立即将发票、汇票、提单等有关单据，买断给保理机构，收进全部或一部分货款，从而取得资金融通。保理业务一般期限在1年以内，出口商无须与进口商事先协商。

福费廷和保理都是通过提前收回货款，改变时间结构来规避风险。

(二) 折算风险的管理

1. 折算风险管理

涉外经济主体对折算风险的管理，通常是实行资产负债表保值。这种方法要求在资产负债表上以各种功能货币表示的受险资产与受险负债的数额相等，以使其折算风险头寸(受险资产与受险负债之间的差额)为零。只有这样，汇率变动才不致带来任何折算上的损失。

实行资产负债表保值，一般要做到以下几点。

(1) 弄清资产负债表中各账户、各科目上各种外币的规模，并明确综合折算风险头寸的大小。

(2) 根据风险头寸的性质确定受险资产或受险负债的调整方向。如果以某种外币表示的受险资产大于受险负债，就需要减少受险资产或增加受险负债，或者同时并举。反之，如果以某种外币表示的受险资产小于受险负债，则需要增加受险资产或减少受险负债。

(3) 实行科目调整。在明确调整方向和规模后，要进一步确定对哪些账户、哪些科目进行调整。当然，实现这一点的难度很大，因为有些账户或科目的调整可能会带来相对于其他账户科目调整更大的收益性、流动性损失，或造成新的其他性质的风险。因此，一般来说，通过资产负债表保值获得折算风险的消除或减轻，是以经营效益的牺牲为代价的，应慎重对待，权衡利弊。

2. 折算风险管理的局限性

首先是收益的预测不准确。子公司对年末收益的预测值并没有保障，如果实际收益比预计收益高得多，那么折算损失可能会超过远期合约策略产生的收益。其次是某些货币没有远期合约。第三是会计信息扭曲。最后是增加了交易风险。

(三) 经济风险的管理

首先要充分提高风险管理意识和风险管理能力。其次要建立企业内部外汇风险管理的程序，具体过程包括：预测外汇的变化趋势，计算外汇风险的受损额，选择风险管理的最佳实施方案，加快外汇市场建设。

本 章 小 结

1. 狭义的外汇风险，也称汇率风险或外汇暴露，是指在一定时期的经济交往中，经济实体或个人以外币计价的资产或负债由于汇率变动而引起价值变动的风险。外汇风险有3个构成因素：本币、外币和时间。

2. 外汇风险可以分为交易风险、折算风险和经济风险3种类型。

3. 交易风险是指在以外币计价的交易中，由于外币和本币之间汇率的波动使交易者蒙受损失的可能性。交易风险又可分为外汇买卖风险和交易结算风险。影响交易风险的因素有3个：一是企业拥有的远期外汇的头寸；二是外汇汇率的波动幅度；三是在公司拥有多种外币业务的情况下，几种外币相对本币汇率变化的综合变动趋势。交易风险的管理方法大致可以分为两大类：一类是利用贸易谈判、合同的商洽和经营决策来规避交易风险；另一类是利用金融工具来规避交易风险。

4. 折算风险，又称会计风险或转换风险，是指企业在进行会计处理和外币债权、债务结算时，将必须转换成本币的各种外币计价项目加以折算时所产生的风险。涉外经济主体对折算风险的管理，通常是实行资产负债表保值。

5. 经济风险又称经营风险，是指由于意料之外的汇率变动，使企业在将来特定时期的收益发生变化的一种潜在的可能性。经济风险是由汇率变动产生的，这种潜在的风险会直接关系到企业在海外的经营成果。

习　　题

一、选择题

1. 某公司有一笔远期美元收入，同时创造了一笔美元支出业务，该公司使用的防范风险的方法是(　　)。

A. 平衡结汇法　　B. 期货合同法
C. 选择货币法　　D. 软硬货币搭配法

2. 按照货币选择的原则，签订进出口合同时，应尽量采取(　　)计算。

A. 本国货币　　B. 外币　　C. 一篮子货币　　D. 美元

3. 投资法针对的是企业未来的(　　)的情况。

A. 应收账款　　B. 应付账款　　C. 投资收益　　D. 股票收益

4. LSI法中的L是指(　　)。

A. 提前收付　　B. 借款　　C. 即期合同　　D. 投资

5. LSI法中的S是指(　　)。

A. 提前收付　　B. 借款　　C. 即期合同　　D. 投资

6. 使用BSI法，在有应付外汇账款的情况下，企业应首先从银行借入与应付外汇账款相同数额的(　　)。

A. 本币　　B. 外币　　C. 黄金　　D. 特别提款权

7. 一笔应收外汇账款的时间结构对外汇风险的大小具有直接影响，时间越长，外汇风险就越(　　)。

A. 大　　B. 小　　C. 没有影响　　D. 无法判断

8. 在预期本币贬值的情况下，公司的做法是(　　)。

A. 进口商拖后付汇，出口商拖后收汇　　B. 进口商提前付汇，出口商拖后收汇
C. 进口商拖后付汇，出口商提前收汇　　D. 进口商提前付汇，出口商提前收汇

二、判断题

1. 只要企业在进出口贸易中不使用外币，就不存在外汇风险。(　　)

2. 预期合同中计价结算的货币汇率下跌时债权人应设法拖后收汇，以避免损失。(　　)

3. 在应付外汇账款的情况之下，企业应先从银行借入本币。(　　)

4. 出口收汇应选软货币作为计价货币，进口付汇应选硬货币作为计价货币。(　　)

5. 外汇风险是指在一定时期的经济交往中，经济实体或个人以外币计价的资产或负债由于汇率变动而引起的价值变动。(　　)

三、填空题

1. 外汇风险管理的原则有__________、__________和__________。
2. 外汇风险的3个构成因素是__________、__________和__________。
3. 外汇风险可以分为__________、__________和__________3种类型。
4. 黄金保值条款是指根据签订合同时计价货币的__________对原货币进行支付。
5. 在使用“一篮子”货币保值时，首先要确定“一篮子”货币由哪几种货币构成，其次在签订合同时，确定支付货币与“一篮子”保值货币之间的__________，并规定各种保值货币与支付货币之间的汇率变化的__________。
6. 利用外汇期权合同进行风险管理时，进口商__________期权，出口商__________期权。
7. BSI法中B指的是__________，S指的是__________，I指的是__________。

四、名词解释

1. 外汇风险　2. 交易风险　3. 折算风险　4. 经济风险
5. 外汇风险管理　6. 打包放款　7. 出口信贷　8. 福费廷

五、简答题

1. BSI法是怎样消除应收账款的外汇风险的？
2. BSI法是怎样消除应付账款的外汇风险的？
3. LSI法是怎样消除应收账款的外汇风险的？
4. LSI法是怎样消除应付账款的外汇风险的？
5. 简述外汇风险的种类。

六、论述题

试分析企业应该如何管理外汇风险。

案例分析

案例一　振华港机外汇套保巨赢7亿元

2008年，“套期保值”给中国内地投资者和大型上市公司上了一课。众多上市公司在金融衍生产品上产生巨额亏损：东航套保损失64亿元，江西铜业套保巨亏13.6亿元等。

然而，另一家位于上海的全球集装箱起重机市场的龙头——振华港机，在2008年套期保值中不但没有发生损失，而且交易性金融资产还为其净赚了7.32亿元，其中，主要是远期外汇合同带来的非经常性损益贡献的。在外汇衍生市场，最简单的金融工具就是根据实际合同来进行对冲交易。振华港机的具体做法如下。

首先，国内成立外汇套保小组。振华港机是位于上海的世界排名第一的起重机和大型钢结构制造商，主要生产岸边集装箱起重机、轮胎式集装箱龙门起重机、散货装、卸船机、斗轮堆取料机、门座起重机、浮吊和工程船舶以及大型钢桥构件等。振华港机80%以上的产品要出口，而汇率变动产生的汇兑损益直接影响公司的利润水平，所以振华港机专门成立了一个外汇“套保小组”来规避汇率风险。

振华港机工作人员解释道，因为该公司是外向型企业，所签合同大部分是外币合同，所以每年都是为了锁定收入、锁定利润才来做外汇的“套期保值”。因为主要签的是美元合同和欧元合同，其中绝大多数还是美元合同，所以以前主要是做美元和欧元之间的套期保值。大规模做，也就是这几年才开始的，主要是源自于人民币大幅升值。

公司财务办下面有个外汇部，在外汇部的基础上成立了外汇套保小组，这个小组主要是总裁来牵头，职位最高的是总裁，接下来是财务总监，然后是外汇部的经理，还有一两个是外汇部负责具体操作的经办人员，这4～5个人就组成了外汇套保小组。

外汇套保小组的决策流程主要是：套保小组从负责签合同的经营办得到反馈的相关订单信息，根据及时收集的汇市信息制定相应的套期保值措施，由财务总监提交总裁，最终由总裁定夺。

其次，根据现货交易合同来做套保。在经营部报价的时候，财务部要预算毛利率和净利润，振华港机据此来套保，“我们要保证收到预算出来的利润”，振华港机的员工坚决地表示，“整体来讲，我们是根据合同收款的进度和订单的整体规模来套期保值”。

振华港机外汇套保的规模有两个关键条件：一是外币订单的规模，二是汇市波动的程度。在汇市波动风险比较小的时候，振华港机不一定要锁定全部合同金额，早几年就是如此。毕竟，做套期保值也有手续费支出的。这几年，由于汇市波动比较厉害，所以振华港机就采取了各种外汇套期保值措施及利用保理等业务，主要目的是控制风险、锁定收入。

“以前，在欧元和美元之间，我们也会做套期保值，现在主要是跟着人民币走。我们原材料的采购，很大部分是在国内，这跟企业的发展很有关系，因为早几年之前，我们的进口件比例也是比较大的，也是要用外币去购买的。那么这两年，我们的国产化率提高了，很多原材料都要在国内采购。因而，人民币对公司的影响更大，而且公司作为在本土上市的公司，收入、利润等各指标都是要用人民币来体现的。因此，在人民币汇率波动比较大的时候，我们肯定会采取相应的措施。”上述员工介绍道。

“特别是2007年的时候，振华港机就把2008年所有的合同，包括预估合同和已签合同就全部都锁定了。通过各种财务手段，不一定全部都是远期，包括尽量采用外币借贷形式，也是一种方法。”

“只是因为汇市变动较大，公司为了保住自己这块利润才会去做套期保值的。”

第三，专人盯住三大汇市，不做投机交易。由于近两年，外汇市场波动比较大，因而外汇套保过程中风险控制的要求也比较高。振华港机的做法是实时跟踪，专人盯住纽约、伦敦、东京外汇市场。由相关的外汇操作人员从银行，包括从汇市上面收集相关的信息，然后反馈给财务总监，财务总监再反馈给总裁。

“因为振华港机交易的金额都比较大，跟各大银行都有往来，所以各大银行对我们提供的服务也比较好”，振华港机的员工评论道，“另外一方面是我们的信息一定要及时、全面。一定要从国际国内的经济、政治形势出发，所以这个事情一定要经财务总监上报总裁，包括他们小组也经常讨论。像这样来群策群力，最后总裁来定，当然个人的眼光也很重要。”

此外，振华港机全球性的业务活动是直接跟全球贸易活动相关联的，所以全球经济的好坏，包括政治上的一些变动，也对其也有一定影响。

我们的出发点一定不能是投机，而是为了把企业的收入锁定下来，一定是只能为了套期保值，而不是企业为了在这个方面赚一些钱。振华港机员工总结道：“其实，我们做的套期保值在所有外汇衍生工具中是最简单、最基础的一种，并不是那么复杂。”即使投机产生收益，公司也不会给某人奖励，因为公司的理念是不鼓励这种投机行为，它也不会给你个人奖励的。

“像我们在套保方面做的最基础的产品，一般是要求你有贸易背景的，是要以真实合同为基础的，而不是没有合同背景的瞎做。”

据振华港机员工透露，公司内部对套期保值这一块业务非常重视。总裁亲自抓两块业务，一个是汇市的风险，另一个是抓钢材。因为这两块对我们的利润影响是非常大的。

据了解，振华港机外汇结算以美元为主，欧元为辅。而在国内一些产生套保损失巨亏的公司中，中信泰富用的是澳元，另外有些公司用的是日元和新加坡元。对于振华港机这套结算体系，中国银行一位人士认为比较科学合理，因为国际主要结算货币就是美元和欧元，且这两种货币的央行都有强大支撑能力，而澳元、新元、日元相对比较脆弱。

当前中国也在不断地推动人民币的国际化，作为全球集装箱起重机市场的龙头老大，振华港机为何不用人民币来结算呢？

振华港机上述员工笑着表示，这个问题我们一直在考虑，特别是在人民币升值的时候。我们也一直在跟客户提，希望客户能够锁定人民币，甚至用人民币来结算我们是最高兴的。但公司的用户不同意，因为对他们来讲，他们付本国的货币，或者付美元是最为恰当的、风险最小的。如果让他们锁定人民币，他们的成本支出是不可控的。

“以前也有过一些采用与人民币挂钩的结算，但主要是出口转内销的国内合资用户。但是这些客户一般也不愿意用人民币结算”，振华港机的员工表示。

(资料来源：外汇通网站，http://www.forex.com.cn/QiYe/SSGS/2009-04/1110534.htm)

问题：

1. 结合振华港机的实例，说明企业的风险偏好如何影响外汇风险管理方法的选择。
2. 根据振华港机的实例，分析外汇套期保值的原理是什么？
3. 中国进出口企业利用人民币结算的主要瓶颈在什么地方？

案例二 外汇风险管理在宣钢的应用

宣化钢铁集团有限责任公司是国家大中型钢铁企业，自2001年开始，为配合企业上规模上水平，设备更新改造和技术改进的节奏加快，进出口贸易额大幅度增加，而贸易过程中潜在的外汇风险也在加剧。为规避风险，宣钢利用远期外汇结售汇、押汇、期权等金融工具，对宣钢自营进出口货物包括成套设备、备件以及大宗原料等进口贸易适时采用不同的金融工具进行外汇风险管理，取得了显著成效。在2001—2003年总贸易额约35亿元人民币的项目中比较敞口管理和风险管理的差距，产生直接经济效益1 968.1万元人民币。同时，宣钢整体外汇风险管理水平也不断提高，不仅较大限度地应用了中国金融体系下现有的金融工具，也为在未来进一步开放的汇率体制下进行国际贸易、规避外汇风险奠定了基础。

1. 宣钢实施外汇风险管理的背景

我国目前已成为一个进出口贸易大国。2004年，对外贸易再创新高，全国进出口贸易总额达1 1547亿美元，名列美国、德国之后，成为世界第三大贸易国，比上年增长35.7%，净增长3 037亿美元。据2004年海关统计的进出口额度显示，我国与欧盟国家贸易量的比重很大，居日本之后列我国十大进口国的第二位。我国从欧盟国家进口的产品中很大一部分是技术含量高的机械设备、精密仪器。这部分贸易目前都直接或间接地使用欧元来报价和进行成本核算。由于人民币汇率目前仍与美元挂钩，与欧元的兑换率随外汇市场自由浮动，这就使得企业不可避免地要面对汇率风险。而欧元的全面启动，更加大了外汇风险，宣钢也无一例外地要面对这些风险。

2. 以保值的理念控制外汇风险

由于汇率波动并不总是朝一个方向变动，因此，在进行保值操作的事后评价时经常会发现保值后市场并没有向想象的不利方向变动，与此时的市场价格相比，保值交易会处于潜亏状态。因此，有些人自然而然会认为保值策略失败了，保值交易使自己失去了享受更好市场价格的机会。但实际上对于一个保值方案的正确评价，其关注的要素主要应包含保值的水平与原来成本的比较，而不应受日后市场的变动影响。只要所做保值的水平好于预算成本，保值交易就是成功的，市场的变动只是影响了其保值功效而已。而不做保值从本质上讲是将希望寄托在对市场波动方向的猜测与幻想中，但没有人能够描绘出未来远期市场的运行轨迹，心存侥幸地等待，其结果往往是与市场反向而行。

正确的保值理念，首先要树立"固定成本"的概念。锁定成本、规避风险是保值交易的根本出发点，当交易价格低于债务成本时，企业便应理智地开始保值。其次不应以投机的思维看待保值。保值者的盈利状况能够进行事前的估算与衡量，取决于债务成本与保值成本的差额，因此保值者关注市场的主要目的应是寻找更为有利的降低及锁定成本的市场时机。为控制未来现金流并保持长期项目的连续性，宣钢以保值的理念规避与管理汇率风险，将债务成本固定在公司财务所能承受与认可的范围之内。保证按预算支出获得稳定与可预见的现金流；固定甚至降低公司的债务成本支出，从而保障项目持续盈利；同时防范市场汇率向不利方向波动而导致公司债务成本增加。

宣钢在外汇管理中随着管理目标的不同，采取固定汇率、期权等金融工具来消除或适当保留汇率波动的影响，从而达到保值增值的目标。经过近几年的实践，目前在组织结构、管理模式、实施步骤、风险评价上已经形成了一套办法。宣钢公司成立了外汇风险管理办公室，秘书处设在进出口公司，成员是财务处、计划处、工程指挥部、进出口公司、企管办及具体设备或原料的使用单位。公司董事长直接负责，并由董事长授权操作外汇额度、最高成本。

宣钢的管理模式是项目负责制，具体到每个项目。由相关成员单位提出成本要求，并根据市场讨论确定公司能承受的风险水平，董事长签字确认项目计划和风险水平以及最高成本线。进出口公司根据宣钢公司对项目签署的意见，选择可以实现预期目标的金融工具，与银行等金融机构签署意向协议。公司项目计划、银行协议、资金申请三单备妥后，进出口公司报由宣钢公司财务处进行审核、批准和资金拨付。然后与银行签订正式协议并进行外汇锁定或期权买卖。项目进行完毕，设备或原料要对工厂进行交库，按照实际执行汇率确定进厂价格，工厂在与计划比较确定无超支的情况下完成交接。对公司进出口业务财务处分季度、年进行项目风险评价。对比原来的计划水平确定项目完成情况和实施水平，并与考核指标挂钩进行奖罚。通过以上办法，宣钢把外汇风险管理纳入正常的管理程序，建立了良好的运行机制：设立专门的操作和监管部门进行管理，由董事会负责保值政策的制定与重大问题的决策；成立专门的风险管理办公室秘书处，负责保值交易的具体实施并将相关情况向董事会汇报；建立健全内部授权机制，明确秘书处职责与权利，确保成功保值；将进出口业务与财务核算衔接起来，通过有效沟通使董事会能够掌握资金的整体运作。

3. 外汇金融工具在宣钢的应用

1) 即期外汇买卖

宣钢的进口产品包括铁矿石和设备、备件，出口产品主要为钢材和化工产品。按照国际大宗原料贸易惯例，铁矿石的进口和钢铁、化工产品的出口均以美元计价。在1995—2000年，宣钢还没有外汇风险管理的概念，收款和付款同样用美元，而美元相对人民币多年保持稳定，因此，所有的业务都采用即期外汇买卖。以2002年3月15日提单的一船6.2万吨矿石为例，该船矿石价格为CIF天津新港约36美元/吨。宣钢于2月10日开出100%的即期信用证，卖方实际交单日期为3月15日。3月21日，银行通知议付。3月25日，宣钢通知银行付款，付款金额为223.2万美元。3月25日的银行美元现汇卖出价为8.28，宣钢实际付款为1 848.096万元人民币。

2) 远期结售汇的操作

宣钢使用远期外汇买卖是从2002年大量进口成套设备时开始的。当时的进口设备供货商90%为欧盟成员国，如德国、法国、意大利、卢森堡等。这些国家的公司在投标时无一例外是用欧元报价的，具体执行时可以换算成美元，但换算比例是按签订合同当日的汇率中间价格确定的。下面以2002年5月宣钢进口“15 000立方米制氧机组”为例说明远期结售汇的操作过程和成本核算。

(1) 进口项目说明：2002年5月20日，宣钢以国际招标的方式签订该项目，最后中标单位为德国ATLAS公司，中标价格为279万欧元，交货时间为2003年4月30日之前。付款方式：预付款在合同签订以后一个月之内支付，金额为合同总价的15%；合同交货前3个月，即在2003年1月30日之前，开立受益人为卖方的不可撤销即期信用证，金额为合同总额的85%。

(2) 实际执行情况(敞口管理)。当时由于欧元刚刚运行，汇率波动不明显，同时宣钢也没有汇率风险的管理意识，因此采用了即期外汇买卖。成本分析如下：2001年5月20日，欧元汇率银行卖出价为763.11，成本预算为2 129.076 9万元人民币。2002年6月19日，支付15%的合同预付款，金额为41.85万欧元。当天中国银行欧元卖出价为789.2，实际付款额为330.280 2万元人民币。

(3) 损失计算。2003年4月30日，外方交货。5月28日，设备到达天津新港。宣钢于5月15日从银行赎单，当天欧元汇率为951.41，实际付款额为2 256.268 8万元人民币。由于欧元汇率的变化，实际支出成本为2 586.549万元人民币，比预算成本增加457.472 1万元人民币。可见，如果对外汇风险不加以管理，企业将会因汇率波动产生极大损失。

(4) 假设A：若15 000立方米制氧机组项目采用远期结售汇，支付成本如下：2002年5月20日签订合同后，按照结售汇具体操作办法，分两笔向银行提出《保值外汇买卖申请书》，签订远期结售汇协议，一笔金额为合同总值的15%，即41.85万欧元，到期时间为一个月，当时远期汇率为755.93。另一笔到期时间为180天，远期汇率为752.12，到11月15日申请展期，汇率不变。宣钢第一次付款41 85万欧元，合人民币316.36万元。第二次付款237.15万欧元，合人民币1 783.66万元。总计采购成本2 100.01万元。

(5) 假设B：如果签订合同时与外商协议换算成相对人民币较为稳定的美元计价，根据国际惯例，2002年5月20日当天中国银行的欧元汇率中间价为763.11，实际付汇成本为2 129.08万元。

通过实际操作与A、B两种假设方式的比较可以看出：在欧元不断升水的情况下，使用远期结售汇是最为有效的规避风险手段。因此，从2003年6月开始，宣钢进口设备、原料均采用了远期结售汇操作方式。到2003年11月底之前，宣钢进口的80万吨铁矿石全部采用了远期结售汇。由于美元远期汇率一直处于贴水状态，汇率相对稳定，但总体水平低于美元的即期汇率水平，因此，使用远期结售汇比采用即期外汇买卖节约了312.12万元人民币的支出。

3) 外汇期权的使用

从2003年开始，随着设备更新与技术改进，宣钢的产品在质量和品种上有了很大的改观，出口额达到2 300万美元，银行经常项目账户可存放300万～500万美元。完全可以支付单台套设备的货款，实现欧元兑美元的直接交易，同时也满足了期权工具的使用条件即外币之间的直接兑换。因此，宣钢也开始尝试使用期权工具，最先使用的是美式期权：利用公司经常账户中的美元，在即期价1.331 0，买入一个执行价在1.34的欧元买权，同时卖出一个执行价在1.326 5的欧元卖权，有效期限为3个月，即期参考汇率为1.08。当3个月以后的欧元价格高于1.34时，企业有权在1.34的价格买入欧元；当3个月以后的价格低于1.326 5时，企业只能在1.326 5的价格买入欧元；当3个月以后的欧元价格处于1.326 5和1.34之间时，企业可以以市场价格买入欧元。上述期权的优势在于手续费为0，而且可以将汇率风险锁定在1.34以下，消除了欧元继续向上穿越1.34的风险，其劣势在于欧元若反转走势至1.326 5以下，企业只能在1.326 5的价位买入欧元。

宣钢在现有的银行体制和外部环境下，通过研究风险水平和现有金融工具，有选择地采取远期或即期外汇合约，在特殊情况下通过押汇等办法规避一定程度和一定时期内的汇率风险，从而达到风险管理目标。随着外汇风险管理的深入和管理手段的不断完善，宣钢在2001—2003年通过外汇风险管理取得的经济效益也不断提高，分别取得13.3万元、746.8万元和1 208万元人民币的收益。

(资料来源：外汇通网站，http://biz.forex.com.cn/QiYe/cwbx/2009-06/1131595.htm)

问题：

1. 根据宣钢的情况，分析如何利用外汇期权对外汇多头和空头进行套期保值。
2. 结合实际，分析利用远期外汇交易与外汇期权交易防范外汇风险有何不同。

案例三 汇率双边弹性增强企业承压能力上扬

汇率市场的考验已经不再是平地起惊雷。2018年6月中旬以来人民币的一波大幅走弱行情，再次考验了中资企业的汇率风险承压能力。本刊记者通过对多家市场主体走访，发现不少中资企业经过市场的培育已经形成了中性管理策略，建立了正确的汇率风险管理理念，不再单边博弈市场，多数企业对于6月中旬以来的这波人民币快速波动行情，整体情绪稳定、应对有道。

一、企业再次临考

经历了2016年、2017年汇率市场的波动，2018年以来6月中旬之前，人民币对美元的汇率一直稳定在6.25～6.4范围内，维持着稳定均衡的态势。但是6月中旬以来，短短两周时间，在岸人民币收盘价和中间价快速走弱，贬值幅度为3.2%和2.9%。与前几次汇率快速调整、市场手足无措的情形不同，面对此轮市场快速波动，多数业内人士都表示事出有因，内外部多个因素的共振形成了此次人民币汇率的快速波动。

中国农业银行金融市场部外汇交易中心储国强处长接受本刊记者采访时分析到，此轮汇率快速波动主要原因有3方面。一是近期中美贸易摩擦升级和中美货币政策分化改变了市场对人民币的单边看涨预期。市场最初认为所谓贸易战不过虚惊一场，而近期中美贸易争端进展显示，中美关系可能面临深刻调整，贸易顺差下滑将减少未来美元供给，中美贸易冲突若加剧将影响资本流向。二是此前人民币相对强势，面对美元指数走强，从一篮子货币角度看也有调整需要。受存量结汇、外资流入等因素的支撑，2018年前5个月人民币相对强势，较2017年年末升值3.16%。而最近一段时间美元指数快速反弹过程中，前期积累的企业存款逐渐解套，逐步进入市场，同时中国资本市场开放吸引外资流入，这也增加了外汇供给，导致市场上人民币对美元汇率调整有所滞后。三是近期大额购汇较前几个月增多，也给人民币汇率带来阶段性的贬值压力。根据历史数据，每年的5月到9月是企业购汇分红高峰，叠加前述市场情绪转变，供求格局微妙转换。

多家企业的资金管理人员也表示，中美贸易争端、人民币市场流动性的宽松、美元指数近期的反弹以及境内企业外汇存款数据近两个月的下降等一系列因素是人民币预期转弱的构成因素，他们对于此轮的汇率快速波动多少都“心中有数”。中国国际海运集装箱(集团)股份有限公司(下称“中集”)财务管理部金融支持部经理田龙接受本刊采访时谈到，8·11汇改之后，很多中资企业有积压的美元存款，一直到最近一段时间，企业手中沉淀的外汇存款已经得到比较充分的消耗，致使市场中的外汇供给量下降；与此同时，近期加剧的中美贸易争端和低于市场预期的国内宏观经济数据，叠加6月中旬企业普遍的季节性购汇需求，也对人民币汇率形成显著影响。某出口型精细化工企业资本与资金总监刘永盛的分析也与上述判断一致，他表示人民币近期的快速贬值是由于众多因素叠加引发的市场情绪快速变化而导致的，并不算是出乎意料。

尽管人民币汇率快速波动，但是市场的反馈却相对平稳。储国强表示，与之前几次人民币汇率掉头转向，市场大范围预期恶化不同，本次尽管汇率调整速度快，但是市场情绪总体是稳定的。“自6月14日起，离岸人民币连续11个交易日走弱，在岸人民币也贬值超过2 000点，但市场未现恐慌。”储国强分析，之所以市场情绪平稳，一是从银行层面看，基于一篮子货币调整需要而对本轮贬值早有预期，交易员对后市场看法总体乐观。二是从客户角度看，结汇客户由于4、5月已锁定大量结汇，本轮快速贬值过程中暂持观望态度，购汇客户多为刚性需求而大量入场，但并未有恐慌购汇迹象。三是在舆论层面，由于市场经过了前两年的大幅双向波动引导，市场各方主体对我国汇率运行机制认识更为理性、专业，对后市看法并不悲观，加之相关政府部门及时出来澄清消息，都很好地树立了市场的信心。

二、波动影响与应对

在市场的洗礼下，中资企业不断摸索汇率避险之道。刘永盛向记者表示，其所在的企业集团下设多个业务板块，各板块的业务模式各不相同，既有生产型出口企业，也有进出口贸易型企业，外汇敞口主要以美元兑人民币为主。对于不同业务模式的企业，人民币对美元的汇率波动所带来的影响也各不相同，对于生产型出口企业，此次人民币贬值所带来的影响显然是正向的，对于进口贸易型企业则相反。总体来看，由于集团的出口业务占比较大，因此此次汇率波动对公司整体的影响是相对正面的。而在资产负债层面，集团的业务模式相对清晰，在融资安排上也特别强调不能出现融资币种错配的情况，因此汇率波动的影响不大。

他同时强调，伴随着人民币汇率双向波动日益显著，集团进一步加强了对汇率风险管理工作的调整。“目前集团推行的是成本导向型的汇率风险管理政策，会先基于各单位预算利润，测算其所能承受的汇兑损失上限，再通过对一段时期内美元对人民币的历史波动率的统计分析，推算未来一年美元对人民币波动率的区间上限。结合上述信息，计算出各单位的最大净敞口限额。”刘永盛说，在他看来，引入“最大净敞口限额”的意义在于更及时、更有效地控制汇率风险，其原因在于，集团的外汇敞口分布于不同的业务板块，并以生产型出口企业为主，敞口主要跟随业务规模变化而变化，个别子公司的敞口调整所需时间较长。而引入“最大净敞口限额”后，各子公司可始终将外汇敞口控制在敞口限额之内，即便市场出现快速单边走势，公司整体的汇率风险也仍然可控。在避险工具的使用上，刘永盛表示，集团充分运用即期、远期、期权、汇率掉期等多种金融衍生品进行汇率风险管理，同时也会结合对市场趋势的判断，运用简单的外汇期权组合产品来进行保值操作，在风险可控的前提之下尽可能降低公司的保值成本。

田龙表示，从中集的主营业务构成来看，出口业务占据较大比例，因此整体的外汇敞口方向是出口结汇，此次汇率波动对于企业整体来说是有利的。但同时，他也表示，当前的汇率双向波动幅度加大，也给企业的汇率风险管理工作带来了更大挑战，按照目前多数企业的考核机制，汇率避险团队既要完成保值的目标，又要避免套保工具发生损失，在当前人民币汇率下跌的环境下，远期等对冲工具的损失会在一定程度上对冲美元收入的结汇收益，影响企业的财务表现。

针对这一问题，中集的应对策略是细化汇率风险的管控目标，不同的目标匹配不同的策略。对于主体部分的敞口，无论市场走势如何，都坚定不移地执行套期保值策略。在此基础上，在风险可控的范围内，再对剩余的小部分敞口采取基于市场研判的操作。

田龙以中集的主营业务——集装箱业务为例进行了说明，集装箱的出口订单周期较短，同时订单金额的季节性波动特征明显。对此，中集将集装箱业务的汇率风险敞口划分为3个部分——系统性部分、机动性部分和应对季节性波动的部分。其中，系统性部分是核心，占大部分敞口比例，无论汇率走势如何，对该部分均要执行套期保值。在具体操作上，系统性部分的合约避险期限与订单期限相匹配，避险工具优先选择普通远期结汇，以保证在人民币汇率出现不利于企业的变动时，企业仍能获得确定的下限结汇价格。对于机动性部分，企业可以在有限的较小范围内，根据对汇率走势的预判来选择对冲时点，并适度采用更加灵活的期权组合进行调节。上述两个部分占整个敞口的主要部分，剩余部分则预留给季节性波动所带来的敞口不确定性。而对于资产负债层面的外汇风险，田龙表示，中集通过自然对冲能够规避大部分美元融资的汇率风险，少部分其他币种的敞口，同样优先运用自然对冲手段，剩余敞口再通过货币互换、远期这类的对冲工具进行管理。

随着“一带一路”倡议的深入实施，工程承包类企业“走出去”的步伐不断加快，国际化程度日益提高，其汇率风险管理的重要性日益凸显。中国化学工程集团有限公司(下称“中化工程”)下属财务公司金融市场团队表示，由于工程承包类企业的合同签约币种多以美元为主，且有一定比例的采购支出来源于境内，以人民币结算，因此，此次人民币汇率下跌对工程承包类企业没有直接不利影响。他们同时强调，在人民币汇率双向波动的环境下，企业不应寄希望于通过汇率波动提升利润水平，而是要树立风险中性的汇率风险管理意识，切实提高汇率风险管理能力。

事实上，随着8·11汇改以来人民币汇率双向波动弹性明显加大，中资企业早已历经市场的数次考验。储国强表示，从他们的观察来看，2015年以来汇率的大幅双向波动让企业汇率风险管理经受考验，促使企业不断吸取经验教训，一是多数企业更加关注汇率走势，加强了与银行的沟通合作，二是部分大型企业从人员、制度和操作方面改进了汇率风险管理，在汇率反弹过程中适时减持了前期外汇存款，并运用远期和期权等工具对未来现金流进行了套保。“这些经验教训和措施使企业在面对本次汇率波动时较以往相对从容、理性。”

三、风险管理仍需“做实”

业内多位人士都表示，整体来看，人民币将长期处于有升有贬、双向波动的态势，未来一篮子货币汇率维持动态平衡也将是常态。储国强分析道，当前汇率快速波动的主要驱动因素是美元走强及在贸易摩擦背景下的市场驱动情绪调整，人民币并不具备长期走弱的基础，其次，美元指数只是短期内有冲高的可能性，美元缺乏长期大幅反弹基础，此外，经过2015年以来人民币市场的大开大阖，市场各方主体逐步适应了人民币汇率双向波动的基本特征，出现非理性购汇和增加外币资产的情况概率较低。

不过，储国强也建议，未来一段时间，市场主体对于汇率风险管理的重点仍然是正确面对汇率波动性不断加大的现实，要坚决摒弃单边思维和政策依赖，及时调整汇率风险管理思路，树立风险中性和财务中性理念，专注主业，放弃猜顶、猜底和财务创收的做法，根据成本核算结果及时对汇率敞口进行对冲。

对于企业未来汇率避险的重点和管控能力建设，田龙表示，包括中集在内的很多企业缺失的是如何将外汇敞口的套期保值落到实处。“只有当汇率风险管理完全与对汇率走势的预判相脱钩时，才真正是以保值为主，而这正是汇率避险落地的基石。”田龙谈到。而这样的做法，也是目前成熟跨国公司外汇敞口管理的不二做法。

具体到企业的汇率避险措施，田龙认为，首先还是优先考虑运用自然对冲来消除敞口，通过经营和融资结构的安排，让自身外汇净敞口收敛在一个小幅范围内。其次，合理认识和运用避险金融工具，例如何时使用远期、期权，以及金融工具能否充分发挥套期保值作用等。最后，才是通过对市场的把握和预判，来加强对汇率风险敞口的管理，但这一步的前提是做好保值的基础工作。

在中化工程财务公司金融市场团队看来，目前中资工程承包类企业的外汇风险管理仍有一定提升空间。一方面，避险理念仍有误区，一旦汇率出现反转，往往损失显著。另一方面，避险操作不够成熟，随着国际工程承包市场的竞争日趋激烈，买方市场逐步占据主导地位，原先通过谈判在合同中加入汇率风险波动补偿条款的习惯性做法，愈发难以实施；与此同时，其他避险手段却运用不足，例如有的集团在外汇风险管理过程中，以各子公司为单一主体设定外汇风险管理指标，面对不同币种、不同期限的资金，缺少在不同项目之间、不同子公司之间的整体计划，由此带来的影响是，原先不同子公司之间的外汇风险敞口可能恰好可以对冲，但因为缺乏集团层面的整体安排，子公司只会考虑如何完成自身的汇兑损益指标，无形中却提高了集团的避险成本。

针对上述问题，中化工程财务公司金融市场团队分析，工程承包类企业首先应当清楚地认识到人民币汇率双向波动增强、市场化程度提高已是不可逆的趋势，应尽快树立风险中性意识；其次，应当尽快完善外汇风险管理顶层设计，搭建合理的外汇风险管理体系，制定规范的外汇风险管理制度，其中外汇风险管理的顶层设计应当与企业全球资金调配、融资管理、收付结算、收支计划等方面的统筹管理高度结合，方能发挥有效作用；最后，应当加强对各种套保工具的学习，深入了解各种工具的适用性，选择合适的工具对冲外汇风险。他们告诉记者，集团一直高度重视外汇风险管理工作，密切跟踪外汇政策及市场行情。面对外汇市场新形势，集团目前正在加快完善外汇风险管理方案，并对方案中的管理范围、管理手段、管理模式等细节进行重新斟酌，进一步优化外汇风险管理顶层设计，为集团公司及所属企业管理外汇风险提供指引。

刘永盛表示，随着人民币汇率市场化改革的不断推进，人民币汇率波动的幅度与不确定性必然会逐渐增大。作为企业，仍然应该把增强自身的风险控制意识作为风险管控的重点，其所在的公司将不断提高旗下子公司的风险管理意识，未来公司会继续推进并提升现有的、成本导向型的汇率风险管理模式，同时，加强对汇率市场和避险产品的研究，优化公司汇率风险的管理效率，并深入探索符合公司业务模式的合理敞口规模，力将汇率风险管理精益求精。

(资料来源：中国外汇，2018(14))

问题：

1. 简述企业外汇风险避险的主要措施。
2. 简述企业外汇风险管理的经验与教训。

第六章

国 际 储 备

【导读】

国际储备是一国政府持有的、用于弥补国际收支逆差、维持本国货币汇率稳定以及应付各种紧急支付而持有的国家间可以普遍接受的一切资产。国际储备的首要作用是当一国国际收支出现逆差、国际支付发生困难时起缓冲作用，同时也是调节本国货币需求与币值稳定的一个重要手段。本章主要介绍了国际储备的概念、作用、构成、来源及国际储备的管理，并对我国的国际储备情况进行了探讨。

【学习重点】

掌握国际储备的概念、构成和作用及影响一国国际储备规模的因素。

【学习难点】

国际储备的规模与结构管理。

【教学建议】

教学中要结合数据图表及案例，同时要联系我国的实际情况。

第一节 国际储备概述

一、国际储备的概念

国际储备(International Reserves)是指一国政府持有的、用于弥补国际收支逆差、维持本国货币汇率稳定以及应付各种紧急支付而持有的国家间可以普遍接受的一切资产。

国际储备资产应具有以下几个特点。

(1) 普遍性。作为国际储备的资产必须能够被国际社会所普遍接受，比如黄金资产、美元资产等。

(2) 流动性。即变为现金的能力。

(3) 政府归属性。作为国际储备资产，其所有权应归于一国政府。比如工业部门用的黄金、个人手中持有的黄金，不能作为国际储备。

(4) 使用的无偿性。作为国际储备的资产，不仅要为政府所拥有，而且需要时能够被政府无条件地安排使用。不能无条件使用的资产，不能作为一国的国际储备。比如联合国的农业专项贷款，属于长期开发项目，一国政府不能将它挪作他用，所以不能纳入一国国际储备的范畴。再如记账外汇余额不能作为国际储备，因为它不能在国家间互相转让或兑换。

与国际储备相关的概念还有国际清偿能力。国际清偿能力(International Liquidity)是指一国中央银行为应付国际收支逆差和稳定汇率而持有的国际上普遍接受的资产。

长期以来，对国际清偿力和国际储备这两个概念一直存在着争论。一些人认为，国际清偿力与国际储备是同一概念，但大多数人认为国际清偿力与国际储备是两个不同的概念，其差别表现在量上，即一国的国际清偿能力，除包括该国货币当局持有的各种形式的国际储备以外，还包括该国的国外筹措资金的能力，即向外国政府或中央银行、国际金融组织和商业银行借款的能力。因此，国际储备仅是一国具有的现实的对外清偿能力；而国际清偿能力则是该国具有的现实的对外清偿能力和可能的对外清偿能力之和。国际清偿力除了反映一国的金融实力外，也在一定程度上综合反映着一国的国际经济地位与金融资信。

二、国际储备的构成

根据国际货币基金组织对国际储备构成的规定，一国的国际储备应主要包括：黄金储备、外汇储备、会员国在国际货币基金组织的储备头寸、会员国所持有的特别提款权。

(一) 黄金储备

黄金储备(Gold Reserves)，是指一国货币当局持有的货币性黄金。在典型的国际金本位制度下，黄金是最重要的国际储备形式。按照国际货币基金组织的建议，货币黄金的纯度为995/1 000。除货币当局外的经济实体所拥有的黄金一般视为非货币黄金，即不能算为黄金储备。但是，并不是一国货币当局所持有的全部黄金都可充当国际储备资产，因为某些国家往往规定以黄金作为国内货币发行的准备。因此，充当国际储备资产的黄金储备只是货币当局持有的全部黄金储备中扣除充当国内货币发行准备后的剩余部分。

由于黄金具有可靠的保值手段和不受国家力量干预的特点，它一直是国际储备的主要来源之一。用黄金充当国际储备资产的做法，可以追溯到19世纪。20世纪30年代，资本主义国家相继放弃了金本位制，纸币不能兑换黄金，但黄金仍然是主要的国际储备、国际支付和清算的最后手段。近几十年来，世界黄金储备的实物量变动很小，一直徘徊在10亿盎司左右。1950年为9.56亿盎司，1987年为9.44亿盎司，最多的1965年为11.94亿盎司。然而，黄金的价格波动很大，各国的黄金储备价值也随之波动。“二战”后，一直到1968年，黄金市场价格被维持在每盎司35美元的官价上。1968年，黄金价格实行双价制，其官价继续为35美元1盎司，但市价却随供求关系波动。1971年12月和1973年2月，美元先后贬值7.8%和10%，黄金官价也相应提高到每盎司38美元和42.22美元。随着1971年8月美国宣布不再承担以官价向各国中央银行用美元兑换黄金的义务，黄金官价名存实亡。1976年，IMF正式废除黄金官价，会员国政府之间以市价相互买卖黄金。从此，随着主要国家通货膨胀尖锐化，黄金价格如脱缰之马。20世纪80年代初，金价曾一度突破每盎司800美元的大关，但之后又大幅下降。2010年11月，国际金价突破1 400美元1盎司。2015年1月，金价达到1 222美元1盎司。金价的大幅度波动给各国黄金储备价值的计算造成了麻烦。目前，各国有按数量来计价的

(即以盎司为统计单位)，有按以前官价计算的，也有按有关市场价格来计算的。

黄金之所以是国际储备构成中的重要组成部分，是因为它具有其他任何形式储备资产所不具备的特点：一是黄金本身是价值实体，是一种最可靠的保值手段；二是黄金储备完全属于一国的主权所拥有的国家财富，不受任何国家权力的支配和干预。但是，黄金储备与外汇储备比较，流动性较差，一般进行国际支付时需要将黄金变为外汇后再支付。黄金储备不能升值，它没有利息，所以黄金储备的多少由一国的黄金政策决定。但在国际局势动荡特别是有战争爆发危险或处于战争中时，黄金储备是一国国际储备中最坚实的部分。

截止到2018年11月末，世界黄金储备排名见表6-1。

表6-1 世界黄金储备排名

排　序	国家或地区或组织	黄金储备量(吨)	黄金占外汇储备的比重(%)
1	美国	8 133.5	73.8
2	德国	3 369.7	69.1
3	国际货币基金组织	2 814.0	—
4	意大利	2 451.8	65.8
5	法国	2 436.0	59.5
6	俄罗斯	2 066.2	17.6
7	中国	1 842.6	2.3
8	瑞士	1 040.0	5.1
9	日本	765.2	2.4
10	荷兰	612.5	66.0

(资料来源：世界黄金协会官网，https://www.gold.org/cn/goldhub/data/monthly-central-bank-statistics)

(二) 外汇储备

外汇储备(Foreign Exchange Reserves)，是一国货币当局持有的对外流动性资产，主要形式为国外银行存款与外国政府债券。IMF对外汇储备的解释是：它是货币行政当局以银行存款、财政部库存、长短期政府证券等形式所保有的，在国际收支逆差时可以使用的债权。

外汇储备由各种能充当储备货币的资产构成。一种货币能充当储备货币，必须具备3个基本特征：

(1) 必须是可兑换货币，即不受任何限制而随时可与其他货币进行兑换的货币；

(2) 必须为各国普遍接受，能随时转换成其他国家的购买力，或能用于偿付国际债务；

(3) 价值相对稳定。

在第一次世界大战前，英镑是最主要的储备货币。20世纪30年代，美元崛起，与英镑共享主要储备货币的地位。“二战”后，美元由于是唯一在一定条件下可兑换为黄金的货币，处于等同黄金的地位，而成为各国外汇储备中最主要的储备货币。从20世纪60年代开始，美元由于频频发生危机，其储备货币地位逐渐下降，德国马克、日元的储备货币地位却不断上升，从而形成储备货币多元化的局面。1999年1月1日，欧元问世，各国纷纷看好欧元。欧元与日元、美元在国际外汇储备中形成三足鼎立的态势。据国际货币基金组织2018年第一季度数据，中国以近3.2万亿美元的外汇储备稳居榜首，其次是日本(1.2万亿美元)。值得一提的是，中国香港地区以4 375亿美元，位居第五。排名前十的国家和地区外汇储备余额情况如图6-1所示。

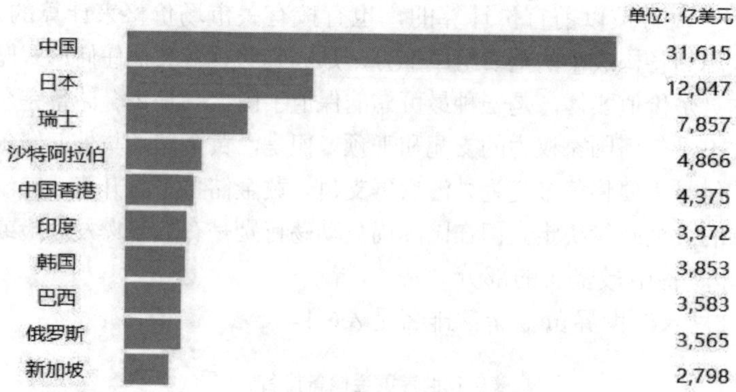

图6-1　2018年第一季度全球外汇储备最多的国家和地区前十名

外汇储备货币体系的显著特点如下。

(1) 从地区分布来看，亚洲成为外汇储备最多的地区。在2018年第一季度外汇储备前十名名单中，亚洲国家和地区占据7席。瑞士以7 857亿美元排在第三位，也是榜单中唯一的欧洲国家。部分原因是瑞士退出欧盟，使瑞士法郎成为欧洲投资者的避风港。

(2) 从外汇储备量来看，中国的外汇储备量远远超过其他国家和地区。在前十名名单中，中国的外汇储备量占到40%。

(3) 从外汇储备的币种来看，根据各国央行在2017年第三季度报告中的数据，美元占据63.5%，其次是欧元(20.0%)。同时，人民币已经占到储备货币的1.1%。

(三) 在IMF的储备头寸

IMF的储备头寸(Reserve Position in the Fund)，亦称普通提款权(General Drawing Right)，是指会员国在IMF的普通资金账户中可自由提取和使用的资产。

一国在IMF的储备头寸包括：

(1) 会员国向IMF认缴份额中25%的黄金或可兑换货币部分。按照IMF的规定，会员国可自由提用这部分资金，无须特殊批准，因此它是一国的国际储备资产。

(2) IMF为满足会员国借款需要而使用的本国货币。按照IMF的规定，会员国认缴份额的75%可用本国货币缴纳。IMF向其他会员国提供本国货币的贷款，会产生该会员国对IMF的债权。一国对IMF的债权，该国可无条件地提取并将其用于支付国际收支逆差。

(3) IMF向该国借款的净额，也构成该会员国对IMF的债权。

普通提款权在IMF会员国国际储备资产总额中所占比重较小。到1994年年底，会员国的普通提款权总额为317.26亿，仅占会员国国际储备资产总额的3.8%。

(四) 特别提款权

特别提款权(Special Drawing Right，SDR)，是IMF在1969年9月正式决定创造的无形货币，作为会员国的账面资产，是会员国原有的普通提款权以外的提款权利，故称特别提款权。

1. 特别提款权的创立

特别提款权的创立经过了一个长时间的酝酿过程。20世纪60年代初期爆发的美元第一次危机，暴露出以美元为中心的布雷顿森林货币体系的重大缺陷，使越来越多的人认识到，以一国货币为支柱的国际货币体系是不可能长期保持稳定的。从20世纪60年代中期起，改革“二战”后建立的国际货币体系被提上了议事日程。美英认为，为了挽救美元、英镑日益衰落的地位，防止黄金进一步流失，补偿美元、英镑、黄金的不足，适应世界贸易发展的需要，应创设新的储备货币。而以法国为首的西欧六国则认为，不是国际流通手段不足，而是“美元泛滥”、通货过剩，因此强调美国应消除它的国际收支逆差，并极力反对创设新的储备货币，主张建立一种以黄金为基础的储备货币单位，以代替美元与英镑。1964年4月，比利时提出了一种折中方案：增加各国在国际货币基金组织的自动提款权，而不是另创新的储备货币来解决可能出现的国际流通手段不足的问题。国际货币基金组织中的“十国集团”采纳了这一接近于美、英的比利时方案，并且该方案在1967年9月的国际货币基金组织年会上获得通过。1968年3月，由“十国集团”提出了特别提款权的正式方案，但由于法国拒绝签字而被搁置起来。美元危机迫使美国政府宣布停止美元兑换黄金后，美元再也不能独立地作为国际储备货币，而此时其他国家的货币又都不具备作为国际储备货币的条件。这样就出现了一种危机，若不能增加国际储备货币或国际流通手段，就会影响世界贸易的发展。于是，提供补充的储备货币或流通手段就成了基金组织最紧迫的任务。因此，国际货币基金组织在1969年的年会上正式通过了“十国集团”提出的储备货币方案。

2. 特别提款权的定值

特别提款权不是一种有形的货币，它看不见摸不着，而只是一种账面资产。特别提款权创立初期，它的价值由含金量决定，当时规定35特别提款权等于1盎司黄金，即特别提款权与美元等值。1971年12月18日，美元第一次贬值，而特别提款权的含金量未动，因此1特别提款权就上升为1.085 71美元。1973年2月12日美元第二次贬值，特别提款权含金量仍未变化，1特别提款权再上升为1.206 35美元。1973年西方主要国家的货币纷纷与美元脱钩，实行浮动汇率以后，汇价不断发生变化，而特别提款权同美元的比价仍固定在每单位等于1.206 35美元的水平上，特别提款权对其他货币的比价，都是按美元对其他货币的汇率来套算的，特别提款权完全失去了独立性，引起许多国家不满。20国委员会主张用一篮子货币作为特别提款权的定值标准，1974年7月，国际货币基金组织正式宣布特别提款权与黄金脱钩，改用“一篮子”16种货币作为定值标准。这16种货币包括截至1972年的前5年中在世界商品和劳务出口总额中占1%以上的成员国的货币。除美元外，还有联邦德国马克、日元、英镑、法国法郎、加拿大元、意大利里拉、荷兰盾、比利时法郎、瑞典克朗、澳大利亚元、挪威克郎、丹麦克朗、西班牙比塞塔、南非兰特以及奥地利先令。每天依照外汇行市变化，公布特别提款权的牌价。

1976年7月，基金组织对“一篮子”中的货币做了调整，去掉丹麦克朗和南非兰特，代之以沙特阿拉伯里亚尔和伊朗里亚尔，对“一篮子”中的货币所占比重也做了适当调整。为了简化特别提款权的定值方法，增强特别提款权的吸引力，1980年9月18日，基金组织又宣布将组成“一篮子”的货币，简化为5种货币，即美元、联邦德国马克、日元、法国法郎和英镑，它们在特别提款权中所占比重分别为42%、19%、13%、13%、13%。到1996年，国际货币基金组织已对这5种货币在特别提款权中所占的权数进行了3次调整。每种货币在特别提款权货币篮子中所占的比重依据以下两个因素而定：

(1) 会员国或货币联盟的商品和劳务出口额；

(2) 各个会员国的货币被国际货币基金组织其他会员国所持有储备资产的数量。调整的具体情况如表6-2、表6-3和表6-4所示。SDR定值是和一篮子货币挂钩的，IMF1980年规定，自1986年1月1日起SDR组成、加权比例每5年讨论一次。2011年，一篮子货币包括美元、欧元、日元和英镑，

SDR定值范围的调整结果为：美元为48.2%，欧元为32.7%，日元为11.8%，英镑为7.3%。2016年10月1日，国际货币基金组织宣布纳入人民币的特别提款权(SDR)新货币篮子正式生效，这反映了人民币在国际货币体系中不断上升的地位，有利于建立一个更强劲的国际货币金融体系。自2016年10月1日起，新的SDR货币篮子包含美元、欧元、人民币、日元和英镑5种货币，权重分别为41.73%、30.93%、10.92%、8.33%和8.09%，对应的货币数量分别为0.582 52、0.386 71、1.017 4、11.900、0.085 946。IMF每周计算SDR利率，并于2016年10月7日公布首次使用人民币代表性利率，即3个月国债收益率计算的新SDR利率。人民币纳入SDR是人民币国际化的里程碑，是对中国经济发展成就和金融业改革开放成果的肯定，有助于增强SDR的代表性、稳定性和吸引力，也有利于国际货币体系改革向前推进。

IMF依照每天外汇行市的变化，计算并公布SDR对各种货币的汇率牌价。2018年7月20日，IMF官网公布1美元=0.714 168特别提款权。

表6-2　1974年各货币在SDR定值中的比重

%

货　币	比　重	货　币	比　重
美元	33.0	比利时法郎	4.0
德国马克(西德与东德)	12.5	沙特里亚尔	30.0
日元	7.5	伊朗里亚尔	2.0
法国法郎	7.5	澳大利亚元	1.5
英镑	5.0	西班牙比塞塔	1.5
意大利里拉	5.0	挪威克朗	1.5
荷兰盾	5.0	奥地利先令	1.5
加拿大元	5.0		

表6-3　1980—1996年货币在SDR定值中的比重

%

货币名称	1980年的权数	1986年的权数	1991年的权数	1996年的权数
美元	42	42	40	39
联邦德国马克	19	19	21	21
日元	13	15	17	18
法国法郎	13	12	11	11
英镑	13	12	11	11

表6-4　2001—2016年货币在SDR定值中的比重

%

货币名称	2001年的权数	2006年的权数	2011年的权数	2016年的权数
美元	45	44	41.9	41.73
欧元	29	34	37.4	30.93
日元	15	11	9.4	8.33
英镑	11	11	11.3	8.09
人民币	—	—	—	10.92

3. 特别提款权与其他储备资产的区别

特别提款权这种无形货币与其他储备资产相比，有着显著的区别。①它是一种凭信用发行的资产，其本身不具有内在价值，是IMF人为创造的、纯粹账面上的资产。②特别提款权不像黄金和外汇那样通过贸易或非贸易交往取得，也不像储备头寸那样以所缴纳的份额作为基础，而是由IMF按份额比例不定期地、无偿分配给各会员国的可使用资产的权利，接受者无须付出任何代价。③特别提款权只能在IMF及各国政府之间发挥作用(向成员国换取可自由兑换货币、支付国际收支逆差或偿还国际债务)，任何私人企业不得持有和运用，不能直接用于贸易或非贸易支付，因此对其用途具有严格限定。

三、国际储备的来源

国际储备的来源主要是通过国际收支顺差、干预外汇市场、收购黄金、政府对外借款以及国际货币基金组织分配的特别提款权等渠道获得。

(一) 国际收支顺差

国际收支顺差是一国国际储备最主要和最直接的来源，其中经常账户的顺差是最主要的来源。因为经常账户的顺差表明一国的对外贸易处于优势地位，通过经常账户顺差可以迅速增加一国的国际储备，尤其是外汇储备。资本和金融账户的顺差虽然可以增加一国的国际储备，但终因日后要还本付息或汇出投资收益而显得不稳定，所以经常账户顺差是一国国际储备的主要来源。

(二) 干预外汇市场

一国政府通过干预外汇市场而获得的外汇也是一国国际储备的一种来源。当一国货币面临升值压力时，该国政府为避免本币升值对本国对外贸易造成不利影响，便可以利用外汇市场抛售本币，购入外国货币，以平抑本国货币的涨势，由此购进的外国货币就可补充该国的外汇储备。如20世纪90年代以来，面对日元不断升值，日本政府曾多次在市场以日元买回贬值的美元，一方面在一定程度上减缓了日元升值的压力，稳定了日元与美元的汇率；另一方面也增加了日本的外汇储备。

(三) 收购黄金

一国政府收购黄金的行为可以在国内完成，也可以在国际市场进行。通过从国内收购黄金，一国政府可以增加其黄金储备，这一做法称为“黄金的货币化”，即将黄金从非货币用途引至货币用途。但是通过这一渠道增加国际储备要受到国内自然条件和黄金消费量的限制。从国际市场购买黄金对一国国际储备的影响则有所不同，对于储备货币发行国来说，通过用本国货币在国际黄金市场上购买黄金，可以增加其国际储备量；但对于非储备货币发行国来说，由于本国货币不为国际市场所接受，因而只能用储备货币在国际市场购买黄金，这样做的结果是黄金储备量增加了，但外汇储备量却减少了。从国际储备总量来看并未发生改变，改变的只是黄金储备与外汇储备之间的比例。由此可见，非储备货币发行国要想通过收购黄金来扩充其国际储备量，只能从国内收购黄金。

(四) 政府对外借款

一国政府通过向外国政府借款也是增加国际储备的渠道之一。这种借款主要发生在储备货币发行国政府之间，一般是通过签订“货币互换协议”来相互提供外汇储备，一旦协议的一方遇到国际收支困难，那么协议的另一方则须自动以本国货币向对方提供贷款，由此便可增加对方的外汇储备。虽然对外借款对一国来说带有借入储备的性质，但由于这种“货币互换协议”通常是事先签订的，一国政府在遇到国际收支困难时可自动获得协议对方提供的贷款，故可将这种借款视作一国政府增加国际储备的来源。

(五) 国际货币基金组织分配的特别提款权

由于特别提款权也是一种国际储备资产，所以对于国际货币基金组织的会员来说，国际储备还有一个来源，即从国际货币基金组织分配到的特别提款权。但这一来源要受会员国向国际货币基金组织所缴份额的限制，会员国所缴份额越多，分配到的特别提款权便越多；反之则越少。从实际情况来看，这种分配方法非常不利于发展中国家，因为发展中国家所缴份额在全部份额中所占比重不到40%，而少数几个发达国家所占份额的比重一直高于60%。所以，发展中国家要想通过获得国际货币基金组织分配的特别提款权来增加国际储备是非常困难的。

四、国际储备的作用

(一) 调节临时性国际收支逆差

国际储备的首要作用是当一国国际收支出现逆差、国际支付发生困难时起缓冲作用。既可在发生国际收支逆差时暂时避免采取调节措施，也可在国际收支长期恶化而不可避免地采取调节措施时，缓和调节过程，减小因采取紧急措施所带来的经济剧烈波动所付出的巨大代价。

例如，一国因价格波动或季节性因素等原因而导致出口减少，出现国际收支逆差，可动用国际储备进行弥补，而不用采取压缩进口等限制性措施，以避免影响国内经济发展目标。再如，在一国发生结构性的国际收支失衡，出现长期逆差时，在调整过程中，除逐步调整国内产业结构与利用外资外，可动用国际储备来缓和调整过程，从而避免采取紧急措施而影响国内经济运行。

(二) 干预外汇市场，维持汇率稳定

国际储备中的外汇储备与黄金储备是本国纸币发行最有力的储备，也是调节本国货币需求与币值稳定的一个重要手段。当本币供过于求，在国际金融市场上汇率下跌时，或在国内金融市场上纸币贬值时，中央银行可以抛售外汇、黄金，以收紧银根，减少货币供应，使货币币值趋于稳定，维持合理的汇率水平。另外，在国际游资冲击本币的情况下，政府也可以调节储备资产的构成以抵制这种冲击。西方国家一般都设有“外汇平准基金”或“外汇稳定基金”，用来干预外汇市场，支持本币汇率。

(三) 作为对外举债与偿债能力的基本保证

国际储备是否充足，反映了一国的支付能力，是一国经济实力的硬指标。国际储备充实，说明支付能力强，经济实力雄厚，可以增强一国的资信，吸引外资流入，促进经济发展。一国持有的国际储备的多少，是国际银行评估国家风险的指标之一。无论是国际金融机构还是政府，对外贷款时，首先考虑的是借款国的偿债能力，而国际储备正是债务国偿债的物质基础与可靠保证。因此，一国能否借到外债，举债多少，在很大程度上取决于一国国际储备的多少。

(四) 维持国内外对本国货币的信心

握有雄厚的国际储备，可以在心理上或客观上维持本国货币在国际上的信誉与地位。美元的盛衰是一个很好的例证。“二战”结束初期，美国拥有世界上黄金存量的70%以上，经济实力雄厚，美元可以直接兑换黄金，成为国际储备货币。但随着美国经济实力相对下降，美元危机频繁爆发，到1972年10月，美国的黄金储备下降到100亿美元，而短期负债高达813亿美元，各国逐渐丧失了对美元的信心，最终导致美元与黄金脱钩，结束了美元作为唯一储备货币的地位，使当今国际储备呈现多元化发展。

(五) 争取国际竞争优势

一国政府如果掌握了充足的国际储备资产，就可以具有维持本国货币高位或低位的能力，争取到国际竞争优势。一国的货币如果能作为储备货币或关键货币，则更有利于支持本国货币在国际上的地位。

第二节 国际储备管理

国际储备的规模和结构如果不当，就会影响其功能的发挥，尤其在各国普遍实行浮动汇率以来，国际外汇市场剧烈动荡、金价暴涨暴跌、国际流动资本到处游荡、国际金融市场动荡不安，这在客观上要求各国应对国际储备加强管理。在国际储备中，储备头寸和特别提款权是国际货币基金组织分配的，黄金储备比例较小，所以外汇储备资产管理就成为国际储备管理的主要内容。

一、国际储备管理的概念

国际储备管理是指一国政府及货币当局根据一定时期内本国的国际收支状况和经济发展的要求，对国际储备的规模、结构及储备资产的运用等进行计划、调整、控制，以实现储备资产规模适量化、结构最优化、使用高效化的整个过程。

国际储备管理包括量的管理和质的管理两个方面。所谓量的管理，是指对国际储备规模的选择与调整，以求得适度的国际储备数量；质的管理是指对国际储备运营的管理，主要是其结构的确定和调整。因而，前者通常被称为国际储备的规模管理，后者则被称为国际储备的结构管理。

二、国际储备的规模管理

国际储备的规模管理，是指对国际储备规模的确定和调整，以保持足够的、适量的国际储备水平。随着国际经济往来和国际贸易的不断扩大，各国对国际储备的需求也在不断增长。一个国家究竟应该持有多少国际储备，这对该国的对外贸易、国内的经济发展有重大影响。如果一个国家的国际储备规模过低，不能满足其对外贸易及其他对外经济往来的需要，而且该国又不能及时地以可接受的成本从国外获取所需数额的资金，势必会降低其贸易和对外经济交往的水平，轻者会引起国际支付危机，重者则可能导致国内经济失衡，经济活动无法正常进行，甚至使本国货币承受巨大贬值的压力。但是，过多的国际储备虽然具有较强的平衡国际收支的能力和抑制外汇市场波动的能力，但同样也会影响一国的经济发展。首先，国际储备是财富和购买力的代表，它可以被用于进行生产活动，加速经济的发展，所以获取和持有国际储备是有机会成本的。其次，国际储备尤其是外汇储备数额的多少，与本国货币的投放量有密切关系，外汇储备越大，意味着本币投放量越大，如果这部分外汇储备所代表的购买力没有实现，那么，它所对应的货币投放就缺乏必要的物资保证，因而会加大流通中的货币量，引起国内通货膨胀。再次，过多的国际储备，也是一种资源的浪费。因此，一个国家的国际储备不能太少，也不能过多，最好的办法是把国际储备维持在一个合理的水平上。这一合理的国际储备水平，被称为国际储备的适度规模。

(一) 决定国际储备水平的因素

目前，一个国家的国际储备水平，还没有一个统一的标准，但可以从一国国际储备的需求方面来分析。

1. 持有国际储备的成本

国际储备实际是对国外实际资源的购买力。一个国家持有的国际储备，实际上是把这些实际资源储备起来，牺牲和放弃利用它们来加快本国经济发展的机会。这在经济上来说是一种损失，就是持有国际储备的机会成本。所以，一国持有国际储备的成本等于投资收益率减去利息收益率，其差额越大，成本越高；反之则越低。总之，一国需要国际储备的数量与其持有国际储备的成本呈反方向变化。

2. 对外贸易状况

如果一国外贸在国民经济中处于重要地位，对外依存度高，国际储备应多些；反之，则国际储备应少些。贸易条件处于不利地位，出口的商品缺乏竞争力，需要较多的国际储备；处于有利地位，出口商品有竞争力，需要较少的国际储备。

3. 借用国外资金的能力

一个国家借用国外资金的能力较强，国际储备水平可低些；借用国外资金的能力较弱，则国际储备水平可高些。

4. 应付各种因素对国际收支冲击的需要

各种因素对国际收支冲击的概率和程度越大，国际收支越不稳定，需要的储备就越多；反之则越少。

5. 经济调整的强度与速度

一个国家国际储备的数量，同其进行经济调整的强度与速度之间存在一定的替代关系：经济调整的强度与速度越低，需要的国际储备就越少；经济调整的强度与速度越大，需要的国际储备就越多。

6. 对外贸和外汇的管制程度

对于外贸和外汇管制严格的国家，外汇储备可以少一些；反之则多一些。

7. 汇率制度与外汇政策

如果一国政府实行固定汇率制度或盯住汇率制度，则需要持有较多的国际储备；反之，在浮动汇率制度或弹性汇率制度下，国际储备持有额可低些。

8. 货币的国际地位

如果一国货币作为储备货币，则可通过增加本国货币的对外负债来弥补国际收支逆差，国际储备就可少些。

目前，国际上测定国际储备水平时通常有3个指标：一国国际储备同国民生产总值之比；国际储备额与外债总额之比；国际储备与月平均进口额之比。这3个指标是各国最常用的，也是国际货币基金组织用于考察各国储备水平的主要指标之一。一般认为，一国储备水平应以满足3个月进口需要为基本标准。国际储备水平的确定是一项复杂的工作，必须把各种因素综合起来考虑。

(二) 国际储备量的确定

在国际储备构成中，黄金储备不生息，外汇储备的利息则总是低于企业利润。因此，国际储备的过多或过少都不利于国民经济的发展。然而，要确定一个最佳的储备量几乎是一件不可能的事。就一般的管理理论与实践来说，对国际储备量的确定有以下几种规定。

1. 最低储备

当一国发生国际收支逆差时，可以动用国际储备来清偿，也可采用调节政策或国际融资方式来解决。但采用调节政策或融资方式是有条件、有限度的，特别是调节政策，如果达到一定程度，就可能因出现“急刹车”和“转向”而造成经济波动。最低储备就是指当采用调节政策和国际融资政策来平衡国际收支时所需要的国际储备量。从理论上说，最低储备可以为零。

2. 保险储备

保险储备是国际储备的上限，是在充分考虑各种制约因素以后，为平衡国际收支最多所需要的国际储备量。保险储备的确定可以从两个方面来考虑：根据国家经济发展政策，未来年度一旦加大进口，将会造成多少额外的收支缺口；在平衡国际收支时，如果只依靠国际储备来弥补，而不采用其他手段，那么将需要多少储备量。

3. 经常储备

经常储备是指按保证经济的正常发展所需进口而确定的储备量。这里所说的正常发展是相对于超常发展而言的。因此，经常储备量就可依据以往资料，按进口对国际储备的一般需求来确定；换言之，经常储备就是根据以往(比如说过去的1年)资料所确定的平均需求。按照国际惯例，一国经常国际储备量应当保持满足3个月进口水平的需要。

4. 最佳储备

既然国际储备过多会造成资金的闲置浪费，国际储备过少又满足不了平衡国际收支的需要，那么在国际储备管理中就需追求一个最佳储备，也就是理想储备，它既能保证国际储备充分发挥作用，又能使机会成本损失最小。由于进出口贸易是非连续的、变动的，一国对国际储备的需求也是动态的，即需求量在不同时期是不同的。所以，最佳储备是一个动态概念，依实际需求的变化而变化，在不同时间或不同国家是不相同的，这一点也增加了确定最佳储备的难度。

在上述储备中，最低储备是下限，保险储备是上限，经常储备与最佳储备都介于下限与上限之间，并且经常储备一般稍大于最佳储备。经常储备根据历史资料的一般规律确定，在一定程度上会有经验的成分；最佳储备根据预期的需求确定，并以机会成本最小化为目标，需要建立数学模型，经过严格的计算。

三、国际储备的结构管理

国际储备的结构管理是指一国如何最佳地分布国际储备资产，而使黄金储备、外汇储备、普通提款权和特别提款权4种形式在国际储备资产的持有量之中保持适当的比例关系。

(一) 国际储备结构管理应遵循的原则

在国际储备结构管理上，要遵循储备资产的安全性、流动性和营利性原则。所谓安全性就是储备资产存放可靠，尽可能将国际储备资产投放到外汇管理宽松的国家、资信卓著的银行、相对稳定的货币和安全的信用工具上去。所谓流动性就是储备资产能随时兑现，灵活支配。所谓营利性就是储备资产在保值的基础上争取有较高的收益。在安排外汇储备结构时应把重点放在资产的安全性和流动性上，只有在这两者得到充分保证时才考虑其投资的收益性。这是因为储备资产主要是为了在国际收支出现逆差时弥补赤字，而不是为了盈利。

(二) 合理的国际储备结构

国际储备资产的结构管理，是指对4种储备资产在储备总量中所占比重的管理。但是黄金形式的储备由于不能直接用于国际支付，且金价波动较大，使其流动性和安全性较低，加之持有黄金既不能生息又需要较高的仓储费，因而营利性也较低。许多国家对黄金储备采取了保守的数量控制的政策，一国货币当局对本国黄金储备一般不做过多调整，基本保持在一定不变的水平。而储备头寸和特别提款权的规模，不是本国可以自行决定的。如此一来，国际储备资产的结构管理就演变为对外汇储备的管理，确切来说，是对外汇储备货币结构的管理，包括选择和安排储备货币的币种、调整各种储备货币在外汇储备中的比重两个方面。

1. 储备货币币种的选择和安排、调整

一国外汇储备货币币种的选择主要取决于以下因素：

(1) 该国贸易与金融性对外支付所需币种；

(2) 该国外债的币种构成；

(3) 该国货币当局在外汇市场干预本国货币汇率所需币种；

(4) 各种储备货币的收益率，要在对汇率与利率走势进行研究的基础上，选择收益率较高的储备货币；

(5) 一国经济政策的要求。在布雷顿森林货币体系于20世纪70年代初瓦解之后，美元的储备地位虽然削弱了，但仍是最主要的储备货币，多数国家都将美元作为其外汇储备构成的主体。这首先是由于美元是国际结算中使用最多的货币，多数国家将美元作为主要储备货币是同国际支付中使用货币的情况一致的。其次是由于美国的货币市场和证券市场最为发达，特别是美国政府每年发行巨额政府债券，为其他国家外汇储备的投资提供了便利条件，因而美元是多数国家外汇储备中最主要的储备货币。

2. 外汇储备资产形式的结构管理

外汇储备资产形式的结构管理目标，是确保流动性与营利性的恰当结合。由于国际储备的主要作用是弥补国际收支逆差，因而在流动性与营利性之中，各国货币当局更重视流动性。

按照流动性的高低，外汇储备资产可分为3个部分。

(1) 一级储备。流动性最高，但营利性最低，包括在国外银行的活期存款、外币商业票据和外国短期政府债券。其中，在国外银行的活期存款，可随时开出支票进行对外支付，流动性最高。由于储备货币发行国一般都有发达的二级市场，短期政府债券和商业票据容易变现，但是这些流动性很高的资产的营利性却是比较低的。鉴于这种情况，货币当局需要根据季节或特定时期对外支付的需要安排一定数量的一级储备，但要控制其在外汇储备资产中所占的比重。

(2) 二级储备。营利性高于一级储备，但流动性低于一级储备，如2～5年期的中期外国政府债券。二级储备是在必要时弥补一级储备不足以应付对外支付需要的储备资产，准确预测短期对外支付的金额是难以完全做到的，任何一国货币当局必须持有一定数量的二级储备。

(3) 三级储备。营利性高于二级储备，但流动性低于二级储备，如外国政府长期债券。此类储备资产到期时可转化为一级储备，如提前动用，将会蒙受较大损失。一国货币当局可以根据对外举债的结构持有一定数量的三级储备，并可提高持有外汇储备资产的营利性。国情不同，各国货币当局持有上述三级储备的结构也不相同。一般来说，国际收支逆差国必须在其储备资产中保留较大比重的一级储备，而顺差国则保留小比重的一级储备和较大比重的三级储备。国际储备管理要符合“安全性、流动性、营利性”三者合理配置的原则，从规模与结构两个方面进行管理。

第三节 我国的国际储备管理

一、我国国际储备的构成及问题

自1980年我国正式恢复在IMF和世界银行的合法席位以来，与其他会员国一样，我国的国际储备资产同样由黄金、外汇、储备头寸和特别提款权4个部分组成。每个部分的储备资产管理都存在一定的问题。

(一) 黄金储备稳中有升，但比例过低

我国一直实行稳健的黄金储备政策。自1975—2000年我国的黄金储备一直徘徊在390吨左右，但进入21世纪以来，我国调整过两次黄金储备，即2001年和2003年，分别从394吨调整到500吨到600吨。自2003年以来，逐步通过国内黄金提纯以及国内市场交易等方式，又增加了454吨。到了2009年3月，我国的黄金储备最终达到1 054吨。截至2014年7月，全球官方黄金储备总规模约为2.6万吨，其中仅有7个国家储备规模超过1 000吨，分别是美国8 133.5吨、德国3 384.2、意大利2 451.8吨、法国2 435.4吨、俄罗斯1 077.9吨、中国1 054.1吨、瑞士1 040吨。包括IMF在内全球我国排名第六，这是巨大的历史进步。

2018年12月，我国黄金储备已达1 852.52吨，但是以我国13亿人口来计算，人均占比还非常低；同时，尽管我国增持黄金储备数量的绝对值进度相当可观，但黄金储备在整个储备资产中占比仅为2.4%，依然很低。而发达国家黄金储备在总储备中的占比普遍高达40%～80%，黄金储备规模排在中国之前的美国、德国、意大利和法国4国的黄金储备占储备的比重分别为75%、70.3%、67.8%和63.4%。可见，中国1 852.52吨的黄金储备还是偏少的。中国2015年6月开始披露黄金月度变化数据，2010年以来黄金储备情况如表6-5所示。

表6-5 中国2010年以来黄金储备情况

时 间	黄金储备(盎司)	增长情况(盎司)
2010年12月	3 389万盎司	0
2011年12月	3 389万盎司	0
2012年12月	3 389万盎司	0
2013年12月	3 389万盎司	0
2014年12月	3 389万盎司	0
2015年12月	5 666万盎司	2 277
2016年12月	5 924万盎司	258
2017年12月	5 924万盎司	0
2018年12月	5 956万盎司	32

(数据来源：中国人民银行官网)

(二) 在IMF的储备头寸和特别提款权不占重要地位

我国在IMF的份额较低，因此特别提款权和在IMF的储备头寸在我国国际储备中的占比较小。1992年，特别提款权为4.17亿SDR，储备头寸为7.58亿SDR；2001年，IMF提高了我国的份额，由46.872亿SDR增加到63.692亿SDR，中国在IMF的份额占比由2.33%提高到2.98%；2006年，我国的份额进一步提高到80.901亿SDR，份额占比3.72%，居第八位。但由于我国外汇储备的快速增长使二者在整个储备资产中所占比重仍然较小，作用有限。

中国要想增加在国际货币基金组织的储备头寸和特别提款权，必须增加在国际货币基金组织的份额。中国人民银行行长周小川多次在国际金融会议上指出，目前，新兴市场和发展中国家在国际货币基金组织当中的份额严重低估、代表性不足，严重影响了国际货币基金组织的合法性和有效性，必须加以纠正。中国敦促国际货币基金组织加快工作，按照20国集团匹兹堡峰会和国际货币基金组织国际货币与金融委员会设定的目标如期完成份额检查。2009年，国际货币基金组织执行董事会通过份额和投票权改革方案，拟增加中国、印度等新兴经济体的代表性，但外界也认为此方案仍未全面反映发展中国家在世界经济中所占的地位。根据这份改革方案，发达国家在国际货币基金组织的发言权比例将从目前的59.5%降为57.9%，发展中国家则从目前的40.5%上升为42.1%。加上2007年新加坡会议通过的第一阶段改革成果，中国在国际货币基金组织的份额增加到3.997%，发言权增加至3.807%，印度则分别为2.443%和2.338%。尽管发展中国家，尤其是新兴经济体的代表性有所增加，但发达国家在国际货币基金组织的份额和发言权优势仍相当明显。美国、日本、德国、法国、英国仍是国际货币基金组织份额和发言权最多的5个国家，中国列第6位，印度列第12位，美国所占份额和发言权比例仍分别达到17.674%和16.732%。

2009年，国际货币基金组织配置了相当于2 500亿美元的特别提款权(SDR)。在新配置的额度中，有约1 100亿美元将配置给新兴市场和发展中国家，而其中200亿美元将流向低收入国家。中国获得等值于约93亿美元的特别提款权，居"金砖四国"之首，全球第六。这是1981年以来国际货币基金组织首次推出特别提款权配置计划，也是该组织迄今为止推出的规模最大的特别提款权配置计划，旨在通过补充国际货币基金组织186个成员国的外汇储备，向全球金融系统注入流动性。

截至2018年12月，中国在国际货币基金组织的储备头寸为84.79亿美元，即60.97亿SDR。特别提款权76.86亿SDR，折合106.90亿美元。

(三) 外汇储备规模大且升降变化显著

1. 近年来我国外汇储备规模的变化情况

2001年12月中国加入WTO后，我国对外开放程度进一步提高，资本项目开放程度提高，外贸总额和利用外资额出现较大幅度增长，导致外汇储备连年增加。2006年10月，我国的外汇储备突破10 000亿美元，超过日本跃居世界第一位，至2006年年末，我国的外汇储备达到10 663.44亿美元，2009年，我国的外汇储备达到23 991.52亿美元，2012年我国的外汇储备达到33 115.89亿美元。我国2000—2018年外汇储备变动情况如表6-6所示。2001—2017年外汇储备资产变动额见图6-2。

表6-6 我国外汇储备变动情况

年 度	亿美元		亿 SDR	
	总 量	增 量	总 量	增 量
2000	1 655.74	108.99		
2001	2 121.65	465.91		
2002	2 864.07	742.42		
2003	4 032.51	1 168.44		
2004	6 099.32	2 066.81		
2005	8 188.72	2 089.40		
2006	10 663.44	2 474.72		
2007	15 282.49	4 619.05		
2008	19 460.30	4 177.81		
2009	23 991.52	4 531.22		
2010	28 473.38	4 481.86		
2011	31 811.48	3 338.12		
2012	33 115.89	1 304.41		
2013	38 213.15	5 097.26		
2014	38 430.18	217.03		
2015	33 303.62	−5126.56		
2016	30 105.17	−3198.45	22 394.15	—
2017	31 399.49	1294.32	22 048.12	−346.03
2018	30 727.12	−672.37	22 093.26	45.14

注：自2016年4月1日起，除按美元公布官方储备资产外，增加以国际货币基金组织特别提款权(SDR)公布相关数据，折算汇率来源于国际货币基金组织网站。

(资料来源：中国人民银行；国家外汇管理局)

2. 我国外汇储备规模阶段性快速增长的原因

(1) 直接原因。根据理论分析并结合我国的国际收支状况，可以得出结论，改革开放以来尤其是2000年以来，我国外汇储备规模快速增长的直接来源是长期以来国际收支的巨额顺差。从我国历年国际收支平衡表来看，1982年以来我国绝大多数年份保持国际收支顺差，其中仅有4年出现逆差。特别是20世纪90年代以来，随着我国出口贸易发展和FDI快速增长，我国国际收支中的经常项目和资本项目均出现较大顺差，直接造成了我国外汇储备的急剧增长。

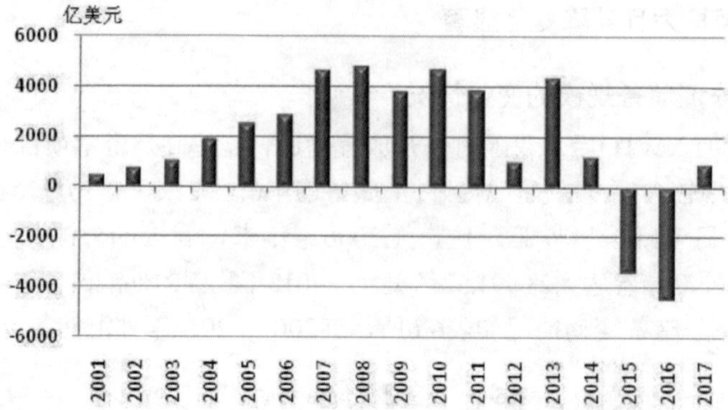

图6-2　2001—2017年外汇储备资产变动额

(资料来源：2017中国国际收支报告)

(2) 制度原因。首先，我国外汇管理制度改革促使外汇储备增长。1994年年初，我国取消了外汇留成制度，实行强制结汇和有条件售汇制度。强制结汇制度使得居民和企业所创造的外汇必须出售给国家，使外汇资源集中于央行，从而促使外汇储备规模增大。其次，人民币经常项目下可自由兑换制度也促使外汇储备规模迅速增大。1996年，我国实行人民币经常项目下完全可兑换，这使企业在经常项目交易下，可自由兑换外汇，进一步促进了进出口贸易的发展及经常项目的持续顺差。另外，人民币汇率制度也促使我国的外汇储备规模急剧增大。在2005年7月汇改之前，我国汇率制度名义上是盯住美元的管理浮动汇率制，但实质却是固定汇率制，出于维持汇率稳定的需要，央行被动地动用、吸收外汇储备，从而加剧储备的增长。在2005年7月汇改之后，人民币实行有管理的浮动制度，汇率浮动区间有所扩大，部分缓解了外汇储备快速增长的压力。但在当前汇率制度下，人民币的持续升值预期增加了人民币需求，在套利因素驱动下，大量外汇通过多种渠道涌入国内，反而加大了外汇储备增长压力。

从理论上来讲，一国外汇储备的适度规模是该国外汇储备供求关系的产物，因而确定外汇储备的适度规模，应考虑外汇储备供给和需求两方面的因素。考虑到我国国际收支双顺差的持续性所决定的外汇储备供给情况，在很长一段时间内双顺差将得以持续，因而国内多数学者在测算时只需要考虑外汇储备的需求因素。

按照传统外汇储备理论，满足3个月的进口额是衡量一国外汇储备适度的重要标准。其实，3个月的进口额只是一国外汇储备的一般性标准。除进口外，外债规模、汇率干预、应对国际投机资本冲击和突发事件的特殊需要等因素，也构成对外汇的需求。因此，单一地以进口额为衡量标准，显然有失科学性。从我国的现实情况看，确定适度的外汇储备规模，应考虑进口额、外债规模、汇率干预、外商投资的利润返还、应对国际经济金融风险和突发事件、居民和企业对外投资等诸多因素。当然，在国际地缘政治矛盾加剧、国际政治局势动荡甚至有可能出现战争的情况下，还要考虑政治及军事因素对外汇储备的需求。

3. 外汇储备高额增长的利弊

1) 外汇储备高额增长的有利方面

拥有足够规模的外汇储备对我国这样一个走向市场经济的发展中国家是必要的，充足的外汇储备，对于保持汇率稳定，抵抗国际投机金融集团冲击，提升我国的综合国力和国际信誉，促进我国经济发展等具有重要意义。

2) 高额外汇储备的弊端

外汇储备高速增长给经济平稳发展带来积极影响的同时，它所带来的负面影响也正在进一步显现，表现在：持有外汇储备成本增加，造成资金浪费；造成人民币升值压力，危害实体经济体系安全；带来通货膨胀压力，降低央行货币政策的空间和有效性等。

4. 外汇储备结构不合理

1) 外汇储备币种结构不合理

长期以来我国外汇储备中绝大部分为美元资产，欧元、日元等外汇持有量偏少。美元资产占比比较大，致使美国经济、政策的变化直接影响我国外汇储备资产的安全性和营利性，尤其是美元对人民币处于跌势时，使我国外汇储备资产承受巨大的美元汇率损失。

2) 外汇储备资产管理缺乏灵活的投资运作机制

我国的外汇储备主要投资于美国财政部国债和政府机构债，这两者在我国外汇储备中所占比例约为60%左右。资产结构偏重于外国政府债券，造成了我国外汇储备的收益率偏低。

二、我国国际储备管理的发展方向

(一) 深化结售汇制度改革，加大“藏汇于民”的力度

2007年8月13日，国家外管局宣布，境内机构即日起可自行保留经常项目下的外汇收入。这意味着在中国实行了13年的强制结售汇制度正式退出了历史舞台。为了适当降低外汇储备的过快增长，应该进一步改革结售汇制度，由强制结售汇向意愿结售汇转变，放宽企业、商业银行持有的外汇额度，同时，进一步放宽居民出国留学、出境旅游等用汇条件和额度限制，从而由原有的“藏汇于国”向“藏汇于民”过渡，旨在加速外汇储备分流，减轻国家储备外汇的压力与成本。

(二) 增加石油等资源储备比重

次贷危机发生后，2008年美国经济陷入衰退，为刺激经济，美国持续下调利率，美元汇率持续走低。美国采取弱势货币政策对其自身来讲是有利的，一方面可以促进本国的出口，另一方面美元贬值可以使美国债务减轻。但一个必然的后果就是造成国际市场以美元计价的商品价格飙涨——原油价格上涨到接近150美元一桶。在过去30年里，石油价格上涨幅度超过15倍以上。中国在石油进口方面的投入却不是太多，尤其是动用外汇储备来增加石油储备。因此，在国际储备中增加石油商品储备的比例，减少外汇储备的比重，是中国外汇储备管理的一个方向。

(三) 增加黄金储备比重

黄金储备指一国货币当局持有的，用以平衡国际收支、维持或影响汇率水平，作为金融资产持有的黄金。黄金是信用货币的对立面，在国际货币发生信用危机从而汇率大跌之时，黄金价格往往大幅上升，因此，黄金天然是一种规避信用货币风险的多元化储备工具。因此，增持黄金储备是目前很多国家尤其是发达国家外汇储备结构转换的一个动向。在国家外汇储备中，黄金是一个重要组成部分。由于黄金价格与美元汇率之间呈负相关关系，黄金储备是对冲美元贬值的最佳金融资产，持有黄金储备能在规避美元贬值风险的同时获取黄金升值的收益。增加中国的黄金储备，其一，有利于稳定和改善人民币的未来预期，保护人民币币值的稳定。中国持续快速增长的外汇储备，所面临的美元贬值和收益率下降的风险正在加大。同时，以美元为主的外汇储备持续快速增加，使人民

币面临升值压力。从市场风险和避免外汇储备损失的角度看，增加黄金储备十分必要。其二，可以提高国家的金融安全性。在全球形势错综复杂的情况下，只有黄金是被所有国家承认的支付手段，其他货币无法替代。亚洲金融危机期间，很多国家发生的黄金换汇事件正好印证了黄金的这一特点。外汇储备存在大幅贬值的风险，一旦贬值将使国家经济遭受巨大损失；在极端的情况下，外汇资产甚至可能出现遭冻结的可能。中国拥有太多的美元储备，一旦美元出现问题，后果不堪设想。所以，中国应减少对美元资产的依赖，使储备资产多样化。

(四) 完善现行人民币汇率制度

2005年7月，央行对人民币汇率制度进行改革，形成以市场供求为基础、参考一篮子货币进行调节、有管理的浮动汇率制度。新的汇率制度使人民币汇率更具弹性，但我国外汇市场的供求关系并未发生根本变化，由于外汇储备的持续供应，人民币长期受到升值压力，同时升值预期进一步刺激外资流入境内资本市场。完善人民币汇率制度，即要进一步完善和健全人民币汇率的形成和运行机制，实现人民币汇率形成和运行的市场化，充分发挥人民币汇率对国际收支和外汇储备的调节作用，从而缓解外汇储备规模出现过度的情形。适度调节人民币的汇率制度，要求进一步放宽人民币的浮动范围，同时通过政策手段降低人民币的升值预期，减少国际游资的净流入。另外，要积极探索人民币区域化、国际化进程，逐步摆脱我国国际收支依赖发达国家的局面，这也是有效降低外汇储备规模的重要途径。

(五) 适度调整外贸、外资和外债政策

首先，近年来我国对外贸易持续顺差，已经成为外汇储备的重要来源，但是应该注意到我国出口结构大都以劳动与资本密集型产品为主，其产品附加值普遍较低。对于当前贸易状况，应该一方面优化出口结构，改善贸易条件，而不是单纯追求贸易量；另一方面，根据我国经济发展需求，增加进口，平衡贸易收支。其次，近年来我国资本流动性充足，外汇储备规模巨大且持续增长，所以当前利用外资不能盲目追求外资的数量，而应考虑到国内经济发展的实际需求。在引进外资时，要积极引导外资产业流向和区域流向，提高引资的技术含量，改善利用外资的质量。另外，对于我国利用外债问题应注意两点：一是严格控制外债规模，避免盲目借债，造成资源浪费；二是根据偿还期合理配置外债，防止因偿债年份过于集中而对经济带来冲击。

(六) 建立多层次、多目标、多主体的管理体系

首先，应当根据不同的需求，将我国外汇储备划分为不同的层次。对于适度的外汇储备规模部分应保持较高的流动性，主要用于弥补国际收支逆差、防范投机冲击与稳定汇率等，这部分储备应继续由国家外汇管理部门进行投资管理。其次，对于超过适度规模的外汇储备，应切断其与货币发行之间的联系，由专门的机构通过发行人民币债券等方式取得人民币资金后，向央行购买，未来则可在外汇市场上直接购买外汇。对于超额外汇储备的运用可划分为两大目标——战略性目标与收益性目标。

1. 战略性目标的储备管理可由国家开发银行、进出口银行等机构牵头组织实施

战略性储备按照营利目标可分为两类：一类是营利性战略储备。国家开发银行、进出口银行可发债筹集专项资金，按照市场汇率用人民币从央行购入外汇储备，设立政府主导的营利性储备基金。其资金主要用于为国有或民营企业“走出去”的项目提供融资，重点支持海外兼并、海外市场

拓展、技术升级、资源能源收购等项目。金融危机以来，资源、能源等大宗商品价格大幅回落。我国应当抓住这一有利时机，充分运用超额外汇储备获取我国经济发展所必需、国内储量严重不足等大宗商品，例如铁矿石、铜、钾等资源。另一类是非营利性战略储备。可由财政部发债筹集专项资金，从央行购入外汇储备。其资金可用于教育领域(支持公派出国留学)、科技领域(支持引进高新技术)、医疗(支持研发、医疗设备进口等)以及外交领域(国际援助以及文化推广)。

2. 收益性目标的储备管理应依托主权财富基金实施

主权财富基金这一概念始于2005年美国道富银行经济学家Andrew Rozanov，但最为权威的定义来自IMF。IMF在主权财富基金的《圣地亚哥原则》中提出，主权财富基金一般是政府所有的、具有特殊目的的投资基金或机构。它一般由政府建立，用来持有或管理资产以达成金融上的目标并采取一系列投资策略，包括投资外国金融资产。主权财富基金具有多样化的法律、组织和管理的结构。它们形式各有不同，包括财政稳定基金、储蓄基金、储备投资公司、发展基金和没有具体养老保险债务的养老保险储备基金。迄今为止，主权财富基金规模约3万亿美元，累计超过40家主权财富基金。在机构投资者中，市场规模仅高于对冲基金和私募基金。从投资回报看，根据美国知名咨询机构Cambridge Associates对60家机构投资者的统计显示，大部分资产规模超过10亿美元的机构投资者中长期实际回报(5～10年)约5%～6%。

从资产配置看，主权财富基金的长期资金与低负债的特点决定了其投资时限的长期性与风险偏好。主权财富基金普遍倾向于投资风险资产，包括股票、私募基金和对冲基金等各类资产。币种配置上，从美元资产逐步扩展到非美元资产。策略选择上，从组合投资逐步向战略投资转变。特别是近10年来，主权财富基金参与并购日益频繁。

从投资目标看，国家设立主权财富基金，其行为与无限生命周期的企业、居民的经济理性行为一致，国家可以视为追求国家效用最大化的“经济人”。因此，主权财富基金完全是商业化的投资主体，其投资行为与商业机构并没有实质性区别。追求商业回报是主权财富基金唯一的目标，它不应当也不可能承担国家的政治目标。国家通过设立长期投资视角的主权财富基金，淡化了政府的短期政治目标，摆脱了政府预算短期行为。而且，通过有效的公司治理、透明度要求、监督管理以及回报目标等约束促使主权财富基金采取商业化、专业化运作。同时，也有利于避免政府更迭给国家财富管理带来的干预，使政府取信于民、建立公信力，国家财富实现有效的代际转移。我国的主权财富基金——中国投资公司在成立之初就确立了商业化运作、自主经营的模式，这也反映了各方对主权财富基金性质的共识。

(七) 将部分外汇储备应用到国内建设

通常外汇储备是储存在其他国家银行的，往往由于汇率的风险使其大受损失。我国应把一部分外汇应用于提高我国的居民生活水平或城市基础设施建设，如完善我国城镇居民和农民的医疗保障、发展教育等社会安全保障体系，让人民真正意义上获得好处。也可以向商业银行注入外汇资本金，降低银行的不良贷款率，提高银行的资本充足率，使我国的商业银行在金融危机中能够安全渡过，提高银行的竞争力。

本章小结

1. 国际储备是指一国政府持有的、用于弥补国际收支逆差、维持本国货币汇率稳定，以及应付各种紧急支付而持有的国家间可以普遍接受的一切资产。

2. 国际储备的作用主要有调节临时性国际收支逆差、干预外汇市场、维持汇率稳定、作为对外举债与偿债能力的基本保证、争取国家间的竞争优势、维持国内外对本国货币的信心。

3. 根据国际货币基金组织对国际储备构成的规定，一国的国际储备应主要包括：黄金储备、外汇储备、会员国在国际货币基金组织的储备头寸、会员国所持有的特别提款权。

4. 国际储备的来源主要是通过国际收支顺差、干预外汇市场、收购黄金、政府向国外借款，以及国际货币基金组织分配的特别提款权等渠道获得。

5. 一种货币能充当储备货币，必须具备3个基本特征：①必须是可兑换货币，即不受任何限制而随时可与其他货币进行兑换的货币；②必须为各国普遍接受，能随时转换成其他国家的购买力，或能用于偿付国际债务；③价值相对稳定。

6. 国际储备管理是指一国政府及货币当局根据一定时期内本国的国际收支状况和经济发展的要求，对国际储备的规模、结构及储备资产的运用等进行计划、调整、控制，以实现储备资产规模适应化、结构最优化、使用高效化的整个过程。

7. 国际储备管理包括量的管理和质的管理两个方面。所谓量的管理，是指对国际储备规模的选择与调整，以求得适度的国际储备数量；质的管理是指对国际储备运营的管理，主要是其结构的确定和调整。因而，前者通常被称为国际储备的规模管理，后者则被称为国际储备的结构管理。

8. 按照国际惯例，一国经常国际储备量应当保持满足3个月进口水平的需要。

习　题

一、选择题

1. 不可划入一国国际储备的资产是(　　)。

A. 外汇储备　　B. 普通提款权
C. 特别提款权　　D. 商业银行持有的外汇资产

2. 国际清偿力的范畴较国际储备(　　)。

A. 大　　B. 小　　C. 等同　　D. 无法确定

3. SDR目前由(　　)种货币定值。

A. 5　　B. 16　　C. 4　　D. 8

4. 现阶段在特别提款权的定值上，(　　)占有最大比重。

A. 美元　　B. 欧元　　C. 日元　　D. 英镑

5. (　　)是主要的国际储备货币。

A. 美元　　B. 朝鲜元　　C. 伊拉克第纳尔　　D. 越南盾

6. (　　)储备是国际储备的主要形式。

A. 黄金　　B. 外汇

C. 在基金组织的头寸　　　　　　　　D. 特别提款权

7. 特别提款权是(　　)创造的储备资产。

A. 世界银行　　　　　　　　　　　　B. 本国中央银行

C. 国际货币基金组织　　　　　　　　D. 国际金融公司

8. 按照国际惯例，一国经常国际储备量应当保持满足(　　)个月的进口水平的需要。

A. 1　　　　B. 3　　　　C. 6　　　　D. 12

9. 一个国家的对外贸易条件越好、对外融资能力越强，则国际储备可以(　　)。

A. 适当减少　　B. 适当增加　　C. 保持不变　　D. 无法确定

二、判断题

1. 固定汇率制度之下所需要的国际储备要多于浮动汇率制度。(　　)
2. 黄金储备是一国国际储备的重要组成部分，它可直接用于对外支付。(　　)
3. 储备货币发行国可持有较少的国际储备。(　　)
4. 一国国际储备就是该国外汇资产的总和。(　　)
5. 一个国家拥有的国际储备资产越多越好。(　　)
6. 根据国际储备的性质，所有可兑换货币所表示的资产都可成为国际储备。(　　)
7. 特别提款权由主要西方货币组合定价，因而受国际外汇市场汇率波动的影响较大。(　　)
8. SDR的定价是按其组成货币的算术平均数计算的。(　　)
9. 国际储备的过分增长，会引起世界性的通货膨胀。(　　)

三、填空题

1. 国际储备资产应具有__________、__________、政府归属性、使用的无偿性等特点。
2. 国际清偿力的范畴较国际储备__________。
3. __________是指一国中央银行为应付国际收支逆差和稳定汇率而持有的国际上普遍接受的资产。
4. 世界上黄金储备排名前四位的国家是__________、__________、__________和__________。
5. 一种货币能充当储备货币，必须具备__________、__________、__________3个基本特征。
6. 特别提款权是__________在1969年创造的无形货币。
7. 国际储备管理包括__________和__________两个方面。
8. __________是指对国际储备规模的确定和调整，以保持足够的、适量的国际储备水平。
9. 在国际储备结构管理上，要遵循储备资产的__________、__________、__________原则。

四、名词解释

1. 国际储备　　　　2. 国际清偿能力　　　　3. 储备头寸

4. 特别提款权　　　5. 国际储备管理

五、简答题

1. 国际储备的作用有哪些？
2. 一国在选择外汇储备货币币种时需要考虑哪些因素？

3. 黄金具有哪些其他形式储备资产所不具备的特点？
4. 特别提款权具有哪些其他形式储备资产所不具备的特点？
5. 国际储备的来源有哪些？
6. 我国国际储备的特点有哪些？

六、论述题

1. 为什么一国的外汇储备水平不是越高越好，而必须适度？确定适度储备水平应考虑哪些因素？
2. 结合实际分析外汇储备管理存在的问题和改革的方向。

案 例 分 析

案例一　理性看待我国外汇储备规模的变化

外汇储备是我国改革开放和对外经济发展的客观反映，是国际收支运行的实际结果。随着经济发展进入新常态，我国国际收支在波动中逐渐趋向基本平衡，外汇储备告别了高速增长阶段，甚至在一个时期内有所下降。对于外汇储备规模的变化，需要客观分析，理性看待，保持平常心。

1. 我国外汇储备规模变化具有明显的阶段性特征

进入21世纪以来，我国外汇储备经历了两个发展阶段。第一个阶段是2000年至2014年6月，随着国际资本高强度流入新兴市场经济体，我国外汇储备快速增长，从2000年年初的1 547亿美元，攀升至2014年6月的历史峰值3.99万亿美元，年均增幅在26%以上。第二个阶段是2014年7月以来，随着国际资本开始从新兴市场经济体流出，我国外汇储备出现回落。

2. 我国外汇储备能够满足国家经济金融发展的需求

一国持有多少外汇储备算是合理，国际上并没有公认的衡量标准。20世纪五六十年代，最广泛使用的外汇储备充足率指标是覆盖3～6个月的进口。此后，外汇储备功能需求拓展到防范债务偿付能力不足，充足率标准变成覆盖100% 的短期债务。2011年，IMF结合各国危机防范的资金需求，提出了外汇储备充足性的综合标准。从实际情况看，外汇储备规模是一个连续变量，受多种因素影响。因此，对外汇储备合理水平的衡量需要综合考虑一国的宏观经济条件、经济开放程度、利用外资和国际融资的能力、经济金融体系的成熟程度等多方面因素。就我国而言，根据各国公布的外汇储备规模数据统计，截至2017年年末，我国外汇储备规模约占全球外汇储备规模的27%，远远高于其他国家。当前无论采用何种标准来衡量，我国外汇储备都能够满足国家经济金融发展的需求。

3. 外汇储备对促进国民经济发展发挥了重要作用

一是外汇储备是我国宏观经济稳健运行的重要保障。外汇储备在维持国际支付能力、防范金融风险、抵御危机冲击等方面发挥了重要作用。在全球流动性宽裕时，市场主体出售多余的外汇资金，推动外汇储备规模增长。在全球流动性紧缩时，市场主体增持外汇资产、减少境外负债的行为，导致外汇储备规模下降。外汇储备实际上发挥了“蓄水池”和“稳定器”作用，避免了跨境资金大进大出脱离经济基本面，为经济结构调整和产业转型升级争取了宝贵的时间。二是外汇储备很好地服务了对外开放战略大局。近年来，外汇储备拓展多元化运用，开辟、拓宽了委托贷款、股权注资等各类渠道，向商业银行、政策性银行等金融机构和实体经济部门提供外汇资金，形成权责清晰、目标明确、层次丰富、产品多样的外汇储备运用机制，着重支持“一带一路”建设，切实服务实体经济发展。三是合理运用外汇储备实现了“藏汇于民”。2016年年末我国对外资产中民间部门持有占比首次过半，2017年年末占比达53%，为2004年公布国际投资头寸数据以来的最高水平；外汇储备资产占比为47%，比2009年年末最高点下降25个百分点。这反映出我国对外经济金融交往正在从以官方部门对外投资为主，转为官方部门与民间部门对外投资并驾齐驱。

4. 外汇储备规模将在波动中逐步趋于稳定

外汇储备规模变动具有一定的周期性，虽然外部环境存在较大不确定性，但我国经济金融基本面有条件继续保持稳中向好发展态势，预计跨境资本流动将保持总体基本平衡。首先，我国经济仍然处于中高速增长区间，随着供给侧结构性改革不断推进，未来经济发展会更有质量、更有效率。其次，我国经常账户收支更趋平衡并保持在合理区间内。再次，随着人民币加入特别提款权和我国金融市场改革不断深化，人民币资产将成为全球金融资产配置中的重要组成部分，吸引境外投资者投资我国境内市场，金融账户的外汇供给将稳步提升。最后，国际金融市场上货币和资产价格盈亏互补，加上我国外汇储备的多元化布局，将会带来较好的分散化效果，有利于外汇储备规模保持平稳。

问题：

1. 简述我国外汇储备规模变化的数据分析。
2. 从哪些方面理解外汇储备规模的适度？
3. 简述保持合理的外汇储备规模的意义。

案例二 优化外汇储备运用，为“一带一路”建设打开新的窗口

近年来，国家外汇管理局贯彻落实国家战略部署，顺应经济社会发展需要，不断拓展完善外汇储备多元化运用渠道和方式，积极支持国家“一带一路”建设、国际产能和装备制造合作等，初步搭建服务国家战略的可持续机制。

1. 为“一带一路”建设搭建资金平台

在开展委托贷款的基础上，外汇储备牵头设立了丝路基金、中拉产能合作投资基金和中非产能合作基金。其中丝路基金规模400亿美元，在2017年5月“一带一路”国际高峰合作论坛上宣布增资1 000亿元人民币，中拉产能合作投资基金和中非产能合作基金规模各为100亿美元。同时，向中投国际集团、国新国际投资有限公司和国家开发银行、中国进出口银行注资，并以多种形式支持了中非发展基金、中拉产能合作基金、中国-欧亚经济合作基金、中国-阿联酋共同投资基金等多双边基金。此外，与国际金融公司、泛美开发银行、非洲开发银行等多边机构开展联合融资合作。目前，已形成了涵盖债权、股权、基金、多边联合融资等多种产品的业务格局，满足实体经济多层次的外汇资金需求。

2. 坚持服务国家战略

通过商业化运用，重点支持“一带一路”框架下的基础设施、资源开发、产业合作和金融合作等项目，实现中长期财务可持续，为包括国有、民营在内的各类国内企业与相关国家和地区开展经

贸合作、多边双边互联互通提供融资支持。同时，积极参与国际机构增资，并与多家国际多边机构开展业务合作，提升了我国国际影响力和话语权，并为“一带一路”建设创造了良好的外部环境。

3. 积极履行出资人职责

通过党的领导和公司治理两个维度，引导投资机构实施规范化和专业化管理。加强党的领导和基层党组织建设，充分发挥党在公司治理中的核心作用。不断完善公司治理方法，健全激励约束机制，在业务拓展、公司搭建、风险防控、内部制度建设等方面取得显著成效。

下一步，国家外汇管理局将不断优化外汇储备多元化运用，积极服务“一带一路”建设、国际产能合作等重点领域，增强服务实体经济能力，推动形成全面开放新格局，加快培育国际经济合作和竞争新优势。

问题：

1. 简述外汇储备的常规使用方向。
2. 新形势下外汇储备的使用方向应该如何调整？

附　表

1990—2018年中国历年外汇储备总表

单位：亿美元

年　份	外汇储备余额	外汇储备变动额	年　份	外汇储备余额	外汇储备变动额
1990	111	55	2005	8 189	2 090
1991	217	106	2006	10 663	2 475
1992	194	−23	2007	15 282	4 619
1993	212	18	2008	19 460	4 178
1994	516	304	2009	23 992	4 531
1995	736	220	2010	28 473	4 482
1996	1 050	315	2011	31 811	3 338
1997	1 399	348	2012	33 116	1 305
1998	1 450	51	2013	38 213	5 097
1999	1 547	97	2014	38 430	217
2000	1 656	109	2015	33 304	−5 127
2001	2 122	466	2016	30 105	−3 198
2002	2 864	742	2017	31 399	1 294
2003	4 033	1 168	2018	30 727	−672
2004	6 099	2 067			

注：由于四舍五入，个别储备变动额可能与外汇储备余额之差略有出入。

(资料来源：国家外汇管理局官方网站，http://www.safe.gov.cn)

第七章

国际金融市场

【导读】

随着经济一体化和现代通信技术的发展，国际资本流动的规模逐渐超过国际贸易额，形成了庞大的国际金融市场。这个市场超越了地理空间的限制，使资金供需双方能够便捷地进行交流，增强了交易的深度和广度，使世界经济得到了前所未有的发展。与此同时，快速、大额的资金流动也通过资本和金融账户直接或间接地对各国的国际收支和国民经济造成了巨大影响，并引发了跨国界的货币金融危机。另外，国际金融市场在发展中不断创新，一方面刺激了国家间的资金流动，加强了与实物生产和投资相脱离的金融性资本的流动性，另一方面为资金的交易者提供了风险管理的有效途径，成为影响国际经济稳定的重要因素。本章将介绍国际金融市场的相关基础知识，着重介绍国际货币市场、国际资本市场及欧洲货币市场的概念、特点、构成及其影响。

【学习重点】

国际金融市场的概念、国际金融市场发展的新趋势、国际货币市场的构成、国际资本市场的构成、欧洲货币市场的概念及构成。

【学习难点】

国际金融市场发展的新趋势及欧洲货币市场的构成。

【教学建议】

1. 可采用理论与实践相结合的方法，讲解有关国际金融市场的基本理论、基本知识。
2. 让学生收集近年国际金融市场的相关资料并分析问题。

第一节　国际金融市场概述

一、国际金融市场的概念

国际金融市场(International Financial Market)，亦称世界金融市场，通常可以从广义和狭义两方面来理解。广义的国际金融市场是指在国际范围内进行资金融通、有价证券买卖及有关的国际金融业务活动的场所，由经营国际货币信用业务的一切金融机构组成，它是国际货币金融领域内各种金融商品交易市场的总和，包括外汇市场、货币市场、资本市场和黄金市场等。狭义的国际金融市场则是指国际范围内的长短期资金借贷场所。在世界新技术革命浪潮的推动下，电子计算机技术在银行业务中得到广泛应用，国际金融市场上的各种交易活动一般都是通过电话、电报、电传等电讯工具来进行的。因此，作为国际融资场所的国际金融市场，并非只限于某一地理上的位置，而更体现为一种无形的或抽象的空间或体系。具体来说，它是由包括各种金融机构在内的所有资金供给者和需求者借助各种电讯工具联结而成的国际金融网络。本章所述的国际金融市场指的是广义的国际金融市场。

二、国际金融市场的形成与发展

国际金融市场是随着国际贸易的发展与各国经济实力的发展变化而形成和发展的，大致可以分为以下4个阶段。

(一) 国际金融市场的萌芽

国际金融市场是伴随着国际贸易的发展而产生的。19世纪以前，国际金融市场的交易主要集中于同实物经济密切相关的国际结算、货币兑换、票据贴现等业务，外汇市场是最早的国际金融市场形式。17至18世纪，英国伦敦和荷兰阿姆斯特丹相继出现银行、股票交易所和外汇市场，当时的国际金融市场只是国内金融市场的延伸。

(二) 国际金融市场的初步发展

19世纪，英国经济迅速发展，位居世界首位，凭借发达的国内金融体系、坚实的经济基础、稳定的政局和国际贸易结算中心地位的优势，伦敦成为世界上最大的也是历史最悠久的国际金融中心。发源于英国的工业革命也带来了欧洲经济的发展，区域性国际金融中心形成，19世纪末20世纪初，伦敦、纽约和苏黎世成为当时著名的三大国际金融中心。

(三) 国际金融中心的调整

两次世界大战使国际金融中心的格局产生变更。由于国内经济遭受到严重破坏，伦敦的国际金融业务受到影响，美元取代英镑成为世界主要结算货币，美国确立了世界经济霸主的地位，相应地，纽约成为最大国际金融中心。苏黎世依靠中立安定的环境以及瑞士法郎的自由兑换，发展了外汇市场和黄金市场，进一步加强了国际金融中心的吸引力。20世纪初，伦敦市场占明显优势的格局转变为三者各具特色，纽约金融市场超过伦敦金融市场，纽约、伦敦和苏黎世被公认为世界三大国际金融市场。

(四) 欧洲货币市场的形成与发展

20世纪50年代，东西方冷战升级、美元危机和美国的金融管制措施、战后欧洲经济的恢复，促成了美元资金向欧洲市场的聚集。首先，在伦敦形成了境外美元市场后，国际金融市场又迅速扩散到巴黎、法兰克福、布鲁塞尔、阿姆斯特丹、米兰、斯德哥尔摩、蒙特利尔等地。这些欧洲境外货币市场的出现，使国际金融市场的发展步入了一个全新的阶段，其突出表现为信贷交易的国际化。20世纪70年代以后的石油危机，又导致中东、加勒比海地区和新加坡、东京等国际金融市场的涌现。这些市场有着共同的特征，如市场内的金融活动基本不受东道国金融法规约束并享受优惠宽松的待遇，经营高度自由，交易所涉及货币为世界主要货币，各市场联系紧密、高度统一等。新型的欧洲货币市场，已成为国际金融市场体系中的主流。伦敦、纽约、东京并称为国际金融市场的“金三角”。

三、国际金融市场的类型

国际金融市场，是经营国际资金借贷和买卖各种金融商品的多功能、多层次的市场的总称，按照不同的分类方法，可以分为以下几种。

(一) 按照经营金融业务的种类划分

按照经营金融业务的种类划分，国际金融市场可分为国际货币市场、国际资本市场、国际外汇市场和国际黄金市场。还可进一步将国际货币市场按业务种类细分为银行短期信贷市场、大额可转让定期存单市场、短期票据市场和贴现市场，将国际资本市场划分为银行中长期信贷市场和中长期证券市场。

(二) 按照资金融通的期限划分

按照资金融通的期限划分，国际金融市场可以分为国际货币市场和国际资本市场。前者是指一年以下的短期资金交易市场，后者是指一年以上的中长期资金交易市场。狭义的国际金融市场，仅指国际资金市场，包括国际货币市场和国际资本市场。

(三) 按照金融资产交割方式划分

按照金融资产交割的方式不同，国际金融市场可分为现货市场、期货市场和期权市场。现货市场(Spot Market)是与期货、期权和互换等衍生工具市场相对的市场的一个统称。现货市场交易的货币、债券或股票是衍生工具的标的资产(Underlying Instruments)。在外汇和债券市场，现货市场指期限为12个月左右的债务工具(如票据、债券、银行承兑汇票)的交易。期货市场是按照“公开、公平、公正”原则，在现货市场基础上发展起来的高度组织化和高度规范化的市场形式，既是现货市场的延伸，又是现货市场的一个高级发展阶段。从组织结构上看，广义上的期货市场包括期货交易所、结算所或结算公司、经纪公司和期货交易员；狭义的期货市场仅指期货交易所。期权市场是进行期权合约交易的市场。

(四) 按照交易对象所在区域和金融交易活动所受的控制程度划分

国际金融市场按交易对象所在区域和金融交易活动所受的控制程度可分为在岸金融市场和离岸金融市场。在岸金融市场(On-shore Financial Market)是指居民与非居民之间进行资金融通及相关金融业务的场所，又称为境内金融市场。在岸金融市场的金融活动受所在国金融当局控制。典型的在岸金融市场是外国债券市场和国际股票市场。离岸金融市场(Off-shore Financial Market)是指非居民之间以银行为中介在某个货币发行国国境之外从事该种货币借贷的市场，又可称为境外金融市场，其金融活动不受任何国家政策法规的管辖，不受任何国家金融当局的控制。如欧洲货币市场和亚洲货币市场就属于离岸金融市场。

国内金融市场、在岸金融市场和离岸金融市场之间既有区别，又有联系。一方面，三者在市场交易主体、使用货币和受当地政府的管制程度方面有所不同。另一方面，三者在业务发展上存在着延续性，传统国际金融市场是各国国内金融市场的延伸和发展，离岸金融市场又是传统金融市场的新发展。在岸金融市场与离岸金融市场的区别如表7-1所示。

表7-1 在岸金融市场与离岸金融市场的区别

	在岸金融市场	离岸金融市场
借贷关系	居民与非居民(本质上是国内金融市场向国外的延伸)	非居民与非居民(是真正意义的国际金融市场)
金融管制	受市场所在国国内金融、税收等法规的管制	基本不受所在国金融和税收等法规的限制
交易货币	所在国货币	境外货币
业务范围	国际融资、贸易结算、保险等	基本上是国际融资

四、国际金融市场的作用

国际金融市场对世界经济的发展，既有积极作用的一面，也有消极作用的一面。其积极作用如下。

(一) 促进世界经济发展

国际金融市场促进世界经济发展的作用主要表现在以下两个方面。

(1) 为对外贸易融通资金。“二战”后，世界贸易年平均增长率高于世界国民生产总值年平均增长率。国际贸易的迅速增长在促进世界经济增长中起着重要作用。各国经常利用国际金融市场为其外贸进行资金融通，这是促成“二战”后国际贸易迅速增长的一个重要原因。

(2) 为资本短缺国家利用外资、扩大生产规模提供便利。国际金融市场通过汇集资金、提供贷款和进行证券交易，把大量闲置的货币资本转化为现实的职能资本，并把非资本转化为资本。各国利用国际金融市场筹集资金，扩大了本国的社会资本总额，从而可以增加投资和扩大生产规模。

(二) 调节国际收支

国际金融市场在调剂国际收支方面也起到了不可忽视的作用。一方面，战后国际金融市场日益成为各国外汇资金的重要来源，不仅跨国公司经常在国际金融市场筹措资金，而且国际收支出现逆差的国家也越来越多地利用国际金融市场的贷款来弥补赤字。另一方面，国际金融市场还可通过汇率变动来影响国际收支。这是由于国际收支不平衡会引起外汇供需的变化，从而造成外汇汇率的变动，而外汇汇率的变动又可以调节国际收支，使之恢复均衡。当然，这种均衡过程相对缓慢。

(三) 加速世界经济全球化进程

“二战”后，资本主义国家经济进一步国际化，重要表现形式是跨国公司以及跨国银行的出现和发展。国际金融市场不仅为跨国垄断组织资金调拨提供了便利，而且为跨国公司获取外部资金和存放暂时闲置资金提供了重要的来源和有利可图的场所。同时也为跨国银行进行借贷活动、获取丰厚利润提供了条件。如果说跨国垄断组织的发展推动了国际金融市场的发展，那么反过来说，国际金融市场的发展，又促进了跨国垄断组织的发展，以及各国经济的进一步国际化和全球化。

国际金融市场对世界经济的发展也有消极作用，主要表现如下：

(1) 为投机活动提供了便利；

(2) 大量资本在国家间流动，不利于有关国家执行自己制定的货币政策，造成外汇市场的不稳定；

(3) 加剧了世界性通货膨胀。

五、国际金融市场的发展趋势

近年来，世界经济形势发生了重大变化，主要资本主义国家的经济在不同程度上陷入了滞胀的困境，国际金融形势变得动荡不定。牙买加体系后时代，伴随着主要国家的货币纷纷自由浮动，外汇市场开始起伏波动。从拉美债务危机到欧债危机，债务危机频发。爆发自美国的金融危机蔓延全球，局部区域的金融危机穿插其中。这一切都意味着国际金融业以及国际金融市场的风险已大大增加。于是，为增强金融业的活力，各国金融管理当局纷纷放松金融管制。在这种总体背景下，国际金融市场的发展出现了下列趋势。

(一) 金融创新趋势

各主要西方国家的政府和金融管理当局，为了增强各类金融机构的竞争能力和金融制度的活力，大力进行金融创新，如货币期货、股票期货等。金融衍生工具的品种日渐增多，交易数量也不断增多。这其中既包括被称为金融市场“四大发明”的互换、金融期货、票据发行便利和浮动利率债券，又包括可转换债券、期权、远期利率协议等。金融衍生工具的推出，一方面可将风险重新分配组合给那些对这些风险具有最佳经营能力的交易者，但也因此埋下风险隐患；另一方面由于衍生工具具有相对成本优势，因此能达到以较低成本规避风险或投机的目的。

(二) 融资方式证券化趋势

近年来，国际金融市场的融资结构从传统的国际借贷转向了国际证券业务。传统的通过商业银行筹集资金的方式开始逐渐让位于通过金融市场发行长短期债券的方式，这就是融资方式的证券化趋势。金融市场证券化趋势的主要原因是：①在债务危机的影响下，银团贷款风险加大、成本上升，国际银行贷款收缩了，促使筹资者纷纷转向证券市场；②发达国家从20世纪70年代末以来实行金融自由化政策，开放证券市场并鼓励其发展；③金融市场广泛采用电子计算机和通信技术，使市场能处理更大量的交易，更迅速、广泛地传送信息，对新情况迅速做出反应，设计新的交易程序，并把不同时区的市场连续起来，这为证券市场的繁荣提供了技术基础；④一系列新金融工具的出现，也促进了证券市场的繁荣。

(三) 金融市场全球一体化趋势

由于金融管制的放松、金融工具的创新和电信技术的发展，使遍及全球的国际金融中心和金融机构形成了一个在时间和空间上高速连接的一体化市场。这不仅表现为国际金融市场不再局限在少数发达国家，发展中国家和地区也出现了颇具规模的新兴金融市场，如拉丁美洲的墨西哥、巴拿马、巴哈马，亚洲的新加坡、中国香港地区、马尼拉，而且表现出证券投资的国际化倾向。欧洲货币市场的形成，标志着资金借贷关系已没有国界的限制。而电子计算机技术的迅猛发展，可以将遍布世界各地的金融市场和金融机构紧密联系在一起，全球性资金调拨和融通几秒钟内便可以完成，从而使遍及全球的金融中心和金融机构形成了一个全时区、全方位、一体化的国际金融市场。这是国际金融市场全球一体化的重要表现。国际金融市场全球一体化的另一个表现是金融资产交易的国际化。金融资产交易的国际化，是指交易的参与者不受国籍的限制，表明金融资产面值的货币也不受任何限制。

(四) 银行业务表外化趋势

对于多数金融机构来说，在传统的业务领域中，利润主要产生于资金来源和资金运用的过程。然而在融资方式证券化趋势和金融创新的浪潮中，许多新产生的业务领域和交易方式几乎不涉及资产负债表的计入，而是通过提供服务和收取佣金或服务费的形式获得利润，传统的银行业务地位开始下降，以现代信息处理技术为核心的服务领域成为银行赢利的新增长点，从而形成了银行业务表外化趋势。这一趋势使金融机构之间的竞争进一步加剧。

【专栏7-1】

2018年第一季度国际金融市场概况

国际金融市场波动较上年有所增大。2018年一季度，美元指数延续上年以来的跌势，主要发达经济体和部分新兴市场经济体货币相对美元出现不同程度升值。受贸易政策带来不确定性等因素影响，美国股市出现较大幅度波动，国际主要股指波动下行。

美元指数继续走弱，日元、欧元和英镑对美元升值，新兴市场经济体汇率升贬不一。截至2018年3月末，美元指数收于89.98，较上年年末下降 2.51%；日元对美元汇率收于106.26日元/美元，较上年年末升值6.03%；欧元对美元汇率收于1.232 1美元/欧元，较上年年末升值2.71%；英镑对美元汇率收于1.4015美元/英镑，较上年年末升值3.72%；新兴市场经济体方面，俄罗斯卢布、巴西雷亚尔、墨西哥比索对美元汇率较上年年末分别升值0.94%、0.23%和8.25%，印度卢比、土耳其里拉分别贬值 1.97%和4.18%。2018年4月下旬以来，随着美联储加息预期强化，美国10年期国债收益率上行，美元指数持续反弹，至2018年5月8日已重回93上方。

全球货币市场利率继续分化，美元LIBOR略有上升，Euribor 走低。受美联储连续加息等因素影响，伦敦同业拆借市场美元LIBOR略有上升。截至2018年3月29日，1年期 LIBOR为2.662 6%，较上年年末上升56个基点；受欧央行持续宽松货币政策等因素影响，欧元区同业拆借利率Euribor继续走低。截至2018年3月29日，1年期Euribor为-0.19%，较上年年末下降0.4个基点。

美英等国债收益率有所上行。截至2018年3月末，美国、英国、德国10 年期国债收益率收于2.744%、1.351%和0.494%，较上年年末分别上升33.3个、16.3个和7.0个基点。日本、法国10年期国债收益率分别收于0.046%和0.729%，较上年年末分别下降0.4个和5.6个基点。新兴市场经济体方面，俄罗斯、巴西和墨西哥10年期国债收益率较上年年末分别下降54.0个、81.5个和39.0个基点。印度和土耳其 10年期国债收益率分别上升7.2个和76.0个基点。

主要经济体股市波动加剧。截至2018年3月末，美国道琼斯工业平均指数、德国法兰克福DAX指数、日本日经225指数、欧元区STOXX50指数与英国富时100指数较上年年末分别下跌了2.49%、6.35%、5.76%、4.07%和8.21%。新兴市场经济体中，俄罗斯RTS指数与巴西IBOVESPA指数分别上涨 8.23%和11.73%，印度孟买 SENSEX30指数、土耳其BIST30指数和墨西哥MXX指数分别下跌3.20%、1.40%和6.54%。

(资料来源：中国货币政策执行报告，2018第一季度)

第二节 国际货币市场

一、国际货币市场的概念

国际货币市场(International Money Market)指期限在一年以下的金融工具的跨国交易市场，也称短期资金市场。

国际货币市场的参加者主要是商业银行、中央银行、各国政府的财政部门、货币机构、跨国公司、票据承兑公司、贴现公司、证券公司、跨国银行以及国际金融机构等。其中跨国银行和国际性的商业银行处于市场的关键地位，是国际货币市场资金的主要供给者和需求者。

货币市场常用的借贷方式有银行信贷、同业拆放等短期周转的业务。在货币市场上发行和流通的票据、证券也是短期的，如国库券、商业票据、银行承兑汇票和大额可转让定期存单等。这些票证的共性是期限短、风险小和流动性强，都具有活跃的二级市场，随时可以出售变成现金。由于这些票证的功能近似于货币，所以把短期信贷和短期票证流通的市场叫作货币市场。

二、国际货币市场的特点

国际货币市场一般具有以下几个方面的特点。

(1) 期限较短，最短的融资期限只有1天，最长的也不过1年。

(2) 交易的目的是解决短期资金周转的需要。国际货币市场上的资金来源主要是资金所有者暂时闲置的资金，需求者也只是为了弥补流动资金短期内的不足。

(3) 金融工具具有较强的“货币性”，国际货币市场上交易的金融工具一般时间短、流动性强、变现性高。

(4) 交易者信誉高，融资数额大，借贷成本低，资金周转快，流量性大，风险小。

因为国际货币市场具有以上特点，所以要求对该市场具有良好的管理监控机制和提供相当成熟的社会经济发展环境。也就是说，国际货币市场只有在经济高度发达、中央银行体系高度健全、信用工具相当完备、市场条件十分优越、法律制度非常完善的条件下才能形成和发展起来。

三、国际货币市场的构成

国际货币市场按照业务种类可以划分为银行短期信贷市场、大额可转让定期存单市场、短期票据市场和贴现市场。

(一) 银行短期信贷市场

银行短期信贷市场主要包括银行对工商企业信贷的市场和银行同业拆放市场。前者主要解决企业流通资金的需要，后者主要解决银行平衡一定头寸、调节资金余缺的需要。

1. 银行对工商企业信贷的市场

银行通过吸收工商企业、其他组织机构和个人的闲置资本或闲散资金，对另外一些在经营或运作过程中有临时或短期资金需求的工商企业、其他组织机构或个人贷放资金。这种交易通常也十分便利，不需要担保抵押，凭借借款方的信誉确定信用额度。国际大型工商企业以及知名跨国公司是这类业务的常客。

外国工商企业在西方国家的货币市场上进行存款或放款，首先应注意的是利息率惯例。按国际惯例，外币存款的利息计算方法是以存款按年历的实际天数除以360天计算；英国的惯例是英镑、比利时法郎、新加坡元、爱尔兰镑、南非兰特等按年历的实际天数除以365天计算；瑞士的惯例是瑞士法郎，在国内市场上以每月30天计算，每年360天计算。

比如说，500 000瑞士法郎在瑞士某家银行从1月31日起存到2月28日止，年利率7%。若按国际惯例，存款利息为500 000×7%×28/360=2 722(瑞士法郎)；若按瑞士惯例，存款利息为500 000×7%×30/360=2 917(瑞士法郎)。

这个例子说明，外国工商企业在西方货币市场进行融资时，要注意利息率惯例。

西方国家还规定，在本国的外国工商企业以自由兑换的货币在本国银行进行短期存款，根据不同的期限，有不同的数额规定。比如，在瑞士，存款期限在3个月以上，最低额为100 000瑞士法郎；存款期为1天或1天以上，最低额度为2 000 000瑞士法郎；数额小于1 000 000瑞士法郎的存款，期限必须在1个月以上。外币存款的最低数额要相当于100 000瑞士法郎，存款期限在1至12个月。48小时的通知存款，是指那些不定期的提前两天通知便可增减或提取的存款，这种存款的最低额度必须相当于2 000 000瑞士法郎。

2. 银行同业拆放市场

在银行短期信贷业务中，银行同业拆放业务相当重要。伦敦银行同业拆放市场是典型的拆放市场，它的参加者为英国的商业银行、票据交换银行和外国银行等。伦敦银行同业拆放利率LIBOR是国际金融市场商业银行贷款利率的基础，即在这个利率的基础上再加一定的附加利率。伦敦银行同业拆放利率有两个价：一个是拆进利率，另一个是拆出利率。二者一般相差0.25%～0.5%。在报纸上见到的报价如果是9%～9.25%，一般拆进利率在前，拆出利率在后，那么，9%为拆进利率，9.25%为拆出利率。伦敦银行同业拆借利率如表7-2所示。

表7-2 伦敦银行同业拆借利率

LIBOR	隔夜(%)	1周(%)	1个月(%)	2个月(%)
LIBOR(欧元)	−0.442 29	−0.433 71	−0.402 29	−0.370 86
LIBOR(美元)	1.912 25	1.954 13	2.081 00	2.179 63
LIBOR(英镑)	0.455 00	0.476 25	0.591 25	0.657 75
LIBOR(日元)	−0.059 17	−0.062 33	−0.068 83	−0.049 17
LIBOR(瑞郎)	−0.783 60	−0.794 20	−0.776 20	−0.740 60

注：拆借币种还有加元、澳元，但是相对拆借频率低；拆借分为隔夜、1周、2周、1个月、2个月、3个月、4个月、5个月、6个月、7个月、8个月、9个月、10个月、11个月、12个月。

(资料来源：汇通网，2018年7月19日)

“二战”以后，西方各国政府为了通过中央银行管理和控制信用，都以法令的形式规定银行和其他金融机构在接受客户的存款后，必须按法定准备率，向中央银行缴纳一定的法定准备金。这种准备金就是商业银行在中央银行的存款，但这种存款没有利息。中央银行通过变动法定准备率来控制商业银行的贷款能力，控制信用扩张的幅度。由于中央银行接受商业银行缴纳的准备金不付利息，商业银行不愿在中央银行持有超额准备金而损失利息，但商业银行在中央银行的准备金也不得低于法定准备率所规定的限额。如果中央银行发现某家商业银行的法定准备金不足，就会立即公布该银行不能参加票据交换。因此，凡是那些在中央银行法定准备金不足的银行，必须当天立即以可用的资金把不足的法定准备金补足。所谓立即可用的资金也叫当天抵用的资金：一是现钞，二是向中央银行的借款，三是向同业银行的借款。法定准备金不足的银行最好的办法就是向同业银行借款，把同业银行在中央银行多余的法定准备金的一部分转到自己的账户上来，待自己在中央银行的法定准备金多余之时，再把相当于原来的借款额度部分转到其债权行的账户上。

同业拆放业务是银行的一项经常业务，以隔夜拆放为多，今天借明天还，绝大部分是1天期到3

个月期，3个月以上到1年的较少。同业拆放，彼此之间靠信用办事，一般打个电话就解决了，不用契约、票据之类的工具。在英国，同业拆放的最低额度为25万英镑，高的可达数百万英镑。同业拆放可以由资金短缺方找资金有余方，资金有余方也可主动找资金短缺方，双方也可通过经纪人去寻找借贷对象。由于现代通信设备发达，借贷双方已经不限于同一城市，而成为全国性的交易，成交后立即通过中央银行的通信网络拨账，偿还时仍通过电信拨还。同业拆放是商业银行之间进行的借贷业务，但在美国中央银行有存款的不只是商业银行，还有外国银行、联邦机构和证券经纪人等。这些机构根据同业拆放的原则，也可以把它们存在中央银行账户上的余额借给需要资金的机构。借出和偿还同样是通过中央银行拨账的方式进行的。

(二) 大额可转让定期存单市场

大额可转让定期存单(Negotiable Certificates Deposit，CDs)，是银行或储蓄机构发行的一种证明有一笔特定数额的资金已经存放在发行存单的机构之中的文件。凭证上载有发行的金额及利率，还有偿还日期和方法。如果存单期限超过1年，则可在期中支付利息。在纽约货币市场，通常以面值100万美元为定期存单的单位，有30天到5年或7年不等的期限，通常期限为1～3个月，存单一律于期满日付款。

1961年，可转让定期存单由美国纽约花旗银行首先发行。银行发行的可转让定期存单，在性质上仍属于债务凭证中的本票，由银行允诺到期时还本付息，购买存单的投资者需要资金时，可把存单出售换成现金。存单把存款和短期证券的优点集于一身，既为银行带来了方便，又为客户提供了好处。

存单的利率高于类似的偿还期的国库券利率。这种差异是由存单的信用风险程度比较大决定的，还由于存单的流动性没有国库券的流动性强，二级市场对存单的需求较少，存单的收益纳税面大等。在美国，存单收益在各级政府都纳税。现在，各个发行银行的不同也反映了存单的利率差异。存单市场发展的初期，存单的差别是比较小的，可是存单的买者逐渐地开始对不同的银行发行的存单进行选择，资信高的银行发行的存单利率低，资信差的银行发行的存单利率高。存单的持有者在卖出存单时，市场现实利率可能与存单上的商定利率不一致，可能高于商定利率，也可能低于商定利率。在次级市场上购买存单的人，要求按当时的现实利率计算。因为他若不在次级市场上买存单，而到银行直接买原始存单，只能依据当时利率，而在次级市场上买到的存单到期时，银行是按商定利率支付利息的。比如说，存单转让时，市场利率为10%，而存单利率为9%，市场利率高于存单商定利率1%，存单的卖者要把这1%补给存单的买者。由发行存单那天起到期满那天为止的利息归买者。由于市场利率高于存单上的商定利率，存单的卖者要从他所得到的利息中减去补给存单买者的利率差。这就是说，若市场利率高于存单商定利率，存单的卖者有一定损失；若市场利率低于存单商定利率，存单的买者要对卖者支付这两种利率之差，这时存单卖者得益。

(三) 短期票据市场

1. 商业票据市场

商业票据是指没有抵押品的短期票据。从本质上说，它是以出票人本身为付款人的本票，由出票人许诺在一定时间、地点付给收款人一定金额的票据。商业票据是最早的信用工具，起源于商业信用。而商业信用的出现先于金融市场的产生。在没有金融市场时，商业票据没有流通市场，只能由收款人保存，到期才能收款。直到有了银行和金融市场，商业票据的持有者才可以拿商业票据到银行去抵押或到市场上去贴现，提前取得资金。近年来更进一步演变为一种单纯的、用在金融市场上融通筹资的工具，虽名为商业票据，却是没有实际发生商品或劳务交易为背景的债权凭证。

商业票据市场基本上是一种初级市场，没有二级市场。其原因在于：第一，大多数商业票据的偿还期很短，20～40天；第二，大多数商业票据的发行人在投资者面临严重流动性压力时，是准备在偿还期到期以前买回商业票据的。

商业票据利率一般比政府发行的短期国库券利率高，这是由风险、流通和税收等因素决定的。商业票据的风险大于政府国库券的风险，所以其利率要高于国库券利率。同是商业票据，资信程度高的公司发行的利率低，资信程度低的公司发行的利率高。商业票据没有二级市场，国库券有二级市场，所以商业票据利率比国库券利率高，商业票据的收益在各级政府纳税。在美国，国库券的收益只在联邦政府纳税，所以商业票据的利率要高。商业票据利率和银行优惠利率也有重要关系。优惠利率是商业银行向与它关系最好的企业贷款所收的利率。商业票据利率和银行优惠利率是互相竞争的。如果银行优惠利率高于商业票据利率，一些大企业就通过发行商业票据筹资；反之，若优惠利率低于商业票据利率，一些大企业不发行商业票据而向银行借款融资。

2. 银行承兑汇票市场

汇票是指发票人签发一定金额委托付款人于指定的到期日无条件支付于收款人或持票人的票据。汇票在性质上属于委托证券，是由发票人委托付款人付款，而本票是由发票人自己付款，两者的区别是明显的。银行承兑汇票指以银行为付款人并经银行承兑的远期汇票。“承兑”就是银行为付款人，表示承诺汇票上的委托支付，承担支付票面金额的义务行为。一旦银行在汇票上盖上“承兑”字样，汇票就成为银行的直接债务，在此后银行负有于汇票到期时支付现金给持票人的义务。

汇票是随着国际贸易的发展而产生的。国际贸易的买卖双方相距遥远，所用货币各异，不能像国内贸易那样方便地进行结算。从出口方发运货物到进口方收到货物，中间有一个较长的过程。在这段时间一定有一方向另一方提供信用，不是进口商提供货款，就是出口商赊销货物。若没有强有力的中介担保，进口商怕付了款收不到货，出口商怕发了货收不到款，这种国际贸易就难以顺利进行。后来银行参与国际贸易，作为进出口双方的中介，开出信用证，一方面向出口商担保，货物运出口，开出以银行为付款人的汇票，发到银行，银行保证付款，同时又向进口商担保，能及时收到他们所进口的货物单据，到港口提货。出口商开出的汇票，如为即期汇票，开证行见票后立即付款；如为远期汇票，开证行见票予以承兑，到期付款。银行承兑汇票就是通过国际贸易的结算过程被创造出来的，主要用途是为国际商品流通融资：一是为本国的出口商融资，本国的出口商持有外国银行承兑的汇票可以在本国银行贴现，直接取得出口货款。汇票到期之后，本国银行再从外国银行收回汇票所载的金额。二是为本国的进口商融资，本国进口商与外国出口商签订进口合同之后，可要求本国银行通知外国出口商开出以本国银行为付款人的汇票，使外国出口商及时交货。本国进口商从本国银行得到提单并向本国银行付款。

(四) 贴现市场

贴现是指持票人以未到期票据向银行兑换现金，银行将扣除自买进票据日(即贴现日)到票据贴现日的利息(即贴现息)后的余额付给持票人。从本质上看，贴现也是银行放款的一种形式。这种方式与一般放款的差别在于，是在期初本金中扣除利息，不是在期末支付利息。

贴现市场在英国是英格兰银行与商业银行间的桥梁，也是英国金融制度的一个特色。伦敦的贴现市场主要是由9家贴现公司组成的，这9家贴现公司都是伦敦贴现市场协会的成员。贴现市场在英国货币体系中发挥中心的作用。贴现公司利用其借入的低利资金，再以较高的利息贴现票据。每月派代表拜访各清算银行、其他银行及承兑公司等，提出借入通知。另一方面购买并探询各银行购买的票据，如国库券、商业票据、短期政府债券等。贴现公司可将流动资金存入英格兰银行，后者成为前者的最终依靠。英国的中央银行——英格兰银行也通过贴现市场来贯彻其货币政策，若英格兰银行要增加货币供给，就从贴现公司购买国库券、商业票据、银行承兑汇票和大额存单，贴现公司用中央银行的资金再从经纪人手中买上述金融资产，使流通领域中的货币供给增加。若中央银行要减少货币供给，就不购买贴现公司票据，贴现公司没有足够资金也要减少从票据经纪人处购买票据，票据不能转变成现金，流通中货币供给减少。

四、国际货币市场的作用

国际货币市场的作用，从本质上讲，无非就是货币市场的功能，具体表现在以下4个方面。

(一) 解决了经济活动中短期资金的供求矛盾

短期资金的盈余者可充分利用短期资金，获取最大的收益；也使资金短缺者在需要流动资金时可及时迅速地获得短期资金。也就是说，市场通过短期资金融通，可以解决经济活动中短期资金的供求矛盾。具体来讲，对企业厂商或政府部门而言，当缺少短期资金时，有可能通过货币市场发行短期融资工具并以最低成本来弥补短期赤字；当拥有多余短期资金时，又可以将这些资金投入货币市场，并根据市场机制，将资金导向获取最大收益的部门和单位。国际货币市场将筹资者与投资者从原来国内市场上的单一性转化为多元性(既包括国内的，也包括国外的)，因此，在融通短期资金方面更能满足这些单位的要求，这一点也可解释国际货币市场迅速发展的原因。

(二) 使银行系统相互连为一体

在货币市场上聚集着各银行的资金，形成了一个庞大的信贷金库。这样，单个银行的存款实际上就成为整个信贷市场资金来源的一部分。于是，在国际货币市场上，国内外众多银行相互连为一体，单个银行的存款实际上就成为国际信贷市场上资金来源的一部分。

(三) 为各国中央银行货币政策的操作提供了场所

中央银行作为货币政策的决策和执行机构，主要通过调节法定贴现率、存款准备金率、再贴现率和公开市场业务影响商业银行的活动，从而实现预定的货币政策操作目标。中央银行主要是在货币市场上通过再贴现率、公开市场业务来实现其货币政策的操作。

(四) 为一些国家的政府创造重要的财政收入来源提供了基础

政府在货币市场上发行的国库券和各种短期债券是政府重要的财政收入来源。国际货币市场在广度上要优于国内货币市场，因此前者的这项功能更为强大。正如美国国际金融专家根特・杜菲教授所指出的那样，货币市场具有两大功能。一是在私营经济中发挥重要的作用。在现金收支不确定的情况下，协调经济实体(个人、企业和政府机构)的现金失衡现象。一个功能健全的货币市场可以非常有效地执行这些职能，发挥行动上的效率和分配上的效率。二是在执行政府经济政策过程中，也发挥关键性作用，主要有以下3点：

(1) 货币市场与债券市场结合在一起，用于对政府财政赤字提供融资；

(2) 运用货币市场，通过银行或自由交易的货币市场融资工具，进行货币政策包括汇率政策的传播；

(3) 政府利用货币市场机制，影响信贷分配，在国民经济中很好地加以利用。

第三节 国际资本市场

一、国际资本市场的概念

国际资本市场是指经营一年期以上的国际性中长期资金借贷和证券投资业务的国际金融市场。

国际资本市场的资金供应者主要是各种金融机构，如商业银行、储蓄银行、投资公司、人寿保险公司和跨国公司等。跨国银行、各国的货币当局、国际金融组织、私人投资者等，也是国际资本市场的资金供应者。资金需求者主要是各国政府、跨国公司、国际金融机构等。国际资本市场交易工具为：银行中长期贷款、长期政府债券、公司债券、公司股票以及欧洲债券、外国债券和浮动利率债券等。市场的主体是各国际性大商业银行、跨国银行等，跨国银行既是国际资本市场的主要资金提供者，又是主要经营者和中介机构。国际资本市场主要分布在纽约、伦敦、苏黎世、法兰克福、巴黎、东京、新加坡和中国香港地区等国际金融中心。纽约、伦敦资本市场以及欧洲货币市场是最大的国际资本市场。

国际资本市场的利率是中长期利率。该市场的利率有两种：一种是固定利率，另一种是在借贷期间可根据市场利率水平变化定期调整的浮动利率，均为复利。其基准利率是伦敦同业拆放利率，各种融资工具可根据自己的条件，在基准利率的基础上，再加一个附加利率。其附加利率的大小，视贷款数额、期限长短、市场资金供求情况、贷款所用货币及借款国(借款人)资信的高低会有所不同。

二、国际资本市场的特点

与国际货币市场相比，国际资本市场具有以下特点：

(1) 通过市场机制吸收、组织国内外资金，对其进行中长期的分配和再分配；

(2) 交易注重安全性、营利性和流动性，借贷双方都很重视双方稳定的长期合作关系；

(3) 有政治风险、违约风险、利率风险、汇率风险、经营风险等多种风险，需要采取多种避险措施；

(4) 由于国际资本市场汇率、利率变动频繁，为了避免外汇风险，故在利用市场机制时，必须把选择货币的软硬、汇率和利率、收进与还款结算所用货币的区别等，一并考虑在内。

国际资本市场的存在和发展，尤其是证券市场的国际化发展，推动了世界范围内的中长期资本流动，加速了国际资本在各国间的流动与周转，促进了国际贸易和世界经济的发展。但同时国际资本市场又是国际资本追逐高额利润和国际金融投机的重要场所，是造成国际金融市场动荡的主要因素之一。特别是证券市场国际化带动了全球金融市场的一体化，使各个国际金融市场之间的联系更为紧密，一个市场发生风波，其他市场必然发生连锁反应。

三、国际资本市场的构成

国际资本市场从业务构成上来看，包括银行中长期信贷市场和中长期证券市场。

(一) 中长期信贷市场

中长期信贷市场是政府机构和跨国银行向客户提供中长期资金融通的市场。政府贷款的基本特征是期限长、利率低、附有一定的条件。政府贷款的期限最长可达30年，利息最低可低到零。附加条件一般有限制贷款的使用范围，规定贷款只能用于购买授贷国的商品，且受贷国必须在经济政策或外交政策方面做出某种承诺或调整。因此，政府贷款属于一种约束性贷款。银行贷款一般是一种无约束的贷款，贷款利率视市场行情和借款人的信誉而定。银行信贷资金的使用一般不受地域和用途的限制。由于银行直接向借款人发放的中、长期贷款，数额大、期限长，因此银行一般采用银团贷款或辛迪加贷款(Syndicate Loans)的方式分散风险。所谓银团贷款或辛迪加贷款，是指几家甚至十几家银行共同向某一客户提供贷款，由一家银行做牵头行，若干家银行做管理行，其余银行做参与行。牵头行通常也是管理行，收取牵头费和管理费，并与其他管理行一起承担贷款的管理工作，银团贷款在20世纪80年代上半期因债务危机而一度下降，但自1986年起走出低谷，其规模在以后的几年里得到迅速增长，2011年曾经达到37 400亿美元。

根据《银团贷款行业发展报告2016》显示，截至2016年6月底，银团贷款余额为60 098亿元人民币，较年初新增3 772亿元，同比增长强劲。占全部对公贷款余额比例为11.35%，与2006年1.72%相比提高9.63个百分点。其中，大型商业银行和政策性银行余额市场占比分别为48.83%和37.33%，余额增长较快的是城市商业银行和农村金融机构，增幅分别为30.77%和25%。

从我国银团贷款新签约合同投向行业看，第一位为交通运输、仓储和邮政业，签约合同金额为8 936亿元，占比为36%；第二位为房地产行业(含保障性住房)，签约合同金额为4 225亿元，占比为17%；第三位为电力、热力、燃气及水生产和供应业，签约合同金额为1 845亿元，占比为7%。从银团贷款投放地区看，广东、上海、江苏、湖北地区领跑，签约金额分别为4 262亿元、3 985亿元、1 490亿元和1 441亿元。

相比其他贷款，我国的银团贷款在支持重大项目建设，服务国家发展战略；推进供给侧结构性改革，助力实体经济发展；加强同业合作，管控金融风险；增进国际合作，促进境内外资金融通4方面比较优势明显，特别是在经济下行期，日益受到银行业金融机构的重视。

国际中长期信贷的特点如下：

(1) 借贷比较自由，可以自由议定借贷数量、借贷期限、借贷币种等借贷条件；

(2) 借贷资金用途一般不受限制；

(3) 借贷利率相对于政府贷款和国际金融机构贷款利率较高，一般采用市场利率；

(4) 无政治、经济附加条件。

2007年，力拓集团为收购Alcal，在全球筹组400亿美元银团贷款，中国银行是亚洲(除日本银行外)唯一以共同安排行(Lead Arranger)及包销行的身份加入此笔银团贷款的银行。这是伦敦市场上第一大银团贷款项目(世界第四大)。

2008年，印尼Indramayu电站5.92亿美元出口买方信贷银团贷款项目，该项目由中国银行作为协调安排行、委任安排行、代理行，18家国际活跃银行共同参与，超额认购达4.5倍。

2008年，澳洲最大的电讯运营商澳洲电讯股份有限公司(Telstra)6亿美元银团贷款项目，中国银行作为独家委任安排行为该客户成功筹组一笔6亿美元的银团贷款，并获得超额认购。

(二) 中长期证券市场

中长期证券市场又可分为国际债券市场和国际股票市场。

1. 国际债券市场

1) 国际债券的含义

国际债券是指长期资金的筹措者在国外发行上市的、以外国货币定值并销售的债券。

债券发行人主要有：政府和政府机构；私人部门，主要是工商企业、金融企业等；国际金融机构。债券有固定利率债券，还有浮动利率债券。债券可以自由买卖，它的市场价格和市场利率成反比例：市场利率降低，则债券价格升高；反之，市场利率升高，债券价格就降低。

2) 国际债券的分类

国际债券可分为外国债券和欧洲债券两种：外国债券是一国政府、金融机构、工商企业在国外金融市场上发行或者国际组织在一国金融市场上，以所在国货币发行的债券。欧洲债券是一国政府、金融机构、工商企业在国外金融市场上发行或者国际组织在一国金融市场上，以第三国货币发行的债券。例如，法国一家机构在英国债券市场上发行的以美元为面值的债券即为欧洲债券。欧洲债券的发行地与面值货币分属两个不同的国家。

欧洲债券产生于20世纪60年代，是随着欧洲货币市场的形成而兴起的一种国际债券。20世纪60年代以后，由于美国资金不断外流，美国政府被迫采取一系列限制性措施。1963年7月，美国政府开始征收利息平衡税，规定美国居民购买外国在美发行的证券，所得利息一律要付税。1965年，美国政府又颁布条例，要求银行和其他金融机构限制对国外借款人的贷款数额。这两项措施使外国借款者很难在美国发行美元债券或获得美元贷款。另一方面，在20世纪60年代，许多国家有大量盈余美元，需要投入借贷市场获取利息，于是，一些欧洲国家开始在美国境外发行美元债券，这就是欧洲债券的由来。欧洲债券最初主要以美元为计值货币，发行地以欧洲为主。20世纪70年代后，随着美元汇率波动幅度的增大，以德国马克、瑞士法郎和日元为计值货币的欧洲债券的比重逐渐增加。同时，发行地开始突破欧洲地域限制，在亚太、北美以及拉丁美洲等地发行的欧洲债券日渐增多。欧洲债券自产生以来，发展十分迅速，在国际债券市场上所占比重远远超过了外国债券。

欧洲债券之所以对投资者和发行者有如此巨大的魅力，主要有以下几方面原因。第一，欧洲债券市场是一个完全自由的市场，债券发行较为自由灵活，既不需要向任何监督机关登记注册，又无利率管制和发行数额限制，还可以选择多种计值货币。第二，发行欧洲债券筹集的资金数额大、期限长，而且对财务公开的要求不高，方便筹资者筹集资金。第三，欧洲债券通常由大的跨国金融机构办理发行，发行面广、手续简便、发行费用较低。第四，欧洲债券的利息收入通常免交所得税。第五，欧洲债券以不记名方式发行，并可以保存在国外，能满足一些希望保密的投资者的需要。第六，欧洲债券安全性和收益率高。欧洲债券发行者多为大公司、各国政府和国际组织，它们一般都有很高的信誉，对投资者来说是比较可靠的。同时，欧洲债券的收益率也较高。

按地域分布看，有影响和规模较大的外国债券有：美国市场的扬基债券，瑞士市场的瑞士法郎债券，日本市场的武士债券，英国市场的猛犬债券，中国市场的熊猫债券，以及中东地区以科威特的第纳尔、阿联酋的第拉姆以及沙特阿拉伯的里亚尔货币定值的外国债券等。下面主要介绍扬基债券、武士债券和瑞士法郎债券。

扬基债券是在美国债券市场上发行的外国债券，即美国以外的政府、金融机构、工商企业和国际组织在美国国内市场发行的、以美元为计值货币的债券。它有以下特点。

(1) 发行额大，流动性强。20世纪90年代以来，平均每笔扬基债券的发行额大体都在7 500万～15 000万美元之间。扬基债券的发行地虽在纽约证券交易所，但实际发行区域遍及美国各地，能够吸引美国各地的资金。同时，又因欧洲货币市场是扬基债券的转手市场，因此，实际上扬基债券的交易遍及世界各地。

(2) 期限长。20世纪70年代中期扬基债券的期限一般为5～7年，20世纪80年代中期后可以达到20～25年。

(3) 债券的发行者为机构投资者，如各国政府、国际机构、外国银行等。购买者主要是美国的商业银行、储蓄银行和人寿保险公司等。

(4) 无担保发行数量比有担保发行数量多。

(5) 由于评级结果与销售有密切的关系，因此非常重视信用评级。

武士债券是指在日本债券市场上发行的外国债券，即日本以外的政府、金融机构、工商企业和国际组织在日本国内市场发行的、以日元为计值货币的债券。武士债券最初是1970年由亚洲开发银行发行的，1981年后数量激增，1982年为33.2亿美元，1985年为63.8亿美元，超过同期的扬基债券。日本公募债券缺乏流动性和灵活性。不容易做美元互换业务，发行成本高，不如欧洲日元债券便利。目前，发行武士债券的筹资者多是需要在东京市场融资的国际机构和一些发行期限在10年以上的长期筹资者，再就是在欧洲市场上信用不好的发展中国家的企业或机构。发展中国家发行武士债券的数量占总量的60%以上。

瑞士外国债券是指外国机构在瑞士发行的瑞士法郎债券。瑞士是世界上最大的外国债券市场，其主要原因包括以下几个方面。

(1) 瑞士经济一直保持稳定发展，国民收入持续不断提高，储蓄不断增加，有较多的资金盈余。

(2) 苏黎世是世界金融中心之一，是世界上最大的黄金市场之一，金融机构发达，有组织巨额借款的经验。

(3) 瑞士外汇完全自由兑换，资本可以自由流进流出。

(4) 瑞士法郎一直比较坚挺，投资者购买以瑞士法郎计价的债券，往往可以得到较高的回报。

(5) 瑞士法郎债券利率低，发行人可以通过互换得到所需要的货币。瑞士法郎外国债券的发行方式分为公募和私募两种。瑞士银行、瑞士信贷银行和瑞士联合银行是发行公募债券的包销者。私募发行没有固定的包销团，而是由牵头银行公开刊登广告推销，并允许在转手市场上转让。但是迄今为止，瑞士政府不允许瑞士法郎债券的实体票据流到国外，必须按照瑞士中央银行的规定，由牵头银行将其存入瑞士国家银行保管。

3) 国际债券市场

国际债券市场是由国际债券的发行人和投资人所形成的金融市场。具体可分为发行市场和流通市场：发行市场组织国际债券的发行和认购；流通市场安排国际债券的上市和买卖。这两个市场相互联系、相辅相成构成统一的国际债券市场，国际债券市场组成如图7-1所示。

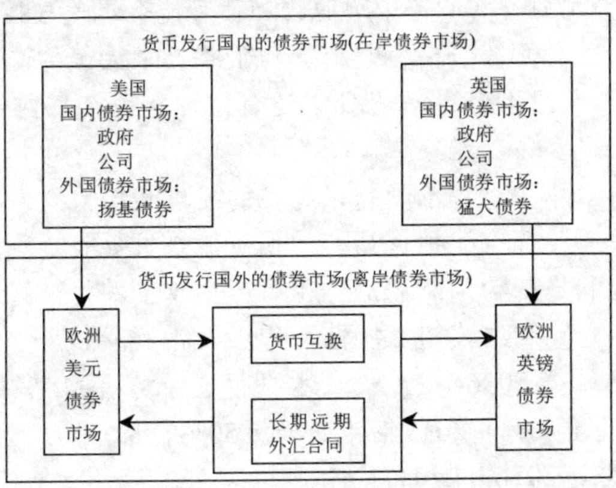

图7-1 国际债券市场的组成

(资料来源：易刚，张磊. 国际金融[M]. 上海：上海人民出版社，1999.)

国际债券市场的业务主要是债券业务。债券发行作为一种直接融资的方式在20世纪80年代上半期曾迅速发展。但是近年来，受世界经济和欧洲主权债务危机的影响，其起伏波动较大，总体上债务负担较为沉重。

【专栏7-2】

IMF金融稳定报告：全球发达经济体债务创70年最高

2016年4月13日，国际货币基金组织(IMF)在其发布的金融稳定报告中警告称，世界各发达经济体的公共债务已经飙升到“二战”以来的最高点，很多国家的政府面临着经济增长脆弱和银行业危机。IMF还警告，新兴经济体必须关注企业债风险。

IMF表示，即使在历时7年的全球经济危机已经缓解的今天，政府举债仍不断增加，世界两大经济体日本和欧洲，仍然深陷低增长之中。“公共债务现在超出了20世纪30年代大萧条时期的水平，正在接近‘二战’刚刚结束时的水平。”IMF表示，对于发达经济体来说，债务已经上升到超过GDP产出107%的水平，日本更是高达250%的水平。

IMF还警告称，新兴经济体企业的债务水平也过高。金砖国家中，目前中国企业债务总计1.3万亿美元，其中1/7的债务是那些利润不足以支付利息的企业所欠下的，这个问题可能会导致银行蒙受损失；如果问题得不到解决，银行将蒙受重大损失，损失规模或相当于国内生产总值(GDP)的7%。

与此同时，巴西和俄罗斯的大型企业因受到了大宗商品价格下跌和经济萎缩的冲击，债务负担也较重。出口受创，加剧了企业和主权的脆弱性，令经济和金融风险升级。

IMF表示，全球金融稳定性所面临的总体风险估计将达到7年来的最高水平。发达经济体的银行正面临困境，原因是商业模式问题导致银行盈利能力低下，低利率或负利率以及过低的估值可能损害银行筹措资本的能力。IMF称，商业模式受损的银行占发达经济体所有银行资产的15%，这个问题在欧洲尤为突出。

日本债务问题最严重。IMF前首席经济学家布兰查德(Olivier Blanchard)近日警告称，日本的债务神话会破灭。他表示，随着当地投资者不足，政府最终可能通过拉高通胀来摆脱债务，日本正趋向于爆发全面偿付能力危机。

布兰查德表示，负利率掩盖了日本公共债务的潜在危险。日本公债在GDP中的占比今年可能触及250%，并将螺旋式攀升至不可持续的水平，一旦市场开始怀疑日本政府通过通货膨胀“隐性违约”从高达10万亿美元的公共债务中逃脱，局面可能会迅速失控。布兰查德称，如果美国对冲基金变成了日本债券的边际投资者，届时，他们将要求大笔的溢价。这就意味着，日本债务局势到时将发生改变，人们不会再幻想日本还有偿付能力，并且这一切可能以一种突然的、非线性的方式爆发。

布兰查德预计，届时，日本央行将承受越来越多的要求直接为财政预算筹资的政治压力，日本财政部可能称那是个关乎生死存亡的问题。他们可能要求延长负利率。在这种情况下，日本将跌跌撞撞地从通货紧缩状态变为通货膨胀。由财政主导，并将最终导致通胀的风险绝对是存在的。如果在未来五到十年内发生这种情况，我一点都不会惊讶。据Japan Macro Advisors(JMA)公布的数据，截至2016年2月，日本央行已经持有34.5%的国债，创历史最高水平，预计将在2016年年底升至40%，2017年年底升至50%。

(资料来源：国际金融报，2016.04.14)

2. 国际股票市场

1) 国际股票及国际股票市场概述

国际股票通常是指外国公司在一个国家的股票市场发行的，用该国或第三国货币表示的股票。

国际股票发行程序具体如下。

(1) 组建承销团。股票发行通常必须依赖承销商。

(2) 推销股票。股票推销包括编制招股说明书和进行推销展示，吸引投资者的关注。

(3) 发行股票的定价。股票的定价对股票的发行能否顺利至关重要。

(4) 后市支持。

国际股票市场是股票发行和交易的场所，股票的发行和买卖交易是分别通过一级市场和二级市场实现的。一级市场即股票发行市场，二级市场即对已发行的股票进行买卖的市场。另外，根据二级市场的结构特点，又可以分为证券交易所市场和场外交易市场两部分。发行市场是流通市场的基础和前提，流通市场又是发行市场得以存在和发展的条件。发行市场的规模决定了流通市场的规模，影响着流通市场的交易价格。没有发行市场，流通市场就成为无源之水、无本之木，在一定时期内，发行市场规模过小，容易使流通市场供需脱节，造成过度投机，股价飙升；发行节奏过快，股票供过于求，对流通市场形成压力，股价低落，市场低迷，反过来影响发行市场的筹资。所以，发行市场和流通市场是相互依存、互为补充的整体。

国际股票市场的主要交易品种有：①股票现货；②股票期货；③股票指数期货；④股票期权；⑤存托凭证。

股票市场的国际化主要包括海外上市和开放本国股票市场两条途径。我国股票市场对外开放的程度还较低，中国企业在进入世界资本市场时采用了一些不同的融资结构。2002年11月5日，中国证监会颁布了《合格境外机构投资者境内证券投资管理暂行办法》，我国正式开始实施QFII(Qualified Foreign Institutional Investors)制度，中国资本市场开始有条件向合格境外机构投资者开放。

2) 几个重要的股票交易所和股票价格指数

(1) 纽约股票交易所。纽约股票交易所是目前世界上规模最大的有价证券交易市场。在美国证券发行之初，尚无集中交易的证券交易所，证券交易大都在咖啡馆和拍卖行里进行，1792年5月17日，24名经纪人在纽约华尔街和威廉街西北角的一咖啡馆门前的梧桐树下签订了“梧桐树协定”，这便是纽约交易所的前身。到了1817年，华尔街上的股票交易已十分活跃，于是市场参加者成立了“纽约证券和交易管理处”，一个集中的证券交易市场基本形成。1863年，管理处易名为纽约证券交易所，此名一直沿用至今。到目前为止，它仍然是美国全国性的证券交易所中规模最大、最具代表性的证券交易所，也是世界上规模最大、组织最健全、设备最完善、管理最严密、对世界经济有着重大影响的证券交易所。

在美国股市上有一些常用的价格指数，其中道·琼斯指数、标准·普尔指数和纽约股票交易所指数是最为重要的指数。

道·琼斯指数是世界上历史最为悠久的股票指数，它的全称为股票价格平均指数。通常人们所说的道·琼斯指数，是指道·琼斯指数4组中的第一组——道·琼斯工业平均指数。道·琼斯指数最早是在1884年由道·琼斯公司的创始人查理斯·道开始编制的。最初的道·琼斯股票价格平均指数是根据11种具有代表性的铁路公司的股票，采用算术平均法进行计算编制而成的，发表在查理斯·道自己编辑出版的《每日通讯》上。其计算公式为

股票价格平均数=入选股票的价格之和/入选股票的数量

除了道·琼斯股票价格指数外，标准·普尔股票价格指数在美国也很有影响，它是美国最大的证券研究机构即标准·普尔公司编制的股票价格指数。该公司于1923年开始编制发表股票价格指数，最初采选了230种股票，编制了两种股票价格指数。到1957年，这一股票价格指数的范围扩大到500种股票，分成95种组合。其中最重要的4种组合是工业股票组、铁路股票组、公用事业股票组和500种股票混合组。从1976年7月1日开始，改为400种工业股票、20种运输业股票、40种公用事业股票和40种金融业股票。几十年来，虽然有股票更迭，但始终保持为500种。标准·普尔公司股票价格指数以1941—1943年抽样股票的平均市价为基期，以上市股票数为权数，按基期进行加权计算，其基点数为10。以目前的股票市场价格乘以股票市场上发行的股票数量为分子，用基期的股票市场价格乘以基期股票数为分母，相除之数再乘以10就是股票价格指数。

纽约股票交易所指数是由纽约股票交易所于1966年编制公布的，反映了所有在纽约股票交易所挂牌上市交易的普通股的价格情况，同标准·普尔指数相同，它将1 000多种普通股票按其市场价值加权，基本指数定在1965年12月31日为50，每半小时计算和公布一次。

(2) 东京股票交易所。东京股票交易所的发展历史虽然不长，但却是世界上最大的证券交易中心之一，也是日本最大的证券交易所，它的股票交易量占日本全国交易量的80%以上。如果按上市的股票市场价格计算，它已超过伦敦证券交易所，成为仅次于纽约证券交易所的世界第二大证券市场。

东京证券交易所对于买卖交易制定了许多详细的规则。其中，最基本的是交易市场的集中交易原则和竞争买卖原则。东京证券交易所只进行现货交易，不准进行期货交易。在东京交易市场上交易和买卖的有价证券，事先要经过东京证券交易所的上市资格审查。经审查认为符合上市标准的，呈报大藏大臣认可后方能上市。对于上市的有价证券，还要不断地进行严密监督和审查，以决定其是否继续上市。

在日本显示股票价格动向最具有代表性的指标是日经道式平均股价指数。日本在1950年利用美国道·琼斯公司编制道·琼斯股票指数的方法，发表了225种股票的平均股价。日本经济新闻社于1975年5月1日起向道·琼斯公司买进商标，而使其所编股价成为“日经道式平均股价”。东京股票交易所的东证股票价格指数也是一种重要的股票指数。该指数由日本东京股票交易所于1969年7月1日正式公布，包括250种交易活跃的股票，是以市总值为基础计算出来的。具体计算方法是：把第一部分市场的各种股票，以其当天的最终价格和上市股票数相乘计算出市价总值，以1968年1月4日的市价总值为基期(100)，换算成现期的指数。由于这一指数表示的是在东京股票交易所上市的各主要行业股票价格的市价总值，因此能正确展示出整个股票价格的变动，是一个重要的经济指标。

(3) 伦敦股票交易所。作为世界上最国际化的金融中心，伦敦不仅是欧洲债券及外汇交易领域的全球领先者，还受理超过2/3的国际股票承销业务。伦敦的规模与位置，意味着它为世界各地的公司及投资者提供了一个通往欧洲的理想门户。在保持伦敦的领先地位方面，伦敦证券交易所扮演着中心角色。伦敦证交所运作外国股票的交易超过其他任何证交所。

1773年，英国的第一家证券交易所在伦敦柴思胡同的乔纳森咖啡馆成立，1802年交易所获得英国政府正式批准。最初主要交易政府债券，之后公司债券和矿山、运河股票陆续上市交易。1967年英国各地交易所组成了7个区域性的证券交易所，1973年伦敦证券交易所与设在英国格拉斯哥、利物浦、曼彻斯特、伯明翰和都柏林等地的交易所合并成大不列颠及爱尔兰证券交易所，各地证券交易所于20世纪80年代后期停止运作，1995年12月该交易所分为两个独立的部分，一部分归属爱尔兰共和国，另一部分归属英国，即现在的伦敦证券交易所。

在伦敦股票市场上标价的每种股票的活动，都通过英国《金融时报》统计的股票指数予以监视，每日进行计点，由该报公开发表。《金融时报》股票价格指数包括3种主要指数：第一种是最普遍的标价指数，称为FT指数，全名为"《金融时报》工业普通股票指数"，它是一个包括30种股票价格的指数，该指数是这些股票价格不加权的算数平均数，其基础是以1962年4月10日的股票价格作为100，每小时计算一次。第二种指数是由746种股票组成的综合性股价指数，每天计算一次，这是代表一切工业部门(包括发行石油股票的公司)股票价格不加权的平均指数。第三种是1984年新编制的"福奇指数"，即"伦敦《金融时报》指数100"或FT100指数。由在伦敦股票交易所上市的100种股票组成，其中包括74家工业股、18家金融股和8家其他公司股票，这100种股票具有较强的代表性，在整个股市中占有重要地位。通过自动报价系统，该指数在交易所营业期间，每小时计算公布一次。

第四节　欧洲货币市场

一、欧洲货币市场的含义

欧洲货币市场(Euro-Currency Market)，一般来说，是一种以非居民参与为主的以欧洲银行为中介的在某种货币发行国国境之外，从事该种货币借贷或交易的市场，又称离岸金融市场。这个市场最早发源于20世纪50年代末的伦敦，后逐步扩散到世界其他地方。无论是国际货币市场还是国际资本市场，都含有在岸金融业务市场和离岸金融业务市场这两部分，前者称为外国市场，后者主要为欧洲货币市场。由于欧洲货币市场发展迅速，其交易量远超过传统的国际金融市场，因此，从某种意义上讲，它已成为当代国际金融市场的代表。欧洲货币市场与各国国内金融市场的关系如图7-2所示。欧洲货币市场有特定的交易主体、交易客体和交易中介，与其他国际金融市场有区别。

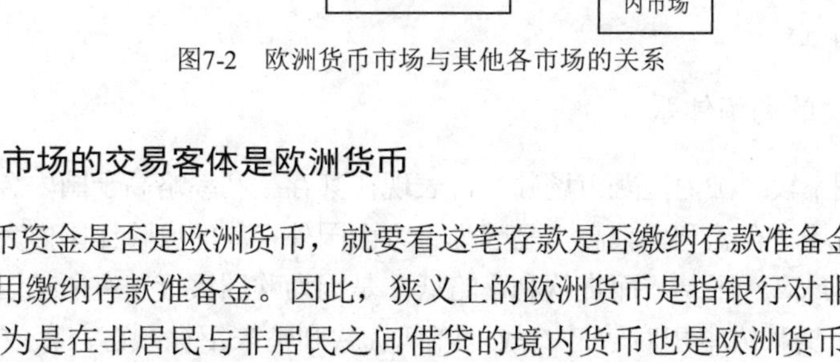

图7-2　欧洲货币市场与其他各市场的关系

(一) 欧洲货币市场的交易客体是欧洲货币

要判断一笔货币资金是否是欧洲货币，就要看这笔存款是否缴纳存款准备金，一般来说只有非居民的外币存款不用缴纳存款准备金。因此，狭义上的欧洲货币是指银行对非居民的境外货币负债。现在普遍的认为是在非居民与非居民之间借贷的境内货币也是欧洲货币。

(二) 欧洲货币市场的交易主体是市场所在地的非居民

可以这样说，传统的国际金融市场是各国金融市场的对外部分，欧洲货币市场是各国金融市场的在外部分。

(三) 欧洲货币市场的交易中介是欧洲银行

欧洲银行专指那些经营欧洲货币业务的银行。他们拥有全球性的分支机构和客户网络，利用现代化的通信工具等手段，依赖先进的业务技术和严格的经营管理，将世界各地的欧洲货币供求者联系在一起，形成一个以若干著名的离岸金融中心为依托、高效且高度全球一体化的欧洲货币市场整体。因此，欧洲货币市场基本上是以运营网络形式存在的无形市场。

欧洲货币市场产生于欧洲，但不局限于欧洲。欧洲货币市场最早是指存在于伦敦及西欧其他地方的美元的借贷市场，后来其地域范围逐渐扩展至亚洲、北美洲、拉丁美洲等。目前，欧洲货币市场既包括欧洲各主要金融中心，同时还包括日本、新加坡、加拿大、巴林、巴拿马等新的全球或区域性金融中心，即广义的欧洲货币市场。欧洲货币市场发展迅速，地位不断提高，作用不断扩大，甚至被人们称为当代国际金融市场的主体。

二、欧洲货币市场的特点

欧洲货币市场是一个真正的完全自由的国际金融市场，与传统的国际金融市场相比，它具有许多突出的特点。

(一) 摆脱了任何国家或地区政府法令的管理约束

传统的国际金融市场，必须受所在地政府的政策法令的约束，而欧洲货币市场则不受国家政府管制与税收限制。因为一方面，这个市场本质上是一个为了避免主权国家干预而形成的“超国家”的资金市场，它在货币发行国境外，货币发行国无权施以管制；另一方面，市场所在地的政府为了吸引更多的欧洲货币资金，扩大借贷业务，则采取种种优惠措施，尽力创造宽松的管理气氛。因此，这个市场经营非常自由，不受任何管制。

(二) 突破了国际贸易与国际金融业务汇集地的限制

传统的国际金融市场，通常是在国际贸易和金融业务极其发达的中心城市，而且必须是国内资金供应中心，但欧洲货币市场则超越了这一限制，只要某个地方管制较松、税收优惠或地理位置优越，能够吸引投资者和筹资者，即使其本身并没有巨量的资金积累，也能成为一个离岸的金融中心。这个特点使许多原本并不著名的国家或地区，如卢森堡、拿骚、开曼、巴拿马、巴林及百慕大等发展为国际金融中心。

(三) 建立了独特的利率体系

欧洲货币市场利率较之国内金融市场独特，表现在其存款利率略高于国内金融市场，而放款利率略低于国内金融市场。存款利率较高，是因为一方面国外存款的风险比国内大，另一方面不受法定准备金和存款利率最高额限制。而贷款利率略低，是因为欧洲银行享有所在国的免税和免缴存款准备金等优惠条件，贷款成本相对较低，故以降低贷款利率来招徕顾客。存放利差很小，一般为0.25%～0.5%，因此，欧洲货币市场对资金存款人和资金借款人都极具吸引力。

(四) 完全由非居民交易形成的借贷关系

欧洲货币市场的借贷关系，是外国投资者与外国筹资者的关系，亦即非居民之间的借贷关系。国际金融市场通常有3种类型的交易活动：①外国投资者与本国筹资者之间的交易，如外国投资者在证券市场上直接购买本国筹资者发行的证券；②本国投资者与外国筹资者之间的交易，如本国投资者在证券市场上购买外国筹资者发行的证券；③外国投资者与外国筹资者之间的交易，如外国投资者通过某一金融中心的银行中介或证券市场，向外国筹资者提供资金。第一种和第二种交易是居民和非居民间的交易，这种交易形成的关系是传统国际金融市场的借贷关系。第三种交易是非居民之间的交易，又称中转或离岸交易，这种交易形成的关系，才是欧洲货币市场的借贷关系。

(五) 拥有广泛的银行网络与庞大的资金规模

欧洲货币市场是银行间的市场，具有广泛的经营欧洲货币业务的银行网络，它的业务一般都是通过电话、电报、电传等工具在银行间、银行与客户之间进行；欧洲货币市场是以批发交易为主的市场，该市场的资金来自世界各地，数额极其庞大，各种主要可兑换货币应有尽有，充分满足了各国不同类型的银行和企业对不同期限和不同用途的资金的需求。

(六) 具有信贷创造机制

欧洲货币市场不仅提供国际信贷融资的便利，而且具有信贷创造机制。进入该市场的存款，经过银行之间的辗转贷放使信用得到扩大，这些贷款如果存回欧洲货币市场，便构成了货币市场派生的资金来源，把其再贷放出去则形成了欧洲货币市场派生的信用创造。

三、欧洲货币市场的构成

欧洲货币市场按借贷方式、借贷期限和业务性质，可分为欧洲货币信贷市场与欧洲货币债券市场。

(一) 欧洲货币信贷市场

1. 欧洲货币短期信贷市场

欧洲货币短期信贷市场主要进行1年以内的短期资金拆放，最短的为日拆。但随着国际金融业务的不断拓展，有的期限也延至1～5年。该市场借贷业务主要靠信用，无须担保，一般通过电话或电传即可成交，成交额以百万或千万美元以上为单位。这个市场的存款大多数是企业、银行、机关团体和个人在短期内的闲置资金；这些资金又通过银行提供给另一些国家的企业、银行、私人和官方机构做短期周转。如英国政府多年来就是从该市场借入欧洲货币，换成英镑，用于正常开支。

欧洲货币短期信贷市场的业务有以下4个特点。

(1) 期限短，一般多为3个月以内。

(2) 批发性质，一般借贷额都比较大，有的年份有1亿美元甚至更大的交易。

(3) 灵活方便，即在借款期限、借款货币种类和借款地点等方面都有较大的选择余地，这也是欧洲货币市场对借款人的最大吸引力之一。

(4) 利率由双方具体商定，一般低于各国专业银行对国内大客户的优惠放款利率，但比伦敦银行同业拆放利率高，由经营欧洲货币业务的大银行于每个营业日按伦敦银行同业拆放利率商定公布。

2. 欧洲货币中长期信贷市场

欧洲货币中长期信贷市场是指信贷期限在1年以上的欧洲货币借贷的市场。这个市场的筹资者主要是世界各地私营或国有企业、社会团体、政府以及国际性机构。资金绝大部分来自短期存款，少部分来自长期存款。该市场贷款额多在1亿美元以上，往往由几家或十几家不同国家的银行组成银团，通过一家或几家信誉卓著的大银行牵头贷款，即辛迪加贷款。由于这类贷款期限较长，贷款人与借款人都不愿承担利率变动的风险，因此，该种贷款利率多为浮动利率，并根据市场利率变化每3个月或半年调整一次。利率一般以伦敦银行同业拆放利率为基础，再根据贷款金额大小、时间长短以及借款人的资信，再加上不同幅度的附加利息(一般为0.25‰～0.5‰)。由于中长期信贷金额大、期限长，因此，借贷双方都需要签订合同，有的合同还需要经借款方的官方机构或政府方面担保。

欧洲货币中长期信贷市场的业务也有以下4个特点。

(1) 期限长，数额大，一般为1～3年，有的是5年或更长，最长的可达10年以上。

(2) 以辛迪加贷款为主，分散了提供中长期贷款的风险。

(3) 吸引力强，对贷款人和借款人都非常方便从而极具吸引力。

(4) 必须签订贷款协定，有的还需要政府提供担保，协定内容主要包括币种、期限、数量、利率、货币选择权条款、违约和保证条款等。

(二) 欧洲货币债券市场

1. 欧洲货币债券市场的概念

欧洲货币债券市场是指发行欧洲货币债券进行筹资而形成的一种长期资金市场。它是国际中长期资金市场的重要组成部分，也是欧洲货币市场的重要组成部分。

欧洲货币债券市场产生于20世纪60年代初，1961年2月1日在卢森堡发行了第一笔欧洲货币，1963年正式形成市场。20世纪70年代后，各国对中长期资金的需求日益增加，以债券形式出现的借贷活动迅速发展。在欧洲债券结构中，主要有欧洲美元债券、原西德马克债券、欧洲瑞士法郎债券、欧洲荷兰盾债券等，欧洲日元债券在1980年对非政府机构开放。

目前，欧洲货币债券市场上的债券种类主要有如下5种。

(1) 普通固定利率债券。其特点是债券发行时，利率和到期日已做明确规定。

(2) 浮动利率债券。其特点是利率可以调整，多为半年调整一次，以6个月期的伦敦银行同业拆放利率或美国商业银行优惠放款利率为准，加上一定的附加利息。

(3) 可转换债券。其特点是购买者可按发行时规定的兑换价格，把它换成相应数量的股票。

(4) 授权证债券。其特点是购买者可获得一种权利(而非责任)，并据此按协定条件购买某些其他资产，类似对有关资产的买入期权。

(5) 合成债券。它具有固定利率债券和利率互换合同的特点。

2. 欧洲货币债券市场的特点

欧洲货币债券是一种新型的国际债券，它是一种境外债券，像欧洲货币不在该种货币发行国内交易一样，也不在面值货币国家债券市场上发行。欧洲货币债券市场有以下特点。

(1) 债券的发行者、债券面值和债券发行地点分属于不同的国家。例如A国的机构在B国和C国的债券市场上以D国货币为面值发行的债券，即为欧洲债券。这个债券的主要发行人是各国政府、大跨国公司或大商人银行。

(2) 债券发行方式以辛迪加为主。债券的发行方式，一般由一家大专业银行或大商人银行或投资银行牵头，联合十几家或数十家不同国家的大银行代为发行，大部分债券是由这些银行买进，然后转到销售证券的二级市场或本国市场卖出。

(3) 高度自由。债券发行一般不需要经过有关国家政府的批准，不受各国金融法规的约束，比较自由灵活。

(4) 不影响发行地国家的货币流通。发行债券所筹措的是欧洲货币资金，而非发行地国家的货币资金，对债券发行地国家的货币资金流动影响不太大。

(5) 货币选择性强。发行欧洲债券，既可在世界范围内筹资，同时，也可安排在许多国家出售，而且还可以任意选择发行市场和债券面值货币，筹资潜力很大。如借款人可以根据各种货币的汇率、利率和其他需要，选择发行欧洲美元、英镑、欧元、法郎、日元等任何一种或几种货币的债券，投资者亦可选择购买任何一种债券。

(6) 债券的发行条件比较优惠。其利息通常免除所得税或者不预先扣除借款国家的税款。此外，其不记名的发行方式还可使投资者逃避国内所得税。因此，该债券对投资者极具吸引力，也使筹资者能以较低的利息成本筹到资金。

(7) 安全性较高，流动性强。欧洲债券市场的主要借款人是跨国公司、各国政府和国际组织。这些借款机构资信较高，故对投资者来说比较安全。同时，该市场是一个有效的和极富有活力的二级市场，持券人可转让债券取得现金。

(8) 市场反应灵敏，交易成本低。欧洲债券市场拥有两大清算系统，从而使该市场能够准确、迅速、及时地提供国际资本市场现时的资金供求和利率、汇率的动向，缩小债券交割时间，减少交割手续。世界各地的交易者可据此快速进行交易，极大地降低了交易成本。

(9) 金融创新持续不断。欧洲债券市场是最具有活力的市场之一，它可以根据供求情况，不断推出新的或组合产品，并以此把国际股票市场、票据市场、外汇市场和黄金市场紧密地联系在一起，有力地推动了国际金融一体化与世界经济一体化。

四、欧洲货币市场的影响

欧洲货币市场形成以后，对世界经济发展的影响是两方面的。

(一) 欧洲货币市场的积极影响

1. 为各国经济发展提供资金便利

欧洲货币市场是国际资金再分配的重要渠道。在这个市场上，金融机构发达、资金规模大、借款成本较低、融资效率高，因此它成了各国获取资金推动经济发展的重要场所。如日本在20世纪60年代和70年代，就从该市场借入可观的欧洲货币，推动了日本经济的高速发展。

2. 有利于平衡国际收支

欧洲货币市场的发展，拓展了金融市场的空间范围，也丰富了国际结算的支付手段。如果一国在国际贸易上出现逆差，就可以从欧洲货币市场上直接借入欧洲美元或其他欧洲货币来弥补，从而缓和逆差压力；反之，如果一国出现贸易顺差，过多的外汇储备也可投入该市场，以达到平衡国际收支的目的。

3. 推动了跨国公司国际业务的发展

欧洲货币市场作为离岸金融市场，不受各国法律制度的约束，它既可为跨国公司的国际投资提供大量的资金来源，又可为这些资金在国家间进行转移提供便利，从而推动跨国公司的国际经营和业务的国际化。

(二) 欧洲货币市场的消极影响

1. 加剧外汇市场的动荡

欧洲货币市场因不受市场所在地政府法令的管理，具有极强的流动性，便可能使上万亿美元的资金很容易地在国家间流窜，而且一旦各地信贷市场和外汇市场的利率和汇率稍有变化，货币投机者便倾巢而出，利用各种手段，如套利、套汇或进行黄金投机牟取暴利，使本来已变化不定的外汇市场更趋动荡不安。

2. 削弱各国金融政策实施的效果

当一些国家为了遏制通胀实施紧缩政策时，商业银行仍可以从欧洲货币市场上借入大批资金；反之，当一些国家为了刺激经济改行宽松的政策时，各国银行也可能把资金调往国外。这将使政府的宏观金融政策调控效果被削弱，预期目标也难以实现。

3. 增加经营欧洲货币业务的银行所承担的风险

欧洲货币市场经常是国际信贷领域超级风险的根源。在欧洲货币市场上，首先，银行发放的长期信贷资金，大部分是从客户那里吸收来的短期存款，一旦银行信用出现问题而引起客户大量挤提，银行就会陷入困境；其次，欧洲货币的贷款，是由许多家银行组成银团联合贷出的，而且贷款对象又难以集中在一个国家或政府机构，如果贷款对象到期无力偿还，这些银行就会遭受损失；第三，欧洲货币市场没有一个中央机构，使其缺乏最后融资的支持者，且该市场也没有存款保险制度；最后，该市场本身就是一个信用创造机制，因此，在欧洲货币市场上操作，风险是很大的。

本章小结

1. 国际金融市场，亦称世界金融市场，通常可以从广义和狭义两方面来理解。广义的国际金融市场是指在国际范围内进行资金融通、有价证券买卖及有关的国际金融业务活动的场所，由经营国际货币信用业务的一切金融机构组成，它是国际货币金融领域内各种金融商品交易市场的总和，包括外汇市场、货币市场、资本市场和黄金市场等。狭义的国际金融市场则是指国际范围内的长短期资金借贷场所。

2. 国际货币市场指期限在一年以下的金融工具的跨国交易市场，也称短期资金市场。国际货币市场按照业务种类可以划分为银行短期信贷市场、大额可转让定期存单市场、短期票据市场和贴现市场。

3. 国际资本市场是指经营一年期以上的国际性中长期资金借贷和证券投资业务的国际金融市场。国际资本市场从业务构成上来看，包括银行中长期信贷市场和中长期证券市场。

4. 欧洲货币市场，一般来说，是一种以非居民参与为主的以欧洲银行为中介的、在某种货币发行国国境之外从事该种货币借贷或交易的市场，又称离岸金融市场。欧洲货币市场按借贷方式、借贷期限和业务性质，可分为欧洲货币信贷市场与欧洲货币债券市场。

习　题

一、选择题

1. 第二次世界大战后，被公认为世界三大国际金融市场的是(　　)。

A. 纽约　　B. 伦敦　　C. 苏黎世　　D. 巴黎

2. 现阶段，新型的欧洲货币市场已成为国际金融市场体系中的主流，被称为国际金融市场“金三角”的是(　　)。

A. 纽约　　B. 伦敦　　C. 苏黎世　　D. 东京

3. 按照经营金融业务的种类划分，国际金融市场可分为(　　)。

A. 国际货币市场　　B. 国际资本市场　　C. 国际外汇市场　　D. 国际黄金市场

4. 国际金融市场按交易对象所在区域和金融交易活动所受的控制程度可分为(　　)。

A. 在岸金融市场　　B. 离岸金融市场

C. 银行中长期信贷市场　　D. 中长期证券市场

5. 目前，欧洲货币市场的币种交易中比重最大的是(　　)。

A. 欧洲美元　　B. 欧洲英镑　　C. 欧洲马克　　D. 欧洲日元

6. 美国以外的政府、金融机构、工商企业和国际组织在美国国内市场发行的、以美元为计值货币的债券是(　　)。

A. 武士债券　　B. 扬基债券　　C. 熊猫债券　　D. 猛犬债券

二、判断题

1. 伦敦银行同业拆放利率LIBOR是国际金融市场商业银行贷款利率的基础。(　　)
2. 国际货币市场和国际资本市场的划分是以资金的用途为标准的。(　　)
3. 通常所指的欧洲货币市场，主要是指在岸金融市场。(　　)
4. 欧洲货币市场主要指中长期的资本市场。(　　)
5. 伦敦、纽约、东京是世界上三大外汇交易中心。(　　)
6. 国际金融市场的发展依赖于世界贸易的增长速度，同主要发达国家的经济周期相吻合。(　　)
7. 亚洲货币市场是与欧洲货币市场相平行的国际金融市场。(　　)
8. 欧洲货币市场的存贷款利差一般大于各国国内市场的存贷利差。(　　)
9. 欧洲货币市场不会形成信用扩张。(　　)
10. 欧洲债券的发行地与面值货币分属两个不同的国家。(　　)

三、填空题

1. 国际货币市场按业务种类细分为__________、__________、__________和__________。
2. 伦敦银行同业拆放利率有__________和__________两个价。
3. 欧洲货币中长期信贷市场与欧洲货币债券市场合称为__________，该市场信贷期限都在__________年以上。
4. 欧洲货币市场利率较之国内金融市场独特，该市场存放利差很小，一般为__________。

5. __________是目前世界上规模最大的有价证券交易市场。

6. __________是一国政府、金融机构、工商企业在国外金融市场上发行或者国际组织在一国金融市场上以所在国货币发行的债券。

四、名词解释

1. 国际金融市场　2. 在岸金融市场　3. 离岸金融市场　4. 外国债券
5. 欧洲债券　6. 欧洲货币市场

五、简答题

1. 简述国际金融市场的作用。
2. 简述国际金融市场的发展趋势。
3. 简述欧洲货币市场的特点。
4. 简述欧洲货币中长期信贷市场业务的特点。
5. 简述欧洲货币债券市场的特点。
6. 如何评价欧洲货币市场的积极和消极影响？

案例分析

案例一　纽约金融市场

纽约是世界上最重要的国际金融中心之一。第二次世界大战以后，纽约金融市场在国际金融领域的地位进一步提高。美国凭借其在战争时期膨胀起来的强大经济和金融实力，建立了以美元为中心的资本主义货币体系，使美元成为世界最主要的储备货币和国际清算货币。西方资本主义国家和发展中国家的外汇储备中大部分是美元资产，存放在美国，由纽约联邦储备银行代为保管。一些外国官方机构持有的部分黄金也存放在纽约联邦储备银行。纽约联邦储备银行作为贯彻执行美国货币政策及外汇政策的主要机构，在金融市场的活动直接影响到市场利率和汇率的变化，对国际市场利率和汇率的变化有着重要影响。世界各地的美元买卖，包括欧洲美元、亚洲美元市场的交易，都必须在美国，特别是在纽约的商业银行账户上办理收付、清算和划拨，因此纽约成为世界美元交易的清算中心。此外，美国外汇管制较松，资金调动比较自由。在纽约，不仅有许多大银行，而且商业银行、储蓄银行、投资银行、证券交易所及保险公司等金融机构云集，许多外国银行也在纽约设有分支机构，1983年，世界最大的100家银行在纽约设有分支机构的就有95家。这些都为纽约金融市场的进一步发展创造了条件，提高了它在国际金融领域的地位。

纽约金融市场按交易对象划分，主要包括外汇市场、货币市场和资本市场。

纽约外汇市场是美国的，也是世界上最主要的外汇市场之一。纽约外汇市场并无固定的交易场所，所有的外汇交易都是通过电话、电报和电传等通信设备，在纽约的商业银行与外汇市场经纪人之间进行。这种联络就组成了纽约银行间的外汇市场。此外，各大商业银行都有自己的通信系统，与该行在世界各地的分行外汇部门保持联系，又构成了世界性的外汇市场。由于世界各地的时差关系，各外汇市场开市时间不同，纽约大银行与世界各地外汇市场可以昼夜24小时保持联系，因此它在国家间的套汇活动几乎可以立即完成。纽约货币市场即纽约短期资金的借贷市场，是资本主义世界主要货币市场中交易量最大的一个。除纽约市金融机构、工商业和私人在这里进行交易外，每天还有大量短期资金从美国和世界各地涌入流出。和外汇市场一样，纽约货币市场也没有一个固定的场所，交易都是供求双方直接进行或通过经纪人进行的。在纽约货币市场的交易，按交易对象可分为：联邦基金市场、政府库券市场、银行可转让定期存单市场、银行承兑汇票市场和商业票据市场等。

纽约资本市场是世界上最大的经营中、长期借贷资金的资本市场，可分为债券市场和股票市场。纽约债券市场交易的主要对象是：政府债券、公司债券、外国债券。纽约股票市场是纽约资本市场的一个组成部分。在美国，有10多家证券交易所按《证券交易法》注册，被列为全国性的交易所。其中，纽约证券交易所、NASDAQ和美国证券交易所最大，它们都在纽约。

近10年来，伴随着中国金融改革与开放的稳步推进，上海国际金融中心建设取得了阶段性进展，奠定了进一步建设国际金融中心的坚实基础。在新世纪新阶段，中国新一轮的金融体制改革正在全面、深入以及有重点、有步骤地展开，上海国际金融中心建设也随之迈入了一个崭新的历史机遇期。当前，如何充分发挥上海自身的优势条件，不失时机地抓住一些关键性的发展环节，促使上海国际金融中心建设真正成为中国新一轮金融体制改革的有机组成部分，是迫切需要认真考虑的重要问题。

(资料来源：广东商学院货币银行学精品课教学资源库教学案例，http://61.145.119.78:8083/show.aspx?id=106&cid=31)

问题：

对比纽约国际金融市场，上海在建立国际金融中心的过程中还有哪些方面需要提高？

案例二 “一带一路”人民币离岸市场创新

在“一带一路”建设中大力发展多层级的境外人民币离岸市场，有利于打造人民币的资金运用平台、资产管理平台、清算结算平台和风险管理平台，对推进人民币国际化具有重要意义。同时，金融创新是“一带一路”建设取得成功的重要保障，而境外人民币离岸市场则是金融创新最前沿的孵化器。此外，在“一带一路”建设中发展人民币离岸市场，有助于解决国际金融市场的效能失灵问题，分散西方国家的政策外溢效应对发展中国家经济的冲击，防范区域性金融风险。

1. 创新发展境外人民币离岸市场的设想

离岸金融市场的概念厘清。“二战”后，以凯恩斯主义为代表的干涉主义思潮盛行，金融行业被严格监管。为了摆脱束缚，伦敦的欧洲美元市场开始起步发展。离岸金融最初就是指欧洲美元，即美国境外银行不受美国金融监管的生息美元存款。随着全球金融创新发展，离岸金融和在岸金融的区别主要在于适用法律不同，更多具有非居民性的特点，境外属性已经被淡化。IMF将离岸金融市场定义为：由银行或其他金融机构主要向非居民提供金融服务的市场；非居民性是指特定的金融交易由某一司法管辖区内的金融机构代表居住在其他司法管辖区域的客户来执行。

地理四分法的设想。参考杰弗里•琼斯(Geoffrey G. Jones)于1992年提出的国际金融中心地理三分法，可以设想将“一带一路”人民币离岸市场体系做出地理四分法规划：全球性人民币离岸市场、区域性人民币离岸市场、次区域性人民币离岸市场和重要国别的人民币离岸市场。重要国别和次区域性离岸金融市场侧重于中国与东道主国及周边国家的人民币金融合作；区域性离岸金融市场侧重于为整个地区提供人民币金融服务；全球性离岸金融市场侧重于提供全球范围的人民币金融服务。在与“一带一路”沿线国家深度合作中，这种四分法设想具备可行性，对我国团结广大发展中国家和新兴经济体形成人民币国际圈、参与重构全球金融治理体系具有重要意义。

创新发展境外人民币离岸市场的核心目标。“一带一路”建设正处于主要以投资和贸易推动人民币“走出去”的阶段，需要境外人民币离岸市场能够发挥服务实体经济的基本职能。此外，从现代金融业的创新发展角度看，全球投融资和国际资本流动规模远超国际贸易规模，离岸金融市场都在努力提供多元化的金融服务。因此，当前发展境外人民币离岸市场的核心目标，应当是引领全球金融发展和创新，既能为商品和服务贸易提供人民币计价的支付、结算、信贷和信用担保等基础性金融服务，又能提供金融投资产品和金融衍生产品等多元化的金融服务。

创新发展境外人民币离岸市场的决定因素。在2009年启动人民币国际化时，我国的金融服务业处于成长期，境外对人民币的需求正在培育，跨境人民币金融基础设施比较薄弱，难以形成独立的人民币离岸市场，更多依赖伦敦和中国香港等较为成熟的全球或区域性金融中心发展人民币离岸业务。随着我国经济实力的增强、中资金融机构的发展壮大、人民币金融产品创新能力不断提升、全球跨境人民币金融基础设施网络日益成熟，我国具备了在“一带一路”建设中更加主动发展境外人民币离岸市场的综合实力。发展境外人民币离岸市场的决定性因素应当包括以下几个方面：中国强大的经济实力，离岸金融市场东道主国的政策和法律保障，完善的跨境金融基础设施，足够的市场需求，不断创新的金融产品以及金融机构的积极参与。已设立人民币清算银行的国家或地区如表7-3所示。

表7-3　已设立人民币清算银行的国家或地区

国家或地区	清　算　行
中国香港地区、中国澳门地区、中国台湾地区、哈萨克斯坦、德国、法国、匈牙利、澳大利亚、菲律宾、马来西亚、美国、南非、赞比亚	中国银行
卢森堡、新加坡、老挝、柬埔寨、卡塔尔、泰国、加拿大、阿根廷、俄罗斯	中国工商银行
英国、瑞士、智利	中国建设银行
韩国	交通银行

注：截止日期为2017年12月。

(资料来源：笔者整理。)

2. 创新发展境外人民币离岸市场的挑战

“一带一路”建设受到全球政治经济惯性走势影响。从世界范围看，现有的全球金融市场受西方政治经济影响很大，美国等发达国家坚决维护经济和金融霸权，以IMF为核心的全球金融治理体系改革难以速见成效，发展中国家和新兴经济体的地位和发言权尚待提升。在“一带一路”建设中发展境外人民币离岸市场，需要中国和有关国家对接发展战略并开创新型合作模式，对现有的全球金融治理体系是一个突破，要提防反对势力的干扰。

“一带一路”金融合作的顶层设计亟待深化。境外人民币离岸市场取得成效的关键，是加强“一带一路”金融合作的顶层设计。笔者先后在多个“一带一路”沿线国家工作，感受到“一带一路”金融合作存在较为突出的“三多三少”问题：一是更多重视以传统信贷方式支持“一带一路”重大项目，在国际信贷标准的顶层设计方面突破较少；二是中资金融机构参与较多，和沿线国家金融机构及国际性金融机构加强合作的顶层设计较少；三是金融产品对美元和欧元等货币依赖较大，人民币金融产品较少。

在岸和离岸金融市场的相互影响不容忽视。在资本项目未完全放开的情况下，发展“一带一路”境外人民币离岸市场，面临着国内外金融市场需要兼顾的严峻挑战。在岸和离岸金融市场任何形式的金融事件，都有可能产生连锁反应。例如，“8·11”汇改后，国际投机资本累计掀起了三轮人民币沽空潮，导致我国外汇储备出现较大波动，对境外离岸金融市场的人民币流动性产生了较大影响。

3. 政策建议

以政策沟通和法律对接提供必要的保障。现代意义上的离岸金融市场普遍具有法律制度健全、国际化程度高、资金融通成本低、税收政策优惠、市场交易自由、严格保护客户合法权益等特点。境外人民币离岸市场建设需要政策和法律保障，应当先行在政策沟通顺畅的“一带一路”沿线国家重点推进。如果合作国有非常强烈的合作意愿，有建设人民币离岸市场的政策和法律依据，那就提高了推进效率。在政策沟通和法律对接方面，我国香港地区的人民币离岸市场建设是可以借鉴推广的成功案例。回顾历史，我国政府在2011年发展香港地区人民币离岸金融业务的八项政策，被认为是成功启动香港地区人民币离岸市场建设的关键。

以设立人民币清算行及签署货币互换协议为重点。在“一带一路”建设中，可以先行设立人民币清算行，再逐步建设境外人民币离岸市场。已经设立人民币清算行的国家或地区，人民币合作基础较好，政策和法律层面契合度高，和中国的投资、贸易及金融合作活跃，可以作为深化发展境外人民币离岸市场的重点。此外，我国和“一带一路”沿线国家签署货币互换协议，除了互相提供流动性支持外，还能够促进人民币作为双边贸易和投资的计价结算货币，壮大海外人民币金融资产，推动人民币成为他国的官方外汇储备。

金融产品创新要符合当地市场实际需求。建设多层级的人民币离岸市场，应当实施“一国一策”，特别是要有针对性地开展金融产品创新。在金融市场欠发达的发展中国家，应当重点提供人民币跨境结算、存款、贷款等金融产品，不能“嫌弃”交易量小，关键是要立足长远，培育人民币使用需求。在金融市场发达的国家，应当在发展基础性金融产品之外，重点创新人民币债券、衍生金融产品、绿色金融产品等，参与和引领全球金融产品的制度性安排，推动形成人民币交易量的更大突破，积极建设有更大影响力的人民币金融中心。

统筹引导中资金融机构开展业务合作。人民币离岸市场离不开中资金融机构的广泛参与，必须加强引导，避免中资金融机构恶性竞争。比如在信贷领域，可以借鉴中资金融机构成功在埃及实现的“三行一保”机制。2015年6月，中国和埃及政府在开罗召开了中埃产能合作机制工作组第一次会议，国家开发银行、中国进出口银行、中国工商银行和中国出口信用保险公司决定在埃及的大型产能合作项目中实施“三行一保”合作机制，之后中国银行也积极加入该机制。按照“统一规划、共担风险、资源整合”原则，该机制以银团方式统一对外，确保对埃及的融资机构、价格、管理和服务的“四统一”。该机制获得商务部和发改委的高度评价，认为是中资金融机构在服务国际产能合作领域的突破创新，可有效避免恶性竞争，有利于中外双方互利共赢。

加快人民币金融基础设施建设。为了发展境外人民币离岸市场，我国应当加快跨境人民币金融基础设施建设，将人民币交易系统的报价、成交、清算以及交易信息发布等功能延伸到沿线国家的金融市场，形成支持多币种清算的人民币全球化支付体系。当前，人民币跨境支付主要有3种方式：一是代理境外银行进行跨境人民币收付的“人民币清算行”模式；二是与其他国家建立往来账户提供跨境人民币服务的“代理行”模式；三是在境内银行开立非居民人民币结算账户的NRA模式。但是，这些方式大多依赖SWIFT系统，这使得中国经济金融安全存在较大的系统性风险隐患。在“一带一路”建设中发展境外人民币离岸市场，要加快完善2015年启动的人民币跨境支付系统(CIPS)，特别是要发展独立的报文系统，尽早实现我国人民币国际清算系统的独立自主运营，提高清算效率，便于对人民币跨境资金流动进行监管。

健全宏观审慎政策体系，防范系统性金融风险。境外人民币离岸市场可持续发展的关键是要防范好系统性金融风险。宏观审慎政策是防范系统性金融风险的一剂良药。国际金融危机以来，货币政策和宏观审慎政策更紧密融合成为全球趋势。为避免境外人民币离岸市场波动引发系统性金融风险，我国应当进一步完善资本项目宏观审慎管理体系，综合运用好宏观审慎调控工具。例如，可以按照宏观审慎监管的“监测→分析→预警→干预”流程步骤，整合和升级跨境人民币业务系统，加强大数据分析能力，建立跨境资本流动监测分析指标体系，精确锁定异常跨境资金波动，有效实现预警功能和干预职能。

(资料来源：孟刚. 《中国金融》. 2018(8))

问题：

1. 我国发展人民币离岸金融市场的意义是什么？
2. 简述人民币离岸金融市场的发展现状。
3. 简述人民币离岸金融市场未来的发展方向。

第八章

国际资本流动

【导读】

随着国际资本流动证券化趋势的加强和衍生金融产品市场的迅速发展，国际资本流动的规模日益扩大，开始在全球范围内进行优化配置。国际资本流动的发展有利于推动世界经济的增长，促进国际贸易的发展、技术转移和国际分工，有利于为各国经济发展提供资金支持。但是，如果一国过度依赖国外资本的流入，而又管理不善，很可能引起债务危机和货币危机的爆发及蔓延。改革开放以来，我国经济高速持续增长，国际资本通过各种正常和隐性渠道流入我国，对我国经济金融的正常发展形成了一定冲击。因此，关注国际资本流动问题对我国经济发展具有非常重要的理论和现实意义。本章将首先讨论国际资本流动的原因和影响，然后分析国际债务危机和国际货币危机的产生及传导，最后探讨我国外债的规模管理和结构管理。

【学习重点】

1. 国际资本流动的定义及类型。
2. 国际资本流动的原因及影响。
3. 我国外债的规模管理和结构管理。

【学习难点】

1. 国际债务危机产生的原因及影响。
2. 国际货币危机的传染及防范。

【教学建议】

1. 通过案例引导学生思考当前我国资本流动存在的问题和相应的改进措施。
2. 建议以具体的债务危机和货币危机个案为例，讲解债务危机及货币危机的产生原因、影响及解决方案。

第一节　国际资本流动概述

一、国际资本流动的定义

国际资本流动(International Capital Movements)是指资本跨越国界的移动过程，即资本从一个国家或地区移动到另一个国家或地区。具体是指一国私人、企业、团体或政府通过直接投资、间接投资等形式，将生产设备、专有技术或货币资金转移到其他国家从事跨国经营或国际贷款，以达到某种经济或政治目的的活动。这里所说的资本包括货币资本和借贷资本，以及与国外投资相联系的商品资本和生产资本。

站在某一个国家或地区的角度来看，国际资本流动分为资本流入和资本流出。

国际资本流入是指资本从其他国家流入本国，亦称本国的资本输入。国际资本流入本国，使本国资本供应增加，具体表现为：①其他国家在本国的资产增加，如其他国家增加对本国的直接投资和股票投资；②其他国家对本国的债务减少，如其他国家归还对本国的债务或本国回收对其他国家的贷款和债券投资；③本国对其他国家的债务增加，如其他国家对本国的贷款及债券投资增加；④本国在其他国家的资产减少，如本国回收对其他国家的直接投资和股票投资。

国际资本流出是指资本从本国流向其他国家，亦称本国的资本输出。国际资本从本国流向其他国家，使本国资本供应减少，具体表现为：①本国在其他国家的资产增加，如本国对其他国家的直接投资、股票投资增加；②本国对其他国家的负债减少，如本国归还对其他国家的债务或其他国家回收对本国的贷款或债券投资；③其他国家对本国的负债增加，如本国对其他国家的贷款、债券投资增加；④其他国家在本国的资产减少，如其他国家回收在本国的直接投资或股票投资。

国际收支平衡表(Balance of Payments Statement)中的资本和金融账户(Capital Account)反映某一个国家或地区在一定时期内同其他国家或地区间的资本流动的综合情况，即可反映出该国或地区国际资本流动的规模、方式和类型等情况。通过考察资本和金融账户，首先，可以明确国际资本流动的规模，即明确资本流出额、资本流入额、资本流动总额和资本流动净额的具体情况。其次，可以掌握国际资本流动的方式，即掌握以直接投资、间接投资和投资利润再投资等方式进行跨国流动的国际资本的具体情况。最后，可以了解国际资本流动的类型，即了解长期资本流动和短期资本流动的具体情况。如果反映出来的资本流入总额与资本流出总额是不相等的，说明国际收支在资本和金融账户上出现了失衡。当一国的资本流出总额大于其同期资本流入总额时，资本和金融账户就会呈现逆差，称为资本净流出；反之，当一国的资本流入总额大于其同期资本流出总额时，则此账户就表现为顺差，称为资本净流入。资本的净流出或净流入对一国的国际收支改善有着非常重要而直接的影响。即当一国经常账户发生逆差时，资本净流入可以缓解其逆差，有利于国际收支趋向平衡，甚至出现顺差；而资本净流出则使逆差加重，从而加剧国际收支失衡；反之，经常账户发生顺差时，资本净流出可促进国际收支平衡，资本净流入则会加剧国际收支失衡。由此可见，国际资本流动并非孤立的经济现象，它不仅与资本趋利的微观经济问题有关，而且与国际收支宏观经济范畴紧密相连。

二、国际资本流动的类型

国际资本流动主要有两种划分方法，第一种是以期限为标准进行划分，第二种是以所有者的性质为标准进行划分。

(一) 按资本流动期限划分

按资本流动期限的不同，国际资本流动可以分为长期资本流动和短期资本流动。这是最为常见的一种划分方法，由于长期资本流动和短期资本流动所采取的形式不同，对资本输出国和输入国产生的经济影响也不同，因此要加以区分，以便区别对待。

1. 长期国际资本流动

长期国际资本流动是指流动期限在一年以上的资本流动，主要包括国际直接投资、国际证券投资和国际贷款。

1) 国际直接投资(International Direct Investment)

国际直接投资是指一国企业或个人对另一国的企业等机构进行的投资，借此可以取得对方或东道国厂矿企业的全部或部分管理和控制权。直接投资主要有4种类型：①创办新企业。如在国外设立子公司、附属机构，或者与多国资本共同在投资东道国设立合营企业等。这类直接投资往往不局限于货币形态资本的投资，特别是创办合资企业时，机器设备、存货甚至技术专利、商标权等都可以折价入股。②收购国外企业的股权达到一定比例以上。比如美国有关法律规定，拥有外国企业股权达到10%以上，就属于直接投资，德国、英国等国的最低限度为20%。③利润再投资(Reinvestment)。投资者在国外企业投资所获利润并不汇回国内，而是作为保留利润对该企业进行再投资，这也是直接投资的一种形式，虽然这种投资实际并不引起一国资本的流入或流出。④企业内贷款。这是指直接投资者(母公司)与分支企业间的短期或中长期资金借贷。直接投资实际并不仅局限于国家间的资本流动，还包括企业的管理权限和方法、生产技术、市场营销渠道、专利专买权和商标等多种无形要素的转移。比如投资者可以在东道国筹集资金或者用子公司的保留利润进行再投资，或用专利、商标等无形要素入股等。特别是20世纪80年代以来，在某些政治风险比较高的国家，这种类型的直接投资非常普遍，已经成为一种很重要的直接投资形式。

2) 国际证券投资(International Portfolio Investment)

国际证券投资也称国际间接投资(International Indirect Investment)，是指购买外国企业发行的股票和外国企业或政府发行的债券等有价证券并获取一定收益的一种投资行为。某一个国家的政府、企业和个人在国际股票市场上购买其他国家的企业发行的股票，或者购买其他国家的政府、企业发行的债券，实际上就是在向外输出资本。反之，其他国家的政府、企业和个人购买本国企业发行的股票，或者购买本国政府、企业发行的债券，实际上就是在向本国输入资本。换句话说，对于购买有价证券的国家来说是资本流出，对于有价证券的发行国来说就是资本流入。股票投资和债券投资是国际间接投资最主要的投资形式。股票投资属于长期资本投资，投资者拥有多少股票就代表他拥有多少公司资产。投资者需要资金时，可以在股票市场上出售股票收回现金。股票投资中，收益和风险成正比。债券投资具有收益有保证、投资风险小的特点。债券持有者可以持券至到期日收回本息，也可随时在债券市场变现。

3) 国际贷款(International Credit)

国际贷款是指各国政府、国际金融组织和国际银行等单方面进行的或相互间提供的中长期贷款。国际贷款主要有以下4种形式：政府贷款、国际金融组织贷款、国际银行贷款和出口信贷。

(1) 政府贷款(Government Credit)。政府贷款是一国政府向另一国政府提供的双边优惠贷款。政府贷款往往发生在政治关系良好的国家之间，是政府间提供的条件优惠贷款，是具有双边经济援助性质的贷款。政府贷款的利率较低，一般在1%～3%左右，甚至是零利率。除贷款利息外，有的贷款国政府规定借款国须向其支付费率很低的手续费。政府贷款的期限较长，一般10～30年，有的甚至长达50年。政府贷款额一般不大，因为这受贷款国的国民生产总值、国际收支及财政收支的制约，不大可能像国际金融组织那样经常提供大额贷款。

(2) 国际金融组织贷款。国际金融组织贷款是指国际金融组织向其成员国政府提供的贷款。这种贷款具有国际援助性质，贷款仅向该组织的成员国提供。提供贷款时，国际金融组织会对贷款的方式、条件和用途进行限制。如IMF向成员国政府提供贷款时，可能会指定贷款的方式为用成员国货币购买外汇，贷款的条件为削减财政预算、增加税收和减少货币供给量，贷款的用途为弥补国际收支逆差。世界银行主要对贫穷、落后的发展中国家提供中长期贷款，利率采用浮动制，利率水平与国际金融市场利率水平比较接近，贷款期限通常为20年。世界银行贷款又称项目贷款(Project Loan)，主要用途为支援发展中国家的电力、交通、运输、水利、港口建设等基础设施项目或农业、教育建设。

(3) 国际银行贷款。国际银行贷款是由国际商业银行向一国政府或企业提供的中长期贷款，可以由独家银行提供，也可以由银团提供。这种贷款以盈利为目的，贷款的利率由国际金融市场决定，一般利率水平较高。银行不限定贷款用途，期限可以很长，数额可以很大，借款人可以自由运用资金。国际银行贷款采取的方式比较灵活、多样，办理的手续比较简便。此外，除了利息，国际银行贷款还要求借款人承担与借贷协议的签署、贷款资金的调拨和提取等有关的一系列杂项费用。

(4) 出口信贷(Export Credit)。出口信贷是与国际贸易直接相关的中长期信贷。它是商业银行对本国出口商，或者外国进口商及其银行提供的贷款，其目的是解决本国出口商的资金周转困难，或者是满足外国进口商对本国出口商支付货款的需要。如果出口信贷与政府贷款或赠款混合贷放，称为混合贷款(Mixed Credit)。出口信贷利率一般较低，但仅能用于购买贷款国的出口商品。

2. 短期国际资本流动

短期国际资本流动是指为期一年以下(含一年)的国际资本流动，包括暂时性的相互借贷、存款、购买一年到期的汇票及债券等。短期资本流动从性质上可分为贸易资金融通、银行资本流动、保值性资本流动和投机性资本流动。

1) 贸易资金融通

贸易资金融通是与国际贸易结算有关的短期资本流动。在国际贸易中，出口商通常不是要求进口商立即支付全部货款，而是允许进口商有一段时期的延期支付，当出口商或其开户银行向进口商提供短期延期支付的信贷时，进口商的对外债务将增加或债权将减少，形成了贸易融通性的短期资本流动。贸易资金融通是最传统的短期国际资本流动方式。

2) 银行资本流动

银行资本流动是指各国经营外汇业务的金融机构，由于相互之间的资金往来而引起的资本在国家间的转移。这些流动在形式上包括套汇、套利、掉期、头寸调拨以及同业拆放等。

3) 保值性资本流动

保值性资本流动是指金融资产的持有者为了资金的安全或保证其价值不降而进行的资金调拨转移而形成的短期资本流动。引起资本外逃的动因分为两种：资本安全因素和资本收益因素。安全因素如政治方面的政局动荡、宣布实行国有化政策；经济方面的如国内经济恶化导致本币大幅度贬值等。一国加强外汇管制或征税则属资本收益因素，这些都可能会形成突发性的大规模资本外逃。

4) 投机性资本流动

投机性资本流动是指资本持有者在投机心理的支配下，利用国际市场上的利率、汇率、金融资产价格的波动，伺机买卖，进行各种投机活动而引起的短期资本流动。这种短期投机性资本流动通常被称为游资或热钱，这种类型的资本频繁进行跨国流动，在全球寻找投机的机会，其目的就是赚取差价收益。投机性资本流动的规模日益庞大，投机活动也极为频繁，给全球经济带来了巨大影响。

(二) 按资本所有者的性质划分

按资本所有者的性质不同，国际资本流动分为官方资本流动和私人资本流动，前者主要指国家之间双边的和多边的援助、国际经济组织的开发贷款等；后者主要指商业银行贷款，以及通过发行股票和各种债务工具所引起的资金流动。

1. 官方资本流动

官方资本流动是指由一国政府向另一国政府或企业提供贷款或援助所引起的资本流动。从其动机上看，官方资本更多地是为了追逐政治利益，但也不排除有追逐经济利益的动机，如：贷款国希望通过贷款，打开受贷国市场，为本国商品进入受贷国开辟道路；或要求受贷国健全法律、改善投资环境，为本国私人企业在受贷国的投资活动提供保障；或改善同受贷国的双边关系，以利于相互间经贸往来的扩大，并达到排斥竞争对手的目的；或影响受贷国的经济政策、经济体制乃至政治力量的对比等，而且在某些时候，政治含义显得更为显著。从其流动性看，官方资本的流动性偏弱、期限长，期限未满官方资本是不能撤资的，因而不会导致突然逆转的国际资本流动现象。

2. 私人资本流动

私人资本流动是国际资本流动中的一种，与官方资本流动相对应，因资本所有者为非政府或非政府机构，如个人和企业等，故而得名。私人资本流动往往以达到某种经济目的为动机，是指由一国的个人、企业向另一国企业甚至政府部门提供贷款，或对外进行直接投资和证券投资所引起的资本流动。私人资本流动具有两面性：一方面，可以强化经济增长的过程。这种推动作用主要表现为通过吸引投资来提高生产率，进而促进增长。而资本流动对增长所起的作用则取决于国内政策的实施是否适时，国家是否迅速放宽对资本的控制，以及资本流动结构的变化程度如何。另一方面，可能会引起金融市场的动荡。由于私人资本流动同国内资本市场的发育有关，在金融市场不完善的国家里，私人资本流动将会加剧该国爆发银行及汇率危机的可能。20世纪80年代以来，私人资本流动的增长速度已经超过了官方资本流动的增长速度，成为国际资本流动的主体，这一转变也成为当时国际资本流动的显著特征之一。

三、国际资本流动的现状

(一) 国际资本流动的规模

随着世界经济的迅速发展，国际投资活动的异常活跃，国际资本流动的规模也不断扩大，不再依赖于实体经济而独立增长。近几年来，由于受到国际金融危机的影响，国际资本流动的规模先是呈现出下降的趋势，之后又呈现出恢复性增长(如表8-1所示)。其中，发达经济体仍然是资本流动的主力，亚洲和北美是资本净流入的主要区域。下面以直接投资为例进行分析。

表8-1 2015—2017年主要发达经济体和新兴市场经济体FDI流入和流出

单位：百万美元

地区或经济体	2015年		2016年		2017年	
	流入	流出	流入	流出	流入	流出
世界	1 921 306	1 621 890	1 867 533	1 473 283	1 429 807	1 429 972
发达经济体	1 141 251	1 183 568	1 133 245	1 041 458	712 383	1 009 208
欧洲	595 163	728 175	564 937	526 427	333 722	417 806
北美	511 367	330 389	494 423	354 239	299 625	419 257
发展中经济体	744 032	406 237	670 158	406 668	670 658	380 775
非洲	56 633	10 844	53 190	11 234	41 772	12 078
亚洲	516 407	358 731	475 347	384 656	475 839	350 147

(续表)

地区或经济体	2015年		2016年		2017年	
	流入	流出	流入	流出	流入	流出
东南亚	435 077	310 217	390 392	341 693	398 286	305 253
南亚	51 180	7 816	54 197	5 505	52 047	11 613
西亚	30 150	40 698	30 759	37 458	25 506	33 281
拉美加勒比海	169 233	35 627	139 698	9 337	151 337	17 328
大洋洲	1 759	1 034	1 923	1 441	1 710	1 222
转型经济体	36 022	32 085	64 129	25 157	46 767	39 989

(资料来源：联合国贸易和发展会议，2018年世界投资报告)

2017年全球外国直接投资(FDI)下降23%，其中，跨国并购下降29%，主要原因是超大型并购及企业重组比2016年减少。美国FDI流入量下降了40%，降至2 750亿美元，但仍居全球首位。2017年中国吸收外资全球排名第二，2016中国全球排名第三，位于美国和英国之后。

(二) 国际资本流动的渠道

跨境资金流动变化反映了境内主体增加对外投资、减少对外负债的市场行为。受美元走强和我国经济新常态等因素影响，境内主体主动调整了对外资产负债结构。以2017年中国非储备性质的金融账户为例，2017年境内主体对外投资总体趋稳，境内主体对外直接投资、证券投资和其他投资等资产合计净增加2 867亿美元，较上年少增58%。其中，一至四季度对外投资资产分别净增加547亿、795亿、788亿和737亿美元。首先，对外直接投资回归理性后逐步企稳。2017年，直接投资资产净增加1 019亿美元，较上年少增53%，其中前三季度平均每季度增加217亿美元，少增64%；四季度回升至369亿美元，多增1%。其次，对外证券投资平稳增长。2017年境外股权、债券等相关资产合计净增加1 094亿美元，增长6%。再次，对外存款、贷款等其他投资资产净增加769亿美元，少增78% (见图8-1)。

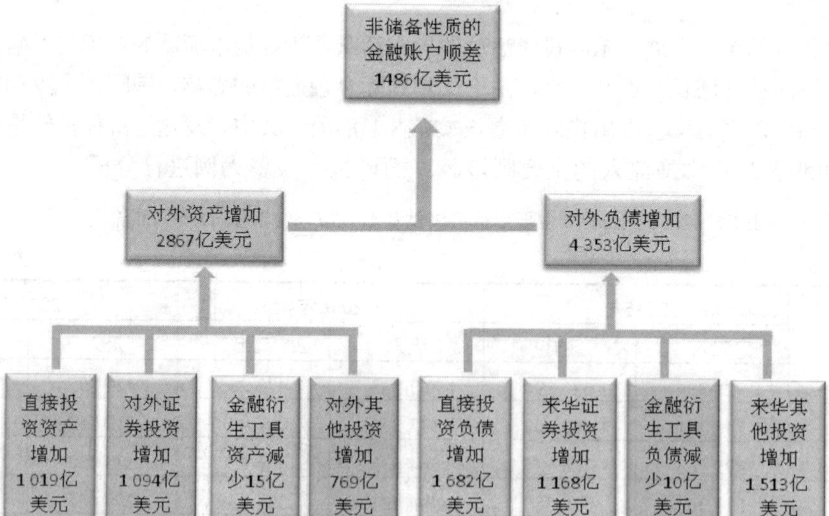

图8-1　2017年我国跨境资本流动的结构分析

(资料来源：中国国际收支报告)

从全球看，直接投资仍然是主力，但是随着国际债券的实际规模和活动水平出现长期扩展的趋势，证券投资已经与直接投资并驾齐驱，成为国际资本市场占统治地位的融资方式。此外，金融衍生工具在国际资本流动中也发挥了巨大的作用，金融衍生工具和交易手段层出不穷，国际资本流动更得到了空前的发展，金融衍生工具产生的国际资本流动数量已经处于绝对优势地位。同时，由于现代电子通信技术的发展，金融衍生工具交易手段已实现高科技化，全球金融交易联成一体，国际金融市场的流动性得到极大提高，使得国际资本的跨国界交易更加迅捷、自由和方便。

(三) 国际资本流动的主体

机构投资者成为国际资本流动的主体。机构投资者从广义上讲是指用自有资金或者从分散的公众手中筹集的资金专门进行有价证券投资活动的法人机构。机构投资者资金实力雄厚，在投资决策运作、信息收集分析以及投资理财方面都配有专门的部门，由投资专家负责管理。机构投资者为了降低投资风险，一般进行合理的投资组合。机构投资者是具有独立法人资格的经济实体，投资行为受到多方面的监管，相对来说也就较为规范。发达国家的机构投资者包括的范围很广，主要有共同基金、对冲基金、养老基金、保险公司、信托公司、基金会以及投资银行、商业银行和证券公司等。在许多工业化国家，机构投资者早已超过个人投资者而成为市场主体。机构投资者凭借其专家理财、组合投资、规模及信息优势而大受机构及个人的欢迎，它们掌握的金融资产也急剧上升。机构投资者规模的迅速扩大，必然在客观上将其资产在全球范围内进行配置，从而成为国际资金流动中的主体。

第二节 国际资本流动的原因及影响

一、国际资本流动的原因

国际资本流动包括资本的输出和资本的输入两个方面，涉及资本的供给和需求两方面的问题。发达国家积累了大量过剩资本，促使其必须向海外输出资本，寻找投资机会。发展中国家经济处于起步阶段，国内资金难免出现短缺，急需吸引大量海外投资来支持国内经济的发展。发达国家的资本过剩和发展中国家的资本短缺是进行国际资本流动的前提条件。从资本输出角度来看，追求高额的投资回报率和规避投资风险是进行资本输出的主要原因。从资本输入角度来看，缓解国内资金短缺、引进国外的先进技术和弥补国际收支逆差是鼓励资本输入的主要原因。

(一) 国际资本流动的供求分析

发达国家积累的过剩资本迫切需要寻找投资的渠道，发展中国家为了刺激经济增长极其需要吸引资本的投入。随着资本主义生产方式的建立，资本主义劳动生产率和资本积累率的提高，以及资本积累的迅速增长，在资本的特性和资本家唯利是图的本性的支配下，大量的过剩资本就被输往国外，追逐高额利润，早期的国际资本流动就由此而产生了。随着资本主义的发展，资本在国外获得的利润也大量增加，反过来又加速了资本积累，加剧了资本过剩，进而导致资本对外输出规模的扩大，加剧了国际资本流动。近年来，国际经济关系发生了巨大变化，国际资本、金融、经济等一体化趋势有增无减，加上现代通信技术的发明与运用，资本流动方式的创新与多样化，使当今世界的国际资本流动频繁而快捷。另外，发展中国家国内资金需求旺盛，不同程度地通过不同的政策和方式来吸引外资，以达到一定的经济目的。美国目前是全球最大的债务国，而大部分发展中国家，经济比较落后，迫切需要资金来加速本国经济的发展，因此，往往通过开放市场、提供优惠税收、改善投资软硬环境等措施吸引外资的进入，从而增加或扩大了国际资本的需求，引起或加剧了国际资本流动。

(二) 国际资本输出的原因

1. 国际资本输出的盈利动机

追逐利润是资本运动的内在动力，国际资本流动的动机亦是如此。一般来说，国际资本往往流向利润较高的国家和地区。如果一国国内投资所获取的利润低于国际市场，则会引起资本流出。反之，如果一国投资的利润高于其他国家，就会引起资本的流入。当投资者在一国所获得的实际利润高于本国或其他国家时，该投资者就会增加对这一国家的投资，以获取更多的国际超额利润或国际垄断利润，这也会导致或加剧国际资本流动。反之，资本就会从这一国家流向其他国家。获取高额投资利润的主要因素有低廉的劳动力成本、低廉的原材料成本、低廉的运输成本、高关税税率、高利率等。国际资本在其他条件相同的情况下，一般都会流向利润较高、成本较低的地区，即流向劳动力价格低、原材料价格便宜、运输成本低以及关税税率较高和利率较高的地区。

2. 国际资本输出的避险动机

对于投资者来说，在国际资本流动过程中，谋求利润并不是唯一的动机，还要考虑资本的安全，虽然有些国家投资利润率很高，但如果投资风险也很高，投资者不仅不会把资本投入该国，而且还会把已经投入该国的资本调出这些国家。政治、经济及战争风险的存在，是影响一个国家资本流动的重要因素。政治风险是指由于政变、罢工或国家执政当局变更及政策的改变所引起的财产损失。经济风险是指由于一国经济环境的恶化，如国际收支出现持续巨额逆差、通货膨胀率居高不下以及金融市场动荡不安，可能给资本持有者带来的损失。战争风险是指可能爆发或已经爆发的战争对资本流动造成的可能影响。此外，政治及新闻舆论、谣言、政府对资本市场和外汇市场的干预以及人们的心理预期等因素，也都会对短期资本流动产生极大的影响。

3. 投机者的恶性投机动机

所谓恶性投机，包含两种含义：第一，投机者基于对市场走势的判断，纯粹以追逐利润为目的，刻意打压某种货币而抢购另一种货币的行为。这种行为的普遍发生，毫无疑问会导致有关国家货币汇率的大起大落，进而加剧投机，使汇率进一步动荡，形成恶性循环，投机者则在“乱”中牟利。这是一种以经济利益为目的的恶性投机。第二，投机者不是以追求盈利为目的，而是基于某种政治理念或对某种社会制度的偏见，动用大规模资金对某国货币进行刻意打压，由此阻碍、破坏该国经济的正常发展。无论哪种投机，都会导致资本的大规模外逃，并会导致该国经济的衰退。

(三) 国际资本输入的原因

1. 补充国内建设资金的不足

各国在经济发展的过程中都会遇到资金不足的问题，特别是一些发展中国家经常会出现资金短缺的情况。因为，这些发展中国家在开发本国资源、建立自己的工业基础、扩大外贸出口时都需要大量资金。为了解决本身资金的不足，就需要输入外国资本。外国资本流入发展中国家后，会通过市场机制或其他手段流向资金缺乏的部门和地区，这在一定程度上既解决了国内某些产业资金短缺的问题，也促进了经济的发展。韩国、新加坡等国家在经济腾飞前，都是吸收了相当数量的外国资本，较顺利地解决了资金短缺的问题。

2. 引进国外先进技术

发展中国家为了迅速发展本国经济，主动积极地从发达国家引进先进的技术和设备，对引进外资给予法律保障和优惠政策以吸引发达国家资本的流入。通常情况下，当资本从一个国家流向另一个国家时，往往也会伴随着先进技术的转移。这主要是因为国际直接投资往往是以技术入股、技术转让等形式向东道国提供比较先进的技术和工艺，以大大改善东道国的技术装备状态。日本从20世纪60年代起迅速提高了工业化水平，这与日本引进外资和消化吸收国外先进技术是分不开的。

3. 弥补国际收支逆差

国际资本流动与国际收支有着密切的关系，很多国家往往利用国际资本流动作为调节国际收支的重要措施。当国际收支出现逆差时，利用资本的输入可以暂时弥补，如美国曾在20世纪80年代初期，利用高利率等手段，吸引国外资本流入，进而弥补了本国的国际收支逆差。一方面，输入资本，建立外向型企业，实现进口替代与出口导向，有利于扩大出口，增加外汇收入，进而起到改善国际收支的作用；另一方面，资本以存款形式进入，也可能成为一国国际收支的来源。

二、国际资本流动的影响

国际资本流动对资本输出国、资本输入国以及整个世界的经济都产生了重大的影响，既有积极的一面，也有消极的一面。

(一) 国际资本流动对资本输出国的影响

通过对外进行资本输出可以扩大一国的国际影响力，展示资本输出国雄厚的经济实力，提高资本输出国在国际社会中的地位与声誉。资本输出的积极影响主要包括以下几个方面。

(1) 有利于推动资本输出国扩大商品出口规模。因为资本输出国一方面可将本国大型机械或成套设备作为资本对外进行投资；另一方面又可在所投资的企业生产中力求使用资本输出国所提供的原材料和半成品，依靠投资带动本国产品出口，提高本国产品在对方国家的影响力和市场占有率。

(2) 有助于维护和发展资本输出国的垄断优势。因为源源不断的资本输出，可增强该国商品和技术在东道国内的竞争力，形成技术、市场、价格等方面的垄断优势。

(3) 有利于资本输出国实现国内产业的升级换代。因为资本输出国可以通过资本输出途径，将国内即将过时或已淘汰的技术与设备作为资本对经济技术发展较低层次的他国进行投资，以延长其技术和设备的使用寿命及其效益，同时在国内代之以技术层次更高的产业。

(4) 有利于资本输出国跨越他国政府设置的贸易保护障碍。因为大多数国家政府为了保护本国民族产业的发展或维护本国市场的稳定，对进口贸易通常都规定了一些限制性条件，以防他国的商品倾销。这些限制性要求阻碍了其他国家商品出口的顺利进行。为了避免这些限制，一些国家改变策略，用对外直接投资方式将本国的技术、设备、制造工艺作为资本投入贸易保护国，在那里兴办企业，就地生产、就地销售，变外资为内贸，不仅可以跨越贸易保护障碍，还有助于资本输出国对他国政府构筑政治、经济的制衡关系。

(5) 有利于输出国利用他国资源和降低生产成本，扩大生产，在全球范围建立其销售网，以扩大其产品市场占有率。因为，资本输出国投资者可通过直接投资方式在东道国设厂经营，就地取用东道国廉价的自然资源和劳动力资源，从而降低生产成本，赚取更大利润。

除了产生积极影响之外，过度的资本输出会给资本输出国带来一些消极影响：首先，会使资本输出国国内投资和就业机会减少，影响其国内经济增长和社会稳定；其次，可能给资本输出国在国际上创造更多的商品竞争对手，从而影响输出国商品出口的进一步扩大；最后，东道国政治或经济政策的变化很可能会使资本输出国在国外的巨额资本蒙受损失等。

(二) 国际资本流动对资本输入国的影响

通过吸引资本流入，可以带动资本输入国经济的发展和技术的进步，这也是大多数发展中国家鼓励海外资本流入的原因。国际资本流动对资本输入国的积极影响主要表现在以下几个方面。

(1) 缓解或弥补资本输入国的储蓄与投资缺口，促进输入国当地资本的形成，使其发挥出经济增长的潜能。

(2) 可以引进先进技术。资本输出国为了获取新技术所能带来的利润，或迎合输入国对外来资本中新技术的偏好，往往以技术转让、技术入股等方式向输入国提供比较先进的技术，可促进国内新兴产业的形成，以及产品结构和产业结构的升级换代。

(3) 创造就业机会。资本输入为输入国带来资金、技术设备和其他生产要素，从而开辟了新的就业领域，创造了大量的就业机会。

(4) 改善国际收支。输入资本，建立外向型企业，利用外资带来的先进技术，增强出口商品的国际竞争能力，增加外汇收入。利用对方的销售网络，扩大出口，从而起到改善国际收支的作用。

国际资本流动对资本输入国的消极影响主要包括以下几个方面。

(1) 对国际资本产生依附性。盲目而过量的资本输入，可能使输入国在经济、技术等方面成为资本输出国的附庸地。当大量外资渗透到国民经济的重要部门后，可能使资本输入国的经济被外国资本控制。

(2) 冲击民族工业，挤占国内市场。国际资本输入往往是为了绕过各种关税和非关税壁垒挤占输入国市场，掠夺资源。大量外资输入将导致民族工业生存和发展的空间越来越狭小，逐步受到冲击。

(3) 可能引发债务危机。输入国若过多地借入国际贷款或发行国际债券，又使用不当，则不能取得预期效益，甚至没有效益，将陷入债务危机。

(三) 国际资本流动对世界经济的影响

1. 增加世界经济的总产出和总利润

国际资本流动可以增加世界经济的总产出和总利润。因为，资本在国家间进行转移的一个原因，就是资本输出的盈利大于资本留守在国内投资的盈利，这意味着输出国因资本输出，在资本输入国创造的产值，会大于资本输出国因资本流出而减少的总产值。国际资本的这种运动对于世界经济至少起到两方面的作用：其一，调节世界范围内的资本分布与使用的不均衡。从这种意义上说，资本的国际流动是生产要素在世界范围内优化组合、配置与使用的一个途径，是世界经济发展的一个重要机制。这样，世界范围内的总产出量即实际的国民生产总值必然增加；这种产出总量的增加，又必将推动世界实际贸易的发展，并进一步带动相关产业的发展，由此而引起就业总量和国民生产总值的增长，进而带动世界总产出和总利润的增加。而且资本流动一般是遵循哪里利润率高往哪里流动的原则，最终会促使世界总利润最大化。其二，国际资本流动也加强了世界各国之间的经济联系、经济依存和经济合作关系，使国家分工在世界范围内充分展开，从而使世界获得进一步发展。

2. 推动国际金融市场一体化的进程

国际资本流动推动了国际金融市场的发展。资本在国家间的转移，促使了金融业尤其是银行业在世界范围内广泛建立，银行网络遍布全球，同时也促使了跨国银行的发展与国际金融中心的建立，这些都为国际金融市场一体化奠定了基础。国际金融市场的一体化又将促使以货币形式出现的资本遍布全球，如国际资本流动使以借贷形式和证券形式体现的国际资本大大发展，渗入世界经济发展的各个角落。在国际资本的流动中，各个金融市场的利率水平和未来走势将趋于一致。在衡量各国金融市场一体化程度时，利率的趋势比利率的水平更重要。由于各国通货膨胀率不同、税率不同，因而利率水平也不可能完全相同，利率变动的趋势也不一样。国际金融市场的发展使资金能在更广的范围内进行配置，当某一国国内金融市场上的资金需求大于供给时，资金将流入；当资金需求小于供给时，资金将流出，从而使各国金融市场的利率水平变动趋势逐步一致，推动全球金融市场一体化的发展。

3. 加剧国际金融市场的不稳定性

国际资本自由流动为投机者提供了更多的投机机会，特别是具有极强投机性的短期国际资本流动。利用国际金融市场的汇率、金融资产价格的波动进行频繁的投机活动，会造成汇率和其他金融资产价格的大起大落，从而增加国际金融市场的不稳定性。接下来，我们分别以一国出现暂时性和持续性国际收支失衡为例，分析不同情况下投机性短期资本的流动及其对国际汇率的影响。一国发生暂时性国际收支不平衡时，外汇市场会出现供求暂时性失衡，汇率将发生变动。如果投机者意识到这种汇率变动仅是暂时性的，并预期汇率不久后会向相反方向变动，投机者就会在外汇供不应求、本币汇率偏低时，卖出外汇、买进本币；而在外汇供大于求、本币汇率偏高时，买进外汇、卖出本币，这种投机行为会平抑外汇市场的供求失衡，有利于调节国际收支失衡，维持汇率稳定。相反，一旦一国发生持续性国际收支失衡，这时，如果投机者预期到该国货币汇率的变动会一直持续下去，就会在外汇供不应求时买进外汇，而在外汇供大于求时卖出外汇，这种投机行为只会扩大外汇市场的供求失衡，显然不利于调节国际收支失衡，也不利于维持汇率稳定，会促使国际金融市场动荡不安。

4. 拉大各国经济发展水平的差距

不同国家经济发展水平不同，在国际竞争力上也存在着差别。资本与金融账户的开放使经济实力弱、竞争力差的国家更容易受到冲击，而经济实力强大的国家则更容易获取利益。这样就会逐渐加大世界两极分化的程度，不利于世界经济的稳定平衡发展。不可否认，资本作为重要的生产要素，其跨国界的流动对各国乃至世界经济的发展具有明显的推动作用。但是，由于各国经济环境的差异与经济发展水平的不同，国际资本流动逐利避险的本性，必然会影响国际资本流动的地区分布及流向的变化，从而在加速世界经济总体增长的同时进一步加剧世界经济的不平衡发展。这种不平衡发展表现在：由于国际资本的推波助澜，发达国家与发展中国家的经济发展水平差距进一步拉大，南北贫富分化进一步加剧。据联合国开发计划署1999年度《人类发展报告》显示，占全球人口1/5的发达国家拥有全球生产总值的80%，而占全球人口3/4的广大发展中国家仅占全球生产总值的14%。

第三节　国际债务危机

20世纪60年代以来，发展中国家在发展本国经济时，都不同程度地利用了外资。除了吸收直接投资之外，另一个重要的利用外资的方式就是借取外债。早期研究国际债务问题的学者认为，外债形式的国际资本流动可以提高全球的经济效益，但20世纪80年代初发展中国家债务危机的爆发，使得人们不得不重新认识外债对全球经济的影响。同时，关于如何对外债进行有效管理，以及如何防止国际债务危机再度爆发等方面问题的研究，也日益受到国际金融组织及发展中国家政府的重视。

一、国际债务危机概述

(一) 国际债务危机的定义

在当今世界各国，举借债务已经成为一种比较普遍的现象，而且，大多数国家不仅举借内债，同时也在举借外债。对于政府来说，借用外债一方面能够在国际收支出现逆差时进行一定的弥补，另一方面也期望通过合理使用外债资金来改善经济结构，提高经济效益，加快经济增长速度。但是，就反面而言，举借外债不当，也会造成很多副作用，甚至出现债务危机。根据国际货币基金组织、世界银行和国际清算银行的定义："一个国家的国际债务即外债(External Debt)是指在一定时期内，一国居民对于非居民承担的、已拨付而尚未还清、具有契约性偿还义务的全部债务。"外债包括主权债务(Sovereign Debt)、政府债务、企业债务和民间债务；其中主权债务是作为官方主体的中央政府对国际社会所欠的债务，主权债务与政府债务合为官方债务(Official Debt)。国际债务危机是指债务国因缺乏偿还能力，无法如期偿还已经到期的外债本息，直接导致国际债权债务链中断，从而引起相关国家和地区甚至国际金融市场动荡的一种金融危机。一般提到的债务危机(Debt Crisis)，通常是指一国政府无力偿还外债，进而危及整个国际金融体系的稳定性。

(二) 国际债务偿还能力指标

一般来说，一国利用外债可以解决国内资金短缺，促进经济发展。这对于经济发展水平落后、生活水平相对较低的发展中国家来说，无疑是加快经济发展、尽快缩小与发达国家之间经济差距的有效途径。因此，大多数发展中国家吸引的海外资金中，对外债务占一定比例。但是，如果外债规模过大，并且突破了一定的规模，受金融市场上汇率、利率等金融风险的影响，就有可能产生债务风险，发生债务危机。从20世纪发生的几次金融危机可以看出，外债风险不仅产生于金融风险，还反作用于金融市场上的各个要素，诱发各种金融风险，引致和加剧全面的金融危机。随着金融自由化、全球化的发展，金融创新工具不断出现，外债的规模和风险也不断加大。尤其是各种短期债务、或有负债的增加，其对利率、汇率的反应更加敏感，流动性风险增大。一旦发生国际债务偿还危机，各国经济不仅难以保持稳定增长，还必须被迫采取紧缩性经济政策，造成经济的衰退，甚至引发一国政治和社会的动荡不安。如果能够正确评估债务国的偿债能力，就能有效控制债务国承担的债务风险，也就能最大限度地避免国际债务危机的发生。

衡量一国外债偿还能力的指标有两大类：一是生产能力指标，用来考查拿出一部分国民收入偿还外债本息后是否影响一国国民经济的正常发展；二是资源转换能力指标，用来考查用于偿还外债的国民收入能否转换为外汇。国际上通常采用下列指标来衡量一国的外债偿还能力。

1. 债务率

债务率指年末外债余额与当年国际收支统计口径的货物与服务贸易出口收入的比率。它是衡量一国负债能力和风险的主要参考指标。

$$债务率=\frac{一国年末外债余额}{一国当年货物与服务贸易出口收入}\times100\%$$

国际上公认该指标应低于100%，否则就意味着债务负担过重。但这也不是绝对的，尽管一国外债余额很大，但只要长期和短期债务期限分布合理，当年还本付息额仍可以保持在适当的水平。

2. 短期债务比率

短期债务比率是指一年期及一年期以内的短期外债余额占外债总余额的比例。

$$短期债务比率=\frac{一国当年短期外债余额}{一国当年的外债余额}\times100\%$$

这个指标是衡量外债期限结构是否安全合理的指标，它对某一年的债务还本付息额影响很大，国际上公认这个指标不应高于25%。

3. 负债率

负债率是指一国年末外债余额占当年国内生产总值(GDP)的比例。

$$负债率=\frac{一国年末外债余额}{一国当年的国内生产总值}\times100\%$$

这个指标用于衡量一国对外资的依赖程度或一国总体的债务风险。国际公认该指标应小于20%，超过这个数值该国就有可能过分依赖外资，容易出现债务危机。

4. 利息清偿率

利息清偿率是指一国当年外债付息额占当年货物与服务贸易出口收入的比例，它可以较为准确地反映对外债务流动性状况。

$$利息清偿率=\frac{一国当年外债付息额}{一国当年货物与服务贸易出口收入}\times100\%$$

外债本金的偿还可以通过融资代替而向前滚动，而利息支出则往往不能这样。所以，迫切的债务问题往往是由于利息而引起的。使用这个指标要注意，并不是只要有偿还利息的能力，就不存在发生债务危机的可能性。借新债还旧债只是推迟以当期收入清偿债务的时间，并不能消除债务偿还的困难，提高偿还外债的经济能力才是解决问题的根本。

5. 偿债率

偿债率指当年外债还本付息额(中长期外债还本付息额加上短期外债付息额)与当年国际收支统计口径的货物与服务贸易出口收入的比率。国际公认该指标应小于20%，超过这一界限就可能造成部分债务难以偿还，因此国际上把这一指标称为警戒线。

$$偿债率=\frac{一国当年外债的还本付息额}{一国当年货物与服务贸易出口收入}\times100\%$$

在上述指标中，债务率和偿债率是两项最重要和最常用的指标，一国的债务率突破100%和偿债率突破20%，就有可能出现偿债困难。中国外债风险指标见表8-2。

表8-2 中国外债风险指标

%

年 份	偿债率	负债率	债务率
1985	2.7	5.2	56.0
1986	15.4	7.3	72.1
1987	9.0	9.4	77.1
1988	6.5	10.0	87.1
1989	8.3	9.2	86.4
1990	8.7	13.4	91.6
1991	8.5	14.7	91.9
1992	7.1	14.1	87.9
1993	10.2	13.6	96.5
1994	9.1	16.5	78.0
1995	7.6	14.6	72.4
1996	6.0	13.5	67.7
1997	7.3	13.7	63.2
1998	10.9	14.2	70.4
1999	11.2	13.9	68.7
2000	9.2	12.1	52.1
2001	7.5	15.3	67.9
2002	7.9	13.9	55.5
2003	6.9	13.3	45.2
2004	3.2	13.5	40.2
2005	3.1	13.1	35.4
2006	2.1	12.4	31.9
2007	2.0	11.1	29.0
2008	1.8	8.6	24.7
2009	2.9	8.5	32.2
2010	1.6	9.1	29.2
2011	1.7	9.3	33.3
2012	1.6	8.7	32.8
2013	1.6	9.1	35.6
2014	2.6	17.2	69.9
2015	5.0	12.5	58.6
2016	6.1	12.6	64.4
2017	6.9	14.0	70.6

注：2015年，我国按照国际货币基金组织的数据公布特殊标准(SDDS)调整了外债统计口径并对外公布全口径外债数据，将人民币外债纳入统计。为保证数据的可比性，将2014年年末外债数据相应调整为全口径外债数据，由于全口径外债数据与此前外债数据(原口径为外币外债数据)不具可比性，故未在上表中计算2014年“外债余额比上年增长”项。

(资料来源：国家外汇管理局网站)

二、国际债务危机爆发的原因

国际资金的使用和偿还存在时间上的差异，如果在这个时间段内债务国出现经济困难或外汇资金短缺，就不能按期如数地偿还债务，致使债权国与债务国之间的债权债务关系不能如期了结，即存在爆发债务偿还困难——债务危机的可能性。当许多国家同时出现这种情况时，就会引发全球性的国际债务危机。20世纪80年代，以拉美国家为首的发展中国家的债务危机就曾经给各国的宏观经济发展和运行带来了严重的冲击。1982年8月，墨西哥公开声明，暂时无力偿还到期的外债，最先爆发了债务危机。紧接着又有40多个发展中国家先后宣称暂时没有偿还到期外债的能力，要求延期偿债或重新安排债务，从而爆发了规模空前的、广泛的、全面的国际债务危机。

(一) 国际金融市场利率的提高

国际金融市场利率的提高增加了拉美国家的债务成本。20世纪80年代初，美国等发达国家的反通货膨胀政策引起了国际利率的迅速提高，增大了债务国家的利息成本。国际金融市场利率上浮的作用非常关键，因为发展中国家的借款主要是由商业银行提供的。1979年以后，英美等主要发达国家纷纷实行紧缩的货币政策以克服日益严重的通货膨胀，致使国内金融市场利率提高。特别是1981年以后，美国货币市场利率显著提高，吸引大量国际资金流向美国，引起美元汇率的大幅提高。其他主要西方国家为了避免国内资金的大量外流，也不得不相应提高其国内货币市场利率水平，从而形成世界范围的利率大幅上升局面。发展中国家的债务多数为浮动利率的债务，基准利率(如LIBOR和美国优惠利率)的上升也会使已发放的商业贷款利率同幅度上升(如表8-3所示)。同时，由于发展中国家债务主要是美元债务，高利率形成的美元汇率上浮也大大加重了债务国的偿债负担。

表8-3　20世纪80年代债务危机爆发期间发展中国家的债务利率变动情况

%

年　份	名义LIBOR	实际LIBOR	年　份	名义LIBOR	实际LIBOR
1972	5.4	−3.5	1979	12.0	−7.4
1973	9.3	−17.5	1980	14.2	−5.8
1974	11.2	−29.4	1981	16.5	19.9
1975	7.6	14.1	1982	13.3	27.5
1976	6.1	−1.8	1983	9.8	17.4
1977	6.4	−3.8	1984	11.2	8.4
1978	8.3	12.5	1985	8.6	9.3

(资料来源：沈国兵. 国际金融学[M]. 上海：上海财经大学出版社，2008.)

(二) 国际商业银行贷款政策的变化

西方发达国家政府和国际商业银行贷款政策的变化加速了债务危机的进程。从发展中国家整体的外债来源结构看，20世纪60年代是以外国政府贷款和多边机构贷款为主，20世纪70年代这两种贷款占外债总额的比重下降了，但其绝对额仍保持较高的年均增长率(14.6%)。但进入20世纪80年代后，美、英等发达国家大幅削减对发展中国家的优惠贷款、援助及对国际金融机构的捐款，使发展中国家失去了一条重要的融资渠道。而国际商业银行在20世纪70年代的两次石油大幅涨价后，获得了大量的石油美元。由于世界性的经济衰退，发达国家国内信贷需求萎缩，国际商业银行不得不寻求发展中国家作为放款对象。这一时期，许多发展中国家也不顾世界经济的衰退及国内业已存在的国际收支赤字，大量借入外债，导致私人债务的急剧膨胀。但是，在1982年以后，债务危机初露端倪，国际贷款风险增大，国际商业银行随即收缩信贷，大幅度地减少向发展中国家提供新的贷款，流入发展中国家的资金骤然减少，一些重债国随之出现偿债困难。

(三) 国内宏观经济状况的持续恶化

国内宏观经济状况恶化主要是因为采取了不恰当的政策措施和国际经济环境的变化。许多重债国自20世纪70年代以来一直采取扩张性的财政和货币政策，再加上不适当的汇率和外汇管制措施，造成了一系列的不良后果。差不多所有的拉美重债国货币定值过高，这不仅严重削弱了本国出口商品的国际竞争能力，加重了国际收支的不平衡，而且还促使国内资金不断外逃，以躲避日后不可避免的贬值。20世纪80年代初，世界市场利率达到前所未有的高度。在此严峻形势下，拉美重债国家不是审时度势地紧缩和调整国内经济、平衡国际收支，而是继续其扩张性的财政政策，维持其高速的经济增长。于是巨额的财政赤字只能由货币供应的超量增长来弥补。这一方面会导致国内资金加速外逃，国际储备资金枯竭；另一方面也会导致国内通货膨胀率的迅速升高，使偿付外债难度加大。此外，第二次石油危机及随后的世界经济衰退作为外在冲击进一步恶化了拉美国家的经济状况和国际收支状况。1973年世界经济受到第一次石油危机的冲击，西方发达国家普遍经济低迷，因而强化了贸易保护主义。发展中国家出口受到严重损害，国际收支恶化，只能通过举债弥补。20世纪80年代初，第二次石油危机进一步加剧了世界经济衰退，西方国家通过贷款利率、贸易比价等渠道向发展中国家转嫁其经济危机，加大了拉美国家的经常项目收支逆差，使之举债规模不断扩大。

(四) 国际债务的管理和利用效率不高

发展中国家没有对国际债务进行妥善管理和有效利用也是造成债务危机的重要原因之一，表现为：第一，不能有效控制借债的规模。20世纪70年代，许多发展中国家为加速本国工业化进程，大量借用外国资本，以弥补因引进外国先进技术设备而引起的国际收支逆差。由于把本来是弥补国内储蓄不足的外资，放在不恰当的位置，就使得在1970—1984年间发展中国家的外债总额急剧增加了10倍，达6 800亿美元之巨，各项偿债能力指标均超标(如表8-4所示)。第二，未形成合理的外债结构，短期外债比重过高，商业银行贷款占绝大部分比重。这类债务的特点是利息率高、偿还期限短，又往往是以浮动利率计息的，受国际金融市场的影响很大，容易加大债务负担。第三，未能有效地把国外资金使用于生产性和营利性的项目，投资效率低下，创汇能力较弱。拉美国家未能合理有效地使用流入的国际资本，导致经济绩效低下。陷入严重债务危机的国家的外债资金利用率都极低，未能把外债资金全部有效地用于生产性和创汇营利性的项目，不能保证外债资金投资项目的收益率高于偿债付息率。外债不仅没有给国家带来生产能力的增长，当世界经济突变时，亦难以偿付，无法按期还本付息。

表8-4 20世纪80年代债务危机爆发期间发展中国家的债务指标

%

年 份	1970年	1978年	1980年	1981年	1982年	1983年
债务总额/GNP	14.1	21.0	20.9	22.4	26.3	31.3
债务总额/当年出口收入	108.1	113.1	89.8	96.8	115.0	10.8
偿债比率	14.7	18.4	16.0	17.6	20.5	19.0

(资料来源：世界银行. 1985年世界发展报告)

三、国际债务危机的解决方案

发展中国家债务危机爆发以后，关于债务危机的性质，先后有两种观点：一是流动性理论(Liquidity Theory)，二是清偿理论(Solvency Theory)。流动性理论认为发展中国家的债务危机是因为流动性不足而产生的短期问题，从长期来看，这些国家有偿还债务的能力。因此，在短期只要向这些国家提供一定额度的资金支持和援助，债务危机问题就可以得到解决。清偿理论认为，发展中国家的债务危机是因为其清偿力不足，因此，债务危机问题的解决需要这些国家经济发展政策的调整与提高其国际清偿力相结合。但20世纪80年代债务危机发展的过程表明，发展中国家债务危机的性质是两者兼而有之。对债务危机性质的不同认识，也就产生了多种针对危机的解决方案，其中较为典型的有债务重新安排计划(1982—1984年)、贝克计划(1985—1992年)、宫泽构想(1988年)、布雷迪计划(1989年)以及第尼报告(1989年)等。

(一) 债务重新安排计划

债务重新安排计划主要是在国际货币基金组织的协调下，由债权银行、债权国政府和债务国政府共同协调，重新安排到期债务。在债务重新安排的过程中，国际货币基金组织非常强调债务国国内的紧缩政策。债权银行通常要求债务国在谈判之前先与国际货币基金组织共同制订一项全面的经济调整计划，或者先得到货币基金组织的条件贷款。以此为前提，商业银行将现有债务重新安排，延长债务的偿还期限，但是并不减免债务总额，在延长期间贷款的利息照付。最初阶段，商业银行贷款重新安排的条件是比较苛刻的。除了重新安排到期的债务外，债权国政府、世界银行及一些地区性开发银行，如泛美开发银行等，也为重债国提供了相当数量的贷款，以配合其国内的紧缩政策和经济调整计划。

(二) 贝克计划

贝克计划是援助发展中国家债务危机的计划，于1985年10月在汉城(现称首尔)举行的国际货币基金组织和世界银行第40届年会联席会议上由美国财政部部长詹姆斯·贝克提出。其主要内容有：债务国应重新调整经济政策，把通过单纯紧缩经济来还债的政策，改变为通过促进经济增长来减轻外债负担的政策，同时这些国家应放宽进口，扩大私人企业的作用，鼓励国内外的投资；把世界银行和其他多边国际金融机构的贷款数额提高50%，即增加90亿美元的新贷款；商业银行须增加新贷款，把贷款水平提高2.5%，以后3年内拿出200亿美元资助15个主要债务国的发展项目。该计划得到国际货币基金组织、美国和西欧商业银行的支持。发展中国家认为该计划在处理外债问题上前进了一步，但完全未涉及发达国家贸易保护主义和高利率等根本问题，同时援助金额太少，因而未能接受。

(三) 宫泽构想

由于贝克计划并没有得到广泛的支持，在1988年的国际货币基金组织和世界银行年会上，日本大藏大臣宫泽喜一委托日本银行总裁澄田智提出其新构想，称为宫泽构想。该构想的要点如下。①债务国应与IMF协商经济结构调整计划，并由IMF提供较长期的资金，以进行经济结构的调整。②将债务国所欠银行部分债务债券化，其余债务则予以延长偿还期限，两者比重依各国情况而定。债券化部分的债务以1：1等值转换，至于剩余债务延长期限、利率高低均由债务国与商业银行各自协商。③债务国应就债券化及未债券化部分的债务，分别在IMF设置准备账户，由IMF负责管理，以保证债务本息的偿还。由于宫泽构想仅有粗略的原则，并无具体的实施细则，因此虽然获得若干国家的支持，但各国对其可行性仍持保留态度。至于美国则以宫泽构想有将商业银行对债务国的债权风险转移给国际机构之嫌，而表示强烈反对。因为在宫泽构想中，IMF负有对债务国准备账户的监管责任，可是如果债务国有违约行为，IMF难免不受到牵连。

(四) 布雷迪计划

美国前财政部部长N. F. 布雷迪于1989年3月10日在布雷顿森林委员会举行的年会上提出了一项新的解决国际债务问题的减债方案，它是建立在贝克计划基础之上的。该计划的主要内容如下。

(1) 基金组织应继续实施以增长为导向的调整方案，并采取措施来鼓励外逃资本的调回。

(2) IMF与世界银行应为债务国提供资金，通过以下方式削减债务：债务回购，债权交换，以旧债交换面值不变但利率降低的新债券。

(3) 商业银行将为债务削减和新贷款提供保证，并通过对当前债务某些条件的暂时性和有条件的放宽来支持债务的加速削减。

(4) 债权国将继续通过巴黎俱乐部对它们的贷款加以重新安排或调整，继续为具备健全调整方案的国家提供出口信贷保险，并继续为正在实施国内全面调整计划的债务国提供多方面新信贷资金。

(五) 第尼报告

1989年6月2日，由主要发达经济体组成的十国集团(Group 10)在瑞士伯尔尼集会，讨论发展中国家债务危机的发展。会中最为主要的议题，即一篇名为《国际货币基金组织与世界银行的关系及其在国际债务策略中的角色》的报告，由于它是由意大利银行副总裁第尼(L. Dini)所起草的，一般将之称为第尼报告(Dini Report)，该报告后来经过与会国家签署同意。第尼报告支持由国际货币基金组织和世界银行成立基金，以进行布雷迪计划的减债方案，不过却提醒商业银行应继续放款，同时不要有将债务风险转移给IMF和世界银行的念头。此外，第尼报告更寻求加强IMF和世界银行在处理国际债务危机问题上的合作，据以避免这两个机构因活动的重叠而相互竞争。

上述缓解国际债务危机的方案，对减轻发展中国家的债务危机，发挥了相当程度的作用。这是由于国际债务问题不仅是债务国的金融和经济问题，也关系到该国的政治稳定，而且是国际经济和金融问题，影响到世界的经济与政治稳定，所以在国际债务危机爆发后，国际社会和国际金融机构能够通力合作，协调其金融、经济政策，合理分摊偿还债务的负担，力图将相应的政策与世界经济的长期发展和国际金融的长期稳定统筹考虑。尤其是20世纪90年代，发展中国家的经济逐渐恢复，国际资本再度重返这些新兴市场国家，国际债务危机才宣告解除，但距离真正解决还有一段距离。

【专栏8-1】

主权债务危机发展、演变与展望

2010年以来，欧洲主权债务危机以希腊为起点在欧元区边缘国家迅速蔓延，日本和美国债务问题也引起关注。欧洲主权债务危机的发展和演变主要受以下几个因素影响并相互作用。

一是主权债务水平。从各主要国家政府总债务占GDP比重的横向比较看，截至2011年年底，日本为208.2%，希腊为165.4%，意大利为120.1%，美国为99.5%。相比2010年年底，除债务水平最高的日本有所下降外，其他国家均有不同程度的上升，居高不下的政府债务水平，增大了危机传染风险，也使主权信用评级遭受调降的可能性大幅上升。2011年8月，标普调降美国评级，从AAA级降至AA+级；希腊评级从2009年以来已连续调降11次，从A+级降至目前的CC级。

二是危机救助进展。国际货币基金组织、欧盟、欧洲中央银行等陆续出台了一系列救助措施，设法控制欧债危机继续恶化和传染风险。其中包括：建立永久性危机解决机制(ESM)并扩大可用救助资金规模；对银行业提供债务担保和补充资本金；对希腊等危机国家实施资金救助，并启动希腊私人投资者参与救助的计划(PSI)等。截至2011年年底，已明确危机国家救助总金额达2 730亿欧元，其中希腊1 100亿欧元，爱尔兰850亿欧元，葡萄牙780亿欧元。相关救助资金正在根据各国财政紧缩进展分批发放。

三是全球去杠杆化进程。去杠杆化是家庭、企业、银行等在危急情况下的“自助”措施，以银行业为例，去杠杆化的方式主要是控制信贷规模或出售资产以降低负债。通过去杠杆化，银行资产负债表正处于逐步恢复和重建期，但家庭和企业部门的借贷和消费水平受到了影响。

四是央行量化宽松货币政策。危机中，为刺激经济复苏，美联储承诺将零利率目标至少维持到2014年，并实施卖出短期国债、买入长期国债的“扭转”(Twist)操作。欧央行也将基准利率维持在1%的水平上，通过降息、购买债券、增加流动性供给等方式放松货币政策。截至2012年2月初，欧央行购买国债规模达2 190亿欧元，通过长短期再融资操作(MRO和LTRO)注入银行体系的资金余额约6 170亿欧元，英国央行量化宽松政策实施以来，国债持有量已达2 410亿英镑，日本央行将隔夜拆借目标利率维持在0.1%的极低水平。

国际层面，二十国集团、国际货币基金组织等国际组织和全球金融合作平台正在与危机国家一起，积极探讨和寻求危机解决之道。从根本上说，全球经济稳步复苏，进而通过经济增长消化债务是走出危机的根本途径。在此之前，全球经济和金融市场不确定性仍将继续，主要发达国家的主权债务危机进程仍将曲折反复，新兴市场经济体可能面临新的冲击，全球资本流动格局的变化仍需要密切关注。

(资料来源：2011年《中国国际收支报告》)

第四节 国际游资与货币危机概述

一、国际游资的来源、特征及影响

国际游资又称为热钱(Hot Money)，一般是指为追求高利润而经常在国际金融市场之间流动的短期资本，包括现金、银行活期和短期存款、短期政府债券、商业票据、各种衍生产品如期货期权合约、各种基金以及其他流动性很强的资产。国际游资为追逐利润最大化，在国际金融市场之间迅速流动，在全球范围内寻找盈利的机会，通常不投入周期长、收益低的生产和流通领域，主要出入一些高收益、高风险的虚拟资本市场，外汇、股票、期货等市场都是它们追逐的目标。国际游资往往利用一国经济运行的泡沫、实体经济的失衡、金融体制的漏洞、政府调控的失误，运用各种金融衍生工具和投机策略，在破坏一国经济、冲击一国市场、暴露一国问题的同时，从中牟取暴利。目前国际游资已经成为国际金融市场上的一支重要力量，对全球经济产生了巨大的影响。

(一) 国际游资的来源

国际游资主要有以下几个来源：

(1) 各国国内的短期资金，如国内企业和私人的闲置资金，随着一国资本账户的对外开放，这部分资金就会流向国外从事金融投机活动，成为国际游资；

(2) 跨国公司在生产经营活动中掌握的流动资金及一些暂时闲置的资金，这部分资金经常会被用来从事国际金融投机活动；

(3) 除投资基金以外的金融机构的短期资金，如各种投资银行及其他非银行金融机构(如证券公司、保险公司等)所拥有的庞大的自有资本金、历年来的盈余资产及其他短期资金等，这些金融机构拥有广泛的融资渠道，将专业从事短期投机、投资活动作为其基本业务之一；

(4) 国际性组织及各国政府储备资产的一部分，这些储备资产既要保值、增值又要保持流动性，因此需要经常对储备资产的结构进行调整，从而形成了短期流动资本，其中部分成为国际游资；

(5) 各种专项基金，如共同基金、养老基金、保险基金等，其中的一部分专门投资于国际金融市场，形成国际游资。

(二) 国际游资的特征

20世纪90年代以来，国际游资成为国际金融领域乃至国际经济中最为活跃的现象，历次货币危机的爆发都与国际游资的冲击密切相关。对于国际游资，以严格的理论界定和精确的数字计量存在相当的难度，但这并不妨碍我们进行定性的描述。一般来说，国际游资具有以下几个特征。

1. 国际游资的投机性强

国际游资主要投资于各种有价证券及金融衍生产品等容易变现的资产，投资者能对短暂的投机机会做出迅速反应。显然，国际游资追求的是短期高额利润，而非长期利润，这些投机性质的短期资本频繁游动于世界各个金融市场，通过套取市场差价，追逐远高于平均利润的投机收益。一般来说，收益与风险是一对矛盾的统一体，短期高收益必然伴随高风险，而游资正是在对风险收益的偏好中体现出它的投机性。因而游资的投机性倾向不断加剧。国际游资的投机性已经逐渐构成全球经济不稳定的重要根源之一。作为超越国界且规模巨大的资金，国际游资通常是全球性金融动荡的制造者或推动者，也时常扮演推动危机传染的主要角色。

2. 国际游资的流动性高

国际游资总是在不断地寻找稍纵即逝的投机机会，迅速从一个市场转移至另一个市场，从一个国家转移至另一个国家。在大多数情况下，国际游资并无固定的投资领域，它可以在各种金融市场上快速周转，甚至可以在黄金市场、房地产市场及其他投机性强的市场上频繁转移。当然，国际游资最常见的运作空间还是有价证券市场，而资本流动的证券化趋势为游资的流动创造了最便利的条件，特别是衍生产品市场可称得上标准的金融投机场所。只有在高速流动中，国际游资才能对收益和风险做出合乎其要求的衡量。

3. 国际游资的透明度低

从国际金融的动荡中，人们可以感觉到国际游资的巨大影响，但其规模多大、结构如何，却很难说清楚，至于投资决策形成机制以及操作程序的细节，则更让人捉摸不定。加之游资常常以离岸市场为掩护，逃避法律的约束和监督，使得它们在总体上缺乏透明度。即便是国际货币基金组织也不能掌握国际游资的活动状况，更谈不上对其实行有效的控制和管理。国际游资的这种非透明性，无疑是导致突发性、灾难性金融风暴的重要原因之一。

(三) 国际游资的经济影响

1. 国际游资的积极影响

国际游资极大地增加了国际金融市场的流动性，从而提高了市场的运作效率。利用现代化的通信及交易手段，国际游资迅速地从一国流向另一国，从而有效地满足国际金融市场的资金需求，尤其是短期资金需求，并能降低国际金融交易成本。同时，国际游资加速了国际经济和金融一体化进程。这是因为，首先，国际游资的存在便利了国际贸易融资，尤其是短期贸易融资，从而在一定程度上推动了国际贸易的发展。其次，国际游资在世界各主要金融市场的套汇、套利活动使国际金融交易中存在的汇率差异和利率差异被迅速拉平，导致世界主要金融市场的价格呈现一体化趋势，但更为重要的是，国际游资在各国的货币和资本市场之间的迅速移动，使得各国的资金市场在利率、交易方式、交易条件等方面会趋于一致。

2. 国际游资的消极影响

国际游资是一把双刃剑，它在为世界各国经济带来种种便利的同时，也使各国暴露于外部的动荡之中。第一，对国际收支的影响。国际游资往往对金融市场上的风吹草动相当敏感，一旦未来该国的经济、政治形势恶化，国际游资会大规模地迅速撤出，造成该国国际收支的严重逆差。因此，国际游资的大规模流动不利于一国国际收支的调节，并可能加剧该国的国际收支失衡。第二，对汇率的影响。国际游资以投机性资本为主，它以对未来汇价的预期为依据在国际外汇市场上进行投机，为谋取高额利润创造了机会，从而使汇率波动加剧，严重脱离该国的经济实力。第三，对货币政策的影响。国际游资的移动往往与各国货币政策目标呈反向性，如当一国为抑制通货膨胀而采取紧缩性货币政策提高利率时，国际游资会伺机而入，转为该国货币进行投机，从而迫使该国增加货币供应量，削弱紧缩性货币政策的效力。而如果一国经济出现衰退现象，就会采取放松银根降低利率的政策，此时国际游资又会大量撤离，达不到增加本国货币供应量的目的。第四，对国内金融市场的影响。国际游资进入一国，纯以谋利为目的，并非进行实质性投资。即使参与实质性投资，也都含有投机成分和潜伏动机，因而会给国内经济带来潜伏性危机，加大金融经营的风险。特别是巨额游资借助于现代电信技术、金融衍生工具及投机技巧的运用，更是大大增加了市场风险。

二、货币危机的产生、传导及危害

20世纪90年代以来，国际游资的活动日益频繁，影响力逐步扩大，由此引发了多次货币危机的爆发，给各国乃至世界经济带来了严重的影响。到目前为止，一共出现过5次较有影响的货币危机：1992年欧洲货币危机；1994年墨西哥比索危机；1997年东南亚国家的货币危机；1998年俄罗斯的货币危机；2001年阿根廷的货币危机。货币危机的频繁爆发使得国际社会更加关注货币危机的问题，并对货币危机产生的原因、传播途径以及如何防范进行了广泛研究和深入思考。

(一) 货币危机的产生

货币危机(Currency Crisis)，从广义上理解，是指一国货币汇率的变动在短期内超过一定幅度；从狭义上理解，是指在固定汇率制下，市场对一种货币失去信心，出现大量抛售的情况，导致该国的汇率制度崩溃，出现外汇市场持续动荡等事件。广义的货币危机对于汇率制度没有特别的限定，浮动汇率制度和固定汇率制度都适用，既包括货币升值的情况，也包括货币贬值的情况。狭义的货币危机针对的是固定的汇率制度，通常仅指货币贬值。货币危机的爆发与国际游资的投机冲击密切相关，一国的宏观经济状况和投资者心理预期的变化都可能导致一国货币受到投机性资金的冲击，使货币汇率大幅度波动，并引发货币危机。

1. 宏观经济状况发生变化

一国的宏观经济状况发生变化，会引发国际游资对本国货币的冲击，从而导致货币危机的发生。具体来讲，在金融自由化的今天，开放的资本市场为国际游资的出入提供了便利渠道。如果一国实行的是固定汇率制度，并且宏观经济状况有恶化的迹象，比如在危机发生前这些国家存在经常账户逆差、外汇储备不足、币值高估以及外债规模过大且结构不合理等宏观经济基本面的问题，都容易招致规模大、独立性强并广泛使用衍生工具和杠杆交易的国际游资的冲击。国际游资在这种情况下，就会带动其他投机者在外汇市场上大量抛售该货币，转而购买其他坚挺的货币，通常表现为促使被抛售的货币经历大幅度贬值或者被迫放弃原来的固定汇率制度，实行浮动的汇率制度。反之亦然，如果一国面临的宏观经济情况是经常账户顺差、外汇储备过多、币值低估，国际游资也会对该国货币进行冲击，此时的操作正好与之前的相反，投机者会在外汇市场上大量购买该货币，抛售其他疲软的货币，导致该国货币在短时间内大幅度升值。

2. 心理预期发生变化

如果货币危机的发生仅仅是因为宏观经济基本面出现了问题，是不是意味着只要一个国家能够保持宏观经济的稳定性，就能够防止货币危机的发生？事实并非如此，在宏观经济情况比较稳定时，心理预期的变化也会带来国际投机资金的冲击，从而引发货币危机。在这种情况下，投机者对货币发起攻击，并不是由于宏观经济情况的变化，而是由于贬值预期的实现所导致的。当投机攻击爆发后，政府可以通过提高利率抵消市场的贬值预期，吸引外资获得储备来维持汇率。但是，如果提高利率维持汇率的成本大大高于维持平价所能获得的收益，政府就会被迫放弃固定汇率制。这种观点强调经济存在多重均衡，一国经济最终所处的均衡状态取决于人们的预期。如果人们预计将要发生危机，就会采取相应的行动，从而引起货币危机的爆发。这样，经济就处于危机均衡状态。相反，如果人们预计危机不会发生，就不会采取相应的行动，危机也就不会发生，经济就处于非危机均衡状态。比如由于某些偶然或表面因素，甚至是谣言等非经济基本面的因素而造成投资者预期资金所在国将要发生货币危机，这种危机会促使投资者从该国抽逃资金，国际游资也会趁机推波助澜，再加上跟风行为的出现将进一步扩大资本外逃的规模，进而超过该国官方能够支持汇率稳定的能力范围，该国货币将会对外发生大幅度贬值，从而导致货币危机的爆发。

(二) 货币危机的传导

1. 贸易传导渠道

货币危机会在有密切贸易联系的国家之间传染。如果一国发生货币危机，货币对外发生大幅度贬值。此时，该国的贸易伙伴国和贸易对手国都会面临巨大的出口压力，很可能因此出现国际收支的逆差，引发其他货币的对外贬值。从贸易伙伴国的角度来看，货币危机发生后，危机发生国会减少商品的进口，这就意味着该国商品出口的下降，进而可能导致出现国际收支逆差，该国就不得不让货币对外发生贬值。从贸易对手国角度来看，货币危机的发生同样会对该国的出口形成巨大压力，从而导致该国贸易收支发生变化，诱发投机攻击。这是因为，货币危机发生国的货币对外贬值，会降低其商品在国外市场上的价格，这样消费者就会增加购买危机发生国的商品而减少对其他国家商品的购买。这种消费的变化会影响到贸易对手国产品的销售，使其出口收入明显降低，于是该国就不得不对货币进行贬值以维持其出口。

2. 资本流动传导渠道

在货币危机爆发的背景下，一些过分依赖国外资金流入的国家可能会面临大规模的资本外逃，本国货币在外汇市场上被大量抛售，以至于该国也发生货币危机。这是因为，当国外投资者在一个国家遭到损失后，不得不重新调整其在国外的资产组合。尤其是影响比较大的货币危机发生后，国际金融市场上的投机资金一般都会调整或收缩其持有的外国资产，至少是存在较大风险的国家的资产，结果可能造成资本流出国金融市场流动性不足。这就迫使金融中介清算其在其他国家市场上的资产，从而通过国际资本流动渠道导致另一个与其有密切金融关系的国家市场流动性不足。这样，许多国家将不可避免地发生相当部分资金流出的现象，如果这一流出对该国的国际收支有重大影响，则该国也会发生投机性冲击导致的货币危机。

3. 基于预期的传导

投资者对某一国的自身特点并不重视，某一个国家的情况会被扩大应用到整个地区，某一国的特殊事件，如货币贬值，会使大家对整个地区的投资前景重新进行评估。投资者会对那些与货币危机发生国存在较为相近的经济结构、发展模式，尤其是潜在经济问题(比如汇率高估)的国家进行重新评估，投机资金也会比较一致地对这些国家逐一攻击。例如，货币危机在泰国发生后，泰国银行和其他金融中介机构的外债结构不合理等问题提醒投资者对存在类似问题的韩国和印度尼西亚等国家和地区重新评估，并使投资者产生后者将会发生危机的预期。根据该预期，公众会做出反应，比如将资本从后者撤出，这将导致后者外汇储备的减少，以至于发生货币危机。

(三) 货币危机的危害

货币危机的危害性体现在以下几个方面。

第一，货币危机发生过程中出现的对经济的不利影响。例如，为了抵御货币危机引起的资金外流，政府会采取提高利率的措施，而且其对外汇市场的管制可能会维持很长时间，这将对经济带来严重的消极影响。同时，危机期间大量资金会在国内外频繁流动，从而扰乱该国的金融市场秩序。此外，货币危机期间的不稳定局势会对公众的正常生产经营活动带来很大干扰，一国的经济秩序也往往会陷入混乱状态。

第二，货币危机发生后经济条件会发生不利的变化。首先，货币危机容易诱发金融危机、经济危机乃至政治危机、社会危机。其次，外国资金往往在货币危机发生后大举撤出该国，给经济发展带来沉重打击。再次，货币危机导致以本币衡量的对外债务大量增加。最后，货币危机发生后被迫采取的浮动汇率制度，往往因为政府的无力有效管理而波动过大，还将给正常的生产、贸易带来不利影响。

第三，从货币危机发生后的相当长时期内政府被迫采取的补救性措施的影响看，紧缩性财政货币政策往往是最普遍的。但若货币危机并不是由扩张性的宏观政策因素导致时，这一措施很可能会给社会带来巨大的灾难。另外，为获得外国的资金援助，一国政府将被迫实施这些援助所附加的种种条件，例如开放本国商品金融市场等，这将会给本国的经济运行带来较大的风险。

三、货币危机的防范

第一，要实行与本国经济发展状况相适应的汇率制度。对本国的汇率水平适当进行调整，要避免币值高估或低估，以免给货币投机留下可乘之机。有条件的经济大国应当使汇率更加灵活，以减少国际金融市场的动荡对国内金融市场与当局货币政策的影响。

第二，要保持适度的外汇储备规模。外汇储备是一国政府用来维持国际收支平衡、干预外汇市场和应付紧急意外支出的外部资产。一旦本国货币受到国际游资的攻击，可以动用外汇储备参与外汇市场的买卖，缓解货币升值或者贬值的压力，维持货币汇率的稳定。因此，应根据一国的进口、外债以及干预市场等支付需要，确定适度的外汇储备规模。

第三，要谨慎开放资本市场。放宽对资本账户的限制应当有序实施，首先放宽对长期资本流入的限制，然后随着银行和其他金融机构管理能力的增强，再逐步放宽对短期资本流入的限制。

第四，要有效控制利用外资的规模避免过多地依赖国外资金的流入，尤其是国外短期资金的流入。同时也要合理利用外债，避免债务负担过重，利用外资要与国家的对外支付手段和融资能力相适应。

第五节　我国的外债管理

一、我国对外债的定义

我国对外债的定义是：中国境内的机关、团体、企业或事业单位、金融机构或者其他机构对中国境外的国际金融组织、外国政府、金融机构、企业或其他机构用外国货币承担的，具有契约性偿还义务的全部债务。非居民指中国境外的机构、自然人及其在中国境内依法设立的非常设机构。

根据我国1987年8月27日公布的《外债统计监测暂行规定》，我国外债的具体内容包括以下10项：

(1) 国际金融组织贷款；
(2) 外国政府贷款；
(3) 外国银行和金融机构贷款；
(4) 买方信贷；
(5) 外国企业贷款；
(6) 发行外币债券；
(7) 国际金融租赁；
(8) 延期付款；
(9) 补偿贸易中直接以现汇偿还的债务；
(10) 其他形式的对外债务。

我国所定义的外债具有以下4个明显特征。

(1) 强调货币形式的借款，以实物形式(如补偿贸易等)所借债务不算外债。

(2) 人民币不构成外债，即使债权人是中国境外的非居民，国内债务人对其所欠人民币债务也不算外债。

(3) 外国银行和中外合资银行虽然是我国居民，但其对外借款不视为外债，而我方居民借其外币资金则视同外债。

(4) 外汇担保只有在实际履行偿还义务时才构成外债。

二、我国外债的现状

2017年，我国外债偿债率为6.9%，债务率为70.6%，负债率为14.0%，短期外债与外汇储备之比为35.0%，均在国际标准安全线之内。中国截至2018年9月末按部门划分的外债总额头寸(目前的统计口径)如表8-5所示。

表8-5　中国截至2018年9月末按部门划分的外债总额头寸

部　门	2018年9月末 (亿元人民币)	2018年9月末 (亿美元)
广义政府	15 772	2 293
短期	1 416	206
货币与存款	0	0
债务证券	1 416	206
贷款	0	0
贸易信贷与预付款	0	0
其他债务负债	0	0
长期	14 356	2 087
SDR分配	0	0
货币与存款	0	0
债务证券	10 961	1 593
贷款	3 395	494
贸易信贷与预付款	0	0
其他债务负债	0	0
中央银行	2 720	395
短期	984	143
货币与存款	984	143
债务证券	0	0
贷款	0	0
贸易信贷与预付款	0	0
其他债务负债	0	0
长期	1 737	252
SDR分配	671	98
货币与存款	0	0
债务证券	0	0
贷款	0	0
贸易信贷与预付款	0	0
其他债务负债	1 066	155
其他接受存款公司	61 509	8 941

(续表)

部　门	2018年9月末 (亿元人民币)	2018年9月末 (亿美元)
短期	49 171	7 148
货币与存款	31 201	4 535
债务证券	5 167	751
贷款	12 648	1 839
贸易信贷与预付款	0	0
其他债务负债	155	23
长期	12 338	1 794
货币与存款	0	0
债务证券	8 912	1 296
贷款	3 368	490
贸易信贷与预付款	0	0
其他债务负债	58	8
其他部门	35 809	5 205
短期	26 721	3 884
货币与存款	10	1
债务证券	281	41
贷款	4 497	654
贸易信贷与预付款	21 081	3 064
其他债务负债	852	124
长期	9 088	1 321
货币与存款	0	0
债务证券	2 758	401
贷款	5 155	749
贸易信贷与预付款	375	55
其他债务负债	800	116
直接投资：公司间贷款	15 799	2 297
直接投资企业对直接投资者的债务负债	10 481	1 524
直接投资者对直接投资企业的债务负债	347	50
对关联企业的债务负债	4 972	723
外债总额头寸	131 610	19 132

注：1. 本表中短期、中长期均为签约期限；2. 本表统计采用四舍五入法。

(资料来源：国家外汇管理局官网)

(一) 外债期限结构分析

一般来说，中长期外债便于一国根据国民经济发展的需要，做出统筹安排，有利于管理。短期债务则容易受国际经济、国际金融市场波动的影响，风险较大。按可比口径计算，截至2017年年末，我国全口径外债余额为17 106亿美元(不包括香港特别行政区、澳门特别行政区和台湾地区对外负债，下同)。其中，短期外债余额为10 990亿美元，占64%；中长期外债余额为6 116亿美元。

从期限结构看，短期外债余额增长推动外债总规模增长。2017年年末短期外债余额较上年年末上升27%，占总外债规模增长的79%。

从数据中可以看出，我国短期债务占绝对支配地位，短期外债所占比重明显高于国际警戒线25%，这不利于我国长期经济建设资金的稳定需要，不利于在时间上根据国情对还债资金进行调剂，降低外债风险。但是，由于目前国际上的短期外债利率较低，所以持有短期外债比例增加会有利于减少利息支出，降低偿还风险。

(二) 外债主体分析

从债务主体看，银行部门外债余额增长是外债总规模增长主因。2017年年末银行部门外债余额较上年年末上升40%，占外债总规模增长的82%。

(三) 外债债务工具分析

从债务工具看，货币与存款、债务证券、贷款等增长较快。2017年年末，货币与存款、债务证券和贷款余额分别较上年年末上升40%、47%和21%，分别占外债总规模增长的42%、37%和23%；其他债务负债下降35%；贸易信贷与预付款余额与上年年末基本持平。

(四) 外债币种结构分析

从币种结构看，外债总规模增长主要源于外币外债增长。2017年年末外币外债余额较上年年末上升22%，占外债总规模增长的71%。由于外债从举债到偿债之间有一段时间，国际金融市场的汇率变化不可预知，因而汇率风险是客观存在的。目前，我国外债主要由美元、日元、欧元、港币、英镑等10余种货币构成。从币种结构来看，我国对外债务以美元债务为主。截止到2018年9月末，从币种结构看，本币外债余额为45 454亿元人民币(等值6 608亿美元)，占35%；外币外债余额(含SDR分配)为86 156亿元人民币(等值12 524亿美元)，占65%。在外币登记外债余额中，美元债务占82%，欧元债务占9%，港币债务占4%，日元债务占2%，特别提款权和其他外币外债合计占3%，如图8-2所示。

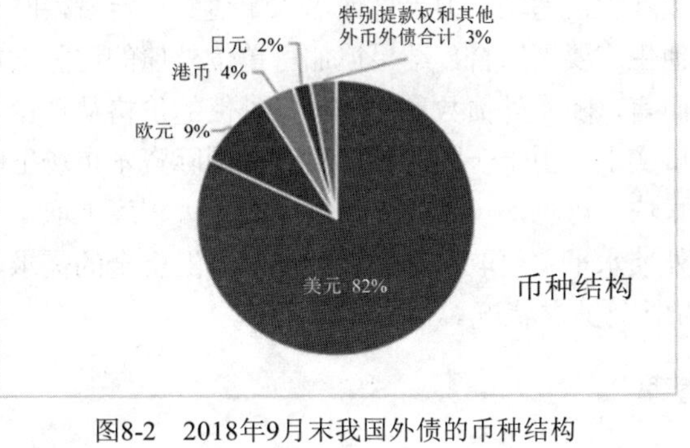

图8-2 2018年9月末我国外债的币种结构

三、我国外债的管理

(一) 我国外债管理目标

1. 总量适度原则

借债规模应与国内资金配套能力、偿债能力及对资金的需求相适应，主要指标是偿债率不超过

25%、债务率不超过100%、负债率不超过5%。

2. 结构合理原则

结构合理原则主要是债务的期限、利率、币种和市场结构保持在合理水平上。国际公认的一国短期债务占总债务比例不应超过25%。利率应以官方优惠利率为主，固定利率与浮动利率相互搭配；币种则以收汇结算使用较多的货币为主，适当兼顾软硬货币的搭配；避免进入同一资本市场借款，应选择有利借债条件的筹资市场。

3. 注重效益原则

注重效益原则主要体现在通过外债的借、用、还3个环节的良性循环，实现外债的经济效益和社会效益的统一。要把外债投资项目自身创汇偿债比重调整到占偿债总额的80%以上，以达到出口创汇与偿还外债平衡有余。

4. 保证偿还原则

保证偿还原则要求落实外债偿还责任，做到谁借债，谁偿还，担保人要切实履行承诺，共同维护偿债信誉。

(二) 我国外债规模管理

规模管理是指在一定时期内，确定举借外债的数量界限，即适当的外债规模。在一定时期内，如果外债规模增长过快，超过我国对外债的偿付能力和对外资的消化吸收能力，则有可能出现负效益：一方面会增加还债的经济负担，甚至引发偿债危机，从而影响我国的对外信誉和筹资融资能力；另一方面则会造成外汇资金的闲置与浪费，增加筹资成本和风险。但借款过少，又会使国内一部分生产资源不能及时转化为生产力，从而影响经济发展。

从理论上说，合理的外债规模应当是外债边际收益超过与其相对应的边际成本时的外债数量。所谓外债边际收益是指每增加一个单位外债所增加的国民收入。外债边际成本是指每增加一个单位外债所增加的外债价格。就外债的边际收益来说，当开始借入外债时，每增加一个单位外债，国民收入的增量就不断提高，边际收益递增。但当外债借入量达到一定规模时，由于借入外债的增加，只能和国内日益短缺的其他生产要素结合，结果追加每单位外债的边际效益开始趋于下降，边际收益递减。就外债边际成本而言，随着外债数量的增加，外债的价格从理论上来说也是不断上升的，即边际成本递增。然而，事实上，由于一国的外债数量在国际资本市场上的比重是很小的，因此边际成本递增速度一般不会太快。可见，一国的外债规模在很大程度上取决于国内各种因素影响的边际收益。具体来说，一国外债水平主要取决于经济发展对外汇资金的需求、对外债的消化吸收承受能力以及国际资本市场的资金供求状况。

(三) 我国外债结构管理

外债结构管理是在外债规模基本确定的前提下，根据经济建设对外资的实际需要和具体要求，国际资本市场行情及其发展趋势等，对外债结构的各个要素的构成比例进行合理配置、优化组合，以达到降低成本、减少风险、保证偿还的目的。外债结构管理主要包括以下几个方面。

1. 利率结构管理

利率是影响借款项目成本和国家外债总体成本的重要因素。进行利率结构管理就是要合理安排、适时调整债务利率结构，以降低或稳定外债成本，避免风险。第一，争取优惠性利率，降低外债成本。具体来讲，应尽量争取外国政府贷款、国际金融组织贷款和出口信贷等利率水平较低、贷款条件较为优惠的国际贷款。第二，根据市场利率总体水平选择固定利率或浮动利率。固定利率指根据贷款协议，在贷款期限内固定不变的利率。浮动利率是指在贷款期限内利率不固定，其计算利率的方法是在基准利率的基础上加固定百分点，基准利率是随市场利率变化而变化的。一般来说，当国际金融市场利率普遍较低时，可选择固定利率借款或增加固定利率债务在国家总体债务中的比重；在市场利率水平较高时，可选择浮动利率或增加浮动利率债务在总体外债中的比重。

2. 类型结构管理

国际融资的形式多种多样，包括官方或多边机构贷款、出口信贷、发行债券、国际商业贷款、吸收存款等。这些形式可分为两大类：一类是优惠贷款；另一类为非优惠贷款。优惠贷款包括外国政府和国际金融机构的贷款，这些贷款带有援助性质，具有期限长、利率低等特点。非优惠贷款包括国际商业贷款、出口信贷等。我国的融资结构总体上是非优惠贷款比例高于优惠贷款比例。我国利用外资的原则是尽可能地吸收双边和多边优惠贷款，并依据引进设备和技术的特点采用不同的融资方式，以降低筹资成本。

3. 币种结构管理

币种结构是债务面值货币的构成。强调借款的币种构成主要是为了避免或降低汇率风险。合理的币种结构一般要达到两个目标：一是选择费用最低的外币贷款以达到筹资成本最低化；二是优化币种组合结构以降低汇率波动所带来的风险。这就要防止借款币种过于集中而造成的该货币升值或贬值给外债带来的巨大影响。另外，外债币种要与出口收汇、外汇储备相一致，避免偿债过程的汇率风险。合理安排币种结构，首先要使币种分散化，这样可以用从一种币种的升值中获得的好处来弥补另一种币种贬值所遭受的损失。其次是按照一个时期的币值变动趋势调整货币结构：当一种币种趋升时，应增加此种货币的使用；反之，当一种币种趋跌时，应减少此种货币的使用。这有利于借款人在货币币值变化时及时调整债务结构，达到降低成本的目的。最后是将进出口贸易用汇与借款币种结合，降低货币兑换的成本和风险。

4. 期限结构管理

外债有短期和中长期之分：短期外债指负债期限为一年或一年以下的债务；中长期外债是指一年期以上的债务。进行期限结构管理的目的在于合理安排短期债务和中长期债务的比例，以保证到期如数还本付息。要把握3条原则：第一，要保持以中长期债务为主，力争将短期债务控制在债务总额的20%以下。一般来讲，借款从投入到产出往往需要一段时间，特别是项目投资，在投资尚未产生经济效益的情况下还本付息，无疑将使负债企业或单位陷入偿债困境。如果借新债还旧债，在国际资金短缺、资本市场收缩、筹资成本趋涨的情况下，势必会扩大债务缺口，造成恶性循环。第二，要保持短期外债的增长总体低于中长期外债的增长。我国是发展中国家，举借外债主要是解决经济建设，特别是基础建设资金不足的问题，因此，利用外资的重点在于借好和用好中长期外债。对短期外债应将其增长速度限制在一定幅度内，特别是在较长时期内将短期债务的增长率控制在中长期债务的增长率之下。第三，要保持债务偿还期限的均衡分布，尽量避免同期借入大批期限相同的外债，防止还本付息时间过于集中，加重国家和企业的偿债压力。

本 章 小 结

1. 国际资本流动是指资本跨越国界的移动过程，即资本从一个国家或地区移动到另一个国家或地区。按资本流动期限的不同，国际资本流动可以分为长期资本流动和短期资本流动。前者是指流动期限在一年以上的资本流动；后者是指为期一年以下(含一年)的国际资本流动。按资本所有者的性质不同，国际资本流动分为官方资本流动和私人资本流动。前者主要指由一国政府向另一国政府或企业提供贷款或援助所引起的资本流动；后者主要是指由一国的个人、企业向另一国企业甚至政府部门提供贷款，或对外进行直接投资和证券投资所引起的资本流动。

2. 国际资本流动包括资本的输出和资本的输入两个方面，涉及资本的供给和需求两方面的问题。发达国家积累了大量过剩资本，促使其必须向海外输出资本，寻找投资机会。通过对外进行资本输出可以扩大一国的国际影响力，可以展示资本输出国雄厚的经济实力，提高资本输出国在国际社会中的地位与声誉。通过吸引资本流入，可以带动资本输入国经济的发展和技术的进步。

3. 衡量一国外债偿还能力的指标有两大类：一是生产能力指标，用来考查拿出一部分国民收入偿还外债本息后是否影响一国国民经济的正常发展；二是资源转换能力指标，用来考查用于偿还外债的国民收入能否转换为外汇。货币危机的爆发与国际游资的投机冲击密切相关，一国的宏观经济状况和投资者心理预期的变化都可能导致一国货币受到投机性资金的冲击，使货币汇率大幅度变动，并引发货币危机。

4. 我国外债管理的原则为总量适度、结构合理、注重效益以及保证偿还。我国外债的规模管理是指在一定时期内，确定举借外债的数量界限，即适当的外债规模。我国外债水平主要取决于3个方面，即经济发展对外汇资金的需求、对外债的承受能力和国际资本市场的资金供求状况。我国外债结构管理主要包括利率结构、类型结构、币种结构和期限结构4个方面的内容。

习 题

一、选择题

1. 国际间接投资即国际(　　)投资。
   A. 股票　　B. 债券　　C. 证券　　D. 股权
2. 最传统的短期国际资本流动方式是(　　)。
   A. 银行资本流动　　B. 保值性资本流动
   C. 投机性资本流动　　D. 贸易资金融通
3. 国际贷款主要有(　　)形式。
   A. 国际金融组织贷款　　B. 出口信贷
   C. 政府信贷　　D. 国际银行贷款
4. 导致本国对外国的负债增加或者本国在外国的资产减少的是(　　)。
   A. 资本流出　　B. 资本流入　　C. 资本转移　　D. 利润再投资
5. 一国外债是否合格，主要参考指标是(　　)。
   A. 贷款率　　B. 债务率　　C. 偿债率　　D. 负债率

6. 解决20世纪80年代国际债务危机的最初挽救措施是(　　)。

A. 债务重新安排计划　　B. 实施贝克计划

C. 签署第尼报告　　D. 执行布雷迪计划

7. 国际游资的特征有(　　)。

A. 投机性强　　B. 流动性高　　C. 透明度低　　D. 稳定性高

8. 外债的结构管理包括(　　)。

A. 利率结构管理　　B. 期限结构管理　　C. 类型结构管理　　D. 币种结构管理

二、判断题

1. 国际银行贷款已经取代国际债券，成为国际资本市场占统治地位的融资方式。(　　)

2. 在国际资本流动的过程中，机构投资者凭借专家理财、组合投资、规模及信息优势而大受机构及个人的欢迎，成为国际资金流动中的主体。(　　)

3. 国际公认的负债率的警戒线为10%。(　　)

4. 国际游资常常以离岸市场为掩护，逃避法律的约束和监督，使得它们在总体上缺乏透明度。(　　)

5. 货币危机发生后的相当长时期内政府要被迫采取一些补救性措施，宽松性财政货币政策往往是最普遍的。(　　)

6. 我国外债的期限结构要保持以短期债务为主，力争将长期债务控制在债务总额的20%以下。(　　)

三、填空题

1. 长期资本流动是指期限在一年以上的资本的跨国流动，主要包括__________、__________和__________3种方式。

2. 从资本输出角度来看，追求__________和__________是进行资本输出的主要原因。

3. 债务率是指一国的__________占当年商品和劳务出口收入的比例，它是衡量一国__________和风险的主要参考指标。

4. 货币危机从狭义上理解，是指在__________下，市场对一种货币失去信心，出现__________的情况。

5. 从债务类型来看，一国外债主要有外国政府贷款、国际金融组织贷款、国际商业银行贷款3类，前两项属于__________，而后者则属于__________。

四、名词解释

1. 国际资本流动　　2. 国际资本流入　　3. 国际资本流出　　4. 官方资本流动

5. 私人资本流动　　6. 国际债务危机　　7. 国际货币危机　　8. 债务率

9. 偿债率　　10. 国际游资

五、问答题

1. 国际资本流动的现状如何？

2. 长期资本流动与短期资本流动有哪些类型？

3. 20世纪80年代爆发的国际债务危机的解决方案有哪些？
4. 货币危机通过哪些渠道向外传导？
5. 货币危机爆发后的危害有哪些？
6. 我国外债管理的目标是什么？

六、论述题

1. 国际资本流动发展迅速的主要原因是什么？国际资本流动有哪些积极和消极的影响？
2. 我国目前的对外负债情况怎样？如何控制我国外债的规模，调整我国外债的结构？

案例分析

资本输入对俄罗斯金融安全的影响

随着融入金融全球化进程的加快以及经济、金融对外开放的不断扩大，转轨国家经济越来越容易受到外来的冲击，其所面临的经济、金融风险也越来越大。特别是在缺乏规范的全球性金融监管制度的条件下，不断加强的金融联系和金融自由化更易使转轨国家遭受冲击并滋生风险。综合而言，金融风险国际传导的渠道和机制包括：汇率与外贸传导机制、金融市场传导机制、国际投资渠道的传导、国际银行借贷传导等。正是通过这些渠道和机制，国际流动资本扩大了其波及效应，哪里有不完善的金融监管制度，哪里受到冲击就大，从而加剧这些国家金融体系运行的不协调。

1. 国际资本流入破坏了货币体系的平衡性和稳定性

国际资本的流入往往会使转轨国家原有的货币资金平衡遭到破坏，造成通货膨胀压力，为了缓解压力，紧缩性货币政策是重要选择。然而，如果没有支持性的配套政策和有效的监管机制，利率的提高又会促使外资的大量流入，其结果又会加剧通胀。同时，资本的流入和通货膨胀的加剧还会引发不断加深的货币替代现象。据俄罗斯中央银行的资料显示，到2001年初，俄罗斯的美元现金达到800亿美元，在俄罗斯市场上流通的美元高达500多亿美元。实际上，从2000年开始，俄罗斯美元化的比率已经开始大幅下降。然而，2008年爆发了俄罗斯金融危机，卢布汇率的大幅下跌使得资产美元化现象又重新抬头。仅在2008年9月，俄罗斯居民在银行和兑换点购买外汇的总额达60亿美元，创下1999年以来的新高，使俄罗斯银行的外币存款比重从2008年9月1日的18%上升到2008年10月1日的19.5%，这说明当时俄罗斯发生了居民和企业资产美元化的过程。同样，外资的流入也使转轨国家相对固定的汇率体制经常遭受冲击，难以有效发挥其政策效应。

2. 国际资本大量流入投资市场破坏了金融市场的稳定性

伴随着发达工业国家的商业周期的变化、市场利率的变化、经济增长的变化以及流动性的变化，这些国家的银行贷款、证券投资、直接投资大量进出于转轨国家的金融市场。2008年，俄罗斯金融危机的蔓延就与国际资本流动高度相关，外资撤离的规模和速度随着油价下跌和全球危机深化而不断放大和加快，俄罗斯金融危机也因国内私有部门的过度借债而加剧。应当说，危机之前国际资本的大量流入很大程度上支持了俄罗斯国内企业和金融业的运作，但由于私有部门的过度借债，短期外债的比重较大，这为全球金融危机背景下金融溢出负效应的扩大埋下了隐患。因美国次贷危机进而全球流动性紧缩而引发的全球去杠杆化浪潮，致使发达国家大量回笼在俄资金，导致俄国内出现流动性危机和投资者信心危机，俄罗斯的债市、股市、汇市以及商业银行体系均发生危机并进而引发实体经济的严重亏损，危机已使俄罗斯金融领域损失近万亿美元资金，2008年，卢布累计贬值近50%。据俄罗斯中央银行估计，2008年俄罗斯资本净流出可能达到500亿美元，2009年将达到1 000亿美元，足见国际资本的大规模逆转对俄罗斯金融市场的冲击之大。

3. 国际资本流动加剧了金融中介机构运行的不协调

一方面，国际资本的进出冲击了转轨国家国内金融机构存款和贷款业务的正常运营。国际资本流入使转轨国家吸收国际资本外币负债保持较高水平，信贷规模不断扩张；而当国际资本流出时，不仅银行要紧缩信贷和回收贷款，而且企业的正常经营会被扰乱，还可能使银行贷款无法按期收回而出现清偿困难，并可能引发国内大规模的挤兑风潮。另一方面，国际资本流动促成的泡沫经济的破灭会造成金融机构资产的损失。2008年俄罗斯银行体系的流动性危机与国际资本的流动高度相关。危机爆发之前，俄罗斯银行自有资本、资产都得到较大扩张，尤其是国际资本的注入大大支撑了银行业的发展。但是，在负债结构中，由于中、长期负债不足，短期和超短期资金配置占主要地位的状况没有根本改变。这种资产负债结构也隐含了俄罗斯银行业的脆弱性。2008年全球性金融危机引发全球流动性紧缩，外国投资者撤离在俄罗斯金融机构的资金或大规模抛售俄罗斯卢布资产，同时外国信贷机构也将对俄罗斯银行的贷款渠道关闭，造成俄罗斯无法举借新债还旧债；恐慌心理引致银行客户大量提取现金，造成银行的清偿力迅速下降，客户对银行的信任度急剧下降；美元汇率上升、卢布及银行抵押资产大幅贬值，这既导致银行大范围亏损，又造成银行债务成倍增加。当2008年9月俄罗斯金融危机深化时，私人银行短期外债大量减少，加之银行不良贷款的日益提高，引发了俄罗斯严重的银行业危机。

(资料来源：米军，郭连成. 国际资本流动与转轨国家金融安全的相关性：以俄罗斯为研究视角[J]. 世界经济与政治，2009(11))

问题：

1. 国际资本流入会对资本输入国的金融安全产生哪些影响？
2. 如何保持资本流入在数量上的适度性和结构上的合理性？
3. 结合本案例分析我国引进外资的现状，并提出相应的政策建议。

第九章

国际货币体系

【导读】

随着国际金融市场一体化和国际贸易的发展，国际货币关系日益成为世界经济中的一个非常重要和复杂的问题。它突出反映了各国间的种种矛盾，涉及各国的利益关系和经济发展。国际货币体系由各国货币关系的规则和机构以及国家间进行各种交易支付所依据的一套安排和惯例构成，从贸易、投资和资金融通等方面将世界经济紧密连在一起。从19世纪世界经济体系形成以来，先后有过3种不同的国际货币体系：国际金本位制度、布雷顿森林体系和牙买加体系。这一章介绍一百多年来，世界经济发展过程中的国际货币体系的变迁情况。

【学习重点】

分析国际货币体系演进情况，揭示各个阶段的国际货币体系的制度缺陷及崩溃原因。

【学习难点】

布雷顿森林体系的制度缺陷，牙买加体系存在的问题等。

【教学建议】

第一节和第二节以课堂讲授为主，第三节和第四节建议结合案例分析加深对理论的理解和掌握，提高学生分析实际问题的能力。

第一节　国际货币体系概述

国际货币体系是与国际经济发展水平相适应的。一种好的国际货币体系，其汇率机制应该稳定而灵活，能使任何一个国家在平衡国际收支时付出最小的代价；其资信也应该是最好的，并且能够提供最适度的国际储备，而不至于引起国际性的通货紧缩和通货膨胀。只有这样，才能够有效地促进国际贸易和国际投资的发展，使得世界各国均可从国际经贸活动中获得好处。

国际货币体系是伴随着以货币为媒介的国际经贸活动而产生的。由于早期的国际经贸往来主要是以贵金属货币为媒介，因此，国际货币体系主要不是依靠法律的强制性及各种规章制度形成的，而是依靠贵金属货币的成色、重量及约定俗成的做法自然形成的。随着现代市场经济和信用纸币的兴起，以现代信用货币为媒介的国际经贸往来不断增加，国家间的货币往来日益频繁，国际货币体系逐渐成为各经济实体在国际经贸活动中共同遵守的协议、规章及维持货币秩序的协调与监督系统。通常一种制度、体系、秩序的形成，可以有3种渠道：一是依靠习惯缓慢发展形成的；二是依靠法律法规和行政命令建立的；三是依靠习惯和法律二者共同的作用形成的。现行的国际货币体系是习惯与法律结合的产物。

一、国际货币体系的含义和主要内容

国际货币体系，又称国际货币制度，是国际社会针对各国货币的兑换、汇率制度的确定与变化、国际收支调节方式、国际储备资产的管理等最基本问题进行的制度安排，是协调各国货币关系的一系列国际性的规则、管理与组织形式的总和。

国际货币体系主要包括以下内容。

(1) 规定汇率制度。规定一国货币与其他货币之间的汇率应如何决定和维持，能否自由兑换，是采用固定还是浮动汇率制度等。

(2) 规定国际收支的调节方式。规定各国政府应采取什么方法弥补国际收支的缺口，各国之间的政策措施如何互相协调，以纠正各国国际收支的不平衡，确保世界经济的稳定与发展。

(3) 规定国际储备资产。规定用什么货币作为国家间的结算和支付手段，以及来源、形式、数量和运用范围如何等。

二、国际货币体系类型的划分

判定一种货币体系的类型，可以依据国际储备资产形式和货币合作程度两种标准划分。

(一) 按照国际储备资产形式的标准划分

据此，国际货币体系可分为金本位制和信用本位制两大类。

1. 金本位制

根据黄金充当国际储备资产与国际货币的作用程度，金本位制可以细分为金币本位制、金块本位制、金汇兑本位制。从19世纪到第一次世界大战爆发，国际通行的货币体系是金币本位制；第一次世界大战后至20世纪30年代大危机爆发，国际通行的货币体系是金块本位制；其后至第二次世界大战结束以及1944—1973年通行的布雷顿森林体系是金汇兑本位制。

2. 信用本位制

信用本位制是20世纪30年代金融危机、经济危机爆发，金本位制崩溃之后，世界各国转而采用的货币制度。1976年至今通行的国际货币体系就是信用本位制。

(二) 按照货币合作程度的标准划分

据此，国际货币体系可分为单一货币体系和多元货币体系两大类。

国际金本位制(亦称英镑本位制时代)、布雷顿森林体系(亦称美元本位制时代)实施的都是以某一国家的货币充当国际货币的单一货币体系。信用本位制实施以来，特别是欧元的诞生标志着国际货币体系进入了多元货币体系的时代。

三、国际货币体系的作用

如同一国的国内经济需要以该国货币为媒介才能正常运转一样，世界经济也必须以世界货币为媒介才能正常运转。如果世界货币是维持世界经济正常运转的经济血液，那么，国际货币制度正是维持这种血液循环的系统。建立国际货币制度的主要任务是确定以何种货币作为世界货币，来建立国际经济秩序，促进各国经济及世界经济的发展和稳定。

国际货币体系的作用具体包括以下内容。

(1) 确定国际清算、国际支付和国际投资的手段、形式和数量，为世界经济的发展及各国的经贸往来提供必要而充足的国际货币，并规定国际货币与各国货币相互往来的准则，包括国际货币与各国货币的比价和兑换方式的确定等。

(2) 确定国际收支的调节机制，以确保各国经济及世界经济的均衡发展。调节机制涉及对国际收支失衡的汇率调节机制，对国际收支逆差国的资金融通机制和对世界货币发行国国际收支的纪律约束机制3个方面。

(3) 建立国际货币金融事务的协调、监督和执行机构以维护国际货币制度的权威性。随着经济全球化的推进，各国间的经贸往来日益加强，参与国际货币金融业务的国家日益增多，国际经贸合作的规模、范围日益复杂、深化和广阔，早期国际货币金融事务的双边协商已不能解决所有问题，有必要建立多边的具有权威性的协商机制。国际货币体系是各国在国际货币往来中必须共同遵守的基本行为准则，要使它的各项机制得到落实则有必要建立一些监督和执行的具体机构。国际货币基金组织、世界银行等就是这样的一些国际性机构。

第二节　国际金本位制度

国际金本位制度是世界经济体系形成过程中出现的第一个国际货币体系，是以黄金为本位货币并作为货币发行基础而发挥世界货币职能的国际货币体系。它产生于19世纪上半期，1880—1910年处于鼎盛时期。

一、国际金本位制度的基本原则

在国际金本位制度下，各国国内的货币供给和货币流通都是根据本国的情况自主制定自己的法令的，并没有一个统一的规则。但由于各国都实施统一的金本位货币制度，在国际经贸往来中，各国都遵守着一些共同的原则。这些原则构成了国际金本位货币制度的基础。

第一，各国货币当局都规定本国货币的含金量，国家间的货币兑换都以货币的含金量为基础。货币的形式通常是金币和纸币兼用，金币的含金量是由其重量和成色决定的，纸币的含金量是由货币当局以法律形式规定的。

第二，各国货币当局允许金币和纸币按照官价自由地向当局兑换黄金，并且对私人的进口、出口及持有黄金不加任何限制。

第三，各国的货币供给与黄金的流量相一致，并且对国际收支差额引起黄金流出流入所产生的货币供给的减少和增加不采取任何措施加以冲销。即一国若流出1盎司黄金，该国的货币供给就要减少相当于1盎司黄金的货币量；反之，一国若流入1盎司黄金，则该国的货币供给就要增加相当于

1盎司黄金的货币量。

第四，各国的黄金可以自由进出口。黄金作为国际支付手段和流通手段被各国普遍接受和使用。

二、国际金本位制度的运行机制

金本位制度的运行机制就是休谟提出的“物价与黄金流动机制”。金本位制度下的国际经贸往来以及各国间国际收支的平衡，是根据“物价与黄金流动机制”加以调节的：如果工资和物价对货币数量变化的反应完全具有弹性，且货币流通速度不变，经济处在充分就业状态下，其调节过程如图9-1所示。

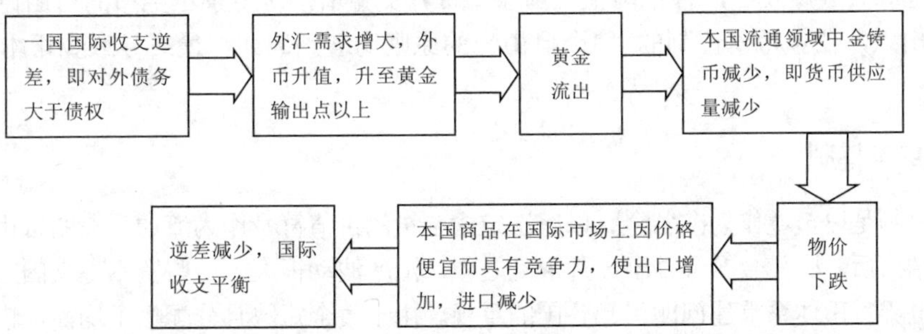

图9-1 国际金本位制度下的调节过程

货币以银行活期存款的形式出现后，国际贸易结算便发生了革命，贸易双方可以不必只依靠直接运送黄金进行结算。于是，在国际金本位制度下，国际贸易获得了两种结算方式：一种是通过银行之间转让活期存款的汇款方式，一种是直接运送黄金的方式。对于进出口商来说，究竟采取哪种结算方式，取决于两种结算方式在进出口价格上的竞争力。当市场汇率对当事人有利时，就利用外汇办理国际结算；当市场汇率对当事人不利时，就改而采用按法定汇率购买黄金进而输出输入黄金的方法。于是就产生了黄金输入点和黄金输出点，汇率的波动也限制在黄金输入点与黄金输出点之间的非常狭小的范围内，形成一种客观的严格规范的固定汇率制度。

金本位的运行机制说明，在金本位制度下，国际经济的秩序是以黄金产生的自然约束力调节世界各国价格水平这一机制来加以维持的，国际收支的失衡是以世界各国价格水平充分具有弹性与黄金生产的自然约束二者的合力来加以调整的。由于各国国际收支逆差的调节是以本国的货币紧缩、物价下跌和失业增加为代价的，金本位制度使各国经济的自主性自觉地服从于国际经济的稳定性，使国内经济目标从属于外部经济目标。很明显，这是一种用牺牲国内经济的方法维持国际货币体系运行的机制。

三、国际金本位制度的类型

国际金本位制度按照货币与黄金联系程度的不同可分为3种类型：金币本位制、金块本位制和金汇兑本位制。

(一) 金币本位制

金币本位制是以黄金作为金属货币进行流通的货币制度，是19世纪后半期至1914年期间，资本主义各国普遍实行的一种货币制度。1816年英国颁布了《金本位制度法案》，率先实行金币本位制。19世纪70年代以后，欧美各国和日本等国相继仿效，许多国家的货币制度逐步趋于一致，金币本位制也逐步由一种国内的货币制度变为统一的国际货币制度，从而促进了近代世界经济体系的形成。

在金币本位制下，黄金作为货币商品具有一般商品和特殊商品的双重性质，在商品交换中以其自身价值衡量商品的价值，从而使金币本位制度具有“3个自由”的特点：金币可以自由铸造、纸币作为金币的价值符号可以与金币自由兑换、黄金可以自由输出输入。在金币本位制下，货币的含金量是各国货币兑换的基础，各国货币按其含金量的实际价值进行兑换，黄金作为国际支付手段可以自由地输出入国境，具有自动调节汇率的功能，因而其是一种健全而稳定的国际货币制度，促进了统一的世界市场的形成和资本主义经济的发展。

第一次世界大战爆发后，各帝国主义国家军费开支猛增，纷纷禁止金币的自由铸造、自由兑换、自由输出入，使金币本位制的“3个自由”的原则均遭到破坏，最终导致金币本位制的彻底崩溃。

(二) 金块本位制

金块本位制是以黄金作为准备金、以有法定含金量的价值符号作为流通手段的货币制度。第一次世界大战结束后，国际金融界处于一片混乱之中，汇率波动很大，一些资本主义国家受到通货膨胀的冲击，世界货币体系重建问题引起各国的重视。由于黄金短缺且分配极不均衡，恢复金币本位制已不可能。为了建立新的稳定的国际经济秩序，1925年英国首先实行了金块本位制，一些资本主义国家也纷纷实行了这一制度。在金块本位制下，货币单位仍然规定含金量，但国家不铸造金币，黄金只作为货币发行的准备金集中于中央银行。银行券与黄金的兑换受到数量上的限制。黄金的输出输入由中央银行掌管，禁止私人输出黄金。金块本位制实际上是一种残缺不全的金本位制，本质上更像金汇兑本位制，它保持了同黄金的联系，又使黄金的使用得到了节约。但这种金块本位制并没有存在多久，在1929—1933年世界性经济危机的冲击下很快就崩溃了。

(三) 金汇兑本位制

金汇兑本位制又称为“虚金本位制”，其特点是：国内不流通金币，只流通有法定含金量的纸币，纸币不能直接兑换黄金，只能兑换外汇。这实际上是一国货币以另一个采用金本位(金块本位)制国家的货币为发行标准，用法律的形式规定二者的固定比价，并在实施金本位(金块本位)制的国家存放外汇和黄金作为准备金的货币制度，体现了货币弱国对货币强国、经济小国对经济大国的依附关系。

四、国际金本位制度的崩溃与货币集团的形成

(一) 国际金本位制度的崩溃

国际金本位制度是一种比较稳定的货币制度，在当时的经济条件下，它对汇率的稳定、国际贸易、资本流动的发展、各国及世界经济的发展，起到了积极的作用。但随着世界经济总体规模的扩展、各国经济实力差异的扩大以及自身存在的缺点，国际金本位制越来越不适应世界经济的发展，并最终走向崩溃。

(二) 货币集团的形成

国际金本位制度崩溃后，各资本主义大国为了维护各自的势力范围和原有的殖民体系，增强同其他资本主义国家竞争的能力，便在各自原有的势力范围的基础上分别建立了相互对立的货币集团，如英镑集团、美元集团、法郎集团。

英镑集团是以英镑为中心所组成的排他性货币集团。它是在金融和贸易上控制英镑区内国家和殖民地的工具，也是保护英镑区内市场、排挤区外国家、维护英镑国际地位，以同其他国家的货币特别是美元抗衡，争夺世界市场的武器。1931年9月，英国与在金融、贸易上有密切联系的国家和殖民地附属国组成了松散的非正式的英镑集团组织。第二次世界大战爆发后，英国在1939年9月颁布外汇管制条例，实行严格的外汇管理，用法律形式把英镑集团成员国之间的货币关系固定下来，并将英镑集团改为英镑区。加入英镑区的国家基本上都实行英国的外汇管制条例；成员国或地区的货币对英镑保持固定比价，相互间可以自由兑换；区内贸易、信贷和其他账务一律用英镑结算；区内资本移动不受限制，但对外资本移动必须经英国外汇管制机构批准；各成员国收入的黄金、外汇必须按一定比例以官价卖给英国财政部或指定银行，集中存入英国的“黄金美元总库”，作为英镑区的共同储备。第二次世界大战后，随着英国政治经济实力的削弱，英镑地位的日益衰落，以及新的国际货币制度的建立，一些英镑区的国家相继脱离与英镑的联系，改与美元挂钩，英镑区的范围日益缩小，实际上至此英镑区已告瓦解。1972年6月23日，英国政府宣布实行英镑浮动，同时宣布把英镑区范围缩小到英国本土和爱尔兰共和国内(之后又加上直布罗陀地区)。

美元集团是以美元为中心所组成的排他性货币联盟。它是美国在金融和贸易上控制美元区内国家的工具，也是与英镑、法郎相抗衡，建立美元霸权的武器。1933年美国放弃了金本位制以后，与菲律宾、加拿大及中南美的一些国家于1934年组成了美元集团，1939年又在美元集团的基础上建立了美元区。美元区不像英镑区和法郎区那样用法律形式加以固定，而是一个松散的非正式的组织。它的主要内容是：区内各国都同美元保持固定比价并以美元作为纸币发行的准备金；对外贸易一般不实行外汇管制，贸易和非贸易支付都用美元结算，参加国须把大部分黄金外汇存放在美国。

法郎集团是以法国法郎为中心所组成的排他性货币联盟。它是法国在金融和贸易上控制法郎区内国家的工具，也是保护区内市场、排挤区外国家、维护法郎国际地位、对抗英镑和美元、争夺世界市场的武器。1933年3月，法国曾与比利时、瑞士、荷兰、意大利、捷克等欧洲国家组成过黄金集团，企图继续维持金本位制。1936年黄金集团解散，随后法国与它的殖民地国家组成了法郎集团，其主要内容是：区内各国及各地区的货币都同法郎保持固定比价；区内贸易和非贸易支付一律用法郎结算；资金移动在区域内一般不受限制；各成员国的黄金外汇储备都集中在法国存放，区内实行共同财政金融政策。

20世纪30年代的经济大危机直接导致国际金本位制度(金块本位制度和金汇兑本位制度)崩溃，国际经贸往来中的贸易战(关税壁垒森严)、货币战(货币竞相贬值)愈演愈烈。“二战”爆发后，国际金融领域开始处于“天下大乱”的状况。

第三节　布雷顿森林体系

一、布雷顿森林体系的形成

“二战”使资本主义国家之间的实力对比发生了巨大变化。英国在战争期间受到了巨大创伤，经济遭到严重破坏。1945年，英国工业生产缩减，民用消费品生产水平只达到1939年的一半，出口额还不到战前水平的1/3，国外资产损失达40亿美元以上，对外债务则高达120亿美元，黄金储备降至100万美元。尽管如此，英镑区和帝国特惠制仍然存在，国际贸易的40%左右仍用英镑结算，英镑仍然是一种主要的国际储备货币，伦敦依旧是国际金融的一个重要中心。因此，英国还想竭力保持它的国际地位。另外，战争结束时，美国的工业制成品占世界制成品的一半；对外贸易占世界贸易总额的1/3以上，国外投资急剧增长；黄金储备从1938年的145.1亿美元增加到1945年的200.8亿美元，约占资本主义世界黄金储备的59%。美国已成为资本主义世界最大的债权国和经济实力最雄厚的国家，这为建立美元的霸权地位创造了必要条件。事实上，早在20世纪40年代初，美国就积极策划取代英国而建立一个以美元为支柱的国际货币体系，改变了20世纪30年代资本主义世界货币金融关系混乱的局面。

美英两国政府都从本国的利益出发，设计新的国际货币秩序，并于1943年4月7日分别发表了各自的方案，即美国的“怀特计划”和英国的“凯恩斯计划”。

(一) 怀特计划

怀特计划是美国财政部官员怀特提出的国际稳定基金方案。这个计划主要包括以下内容。

(1) 采取存款原则，建议设置一个国际货币稳定基金，总额为50亿美元，由各会员国用黄金、本国货币和政府债券缴纳，认缴份额取决于各国的黄金外汇、国民收入和国际收支差额的变化等因素，根据各国缴纳份额的多少决定各国的投票权。

(2) 基金组织发行一种名为“尤尼他”的国际货币，其含金量约为137格令，相当于10美元。“尤尼他”可以兑换黄金，也可以在会员国之间相互转移。

(3) 各国要规定本国货币与“尤尼他”之间的法定平价。平价确定后，未经基金组织同意，不得任意改动。

(4) 基金组织的任务主要是稳定汇率，并帮助会员国解决国际收支不平衡问题，维持国际货币秩序。会员国为了应付临时性的国际收支逆差，可用本国货币向基金组织申请购买所需的外币，但是数量最多不得超过其向基金组织认缴的份额。美国设计这个方案的目的，显然是想由美国一手操纵和控制基金组织，从而获得国际金融领域的统治权。

(二) 凯恩斯计划

凯恩斯计划是由世界著名经济学家、英国财政部顾问凯恩斯制订的。他从英国的立场出发，主张采用透支原则。这个计划主要包括以下内容。

(1) 设立一个名为“国际清算联盟”的世界性中央银行。

(2) 国际清算联盟发行一种以一定量黄金表示的国际货币“班珂”来作为各国的基本清算单位。“班珂”等同于黄金，各国可以黄金换取“班珂”，但不得以“班珂”换取黄金。

(3) 会员国的货币直接同“班珂”联系，并允许会员国调整汇率。

(4) 国际清算联盟采用透支原则，各国在国际清算联盟中所承担的份额，以“二战”前3年进出口贸易的平均额计算，会员国并不需要缴纳黄金或现款，而只是在上述清算机构中开设往来账户；通过“班珂”存款账户的转账来清算各国官方的债权债务。当一国国际收支发生顺差时，就将盈余存入账户；发生逆差时，则按规定的份额申请透支或提存，各国透支总额为300亿美元。实际上，这是将两国之间的支付扩大为国际多边清算，如清算后一国的借贷余额超过份额的一定比例，无论顺差国或逆差国均需要对国际收支的不平衡采取措施，进行调节。

(5) 国际清算联盟总部设在伦敦和纽约两地，理事会会议在英美两国轮流举行，以便英国能与美国分享国际金融领域的领导权。这一方案反对以黄金作为主要储备，还强调顺差国和逆差国共同担负调节的责任。这对国际收支经常发生逆差的英国是十分有利的。

(三) 怀特计划和凯恩斯计划对比

美英两国计划存在一些共同之处，如下所示。

(1) 它们都注重解决经常项目的不平衡问题，因此，都主张建立一个国际金融机构为逆差国提供融资服务。

(2) 它们都只注重工业发达国家的资金需要问题，而忽视了发展中国家的资金需要问题。

(3) 它们都注重探求汇率的稳定，防止汇率的竞争性贬值，以改变国际金融领域的混乱局面。

(4) 它们都想建立一个统一的世界货币作为国际清算单位，并为其设定了不同的名称。

但是，因为两国的出发点不同，两者在另一些重大问题上则是针锋相对的。美国首先考虑的是要在国际货币金融领域处于统治地位；其次是避免美国对外负担过重。由于“二战”后各国重建的需求异常庞大，美国无法满足，因而坚持存款原则，货币体系要以黄金为基础，“稳定基金”只有50亿美元，以免产生无法控制的膨胀性影响。英国显然考虑到本国黄金缺乏，国际收支将有大逆差，因而强调透支原则，反对以黄金作为主要储备资产，国际清算联盟要能提供较大的清偿能力(300亿美元)。另外，怀特计划建议由“稳定基金”确定各国汇率，而反对国际清算联盟所设想的弹性汇率。不难看出，这两个计划反映了美英两国经济地位的变化和两国争夺世界金融霸权的斗争。

1943年9月到1944年4月，美英两国政府在有关国际货币计划的双边谈判中展开了激烈的争论。由于美国在政治上和经济上的实力大大超过英国，英国被迫放弃国际清算联盟计划而接受美国的方案，美国也对英国做出一些让步，最后双方达成协议。其后，经过三十多个国家的共同商讨，于1944年发表了《专家关于建立国际货币基金的联合声明》。同年7月，在美国新罕布什尔州的布雷顿森林镇召开有44国参加的“联合和联盟国家国际货币金融会议”，通过了以怀特计划为基础的《国际货币基金组织协定》和《国际复兴开发银行协定》，总称布雷顿森林协定。该协定的通过，标志着“二战”后以美元为中心的国际货币体系——布雷顿森林体系诞生。

二、布雷顿森林体系的内容

(一) 以黄金为基础，以美元作为最主要的国际储备货币

美元直接与黄金挂钩，即各国确认1934年1月美国规定的35美元1盎司的黄金官价，各国政府或中央银行可用美元按官价向美国兑换黄金；其他国家的货币则与美元挂钩，把美元的含金量作为各国规定货币平价的标准，各国货币与美元的汇率可按各国货币的含金量来确定，或者不规定含金量而只规定与美元的比价。

(二) 实行固定汇率制度

各国货币与美元的汇率，一般只能在平价上下1%的幅度内波动。超过这个界限，其中央银行就有义务在外汇市场上进行干预，以维持汇率的稳定。成员国的货币平价一经确定后，就不得任意改变。只有当一国的国际收支发生根本性不平衡，中央银行无法维持既定汇率时，才允许对本国货

币进行法定贬值或升值。假如平价的变更幅度在10%以内，成员国可自行调整，事后只需要通知国际货币基金组织确认即可；但是，如果调整使得3年内累积变更幅度达到或超过10%，则必须事先征得国际货币基金组织的批准方可进行。这一固定汇率制度，又称可调整的盯住汇率制，它使美元成为各国货币所必须围绕的中心，从而确立了美元的霸权地位。

(三) 保证提供辅助性的储备供应来源

《国际货币基金组织协定》规定，成员国份额的25%以黄金或可兑换成黄金的货币缴纳，其余部分(份额的75%)则以本国货币缴纳。成员国在需要储备货币时，可用本国货币向国际货币基金组织按规定程序购买(即借贷)一定数额的外汇，并在规定期限内以购回本国货币的方式偿还所借用的款项。成员国认缴的份额越大，得到的贷款也就越多。贷款只限于成员国用于弥补国际收支逆差，即用于贸易和非贸易的经常项目支付。

(四) 成员国不得限制经常项目的支付

《国际货币基金组织协定》规定，成员国不得限制经常项目的支付，不得采取歧视性的货币措施，要在兑换性的基础上实行多边支付，要对现有国际协议进行磋商，这是成员国的一般义务。

(五)《国际货币基金组织协定》规定了“稀缺货币条款”

当一国国际收支持续盈余，并且该国货币在国际货币基金组织的库存下降到份额的15%以下时，国际货币基金组织可将该国货币宣布为“稀缺货币”。国际货币基金组织可按逆差国的需要实行限额分配，其他国家有权对“稀缺货币”采取临时性兑换限制，或限制进口该国的商品和劳务。

由此可见，在布雷顿森林体系中，美元可以兑换黄金和各国实行固定汇率制，是这一货币体系的两大支柱。因此，布雷顿森林体系下的国际货币体系实质上是以“黄金—美元”为基础的国际金汇兑本位制。基金组织则是这一货币体系正常运转的中心机构，具有管理、信贷和协调3个方面的职能。它的建立标志着国际协商与国际合作在国际金融领域的进一步发展。

三、布雷顿森林体系的作用

在“二战”后的最初15年里，布雷顿森林体系在许多方面运行良好。它对“二战”后国际经济的恢复与发展，以及对国际贸易的大幅度增长，都曾产生过重大影响。

(1) 这一体系是以黄金为基础，以美元作为最主要的国际储备货币，美元等同于黄金。在“二战”后黄金生产增长停滞的情况下，美元的供应可以弥补国际储备的不足，这在一定程度上解决了国际清偿能力的短缺问题。

(2) 这一体系通过建立货币平价，使各国中央银行承担维护外汇市场稳定的义务，为国际收支逆差的国家实施提供辅助性的国际储备融通、建立汇率变更的严格程序等措施，确实使各国货币汇率在一个相当长的时期呈现出较大的稳定性，从而避免了类似20世纪30年代出现的竞争性货币贬值。而汇率风险的下降对国际贸易、国际投资与信贷活动的发展，无疑是有促进作用的。此外，由于汇率可以调整，因而在调节机制方面，多出一个汇率政策机制。

(3) 基金组织对成员国提供各种类型的短期和中期贷款，使有临时性逆差的国家仍有可能继续进行对外商品交换，而不必借助贸易管制，这有助于国际经济的稳定和增长。

(4) 融通资金，在国际收支根本不平衡时可以变更汇率，这保证了各成员国经济政策的独立自主。

(5) 作为国际金融机构，基金组织提供了国际磋商与货币合作的平台，因而在建立多边支付体系、稳定国际金融局势方面也发挥了积极作用。

(6) 在金本位制下，各国注重外部平衡，因而使国内经济往往带有紧缩倾向；而在布雷顿森林体系下，各国一般偏重内部平衡，因此，国内经济情况比较稳定，与第二次世界大战前相比，危机和失业状况有所缓和。

总之，布雷顿森林体系是“二战”后国际合作的一个较成功的事例，它为稳定国际金融和扩大国际贸易提供了有利条件，从而增加了世界福利。

四、布雷顿森林体系的崩溃

在“二战”结束初期，各国都需要从战争废墟中恢复，都需要进口美国商品，但又缺乏美元来支付。拥有美元就拥有了购买美国商品的能力，世界各国对美元的强烈需求造成了20世纪50年代的“美元荒”。为了缓解这种压力，美国、加拿大及各种国际金融组织纷纷向欧洲提供贷款和援助，其中最著名的是美国的“马歇尔计划”。通过这个计划，大量美元流入西欧各国，促使这些国家的经济逐步得到恢复。自1950年起，美国的国际收支开始出现逆差，其原因在于美国继续执行援外计划，其海外驻军费用支出庞大，以及美国的低利率政策也促使资本外流。但在1958年以前，国际储备状况基本上还是短缺的，各国都乐于积累美元，没有发生对美元的信心问题。美国的对外援助支出如表9-1所示。

表9-1 美国的对外援助支出

单位：百万美元

对外捐赠	第二次世界大战期间	第二次世界大战后					
	(1941—1945年)	1946年	1947年	1948年	1949年	1950年	1951年
武器租借法	46 728	1 765	171	8	—	—	—
马歇尔计划	—	—	—	204	3 217	3 323	2 384
民间供给计划	813	756	714	1 308	1 291	801	450
UNRRA、中间援助	83	1 196	1 377	817	54	1	—
菲律宾援助计划	—	—	61	92	193	173	108
朝鲜、中国援助	—	—	—	1	178	61	69
互相保卫援助	—	—	—	—	—	71	1 222
希腊、土耳其计划	—	—	—	260	258	119	20
中国稳定、军事援助	380	120	—	—	102	16	5
技术援助、美洲援助	58	13	20	36	25	29	30
其他	66	10	4	103	104	100	159
合计	48 128	3 861	2 348	2 830	5 423	4 691	4 447
对外借款合计	1 096	2 336	3 921	2 643	1 123	420	419

(资料来源：上川孝夫，藤田诚一，向寿一. 国际金融[M]. 东京：有斐阁出版社，1999.)

(一) 第一次美元危机及其拯救

第一次较大规模的美元危机是1960年爆发的。危机爆发前，资本主义世界出现了相对美元过剩，有些国家用自己手中的美元向美国政府兑换黄金，美国的黄金储备开始外流。1961年，美国对外短期债务(衡量美元外流的重要指标)首次超过了它的黄金储备额(美国的对外短期债务及黄金储备如表9-2所示)，人们纷纷抛售美元，抢购美国的黄金和其他经济处在上升阶段的国家的硬通货(如德国马克)。为了维持外汇市场和金价的稳定，保持美元的可兑换性和固定汇率制，美国要求其他资本主义国家在国际货币基金组织的框架内与之合作，稳定国际金融市场。各国虽然与美国有利害冲突和意见分歧，但是储备货币的危机直接影响到货币制度的稳定，也关系到各自的切身利益，因而各国采取了协调冲突、缓解压力的态度。通过国际合作制定出一系列措施来稳定美元的地位，减轻对美国黄金库存的压力，避免发生向美国挤兑黄金的风潮。

表9-2 美国的对外短期债务及黄金储备

单位：百万美元

年度	短期债务	黄金储备	年度	短期债务	黄金储备
1950	7 117	22 820	1963	21 330	15 596
1951	7 661	22 873	1964	23 821	15 471
1952	8 961	23 252	1965	24 072	13 806
1953	10 019	22 091	1966	26 129	13 235
1954	11 153	21 793	1967	26 370	12 065
1955	11 719	21 753	1968	30 297	10 892
1956	13 487	22 058	1969	38 631	11 859
1957	13 641	22 857	1970	40 449	11 072
1958	14 615	20 582	1971	53 632	10 206
1959	16 225	19 507	1972	59 306	10 487
1960	17 366	17 804	1973	67 067	11 652
1961	18 781	16 947	1974	91 590	11 652
1962	19 874	16 057	1975	88 785	16 226

(资料来源：东京银行月报，1976年11月)

到1962年为止，美国分别与若干主要工业国家签订了“黄金总库”，在国际货币基金组织的框架内建立了“借款总安排”和“互惠信贷协议”。

“黄金总库”是美国、英国、联邦德国、法国、意大利、荷兰、比利时和瑞士8国中央银行于1961年10月达成的共同出金以维持金价稳定和布雷顿森林体系正常运转的一项协议。该协议规定，8国共同出资相当于2.7亿美元的黄金以建立黄金总库，其中美国出50%，联邦德国出11%，英、法、意各出9.3%，瑞、荷、比各出3.7%。黄金由英国中央银行英格兰银行代为管理，当金价上涨时，就在伦敦市场抛出黄金；当金价下跌时，就买进黄金，以此来调节市场的黄金供求，稳定金价。由于国际市场黄金吞吐量巨大，2.7亿美元的黄金实在是杯水车薪、无济于事。因此，“黄金总库”实际上在1968年美国实行“黄金双价制”后就解体了。

“借款总安排”是国际货币基金组织与10个工业国家(美国、英国、法国、加拿大、联邦德国、日本、意大利、荷兰、比利时、瑞典)于1961年11月签订，并于1962年10月生效的借款协议。当时签订该项借款协议主要是为了向美国以外的9国借入资金以支持美元，缓和美元危机，维持国际货币体系的正常运转。因此，当时向“借款总安排”借用款项的主要是美国。“借款总安排”当时的资金总额为60亿美元，后经扩大，总额达180亿美元。“借款总安排”有10个出资国，也就是“十国集团”的成员，又称“巴黎俱乐部”。瑞士不是国际货币基金组织的成员，但于1964年参加了“借款总安排”，出资2亿美元。

除了上述主要合作性的稳定汇率、稳定金价的措施以外，美国政府在20世纪60年代还一直运用政治压力劝说外国政府不要持美元向美国财政部要求兑换黄金。1967年，美国政府曾与联邦德国政府达成协议，联邦德国承诺不以其持有的美元向美国兑换黄金。但有些西方国家政府，如法国对此却丝毫不买账，仍然在兑换黄金，带头冲击美元的霸主地位。

(二) 第二次美元危机及其拯救

第二次较大规模的美元危机是1968年爆发的。20世纪60年代中期，随着美国侵越战争的扩大，美国的财政金融状况明显恶化，国内通货膨胀加剧，美元对内不断贬值，美元同黄金的固定比价又一次受到严重怀疑。到1968年3月，美国黄金储备降至大约120亿美元，只够偿付其对外短期负债的1/3。结果伦敦、巴黎和苏黎世黄金市场爆发了空前规模的抛售美元、抢购黄金的美元危机，在半个月内美国的黄金储备又流失14亿美元，巴黎市场金价一度涨至44美元1盎司。于是美国政府被迫要求英国自1968年3月15日起暂时关闭伦敦黄金市场，宣布停止在伦敦黄金市场按35美元1盎司的官价出售黄金，同时还宣布解散“黄金总库”，实行“黄金双价制”。

所谓“黄金双价制”，就是指两种黄金市场实行两种不同的价格制度。在官方之间的黄金市场上，仍然实行35美元等于1盎司黄金的比价；而在私人黄金市场上，美国不再按35美元等于1盎司黄金这一价格供应黄金，金价听凭供求关系决定。至于各国政府或中央银行仍可按黄金官价，以其持有的美元向美国兑换黄金，各国官方机构也按黄金进行结算。从此，自由市场的黄金价格便与黄金官价完全背离，在国际市场出现了“黄金双价制”。“黄金双价制”说明美国已经无力继续维持黄金市场的官价，布雷顿森林体系开始从根本上动摇。

第二次美元危机爆发后，各国认识到了布雷顿森林体系的缺陷。为了摆脱这一困境，经过长期讨论，基金组织于1969年9月在第24届年会上正式通过了特别提款权方案，并从1970年起开始发行特别提款权。特别提款权是一种账面资产，基金组织按“份额”分配给会员国，会员国可借以向基金组织提用资金，并可对其他会员国进行支付、归还基金组织的贷款，以及在会员国政府之间拨付转移，但不能兑换黄金，也不能用于个人一般支付。特别提款权的价格为35个特别提款权等于1盎司黄金。

特别提款权的设立与分配，使日益枯竭的美国黄金外汇储备稍有增加，从而提高了其应付国际收支逆差的能力；外国政府或中央银行持有的美元，若要求美国兑换黄金，美国可用特别提款权来支付，因其与黄金等同，能够减少美国黄金储备的流失，有助于美元危机的减缓和国际货币制度的维持。但是，美国的国际收支状况并未因此而改善。到20世纪60年代末期，美国的经济形势进一步恶化，越南战争的连年庞大军事开支和财政赤字使其国内通货膨胀率继续上升，美国产品的国际竞争力低落，国际收支状况进一步恶化。

(三) 第三次美元危机及其拯救

第三次美元危机是1971年爆发的。1971年，美国出现自1893年以来未曾有过的全面贸易收支逆差，同年，其黄金储备已不及对外短期负债的1/5。美元势必贬值的形势已经非常明显，国际金融市场上预期美元贬值的气氛愈加浓厚，这种预期导致大量资本逃离美国。

五、布雷顿森林体系崩溃的原因

虽然布雷顿森林体系曾经对当时的国际经济发展起到了积极作用，但这个体系仍存在一些重大缺陷。在国际经济发生变化的过程中，这些重大缺陷终于导致其崩溃。

(一) 美元的双重身份和双挂钩制度是布雷顿森林体系的根本缺陷

布雷顿森林体系是建立在“黄金—美元”基础之上的，美元既是一国的货币，又是世界的货币。美元作为一国的货币，其发行必然受制于美国的货币政策和黄金储备；美元作为世界的货币，其供应又必须适应国际贸易和国际投资增长的需要。由于规定了美元与黄金挂钩及其他货币与美元挂钩的双挂钩制度，黄金产量和美国黄金储备的增长跟不上国际经济和国际贸易的发展，导致美元出现了进退两难的状况。一方面，为满足国际经济和国际贸易的发展需要，美元的供应必须不断增长；另一方面，美元供应的不断增长，使美元同黄金的兑换性的维持日益变难。美元的这种两难，被称为“特里芬难题”，它是美国耶鲁大学教授罗伯特·特里芬于20世纪50年代首先提出的。“特里芬难题”指出了布雷顿森林体系的内在不稳定性及危机发生的必然性和性质。这个性质就是美元无法按固定比价维持同黄金的兑换性，即美元的可兑换性危机。随着流出美国的美元日益增加，美元按固定价格同黄金兑换的可兑换性必定引起人们的怀疑，美元的可兑换性信誉必将被严重削弱。因此导致的布雷顿森林体系危机是美元的可兑换性危机或人们对美元可兑换性的信心危机。

(二) 国际收支调节机制的效率不高

所谓调节效率，是指调节成本要比较低，调节成本的分配要比较均匀，调节要有利于经济的稳定与发展。在布雷顿森林体系的固定汇率制度下，虽然汇率是可以调整的，但是由于固定汇率的多边性而增加了调整平价的困难，而且汇率只允许在平价上下的1%波动，从而使汇率体系过于僵化。这个体系的创始人显然指望顺差国和逆差国通过国际货币基金组织的融资、合理的国内政策和偶然的汇率调整恢复平衡。这就是说，成员国在国际收支困难时受到双重保护：①暂时性不平衡由国际货币基金组织融通资金；②根本性不平衡则靠调整汇率来纠正。

实践证明，这个调节机制不是很成功，因为它实际上注重的是国内政策调节。从调节政策来看，一个国家很难靠一套政策的配合来恢复国际收支平衡，而不牺牲国内经济稳定与对外贸易利益。

(三) 调节机制不对称，逆差国家负担过重

在名义上，国际货币基金组织规定顺差国与逆差国对国际收支的失衡都负有调节责任。但实际上，布雷顿森林体系将更多的调节压力放在逆差国紧缩经济之上，而不是迫使顺差国膨胀经济。就其他调节形式来看，逆差国承受的货币贬值的压力远比顺差国承受的货币升值压力要大，逆差国加紧实施管制措施的现象与顺差国放松外汇管制、拆除贸易壁垒相比更为多见。这便是布雷顿森林体系所特有的调节机制不对称问题。产生这种不对称的根本原因是：逆差国为弥补逆差而不得不向国际货币基金组织贷款或动用本国的国际储备。但基金组织的贷款是有条件的，并且是属于中、短期性质的，而本国的国际储备则是有限的，若不及时采取其他有效措施从根本上清除国际收支不平衡的根源，中央银行的国际储备将会大量流失，甚至发生枯竭。而顺差国则不同，从理论上讲，它可以无限制地累积国际储备。当然，由于中央银行不断购进外汇，该国的货币基础不断扩大，便容易引起通货膨胀。因此，为了稳定国内物价，顺差国往往通过在公开市场上抛售政府债券以回笼货币的方法来“蒸发”国际收支盈余对本国货币供应量的影响。其结果是，顺差国的调节压力被大大减弱了。如日本、联邦德国等这些经常有巨额盈余的国家，往往不愿意通过及时地使其货币升值来减少或消除国际收支顺差，迫不得已采取纠正措施的绝大多数都是逆差国。据统计，1970—1974年共

发生过200多次货币贬值，而货币升值却仅有5次。《国际货币基金组织协定》曾有“稀缺货币条款”，以使国际调节过程更具有对称性。然而，令人遗憾的是，由于某种原因，这项旨在向持续顺差的国家施加调节压力的条款，在整个布雷顿森林体系时期从未被行使过。

(四) 储备货币的供应缺乏有效的调节机制

从国际经济和国际贸易发展的角度来看，储备货币的供应不能太少，太少将限制国际经济和国际贸易的发展；从物价和货币稳定的角度来看，储备货币的供应又不能太多，太多会引起世界性通货膨胀和货币混乱。在浮动汇率和多种储备货币体系下，一种储备货币的过多供应，会导致该种储备货币汇率下浮、需求下降，因而可调节该种储备货币的供应。但在布雷顿森林体系僵化的汇率制度下，其他国家为减少调节成本而倾向于不断积累美元，因而美国又可以不断输出美元。对美元供应的唯一限制是用美元兑换美国的黄金储备。于是，当美元供应相对不足时，各国拼命积累美元，引发美元的不断输出；当美元供应相对过多时，又抛售美元，换取美国的黄金储备，从而直接威胁到体系的生存。

第四节　牙买加体系

布雷顿森林体系于1973年彻底崩溃后，各国为建立一个新的国际货币体系进行了长期的讨论与协商。在对国际货币体系进行改革、建立新体系的过程中，充满了各种矛盾和斗争，最终各方通过妥协就国际货币体系的一些基本问题达成共识，于1976年1月在牙买加首都签署了一个协议——牙买加协议，并于1978年4月1日生效。自此，国际货币体系进入了一个新的阶段——牙买加体系。

一、牙买加体系的内容

牙买加体系肯定并继承了布雷顿森林体系下的国际货币基金组织，但又摒弃了布雷顿森林体系以美元为中心的双挂钩制度。其基本内容有如下5个方面。

(一) 承认浮动汇率制的合法性

会员国可以自由选择决定汇率制度，基金组织承认固定汇率制度和浮动汇率制度同时并存；会员国的汇率政策应受基金组织的监督，并需要与基金组织协商；实行浮动汇率制的成员国应根据条件逐步恢复固定汇率制，并避免采取损人利己的货币贬值政策；在认为国际经济条件已经具备时，经总投票权的85%多数通过，基金组织可以决定采用“稳定的但可调整的货币平价制度”，即恢复固定汇率制度。

(二) 黄金非货币化

废除黄金条款，取消黄金官价，用特别提款权逐步代替黄金作为国际货币体系的主要储备资金；取消会员国之间及会员国与基金组织之间以黄金清算债权债务的义务；各会员国中央银行可按市价从事黄金交易，基金组织不在黄金市场上干预金价。基金组织持有的黄金应逐步加以处理：其中1/6(2 500万盎司)按市价出售，超过其官价(每盎司42.22美元)部分作为援助发展中国家资金；1/6由原缴纳的会员国按官价买回；剩余的黄金须经总投票权85%的多数通过，决定向市场出售或由各会员国买回。

(三) 特别提款权作为主要的储备资金

在未来的货币体系中，应以特别提款权作为主要储备资金，并作为各国货币定值的基础。凡有特别提款权账户的国家，可以通过账户用特别提款权来进行借贷，以及用其来偿还基金组织的债务。基金组织要加强对国际清偿能力的监督。

(四) 扩大对发展中国家的资金融通

用在市场上出售黄金超过官价部分的所得收入建立信托基金，向最穷困的发展中国家以优惠条件提供贷款，帮助它们解决国际收支方面的困难。同时，扩大基金组织的信用贷款总额，由占会员国份额的100%提高到145%，并增加出口波动补偿贷款的比重，由占份额的50%增加到75%。

(五) 增加基金组织的份额

各会员国对基金组织缴纳的份额，由原来的292亿美元特别提款权增加到390亿美元特别提款权，增加33.6%。各会员国应缴份额所占的比重有所改变，主要是石油输出国组织的比重由5%增加到10%。除德国、日本外，西方主要工业国的份额均有所降低，而英国下降最多。份额重新修订的一个重要结果是，发达国家的投票权与发展中国家比较相对减少了。

二、牙买加体系的特征

牙买加协议后国际货币制度实际上是以美元为中心的多元化国际储备和浮动汇率体系。

(一) 多元化的国际储备体系

尽管在布雷顿森林体系解体后，美元在各国国际储备中的份额已减少，但它仍然是最主要的储备货币。这可以从以下两方面得到解释。

一方面，某种储备货币国际需求的变化往往对国内经济产生影响。就美国而言，与其他国家相比，其国际经济活动占绝对优势；而日本、德国、瑞士等则是以国际经济活动为主导，这样，任何规模的国际资本流动对美国市场的干扰远小于它对日本、德国、瑞士等国市场的干扰。因此，尽管日元、德国马克、瑞士法郎在国际市场上很受欢迎，但相应国家却拒绝本国货币在国际经济活动中起更大作用。

另一方面，美元作为国际上最主要的计价单位，交易媒介、价值储藏手段的地位仍不可替代。国际贸易中，很多产品以美元计价，约2/3的进出口贸易以美元结算；在计算和比较世界各国的GDP人均收入、进出口额、外汇储备等指标时，通常折合成美元：在国际金融市场，绝大多数外汇批发业务是美元交易；各国中央银行外汇储备的很大部分也是美元。

(二) 浮动汇率的长期化

1973年，固定汇率制度崩溃后工业发达国家都纷纷改为浮动汇率制。浮动汇率制的优点在于可以比较灵敏、准确地反映出不断变化的国际经济状况，而且还可以调节外汇市场的供求关系，从而促进国际贸易和世界经济的发展。浮动汇率制对国际经济的这种有利作用主要表现在：

(1) 各国的汇率可以根据市场供求状况自发调整，不再长期偏离实际价值；

(2) 可以解除硬通货国家在固定汇率制下维持汇率稳定的义务，不再被动地被拖入通货膨胀；

(3) 可以使一国的财政政策和货币政策更具有独立性和有效性，不再为了外部经济而牺牲内部经济；

(4) 为避免汇率风险，客观上促进了国际金融业务的创新和发展。

(三) 汇率安排多样化

根据国际货币基金组织统计，到2009年4月30日，基金组织成员国(188个)的汇率制度安排为：硬盯住的国家23个，包括无独立法定货币的安排(10个)、货币局(13个)；软盯住的国家78个，包括传统固定盯住(45个)、稳定化安排(类似盯住22个)、软盯住中的中间盯住(11个，其中又包括水平带盯住3个、爬行盯住5个、类似爬行3个)；浮动汇率的国家75个，包括浮动(39个)、自由浮动(36个)；其他有管理的安排 12个。[1]

(四) 对国际收支失衡的调节

在布雷顿森林体系下，调节成员国国际收支失衡的渠道主要是：当成员国发生暂时性国际收支失衡时，通过国际货币基金组织来调节；当成员国的国际收支出现根本性失衡时，通过改变货币平价、变更汇率来调节。而牙买加体系除可以继续依靠基金组织和变动汇率外，还可以通过利率及国际金融市场的媒介作用、国际商业银行活动、外汇储备的变动等渠道来调节，并且各种调节手段还可结合起来运用，这在一定程度上克服了布雷顿森林体系后期调节机制失灵的困难。

三、牙买加体系的缺陷分析

牙买加体系是国际金融动荡的产物，自形成以来，它对国际经济的正常运转起到了一定的积极作用。然而这个体系的缺陷，也随着时间的推移充分暴露出来。

(一) 多元化国际储备不能完全符合世界经济均衡增长的要求

在国际储备多元化条件下，各储备货币发行国尤其是美国仍然享受着向其他国家征收“铸币税”的特权，并且国际清偿力仍不能完全符合世界经济均衡增长的趋势，它不仅丧失了金本位条件下的自动调节机制，而且也没有形成国际货币基金组织对国际清偿力增长的全面控制。另外，多元化储备体系本身缺乏统一、稳定的货币标准，因而具有内在的不稳定性。只要对其中某一种货币的信心稍有动摇，其持有者便欲抛出该货币，兑换成别的国际储备货币。国际储备货币间的投机不可避免，这种投机使汇率波动频繁且剧烈，这不仅给国际贸易和投资带来了巨大风险，而且给整个世界经济的发展造成了不利影响。

(二) 多种汇率制度导致国际经济发展的动荡

该体系下各国拥有了选择汇率制度的自由，但实际情况是，主要工业国基本上实行浮动制而大多数发展中国家采用盯住制，大国往往只顾自身利益而独立或联合起来改变汇率，使盯住它们货币的发展中国家无论国内经济状况好坏都不得不随之重新安排汇率，承受额外的外汇风险，使发展中国家的外汇储备和外债问题更加复杂化。

(三) 国际收支的多种调节机制相互间很难协调，无法全面改善国际收支

在牙买加体系中，国际收支的调节虽然是通过多种机制相互补充的办法来实现的，但实际上各种调节机制自身都有局限性，且相互间很难协调，它们的作用也常常是相互矛盾、相互抵消的，从

[1] 数据来源于K.Habermeier,A.Kokenyne,R.Veyrune,and H.Anderson(2009).

而无法全面改善国际收支。自1973年以来，国际收支失衡的局面一直没有得到改善，而且日趋严重。一些逆差国，尤其是发展中国家只能依靠借外债来缓解，有的国家甚至成为重债国，一旦经济发展不利，极易发生债务危机。在这种情况下，逆差国往往不得不诉诸国际货币制度以外的力量，如实行各种形式的贸易保护主义来强制平衡国际收支。1994年墨西哥金融危机和1997年7月从泰国开始爆发的东南亚、东亚、俄罗斯、巴西的金融危机都表明，牙买加体系创建20多年来，全球范围的长期国际收支不平衡并未得以根除。

综上所述，牙买加体系已不能适应当前世界经济的发展，必须进行根本性改革。

第五节　国际货币体系改革

一、国际货币体系改革的目标

从国际货币制度的总体发展趋势上看，它的长远目标是创立一种既不依赖黄金，又不依附于单一国家的统一的世界货币，这是国际货币制度发展的必然趋势。然而，距这一目标的实现还相当遥远，需要若干个发展阶段，并且有赖于全球经济的高度一体化及国际范围内强大统一的政治经济联合体的形成。这一目标虽然十分遥远，但是变革的进程已经开始。20世纪70年代国际货币基金组织创立的“特别提款权”及“欧洲货币单位”的出现，打破了美元一统天下的格局。前者无疑是既脱离黄金本位又不依附于单一国家经济实力的、统一的世界货币的雏形，后者则是统一的世界货币形成过程中，必然要经历的国际区域货币的发展阶段。

ECU(欧洲货币单位)经过30年的发展已演变为一种崭新的国际区域货币。欧元的出现标志着国际货币制度演变到一个新的历史阶段——国际区域货币创立及几种国际区域货币并存的发展阶段。作为国际区域货币的欧元，未来的发展道路也许坎坷不平，然而它的诞生，无疑是国际货币制度发展史上的一个里程碑。

但是，创立统一的既不依赖黄金，又不依附于某一强国的世界货币还为时过早，条件尚不具备。因为统一的世界货币，需要以高度一体化的世界经济、统一的世界政府、全球性的中央银行为发行的基础，很显然这是一个相当遥远的目标。经济全球化的发展规律和各国国民经济相对独立化的运行规律，将会在相当长的历史时期内相互影响、相互作用。

二、国际区域货币——欧元对牙买加体系内在矛盾的化解

作为国际区域货币的先驱——欧元的诞生，在一定程度上化解了现行国际货币体系的内在矛盾。

(一) 对汇率波动与波幅失控矛盾的化解

由于欧洲经济同盟国之间流通统一的货币，成员国内部的货币兑换已不复存在，因此，成员国内部或者区域内各国间由货币兑换带来的汇率波动风险、汇率调节与汇率波幅失控的矛盾也随之消失。

(二) 对资本自由流动与监管失控矛盾的化解

由统一的欧元流通版图构成的欧元经济区、统一的欧洲大市场，使欧元区成为可以同美国经济

规模相媲美的世界最大的经济联合体，其整体抵抗国际游资冲击的能力大大增强。因此，由国际区域货币加以统一的巨大的经济共同体的出现，使资本在国家间自由流动与国际游资监管失控的矛盾得到缓解，使加入国际区域经济同盟的各国经济受到国际游资冲击的损害波及可能性减小。

(三) 对世界货币双重角色矛盾的化解

如果我们把欧元区扩大为一个世界，那么，欧元就是统一的既不依赖于黄金，又不依赖于单一国家的世界货币。因此，在国际区域货币的流通版图内，由货币双重角色带来的矛盾也会迎刃而解。

三、国际区域货币合作模式

由于开放经济是一种将本国经济的发展同国际市场相连接的经济，因此，开放经济的风险规避和成本控制，也需要寻求国际协调与合作。从已有的国际区域货币合作的实践和发展趋势看，国际区域的货币合作正在形成3种独具特色的合作模式，即货币同盟的欧元模式、货币替代的美元模式、“10+3”的东亚货币合作模式。

(一) 货币同盟的欧元模式

(1) 欧元诞生走的是一条从初级的经贸合作到高级的货币合作之路。初级的合作形态是政府间就某种具有战略意义的商品进行联营。1951年，法、联邦德国、意、荷、比、卢6国签订《巴黎条约》，建立了欧洲煤钢共同体，首先在煤和钢两个生产部门实行具有明显的超国家调节的一体化经营，为日后全面的经济一体化奠定了基础。

(2) 中级的合作形态是建立经济共同体，促进生产要素在成员国间的自由流动。1955年6月，上述6国通过了《墨西纳协议》，决定将经济一体化经营从煤和钢的领域扩大到其他部门，建立欧洲经济共同体。1957年3月，上述6国的政府首脑签署欧洲经济共同体条约和欧洲原子能共同体条约，二者合称为《罗马条约》，并于1958年1月1日经6国议会批准生效，这标志着欧洲经济共同体的诞生。1986年2月，欧共体各国签订《单一欧洲法案》，确定在1992年年底以前建立区域内的统一大市场，实现商品、劳务、资本、技术、人力等生产要素的自由流动。

(3) 高级的合作形态是建立经济合作区内的货币合作体系，直至创建区域内的统一货币。货币合作成为各种国际经贸合作中最高级的合作形态，也是一种必然的经济合作形态。随着布雷顿森林体系的崩溃，国际金融危机和汇率剧烈波动对各国经济造成的冲击越来越大。为了寻求开放经济的最大效益和最小代价，欧共体周边国家加入欧共体的愿望越来越强烈。1973年，英国、爱尔兰、丹麦正式加入其中，20世纪80年代希腊、葡萄牙和西班牙相继加入，欧共体增至12个国家。1993年，欧共体演进为欧洲联盟。1995年，瑞典、芬兰、奥地利被正式接纳为成员国，欧盟扩大为15国。2004年5月1日，中东欧的10个国家正式加入欧盟，使欧盟在原有的15国基础上扩大到25国。

1991年12月10日，欧共体在荷兰马斯特里赫特召开欧洲理事会，通过《马斯特里赫特条约》，决定最迟于1999年1月1日建立欧洲单一货币同盟。1999年1月1日，欧元被如期推出，人类历史上第一个国际区域经济的统一货币诞生。2002年1月1日，欧元正式流通。欧洲的实践预示着国际区域经济合作的目标将走向国际经贸合作的高级形态——国家间的货币合作及国际区域经济的货币一体化。

(二) 货币替代的美元模式

美元模式是主权国家放弃本币发行与流通，而以美元取而代之的货币替代模式。

由于货币替代的程度不同，货币替代可分为3个层次：一是为避免本币贬值，而将本币换成美元储存起来，以减少损失；二是为了国家间的购买、支付、储备、投资、投机等目的而将本币兑换成美元，并长期持有美元；三是在主权国家内完全放弃本币，流通美元。前两个层次构成了本币加外币的开放经济的货币供给，是一种部分的美元替代；第三个层次是一种完全的美元替代。这里所表述的美元模式是第三个层次的货币替代，主要是指拉美一些国家的货币美元化及这种美元化的趋势。

(三) “10+3”的东亚货币合作模式

同欧元模式相比，东亚货币合作意向的形成，更多地是为了规避开放经济的风险。1997年9月，东亚金融危机爆发不久，日本率先提出建立AMF(亚洲货币基金组织)的设想，主张与其他东亚国家、地区共同筹资1 000亿美元，用以解救深陷危机之中的东亚各国，对区域内的各宏观经济主体的国际收支失衡和资金短缺问题，实施亚洲化的援助贷款方案。这一构想最终因美国和IMF的反对而流产。

1997年12月15日，首次东盟—中日韩领导人非正式会议在马来西亚首都吉隆坡举行。东盟10国(文莱、印度尼西亚、马来西亚、菲律宾、新加坡、泰国、越南、老挝、缅甸、柬埔寨)和中、日、韩3国就21世纪东亚地区的前景、发展和合作问题坦诚、深入地交换了意见，取得了广泛共识。之后，每年召开一次“10+3”首脑会议，推动了各个领域合作的全面展开，初步形成了东亚“10+3”的经贸合作模式。

1997年12月，在东盟国家首脑会议上，马来西亚前总理马哈蒂尔提出“建立成员国之间更有效的货币体系”的建议，旨在将成员国贸易往来中使用的美元改为成员国货币，即以成员国的货币替代美元。

1998年12月，菲律宾前总统埃斯特拉达在越南举行的国家首脑会议上提出了亚洲实行单一货币的构想。

1999年4月，日本提出建立“亚元”的设想。

2000年5月，在泰国清迈召开的东盟10国和中、日、韩3国财长会议上通过了《清迈协议》，要求在“10+3”范围内建立双边货币互换网，以帮助成员国解决短期国际收支问题和稳定金融市场。2001年9月，日本、韩国、泰国和马来西亚4国正式签署了为规避金融风险的“货币互换协定”。中国同泰国、日本签署了货币互换协议。

2000年11月，在文莱举行的亚太经济论坛首脑会议上，日韩等国人士就“东亚货币”的可行性进行了深入探讨。2001年1月，在日本召开的亚欧25国财长会议上，日本和法国联合发出倡议，呼吁亚洲国家采纳一种不受美元支配的货币体系，以避免金融危机。

值得说明的是，对东亚货币合作一向持反对意见的美国和IMF，随着“10+3”模式的启动和发展，也开始改变立场，IMF表示赞同建立AMF的构想。AMF是国际区域内金融合作的最初步骤。

“10+3”的货币合作模式刚刚起步，尚处于萌芽状态，它将表现出如下几个特征。

一是经贸一体化与货币一体化将同步推进(同欧元模式相比，欧洲是先推进经贸一体化，再推进货币一体化)。“10+3”合作一开始，便以经济合作为重点、金融合作为先导。

二是“10+3”的货币合作模式将逐步向“3+10”转化，其终极目标是13归1，即13国实现货币一体化。“10+3”模式把东盟10国置于经贸合作的前台，因为东盟本身就是一个国际合作的机制和国际协调的载体，并已率先拟订了东盟未来的自由贸易区。“10+3”模式体现了国际合作的资源共享和资源的集约使用以及由此带来的更大的合作效应。

三是东亚货币一体化的道路不会一帆风顺。首先，区域内有许多不稳定因素。同欧盟和北美、拉美相比，东亚遗留的历史问题恐怕是最多的。其次，区域内的出口产品结构趋同。由于东亚各国、各地区的出口商品的互补性弱，经济开放度高，对美国市场依赖大，各经济体之间的竞争异常激烈，使得为刺激出口而贬值货币的效应明显，区域内货币间竞相贬值的倾向浓厚，这种情况会给东亚的货币合作带来阻力。第三，区域内的差异性大。同欧盟和北美自由贸易区相比，东亚各国、各地区的经济发展水平、政治、经济制度、社会文化背景的差异性恐怕是最大的。这种巨大的反差为其经济和货币的一体化增加了难度，也使东亚的货币合作模式不可能完全照搬欧盟模式，必须有所创新。

(四) G20金融峰会

20国集团，又称G20，它是一个国际经济合作论坛，于1999年12月16日在德国柏林成立。20国集团由美国、英国、日本、法国、德国、加拿大、意大利、俄罗斯、澳大利亚、中国、巴西、阿根廷、墨西哥、韩国、印度尼西亚、印度、沙特阿拉伯、南非、土耳其共19个国家以及欧盟组成。这些国家的国民生产总值约占全世界的90%，人口则将近占全世界总人口的2/3。按照惯例，国际货币基金组织与世界银行列席该组织的会议。

G20属于布雷顿森林体系框架内非正式对话的一种机制，由原八国集团(美国、日本、德国、法国、英国、意大利、加拿大、俄罗斯)以及其余12个重要经济体组成。20国集团属于非正式论坛，旨在促进工业化国家和新兴市场国家就国际经济、货币政策和金融体系的重要问题开展富有建设性和开放性的对话，并通过对话，为有关实质问题的讨论和协商奠定广泛基础，以寻求合作并推动国际金融体制的改革，加强国际金融体系架构，促进经济的稳定和持续增长。此外，20国集团还为处于不同发展阶段的主要国家提供了一个共商当前国际经济问题的平台。同时，20国集团还致力于建立全球公认的标准，例如在透明的财政政策、反洗钱和反恐怖融资等领域率先建立统一标准。

2012年6月，在墨西哥举行的G20峰会上，中国宣布支持并决定参与国际货币基金组织增资，数额为430亿美元。从2015年12月1日起，中国正式接任20国集团主席国。2016年9月4日至5日，在中国浙江杭州举办了20国集团领导人第十一次峰会。

本章小结

1. 国际货币体系，又称国际货币制度，是国际社会针对各国货币的兑换、汇率制度的确定与变化、国际收支调节方式、国际储备资产的管理等最基本问题进行的制度安排，是协调各国货币关系的一系列国际性的规则、管理与组织形式的总和。国际货币体系主要包括3个方面的内容：规定汇率制度、规定国际储备资产、规定国际收支的调节方式。

2. 国际货币体系按不同的历史发展进程可划分为国际金本位制度、布雷顿森林体系和牙买加体系3个阶段。

3. 国际金本位制度是世界经济体系形成过程中出现的第一个国际货币制度，是以黄金为本位货币并作为货币发行基础而发挥世界货币职能的国际货币制度。国际金本位制度按货币与黄金的联系程度，可以分成3种形式：金币本位制、金块本位制和金汇兑本位制。

4. 布雷顿森林体系是第二次世界大战后以美元为中心的国际货币体系。布雷顿森林体系的主要内容包括：以黄金为基础，以美元作为最主要的国际储备货币，美元直接与黄金挂钩，其他国家的货币则与美元挂钩；实行固定汇率制度；国际货币基金组织通过预先安排的资金融通措施，保证提供辅助性的储备供应来源；成员国不得限制经常项目的支付，要在兑换性的基础上实行多边支付；规定了“稀缺货币条款”。在布雷顿森林体系中，美元可以兑换黄金和各国实行固定汇率制，这是该货币体系的两大支柱。因此，布雷顿森林体系下的国际货币体系实质上是以“黄金—美元”为基础的国际金汇兑本位制。

5. 牙买加体系的基本内容有：承认浮动汇率制的合法性；黄金非货币化；特别提款权作为主要的储备资金；扩大对发展中国家的资金融通；增加基金组织的份额。“牙买加协议”后国际货币制度实际上是以美元为中心的多元化国际储备和浮动汇率体系。

6. 国际货币体系改革的方向主要取决于国际货币体系中本位货币的选择、汇率制度和国际收支调节机制等问题的解决。

习　题

一、选择题

1. 历史上第一个国际货币体系是(　　)。
   A. 国际金汇兑本位制　　B. 国际金本位制
   C. 布雷顿森林货币体系　　D. 牙买加货币体系
2. 第二次世界大战后为恢复国际货币秩序达成的(　　)，对建立战后货币制度起关键作用。
   A. 《自由贸易协定》　　B. 《布雷顿森林协定》
   C. 《三国货币协定》　　D. 《牙买加协定》
3. 布雷顿森林货币体系主要采纳了(　　)的建议。
   A. 怀特计划　　B. 凯恩斯计划　　C. 布雷迪计划　　D. 贝克计划
4. 《布雷顿森林货币协议》规定会员国汇率的波动幅度为(　　)。
   A. ±1%　　B. ±2.25%　　C. ±10%　　D. ±5%～8%
5. 第一次世界大战前的国际货币体系是典型的(　　)。
   A. 国际金本位货币体系　　B. 国际金汇兑本位体系
   C. 国际金块本位货币体系　　D. 国际金银复本位货币体系
6. 《国际货币基金协定》确认的美元对黄金的官价是(　　)。
   A. 1盎司黄金=30美元　　B. 1盎司黄金=32美元
   C. 1盎司黄金=35美元　　D. 1盎司黄金=40美元
7. 布雷顿森林体系完全崩溃于(　　)。
   A. 1970年　　B. 1971年　　C. 1972年　　D. 1973年
8. 从1973年春以后，主要资本主义国家普遍实行的汇率制度是(　　)。
   A. 浮动汇率制　　B. 固定汇率制　　C. 联合浮动　　D. 盯住美元

9. 当今，发展最完善、影响最大的区域性国际货币体系是(　　)。

A. 西非货币联盟　　B. 中美洲货币同盟

C. 欧洲货币体系　　D. 卢布集团

10. 国际货币体系一般包括(　　)。

A. 各国货币比价规定　　B. 一国货币能否自由兑换

C. 结算原则的确定　　D. 国际储备资产的确定

11. 维持布雷顿森林体系运转采取的措施有(　　)。

A. 巴塞尔协议　　B. 黄金总库　　C. 史密森协议

D. 货币互换协议　　E. 华盛顿协议

12. 构成布雷顿森林体系的两大支柱是(　　)。

A. “稀缺货币”条款　　B. 美元同黄金挂钩

C. 可调整的固定汇率制　　D. 取消外汇管制

E. 其他国家货币同美元挂钩

二、判断题

1. 布雷顿森林体系实质上是国际金汇兑本位制。(　　)
2. 布雷顿森林体系崩溃的根本原因是“特里芬难题”。(　　)
3. 布雷顿森林会议通过了以凯恩斯计划为基础的布雷顿森林协定。(　　)
4. 金块本位制度下流通的是金币。(　　)

三、填空题

1. 国际货币制度的类型分为__________、__________、__________。
2. 国际金本位制分3个类型，即__________、__________、__________。
3. 布雷顿森林体系内容中的“双挂钩”是指__________挂钩和__________挂钩。
4. 国际金币本位制是典型的__________汇率制度。

四、名词解释

1. 国际货币体系　　2. 国际金本位制

五、简答题

1. 简述国际货币体系的含义与内容。
2. 简述布雷顿森林体系的主要内容。
3. 简述布雷顿森林体系崩溃的原因。

六、论述题

试述牙买加体系的基本内容及其缺陷。

案例分析

案例一　周小川关于改革国际货币体系的思考

1. 次贷危机爆发并在全球范围内迅速蔓延，反映出当前国际货币体系的内在缺陷和系统性风险

对于储备货币发行国而言，国内货币政策目标与各国对储备货币的要求经常产生矛盾。既可能因抑制本国通胀的需要而无法充分满足全球经济不断增长的需求，也可能因过分刺激国内需求而导致全球流动性泛滥。理论上特里芬难题仍然存在，即储备货币发行国无法在为世界提供流动性的同时确保币值的稳定。

2. 改革应从大处着眼，小处着手，循序渐进，寻求共赢

SDR(特别提款权)的使用范围需要拓宽，才能真正满足各国对储备货币的要求。

(1) 建立起SDR与其他货币之间的清算关系。改变当前SDR只能用于政府或国际组织之间国际结算的现状，使其能成为国际贸易和金融交易公认的支付手段。

(2) 积极推动在国际贸易、大宗商品定价、投资和企业记账中使用SDR计价。不仅有利于加强SDR的作用，也能有效减少因使用主权储备货币计价而造成的资产价格波动和相关风险。

(3) 积极推动创立SDR计值的资产，增强其吸引力。

(4) 进一步完善SDR的定值和发行方式。SDR定值的篮子货币范围应扩大到世界主要经济大国，也可将GDP作为权重考虑因素之一。

3. 由基金组织集中管理成员国的部分储备，不仅有利于增强国际社会应对危机、维护国际货币金融体系稳定的能力，更是加强SDR作用的有力手段

(1) 由一个值得信任的国际机构将全球储备资金的一部分集中起来管理，并提供合理的回报率吸引各国参与，对投机和市场恐慌起到更强的威慑与稳定效果。对于参与各国而言，也有利于减少所需的储备，节省资金用于发展和增长。

(2) 基金组织可考虑按市场化模式形成开放式基金，将成员国以现有储备货币积累的储备集中管理，设定以SDR计值的基金单位，允许各投资者使用现有储备货币自由认购，需要时再赎回所需的储备货币，既推动了SDR计值资产的发展，也部分实现了对现有储备货币全球流动性的调控，甚至可以作为增加SDR发行、逐步替换现有储备货币的基础。

(资料来源：http://www.chinanews.com.cn/cj/kong/news/2009/03-26/1618790.shtml)

问题：

1. 针对上述案例，结合本章所学知识，分析国际货币体系改革的必要性。
2. 收集近年国际货币体系改革的资料，提出对国际货币体系进行改革的若干建议。

案例二　拉加德呼吁二十国集团制定改善全球贸易体系的多边解决方案

新华社华盛顿2018年7月18日电(记者高攀)国际货币基金组织(IMF)总裁拉加德2018年18日呼吁，二十国集团政策制定者应结束“以牙还牙”的关税措施，并制定改善全球贸易体系的多边解决方案。

拉加德当天在基金组织官网发表文章说，基金组织2018年4月份曾警告贸易保护主义措施将对全球经济造成伤害，不幸的是这一判断已成为现实。来自欧洲和亚洲的近期数据显示，新出口订单已经减少，德国等汽车出口国信心动摇。

二十国集团财长和央行行长即将在阿根廷布宜诺斯艾利斯举行会议。拉加德呼吁，二十国集团应抓住这一契机，结束“自我毁灭性的、以牙还牙”的关税措施，制定改善全球贸易体系的解决方案。她建议二十国集团通过推进贸易规则的现代化来解决知识产权问题，并在电子商务、数字服务方面采用创新性协议。

基金组织还在当天发布的《二十国集团监督报告》中指出，全球经济依赖于开放、公平和以规则为基础的国际贸易体系。美国应通过与贸易伙伴的建设性合作来化解贸易紧张局势，在不使用关税和非关税壁垒的前提下解决贸易和投资分歧。

报告还预测了各种假设情景下的全球经济走势。按照最严重假设情景，即目前已宣布的关税和反制措施全部生效并损害全球投资者信心，全球国内生产总值(GDP)将在关税生效的第一年比基准预测降低0.4%，第二年降低0.5%，第三年降低0.4%。

基金组织的模型研究还显示，所有国家都将在贸易摩擦中受损，其中美国经济受到的负面冲击最大，因为美国绝大多数贸易都将遭到报复措施影响。模型预测显示，在最严重假设情景下，美国GDP将在关税生效后第一年比基准预测降低0.8%。

(资料来源：http://www.xinhuanet.com/ttgg/2018-07/19/c_1123149130.htm)

问题：

1. 简述二十国集团的宗旨。
2. 简述二十国集团目前存在的问题。

第十章

金融全球化与国际金融组织

【导读】

金融全球化是经济全球化的重要组成部分，随着生产、贸易和投资的跨国发展，一国的金融活动跨越国界日益与国际金融活动融合在一起，即资金的筹集、分配和运用，超越国家疆界，在全球范围内进行。各国特别关注国际资本流动的规模和状况，利率和汇率的国际联动和影响。国际性金融组织的建立在推动金融全球化、促进世界经济稳定增长等方面发挥了重要作用。典型代表就是国际货币基金组织和世界银行集团。本章将介绍金融全球化的概念、表现形式、产生的原因和影响，以及国际货币基金组织和世界银行的宗旨、组织结构和业务活动。

【学习重点】

金融全球化的表现形式和影响，国际货币基金组织和世界银行的宗旨及业务。

【学习难点】

金融全球化的积极影响和消极影响。

【教学建议】

通过本章的学习和分析，深入体会金融全球化的“双刃剑”本性。

第一节　金融全球化

随着世界经济的全球化发展，金融领域的跨国活动也在以汹涌澎湃之势迅猛发展。金融全球化不仅成为世界经济发展最为关键的一个环节，同时也成为最为敏感的一个环节。金融全球化促使资金在全世界范围内重新配置，一方面使欧美等国的金融中心得以蓬勃发展；另一方面也使发展中国家，特别是新兴市场经济国家获得了大量急需的经济发展启动资金。可以说，世界经济的发展离不开金融全球化的推动。

一、金融全球化概述

(一) 金融全球化的定义

金融全球化是指世界各国和地区在金融业务、金融政策等方面相互交往和协调、相互渗透和扩张、相互竞争和制约，已发展到相当高的水平，进而使全球金融形成一个联系密切、不可分割的整体。金融全球化不仅是指金融业跨国发展，还包括金融活动按全球同一规则运行，同质的金融资产价格趋于等同，巨额国际资本通过金融中心在全球范围内迅速运转，从而形成全球一体化的趋势。

(二) 金融全球化的表现形式

1. 资本流动全球化

随着投资行为和融资行为的全球化，即投资者和融资者都可以在全球范围内选择最符合自己要求的金融机构和金融工具，资本流动也实现了全球化。20世纪80年代以来，国际资本流动呈现出不断加速和扩大的趋势。特别是20世纪90年代以来，国际资本以前所未有的数量、惊人的速度和日新月异的形势使全球资本急剧膨胀。但从近期看，2016年全球资本流动规模有所缩减。根据IMF2016年10月发布的《世界经济展望》中的数据测算，2016年全球资本流动总规模为1.33万亿美元，较2015年同比下降5.6%。2016年是20世纪90年代以来继2001、2009以及2013年之后出现的第四次全球国际资本流动规模显著收缩的年份，反映出2016年全球经济增长依然低迷、增长动力不足。2017年全球跨国投资低迷。流入发达国家的FDI下降37%，为7 120亿美元。其中，跨国并购下降29%；美国FDI流入量下降40%，降至2 750亿美元，但仍居全球首位；流入英国的FDI下降92%，降至150亿美元，跌出全球前二十。法国、德国FDI流入量出现增长，但流入欧洲的FDI受英国拖累整体下滑。流入发展中经济体的FDI保持平稳，为6 710亿美元。发展中国家在全球外国FDI的比重从2016年的36%，上升到2017年的47%。流向转型经济体的FDI下降27%，降至470亿美元，为2005年以来的第二低水平。这主要反映了地缘政治的不确定性以及对自然资源的投资不足。

2. 金融机构全球化

金融机构是金融活动的组织者和服务者。金融机构全球化就是指金融机构在国外广设分支机构，形成国际化或全球化的经营。20世纪80年代以来，为了应对日益加剧的金融服务业全球竞争，各国大银行和其他金融机构竞相以扩大规模、扩展业务范围和推进国际化经营作为自己的战略选择。进入20世纪90年代后，世界一些国家先后不同程度放松了对别国金融机构在本国从事金融业务或设立分支机构的限制，从而促进了各国银行向海外的拓展。1997年年末，世界贸易组织的成员国签署《金融服务协议》，把允许外国在其境内建立金融服务公司并将按竞争原则运行作为加入该组织的重要条件，进一步促进了各国金融业务和机构的跨国发展。随着近年全球竞争的加剧和金融风险的增加，国际上许多大银行都把扩大规模、扩展业务以提高效益和增强抵御风险能力作为发展新战略，国际金融市场掀起了声势浩大的跨国并购(即兼并和收购)浪潮。金融机构的并购与重组成为金融机构全球化的一个突出特点。全球金融业并购浪潮，造就了众多巨型跨国银行。银行并购使全球金融机构的数量减少，单个机构的规模相对扩大，银行业的集中度迅速提高。2018年7月2日，英国《银行家》杂志公布“2018年全球银行1 000强”榜单，按照排名顺序，中国工商银行、中国建设银行、中国银行和中国农业银行首次位列1000大银行前四名，这和四大行国际化业务的拓展是分不开的。与2017年相比，前十大银行名单整体保持不变，仍主要集中在中国(4家)、美国(4家)、英国(1家)和日本(1家)四国。

3. 金融市场全球化

金融市场是金融活动的载体，金融市场全球化就是金融交易市场超越时空和地域的限制而趋向于一体。目前全球主要国际金融中心已连成一片，全球各地以及不同类型的金融市场趋于一体，金融市场的依赖性和相关性日益密切。金融市场全球化有两个重要因素：一是放松或取消对资金流动及金融机构跨地区、跨国经营的限制，即金融自由化；二是金融创新，包括新的金融工具、融资方式与服务方式的创造，新技术的应用，新的金融市场的开拓，新的金融管理或组织形式的推行。特别是信息通信技术的高速发展和广泛应用，全球金融市场已经开始走向金融网络化，即全球金融信息系统、交易系统、支付系统和清算系统的网络化。全球外汇市场和黄金市场已经实现了每天24小时连续不间断交易。世界上任何一个角落有关汇率的政治、经济信息，几乎同步显示在世界任何一个角落的银行外汇交易室电脑网络终端的显示器上。远隔重洋的地球两端以亿美元为单位的外汇交易在数秒钟之内就可以完成。

4. 金融监管国际化

金融机构、业务和市场的国际化，对于推动国际资本流动、促进国际贸易和经济的发展产生了巨大影响。各国际性金融机构，尤其是国际性商业银行也因此获得了更大的收益，但同时也面临着更大的风险。单靠一国金融监管当局的力量已经无法适应这种迅速发展的国际化需求。金融全球化条件下的金融监管和协调更多地依靠各国政府的合作、国际性金融组织的作用，以及国际性行业组织的规则。目前，国际银行业和国际证券业的监管正在向全球统一化方向发展，以保证统一标准，堵塞漏洞，维护国际金融活动的安全。例如国际货币基金组织是典型的国际金融协调机构，它负责调节成员国的国际收支差额，维持汇率的稳定。国际清算银行作为“各国中央银行的中央银行”也是如此，由国际清算银行发起拟订的新、旧巴塞尔协议及有效银行监管的核心原则等文件为越来越多的国家所接受，标志着全球统一的金融监管标准趋于形成。

二、金融全球化的原因

概括而言，金融全球化的原因主要有以下3个。

(一) 实体经济的发展为金融全球化奠定了经济基础

金融全球化虽然是一个金融问题，但其产生和发展则根源于实体经济，即全球生产、贸易及对外直接投资的发展。生产的全球化，尤其是跨国公司的发展，以及对外直接投资的大量增加，必然要求国际金融市场的快速发展，以保障这些跨国经济活动的顺利进行。由于劳动生产率的提高、世界贸易的扩大和跨国公司的迅速发展，发达国家国内市场趋于饱和，这促使企业的目标已不能再局限于国内市场，而必须不断地开拓国外市场，占领全球市场份额，以求得生存和发展。大量跨国企业在全世界范围内频繁进行贸易往来，促使世界范围内生产要素、商品服务和信息也必须跨国流动，这必然要求资金融通、贸易结算、货币交易等金融业务全球化。可以说，推动金融全球化的直接动力是跨国公司的发展。在跨国公司迅速发展的同时，以跨国公司为主体的全球直接投资也迅速增加。生产和对外直接投资的全球化发展也要求在全球范围内进行资源配置，其中包括资金的全球配置，这就必然要求资本在全球范围内流动。因此，金融全球化是生产和对外直接投资全球化的必然要求，而生产和对外直接投资的全球化则成为金融全球化发展的重要推动力量。以跨国公司为主要载体的全球直接投资的迅速增长，不仅推动了金融机构的活动跨越民族和国家的疆界，而且为金融的全球化创造了必要的实体经济条件。从这个意义上说，金融全球化的产生和发展首先根源于全球生产、贸易以及对外直接投资的发展。

(二) 金融创新为金融全球化提供了技术保障

从20世纪60年代起，随着经济的发展，特别是为了规避政府对金融业的管制，发达国家的金融机构先后掀起了金融创新浪潮。金融创新是使金融市场和金融机构发生变革的新金融工具和新融资方式的创造活动。由于世界经济的不断发展和变化，汇率、利率变动频繁，国际银行业竞争加剧，再加上科学技术特别是通信技术的迅速发展，传统的金融业务品种已经不能满足银行自身发展的需要和客户融资的要求，从而推动金融不断创新和发展。从全球范围来看，金融创新的表现，一是新兴金融市场的不断出现，期权、期货市场的不断产生、发展和完善。这是指为了规避风险、约束或管制而进行的金融创新。二是伴随融资需求而出现的各种金融衍生工具，发挥着对冲汇率、降低利率风险和套期保值的作用。如各种票据发行便利、货币和利率保值工具等。20世纪80年代以来，西方金融机构推出的金融工具达上百种之多，使市场筹资、融资更为灵活方便。金融工具的创新，适应了多层次的市场需要，增加了市场的深度和广度。

金融创新作为金融技术的革命，其发展不仅对发达国家的金融业产生了革命性的影响，也对全球金融活动产生了深刻的影响。从发达国家来看，其影响主要表现为使各类金融机构之间的传统业务分工趋于模糊，呈现出同质化的特征；从全球金融活动来看，各种新的金融工具作为引导资金跨国流动的载体，最终将各国的金融市场真正联结在一起，从根本上改变了全球金融运作的基础。从这个意义上说，金融创新是金融全球化的内在动力。金融创新丰富了金融市场的交易品种，促进了金融改革，提高了金融机构的运作效率，有力地推动了金融全球化。

(三) 金融自由化为金融全球化扫除了制度障碍

金融管制是资本国际流动和金融全球化的障碍。20世纪70年代以来，在全球范围内出现了以改变原有金融体制的限制、让市场力量发挥更大作用为目标的金融自由化浪潮。这一浪潮在发达国家表现为相继开始放松金融管制，在发展中国家则表现为以金融深化为标志的金融体制改革。所以，金融自由化是一个国家的金融部门运行从主要由政府管制转变为由市场力量决定的过程。从各国的实践看，金融自由化主要集中在价格自由化、业务经营自由化、市场准入自由化和资本流动自由化4个方面。过去各国对金融业的监管较严是为了避免金融风险或为维护本国经济的稳定。在这种前提下，一国的金融活动主要局限于国内金融市场。随着生产力的进一步发展，各国政府从自身的经济利益出发，需要向国际市场进军，因此推动了金融自由化的进程。

20世纪70年代以来，发展中国家先后展开了以金融深化或金融发展为旗帜的金融体制改革，20世纪80年代以后，以美国、英国、日本、德国和法国为主的工业化国家采取了一系列的金融市场自由化措施，包括取消利率上限、引入创新金融工具、放松市场准入和营业限制、放松税收管制。伴随着金融自由化，发达国家为了减少竞争成本、降低与防范投资风险，不断开拓金融市场，寻求新的金融交易方式。在此背景下，许多发展中国家也积极投入到更加开放和统一的金融市场的发展潮流中，与发达国家或地区的金融市场相互联结，构成全球化的金融市场运作体系，从而在时间和空间上缩短了国际金融市场的距离。

三、金融全球化的影响

(一) 金融全球化的积极影响

从根本上说，金融全球化是世界经济一体化的必然要求，国际贸易的不断扩大势必要求资本要素也随之在世界范围内进行配置。国际经验也表明，金融全球化对发展中国家乃至整个国际社会的发展所起的积极作用是相当大的，主要表现在以下几个方面。

1. 增强了金融市场的竞争性，促进了世界银行业的发展

金融自由化对所有的金融市场参与者，无论是借款者还是贷款者，都既形成了压力也提供了机会，使其有可能也有必要降低成本或提高收益。

2. 金融信息更具公开性，能够更为准确、迅速地反映市场的供求状况

人们普遍认为，在金融自由化的条件下，金融信息更具公开性，能够更为准确、迅速地反映市场的供求状况，形成更为有效的价格信号体系。尤为重要的是，金融自由化减少了产品间、银行间的资金流动障碍，从而使资源配置更为接近最优化。随着各国日益敞开本国金融市场的大门，资本流动的速度不断加快。如果不考虑时区划分，世界性金融市场应当说已经初见雏形。资本流动的自由化使资源配置能够在世界范围内得到改善。

3. 为金融企业提供了更多获利机会

一方面，金融自由化极大地推动了金融资本的形成，为金融企业提供了更广阔的活动空间；另一方面，分业管理制度的逐步解除为金融企业(尤其是商业银行)提供了更灵活的经营手段，为商业银行在营利性与安全性之间的平衡选择提供了条件和手段。分业管理制度的建立原本着眼于商业银行的安全性，然而在传统的分业管理制度下，由于商业银行一方面拘泥于经营手段的匮乏，另一方面却要面对国内外同业的竞争，安全性并未真正得到保障，银行破产倒闭现象依旧层出不穷。在分业管理制度逐步解除之后，商业银行的经营手段大量增加，从而有可能将高风险高收益的产品与低风险低收益的产品合理地搭配起来，使商业银行从原有的两难局面中解脱出来。

4. 为世界各国的投融资活动提供了便利

就发展中国家来说，普遍存在着储蓄和外汇双重不足的情况，造成金融业的落后和缺乏效率，从而制约了金融业的发展，而当经济的迟滞反过来制约了金融业的发展时，金融和经济发展之间就会陷入一种相互牵制和双双落后的恶性循环状态，这种状态被美国经济学家罗纳德·麦金农和爱德华·肖称为“金融压抑”。在金融开放的条件下，大量外资涌入发展中国家进行套利，在客观上补充了这些国家的资本供给，弥补了其国内投资和对外贸易的两个缺口，从而促进了其经济发展，使其在科学规划和有效实施的基础上有条件来实现金融—经济发展相互促进的良性循环。

(二) 金融全球化的消极影响

然而，金融自由化也并非尽善尽美，对经济开放的发展中国家来说也是一把双刃剑。在亚洲金融危机爆发的一年内，这场危机蔓延到了俄罗斯和巴西等拉美国家，可见其危害之大。一般来说，金融全球化给发展中国家带来的消极影响主要表现在以下几个方面。

1. 降低了金融市场效率

金融自由化在提高金融市场效率的同时，也存在降低其效率的一面。如：金融市场的一体化、层出不穷的金融创新、大量金融机构的出现降低了金融市场的透明度。此外，金融市场容量的扩张给银行带来了机会，但同时也增加了银行降低成本的压力。

2. 加大了客户和金融业自身的风险

利率和汇率管制的解除导致市场波动幅度剧增。解除分业管理制度，实行商业银行全能化之后，商业银行大量涉足高风险的业务领域，风险资产明显增多。资本流动障碍的削减以及各国金融市场的日益对外开放，加快了资本的国际流动。虽然从理论上讲，更为顺畅的资本流动有助于资源

的最优配置，但在半完善市场条件下，游资的冲击有时也会造成巨大危害。

3. 高智能的金融犯罪加大了金融业的风险

由于银行客户面对极端复杂的衍生工具，茫然不知所措，由此可能产生银行员工的诈骗案件，加大银行业自身风险。而与此同时，在竞争加剧的条件下，为了追求效益、追求利润，而放松了客户审查，客户违约率不断上升，银行遭到诈骗的事件也屡见不鲜。

4. 商业银行利润率出现下降

在实行金融自由化之后，尽管商业银行获得了更多的赢利机会，但垄断地位的丧失和竞争的加剧，却又导致商业银行利润率出现下降趋势。

上述情况都表明，金融自由化绝非有利无害。伴随金融全球化的发展，国际金融的动荡已经成为常态，这是金融全球化最不利的影响。国际金融的动荡，还将因资本流动的变动不定而产生巨大的波及效应和放大效应。一国经济和金融形势的不稳定，通常都会通过日渐畅通的金融渠道迅速传递给所有关联国家。20世纪90年代以来爆发的欧洲货币体系危机、墨西哥金融危机以及尚未完全结束的全球金融危机，就一次比一次更深刻地打上了金融全球化烙印。更为严重的是：国际金融动荡及其迅速产生的波及效应，使得任何单个国家，甚至国际经济组织，在与市场力量相抗衡中均处于弱势地位。

需要特别说明的是，由于全球金融的运行规则主要来自发达国家，同时，由于金融体系的成熟程度不同，金融调控经验有着巨大的差距，对金融动荡的熟悉程度和心理承受能力存在差别，金融全球化的不利后果在发展中国家可能表现得更为充分，影响也可能更大。在发达的金融体系中，有着各种各样的手段，如证券化、对冲管理等，以中和全球化的冲击，而发展中国家的金融体系就不那么容易中和这种冲击了。

同时，随着金融全球化的发展，全球金融资本也越来越集中在处于绝对支配地位的发达国家垄断资本集团手中，并为少数巨头金融机构所操纵控制。受利益驱使影响，部分机构投资者可能会在其他国家尤其是发展中国家的金融市场上追寻高额利润，导致该国金融市场发生动荡。一些市场分析员还充当了投机资本的工具，甚至评级公司也在客观上帮助了投机。通常情况是，一旦某个国家或企业被降低评级标准，它们在国际金融市场的融资成本就会立即提高，投资者的信心也会立刻受到打击，金融投机迅速升级。这种情况下，发展中国家若放弃控制和保护自己国内经济和金融市场的金融监管手段，放任资本自由流动，将不可避免地使本国经济发展处于发达国家强大的垄断资本势力的压力之中。

第二节　国际货币基金组织

国际货币基金组织(International Monetary Fund，IMF)是根据参加筹建联合国的45国代表于1944年7月在美国新罕布什尔州举行的会议及其所通过的《国际货币基金协定》(*International Monetary Fund Agreement*)，在1945年12月27日正式成立的国际金融组织，1947年3月开始营业，总部设在华盛顿。

一、国际货币基金组织的组织机构

到2016年4月底为止，基金组织共有189个会员国。会员国分为两类：凡参加1944年布雷顿森林会议，并于1945年12月31日前在《国际货币基金协定》上签字正式参加IMF的国家为创始会员国，在此之后参加的国家为其他会员国。截止到2018年4月30日，IMF的组织机构由理事会、国际货币与金融委员会、基金组织—世界银行联合发展委员会和若干部门组成，如图10-1所示。

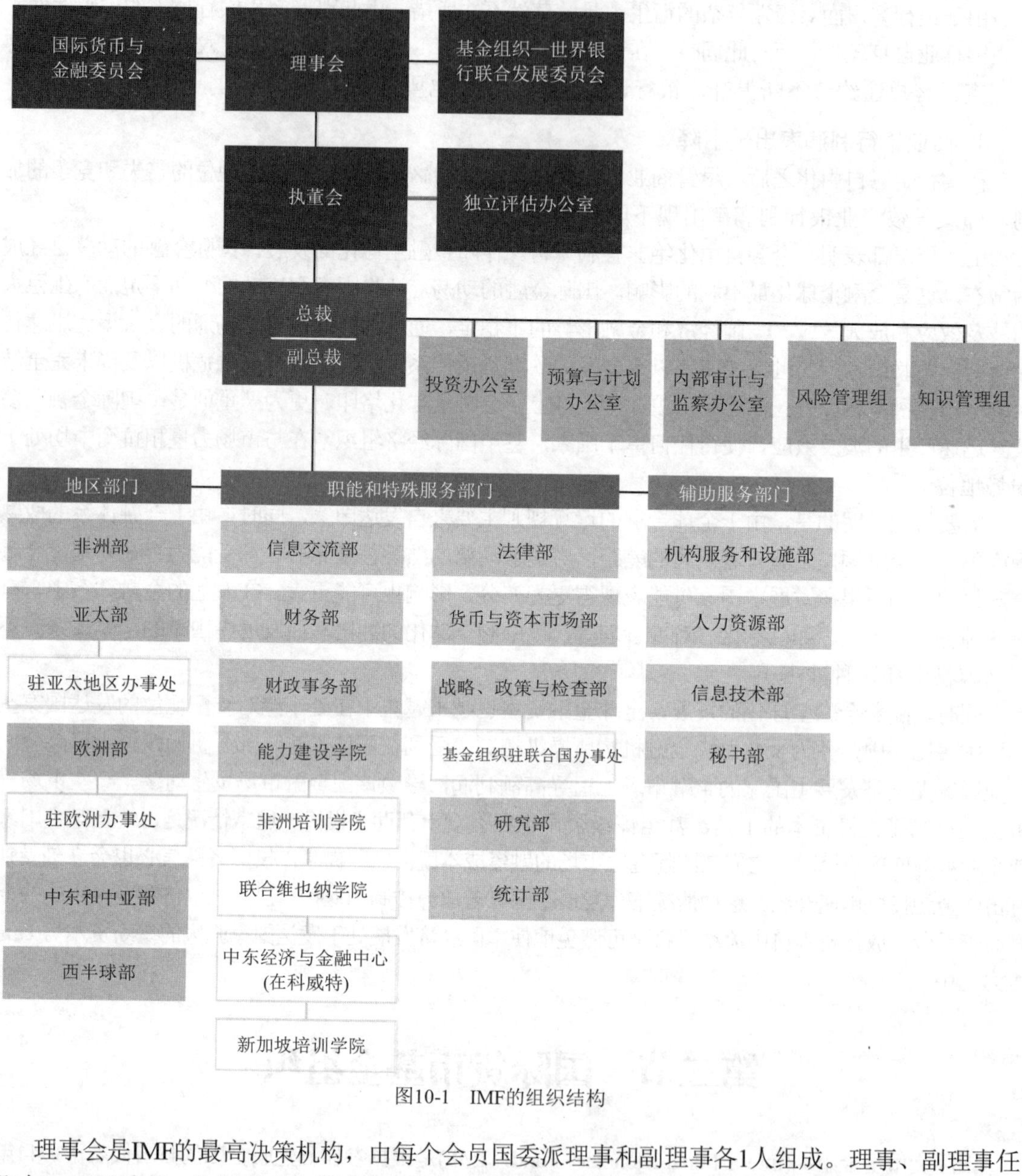

图10-1　IMF的组织结构

理事会是IMF的最高决策机构，由每个会员国委派理事和副理事各1人组成。理事、副理事任期5年，可以连任。执行董事会是常设机构，负责处理IMF的日常业务。理事或执行董事按所代表国家的投票权进行投票；由会员国联合推选的执行董事，则按照这些国家加在一起的投票权进行投票。理事通常是由各国财政部部长或中央银行行长担任，副理事只是在理事缺席时才有投票权。理事会的主要职权是批准接纳新会员国、修订基金条款与份额、决定会员国退出IMF、讨论决定有关国际货币制度等重大问题。理事会每年召开一次常会，必要时可以召开特别会议。国际货币与金融委员会由24位理事组成，通常每年举行两次会议。

执行董事会是国际货币基金组织的常设决策机构，接受理事会的委托，负责处理国际货币基金组织的业务，行使理事会所托付的一切权力。业务内容包括有关国际货币基金组织的政策、日常业务和行政管理等多方面的事务，如监督成员国的汇率政策、向成员国提供资金援助和主持讨论全球经济中的制度性问题等。执行董事会由24名执行董事组成，其工作受国际货币与金融委员会指导，并由基金组织的工作人员提供支持。总裁是基金组织工作人员的首脑并担任执董会主席，由4位副总裁协助。

国际货币基金组织1974年另设立了由22国组成的临时委员会作为理事会的补充，给予执行董事会部长级指导，并负责有关国际货币体系的管理和改革问题，具有管理和修改货币制度的决定权。在大多数情形下，临时委员会做出的决定等同于理事会的决定。

国际货币基金组织还同世界银行一起设立了讨论向发展中国家转移实际资源问题的部长级联合委员会，简称发展委员会，就发展问题向国际货币基金组织理事会和世界银行董事会汇报工作并提出政策性建议。

二、国际货币基金组织的宗旨

国际货币基金组织成立时制定了6条宗旨。第一，通过设立一个就国际货币问题进行磋商和合作的常设机构，促进国际货币合作。第二，促进国际贸易平衡发展，并借此提高和保持高的就业率和实际收入水平，开发所有成员国的生产性资源，以此作为经济政策的主要目标。第三，促进汇率的稳定，保持成员国之间有秩序的汇兑安排，避免竞争性通货贬值。第四，协助建立成员国之间经常性交易的多边支付体系，取消阻碍国际贸易发展的外汇限制。第五，在有充分保障的前提下向成员国提供暂时性资金融通，以增强其信心，使其有机会在无须采取有损于本国和国际经济繁荣的情况下，纠正国际收支失衡。第六，根据上述宗旨，缩短成员国国际收支失衡的时间，减轻失衡的程度。

从上述宗旨可以看出，IMF的基本职能是向会员国提供短期信贷、调整国际收支的不平衡、维持汇率的稳定。国际货币基金组织自成立以来，已对协定做过3次修改，但是上述宗旨依然如初。由此可见，近半个世纪以来，虽然世界经济和政治格局均发生了巨大变化，但国际货币合作的重要性并未因此而弱化。相反，新成员国的增加正好说明了随着国际经济关系的发展，经济、贸易和投资往来及相互依赖性增强，这种国际货币、汇率政策的合作和协调显得尤为重要。

目前国际货币基金组织重点关注的3项重要工作如下。

(1) 经济监督，针对成员国实施有助于实现其宏观经济稳定进而加快经济增长并缓解贫困的政策向成员国提出建议。

(2) 贷款，临时向成员国提供融资，以帮助其应对国际收支问题。

(3) 能力建设，应各成员国的请求，提供技术援助和培训，以帮助其建立实施稳健的经济政策所需的专长和制度。

三、国际货币基金组织的资金来源

国际货币基金组织的资金来源主要有两个：普通资金和借款。普通资金包括成员国认缴的份额以及运用这部分资金所产生的未分配净收入。借款指基金组织根据借款总安排或其他安排向成员国当局或商业机构筹借的款项。

(一) 份额

国际货币基金组织的份额是其最主要的资金来源。份额目前以特别提款权(Special Drawing Right，SDR)来表示，它相当于股东加入股份公司的股金。

会员国缴纳的份额，除作为IMF发放短期信贷的资金来源外，份额的大小对会员国还有以下两方面作用：①决定会员国从基金组织借款的数额和定期分配特别提款权的数额；②决定会员国的投票权。由此可见，份额大小是十分重要的，它决定了基金组织的融资能力，以及各会员国在基金组织的义务、权利和地位。这也是为什么发展中国家在国际货币改革过程中一再要求基金组织改变份额的确定方法，增加发展中国家的份额，扩大基金总份额的原因所在。

(二) 国际货币基金组织的借款

国际货币基金组织的另一个资金来源是借款，它不仅可以向各会员国官方机构如财政部和中央银行借款，也可以向私人借款，包括向商业银行借款。基金组织的借款同它的其他业务一样，也以特别提款权计值，大部分期限为4～7年，小部分为1～3年，平均5年左右。基金组织借款的一大特点是：贷款人除国际清算银行外，如果发生国际收支困难，可以提前收回贷款。因此，基金组织的借款具有很高的流动性，贷款国往往将这部分贷款视为储备的一部分。这一特点对基金组织自身流动性的管理也有较大影响。

(三) 信托基金

国际货币基金组织于1976年将自有黄金的1/6(2 500万盎司)分4年按市价出售，并将所得利润共46.4亿美元建立信托基金，然后再以低息方式向低收入国家或重债国提供优惠贷款。这是一项特殊的资金来源。

四、国际货币基金组织的业务活动

一般认为，国际货币基金组织根据《国际货币基金协定》的条款有监督、协调和融通资金的作用，因此，它的主要活动也紧紧围绕这3个方面进行。

(一) 汇率监督与政策协调

为了使国际货币制度能够顺利运行，保证金融秩序的稳定和世界经济的增长，IMF要检查各会员国以保证它们与基金组织和其他会员国进行合作，维持有秩序的汇率安排和建立稳定的汇率制度。具体说来，IMF要求各成员国做到：①努力以自己的经济和金融政策来达到促进有秩序的经济增长这个目标，既有合理稳定的价格，又适当照顾自身境况；②努力通过创造有秩序的基本经济和金融条件以及不会产生混乱的货币制度去促进稳定；③避免操纵汇率或国际货币制度来妨碍国际收支的有效调整或取得对其他会员国不公平的竞争优势。

IMF是通过在多边基础上和在个别基础上对会员国汇率政策实行监督。在多边基础上，IMF主要分析工业化国家国际收支和汇率政策的相互作用，并评估这些政策在何种程度上能促进形成一个健康的世界经济环境。多边监督以执行董事会和理事会临时委员会提出的《世界经济展望》为依据，强调对国际货币制度有重要影响的国家的政策协调和发展。IMF要参加主要西方工业国家在七国首脑会议基础上的进一步讨论，以促进工业化国家在国际货币金融领域的合作和加强其间宏观经济政策的协调。对个别国家的监督主要是通过检查会员国的汇率政策是否与基金协定第四条所规定的义务相一致，IMF要求其所有会员国将其汇率安排的变化通知IMF，从而使基金组织能够及时进行监督和协调。

除了对汇率政策的监督以外，IMF在原则上还应每年与各会员国进行一次磋商，以对会员国经济和金融形势以及经济政策做出评价。这种磋商的目的是使基金组织能够履行监督会员国汇率政策的责任，并且有助于使基金组织了解会员国的经济发展状况和采取的政策措施，从而能够迅速处理会员国申请贷款的要求。在20世纪70年代，世界经济长期处于滞胀的局面，石油危机的爆发使许多会员国国际收支失衡，从而形成严重的国际收支调整问题。进入20世纪80年代以后，又发生了发展中国家的债务危机。这些全球性的问题更需要会员国，特别是主要工业化国家从国际的角度来协调国内经济政策，因此，基金组织的监督和协调作用就显得尤为重要。为此，IMF每年派出经济学家组成的专家小组到各会员国搜集统计资料，听取政府对经济形势的估计，并同一些重要的国家进行特别磋商。事实证明，IMF在协调各国政策、稳定国际金融形势，特别是在缓解国际债务危机和稳定世界经济方面的作用是不容忽视的。

(二) 储备资产的创造

IMF在1969年的年会上正式通过了“十国集团”提出的SDR方案，决定创设SDR以补充国际储备的不足。SDR于1970年1月正式发行。会员国可以自愿参加SDR的分配，也可以不参加，目前除了个别国家以外，其余会员国都是SDR账户的参加国。SDR由基金组织按会员国缴纳的份额分配给各参加国，分配后即成为会员国的储备资产，当会员国发生国际收支赤字时，可以动用SDR将其划给另一个会员国，偿付收支逆差，或用于偿还IMF的贷款。

(三) 资金融通

国际货币基金组织向有国际收支困难的成员国提供贷款，基金组织的贷款使一国能够更轻松地进行所必需的调整，使支出与收入一致，以纠正国际收支问题。但基金组织的贷款也是为了对持续改善一国国际收支状况和增长前景的政策(包括结构性改革)提供支持。任何一个成员国，如果有国际收支需要(即如果需要官方借款，以便能在不采取“有损本国或国际繁荣的措施”的情况下进行对外支付并将储备维持在合适的水平)，都可以向基金组织寻求资金。这种有损本国或国际繁荣的措施可能包括对贸易和支付实行限制、急剧压缩国内经济需求或本币大幅贬值。如果没有基金组织的贷款，有国际收支困难的国家将不得不进行更剧烈的调整，或采取其他这类有损本国和国际繁荣的措施。避免这种后果是基金组织的宗旨之一。

1. 普通贷款(Normal Credit Trenches)

普通贷款是基金组织最基本的一种贷款，用于解决会员国一般国际收支逆差的短期资金需要。各会员国借取普通贷款的最高额度为会员国所缴份额的125%，贷款期限为3～5年，利率随期限递增，第1年利率为4.375%，1～2年为4.875%，2～3年为5.375%，3～4年为5.875%，4～5年为6.375%。基金组织对普通贷款实行分档政策，即把会员国可借用的贷款分成以下不同部分。

(1) 储备部分贷款(Reserve Tranche)。即会员国申请不高于本国份额25%的贷款，也称黄金份额贷款(Gold Tranche)。这种贷款可自动提用，无须特殊批准。这是因为会员国早以黄金缴纳份额的25%，而现在借款等于抽回原来缴纳的份额。1978年4月《国际货币基金协定》第二次修改条文生效后，会员国份额的25%改以特别提款权，或指定的外汇缴纳。会员国提取这部分贷款，仍有充足保证，故称为储备部分贷款。

(2) 信贷部分贷款(Credit Tranche)。即会员国申请贷款的额度为其所缴份额的25%～125%。信贷部分贷款为4个档次，每个档次均占份额的25%。会员国借款使用完储备部分贷款之后，可依次使用第一、二、三、四档信贷部分。

IMF对第一档信贷部分贷款的审批条件较松，但申请这部分贷款须呈交克服国际收支困难的具体计划，才能获得批准。借取第一档信贷部分贷款，可采取直接购买外汇的方式，即在申请贷款获准后，立即从IMF提款。另外，也可以采用备用信贷安排(Stand-by Arrangement)方式，即申请贷款的会员国与IMF商妥贷款额度后，可在商定的时间内，根据实际需要分次提取。

(3) 高档信贷部分贷款(High Credit Tranche)。即第二档信贷部分以上的贷款。使用高档信贷部分贷款，随着档次的升高，审批手续逐渐严格。使用高档信贷部分贷款，除向IMF提供令其满意的改善国际收支的方案外，还要制订全面的财政稳定计划和采取适当的财政、货币、汇率政策等，并且在贷款的使用过程中，IMF还要进行一定的监督，如借款国未能履行计划，IMF还要采取进一步的措施，以保证目标的实现。使用第二档以上信贷部分贷款，通常都采用备用信贷方式。

2. 出口波动补偿贷款(Compensatory Financing Facility)

出口波动补偿贷款设立于1963年，当初级产品出口国由于出口收入下降而发生国际收支困难时，可在原有的普通贷款之外，另向IMF申请此项贷款。这项贷款额度最初规定为会员国份额的25%，1966年9月提高到份额的50%，后提高到75%，1979年8月以后又提高到份额的100%。借取这项贷款的条件为：出口收入的下降必须是短期性的；出口收入的下降是会员国本身不能控制的原因造成的；借款国有义务与IMF合作采取适当措施解决其国际收支困难。此项贷款期限为3～5年，要求借款国的出口收入一旦恢复，要尽早归还。

3. 缓冲库存贷款(Buffer Stock Financing Facility)

缓冲库存贷款是1969年6月IMF应发展中国家要求而设立的一种贷款。这项贷款用于支持初级产品出口国稳定国际市场初级产品价格而建立国际缓冲库存的资金需要。缓冲库存贷款的额度可达借款国份额的50%。由于此项贷款与出口波动补偿贷款的目的联系密切，特规定此项贷款与出口波动补偿贷款的总额度不得超过借款国份额的75%。缓冲库存贷款的期限也为3～5年。

4. 石油贷款(Oil Facility)

石油贷款是1974年6月设立的，专门向1973年因石油涨价而引起国际收支困难的发达国家和发展中国家发放的临时性贷款。这项贷款的资金由石油输出国(如沙特阿拉伯、伊朗、科威特、委内瑞拉等)和发达国家(如原西德、荷兰、瑞士等)借入，总额为69亿特别提款权，专款专用，不能移作他用。1974年此项贷款的最高额度规定为份额的75%，1975年提高到125%，但贷款条件比1974年严格。贷款期限为3～7年，还款要求按季度分16次归还，利率高于普通贷款利率。为减轻最困难的发展中国家借取石油贷款的利息负担，1975年IMF决定建立利息贴补账户(Subsidy Account)，其资金来源由24个发达国家和石油输出国捐献。到1976年5月，此项贷款资金已全部贷出，贷款即告结束。

5. 中期贷款(Extended Facility)

中期贷款是IMF在1974年9月开设的一项专门贷款，用以解决会员国较长期的国际收支逆差，而且其资金需要量比普通贷款所能借到的额度要大。IMF对这项贷款监督较严，借取中期贷款的条件是：第一，IMF确认申请国的国际收支困难确实需要借取比普通贷款的期限更长的贷款才能解决；第二，申请国必须提出贷款期内改进国际收支困难的计划，以及在第一年准备实施的有关政策措施的详细说明，以后每年度都要向IMF提出有关工作进展的详细说明和实现目标的政策措施；第三，根据会员国实现计划目标、执行政策的实际情况，分期发放贷款。中期贷款的期限为4～8年，备用安排期限为3年，一般分16次归还。贷款额度最高可达份额的140%，中期贷款与普通贷款两项的总额不能超过贷款国份额的165%。

6. 信托基金贷款(Trust Fund Facility)

1976年1月，IMF临时委员会达成协议，决定将IMF持有的1/6的黄金(2 500万盎司)在1976年7月至1980年6月的4年内，按市价出售，用所获利润建立信托基金，以优惠条件向低收入的发展中国家提供贷款。信托基金于1976年5月设立，除出售黄金所获利润外，还有直接分到出售黄金利润的某些受益国转让给信托基金的资金，以及资产投资收入。能得到信托基金贷款的条件是：第一，第一期为1973年人均国民收入不超过300SDR(约合360美元)的国家，第二期为1975年人均国民收入不超过520美元的国家；第二，申请贷款国的国际收支、货币储备和其他发展情况经IMF审核证实确实有资金需要，而且又有调整国际收支的适当计划。信托资金贷款按年率0.5%的利率收息，从支付日起10年满期，从支付后5年半开始还款，每半年一次，分10年还清。到1981年3月，信托基金贷款的资金已发放完毕，共向发展中国家发放总额为33亿元的贷款。

7. 补充贷款(Supplementary Financing Facility)

补充贷款也称韦特文贷款(The Witteven Facility)，于1977年4月正式成立。贷款资金由石油输出国和有国际收支顺差的发达国家提供，总额为84亿SDR。补充贷款用于补充普通贷款的不足，即在会员国遇到严重国际收支逆差，需要比普通贷款所能提供的数额更大和期限更长的资金时，可申请此项贷款。贷款最高额度为会员国份额的140%，备用安排期限为1～3年，还款期限为3.5～7年，每半年偿还一次，分期偿清。借取此项贷款头3年的利率为IMF付给资金提供国的利率(7%)加0.2%，以后则加0.325%。补充贷款分配完毕后，IMF于1981年5月开始实行扩大贷款政策(Enlarged Access Policy)。IMF实行这项政策的目的和内容与补充贷款相似。

8. 结构调整贷款(Structural Adjustment Facility)

结构调整贷款设立于1986年3月，IMF设立这项贷款是想通过提供利率为0.5%、期限可长达10年的优惠贷款，促使低收入会员国制定和执行全面的宏观经济调整和结构改革政策，以恢复经济增长和改善国际收支，从而解决它们长期存在的国际收支困难。结构调整贷款为会员国份额的70%。1987年年底，IMF又设立了扩大的结构调整贷款(Enlarged Structural Facility)，贷款的目的、用途和条件与原来的结构调整贷款相同，但贷款额度增加到份额的250%，特殊情况可达到份额的350%。扩大的结构调整贷款与原来的结构调整贷款并行发放。

按照IMF的规定，我国和印度也是结构调整贷款的对象国，但为了把有限的资金更多地用于最穷和最困难的发展中国家，我国和印度都表示，暂不参与使用此项贷款。

9. 制度转型贷款(Systemic Transformation Facility)

制度转型贷款设立于1993年4月，IMF设立这项贷款是为了帮助苏联和东欧国家克服从计划经济向市场经济转变过程中出现的国际收支困难以及其他同这些国家有着传统的以计划价格为基础的贸易和支付关系的国家克服因贸易价格基础变化而引起的国际收支困难。贷款的最高限额为份额的50%，期限为4～10年。贷款分两次拨给，第一次为贷款批准后某个商定时间(必须在1994年12月31日前)，第二次为第一次提款后4～12个月之内。基金组织认为：1994—1995年是原经互会国家在国际收支方面最困难的时期，因此，希望申请贷款的国家必须尽早申请并在1994年12月底之前使用第一部分贷款。在申请时，申请国必须制定一项经济稳定与制度改革方案，内容包括财政货币制度改革及货币稳定计划、阻止资本外逃计划、经济结构改革计划、市场的培育与完善等。只有在第一批贷款拨出后，如果借款国在上述各方面做出了切实有效的努力并与基金组织充分合作，基金组织才提供第二批贷款。

第三节　世界银行集团

世界银行集团包括国际复兴开发银行、国际开发协会、国际金融公司、多边投资担保机构和解决投资纠纷国际中心5个机构，它们各有其自身的任务，但都致力于一个共同的目标，即通过向发展中的成员提供贷款和技术援助，促进其经济发展。

一、世界银行

1944年12月，根据布雷顿森林会议通过的《国际复兴开发银行协定》(Articles of Agreement of the International Bank for Reconstruction and Development)，建立了国际复兴开发银行，简称世界银行。后来陆续建立了国际开发协会(International Development Association，IDA)、国际金融公司(International Finance Corporation，IFC)、多边投资担保机构(Multinational Investment Guarantee Agency，MIGA)和国际投资争端解决中心(The International Center for Settlement of Investment Disputes，ICSID)4个附属机构。5家机构共同组成世界银行集团。同IMF一样，世界银行也是联合国的专门机构之一。凡参加世界银行的国家必须是IMF的会员国，但IMF的会员国不一定是世界银行的会员国。我国于1980年5月恢复了在世界银行的合法席位。

(一) 世界银行的组织机构

世界银行的最高权力机构是理事会，由每一会员国委派理事和副理事各一人组成。理事、副理事任期5年，可以连任。副理事在理事缺席时才有投票权。理事会的主要职权为：批准接纳新会员国，增加或减少世界银行资本，停止会员国资格，决定世界银行净收入的分配以及其他重大问题。理事会每年举行一次会议(即年会)，一般与IMF理事会联合举行。同IMF相似，在世界银行内，每个会员国均有250票的基本投票权，另外，每认缴10万美元的股金，则增加一票。世界银行负责领导并处理日常业务的机构也是执行董事会。

世行执行董事会共有25位常驻执行董事，代表世行189个成员国。执行董事按照理事会授权负责世行日常业务。世界银行包括国际复兴开发银行(IBRD)和国际开发协会(IDA)两个机构。执行董事负责选举行长，行长同时担任执董会主席。执行董事在指导世行集团一般业务和战略方向的政策制定方面发挥重要作用，他们的意见代表成员国对世行所发挥作用的看法。执董负责对以下事项进行审议和决策：行长提交的IBRD和IDA贷款、信贷、赠款和担保建议；新政策；行政预算；其他业务和财务事项。他们还负责讨论“国别伙伴框架”——世行管理层和执董会审议和指导世行集团与各国合作及向其发展规划提供支持的核心工具。执董们还负责向理事会提交财务审计报告、行政预算报告及有关世行整个财年业务结果的年度报告。

执董会设有5个常务委员会：审计委员会、预算委员会、发展成效委员会、治理和行政事务委员会以及人力资源委员会。每个执董参加一个或多个常务委员会，这些委员会通过对有关政策和实践进行深入审议来帮助执董会行使其监督职能。执董会的指导委员会每两月举行一次会议，讨论执董会的战略工作规划。

世界银行有许多办事机构，并在主要发达国家和许多发展中国家设有办事处，办理贷款相关事宜。世界银行组织机构图详见图10-2。

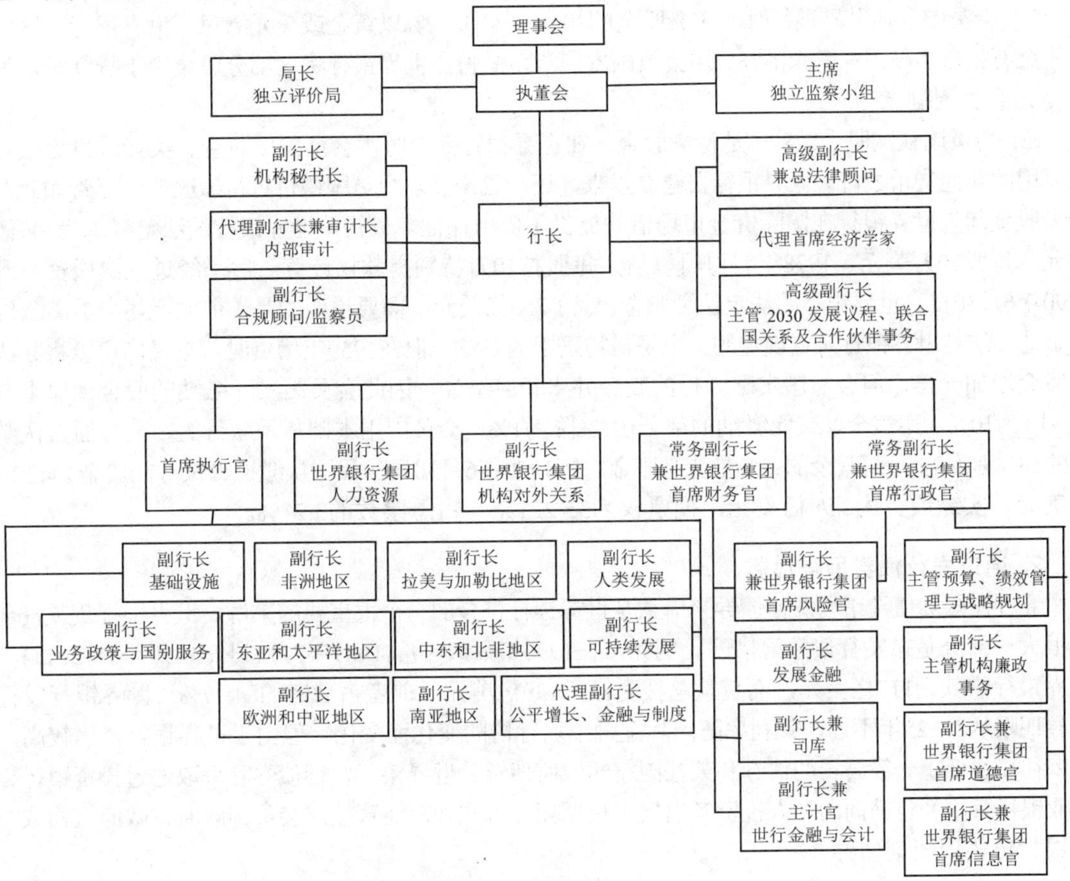

图10-2　世界银行组织机构图

(二) 世界银行的宗旨

根据《国际复兴开发银行协定》第一条规定，世行的宗旨是：①为用于生产目的的投资提供便利，以协助会员国的复兴与发展，并鼓励不发达国家生产与资源的开发；②以保证或参加私人贷款和私人投资的方式，促进私人的对外投资；③鼓励国际投资，以开发会员国生产资源的方法促进国际贸易的长期平衡发展，以维持国际收支的平衡；④在提供贷款保证时，应与其他方面的国际贷款配合。总之，世界银行的主要任务是向会员国提供长期贷款，促进战后经济的复兴，协助发展中国家发展生产，开发资源，从而起到配合IMF贷款的作用。

目前，世界银行围绕两大目标来开展工作：一是消除极端贫困——2030年前将全球极端贫困人口所占比例降至3%；二是促进共享繁荣——提高各国收入最低40%人口的收入。这两个目标都必须以可持续的方式来实现。

(三) 世界银行的资金来源

1. 会员国缴纳的股金

世界银行规定，每个会员国均须认购股份。每个会员国认购股份的多少以该国经济、财政力量为根据，并参照其在IMF认缴的份额，同世界银行协商，并经理事会批准。按照原来的规定，会员国认购股金分两部分缴付。

(1) 会员国参加世界银行时，先缴股金的20%，其中的2%以黄金或美元缴付，世界银行对这部分股金有权自由使用；其余的18%用会员国本国货币缴付，世界银行将这部分股金用于贷款时，须征得该会员国同意。

(2) 会员国认购股金的80%是待缴股金，在世界银行催交时，会员国以黄金、美元或世界银行需要用的其他货币缴付。世界银行自建立以来，还一直未要求会员国缴付过待缴股金。尽管如此，待缴股金却为世界银行在国际资金市场借款提供了信用保证。最初，世界银行的法定资本为100亿美元，每股10万美元，1978年4月1日以后，每股按10万特别提款权计算。后来经过几次增资，到1990年6月30日，世界银行的法定认缴股金已达1 253亿美元。需要说明的是，前面所述会员国缴付股金的办法是世界银行协定规定的，也是最初采用的办法，但在1959年增资时，会员国可以将其认缴股金增加一倍，但会员国实际缴付的股金并未相应增加，因此会员国实际缴纳的股金由原来的20%降为10%，用黄金、美元缴纳的部分由2%降为1%，会员国用本国货币缴付的部分由原占认缴额的18%降为9%；而其余的91%是待缴股金。到1990年6月30日，我国认缴世界银行的股金为42.19亿美元，实缴股金为2.99亿美元，投票权为35 221票，占总票数的3.27%。

2. 通过发行债券取得借款

通过在国际债券市场发行债券来借款是世界银行资金的一个很重要的来源。世界银行贷款资金的很大一部分是靠发行债券筹措的。例如，在1990年财政年度(1989年7月1日—1990年6月30日)，世界银行借款为117亿美元，而贷款总拨付额为139亿美元，前者占后者的84.17%。世界银行发行债券期限从2～25年不等，其利率随国际金融市场行情的变化而变化，但由于世界银行资信较高，利率往往要低于一般公司的债券和某些国家的政府债券。世界银行发行债券除采取通过投资银行、商业银行等中间包销商向私人投资者出售中长期债券方式外，还直接向会员国政府、政府机构或中央银行出售中短期债券。

3. 业务净收益

世界银行几乎年年都有巨额的净收益，它除将一部分净收益以赠款形式拨给开发协会外，其余均充作本身的储备金，成为发放贷款的一个资金来源。

4. 债权转让

自20世纪80年代以来，世界银行常把一部分贷出款项的债权，有偿地转让给商业银行等私人投资者，以提前收回资金，并转为贷款的一个资金来源。

(四) 世界银行的主要业务活动

世界银行最主要的业务活动是向发展中国家提供贷款，此外，还提供技术援助等。

1. 提供贷款

第二次世界大战后初期，世界银行的贷款重点在欧洲。20世纪初50年代以后，其重点转向亚、非、拉等的发展中国家，当前世界银行的贷款已成为发展中国家发展经济的一条较为重要的资金渠道。然而，要获得世界银行贷款也并非易事，需要满足一定的条件和程序。

1) 贷款条件

(1) 世界银行只向会员国政府、中央银行担保的公、私机构提供贷款。即使是预期不久将成为会员国的新独立国家，也只能在成为正式会员国后才可申请贷款。但世界银行也曾向某些会员国管辖之下的地区承诺贷款。例如，在1975年9月巴布亚新几内亚独立之前，世界银行曾向它提供5笔贷款，但都由澳大利亚政府担保。

(2) 贷款一般与世界银行审定、批准的特定项目相结合。贷款必须用于借款国家的特定项目，并经世界银行审定在技术上和经济上可行，并且是借款国经济发展应优先考虑的项目。只有在特殊情况下，世界银行才发放非项目贷款。

(3) 申请贷款的国家确实不能以合理的条件从其他方面取得贷款时，世界银行才考虑发放贷款，参加贷款，或提供保证。

(4) 贷款必须专款专用，并接受世界银行的监督。世界银行的监督，不仅在使用款项方面，同时在工程的进度、物资的保管、工程管理等方面也进行监督。世界银行一方面派遣人员进行现场考察，另一方面要求借款国随时提供可能影响工程进行或偿还借款的有关资料，根据资料与实际状况，世界银行可建议借款国政府对工程项目做政策性的修改。

(5) 贷款的期限一般为数年，最长可达30年。贷款利率从1976年7月起实行浮动利率，随金融市场利率变化定期调整，基本按世界银行在金融市场借款的成本再加利息0.5%计算。与一般国际贷款收取承担费相似，世界银行对已订立借款契约而未提取的部分，按年征收0.75%的手续费。

(6) 贷款使用的货币。世界银行发放贷款时使用不同的货币：对承担贷款项目的承包商或物资供应商，一般用该承包商、供应商所属国的货币支付；如由借款国承包商供应本地物资，即用借款国货币支付；如本地供应商购买进口物资，即用出口国的货币进行支付。

2) 贷款程序

第一，银行与借款国探索、洽商提供贷款的可能性，以确定申请贷款的项目是否符合银行资助的类型；

第二，双方选定具体贷款项目；

第三，双方对贷款项目进行审查和评估；

第四，双方就贷款项目进行谈判、签约；

第五，贷款项目的执行和监督；

第六，世界银行对贷款项目进行总结评价。

3) 贷款种类

(1) 项目贷款与非项目贷款。这是世界银行传统的贷款业务，属于世界银行的一般性贷款。项目贷款(Project loan)目前是世界银行最主要的贷款。它是指世界银行对会员国工农业生产、交通、通信以及市政、文教卫生等具体项目所提供的贷款的总称。非项目贷款是世界银行为支持会员国进口物资、设备所需外汇提供的贷款，或是为支持会员国实现一定的计划所提供的贷款的总称。前者如世界银行在建立后初期对西欧国家的复兴贷款，后者如调整贷款和应急性贷款。调整贷款是世界银行在20世纪80年代初设立的，用以支持发展中国家解决国际收支困难而进行的经济调整，并促进其宏观或部门经济政策的调整和机构改革。应急性贷款是为支持会员国应付各种自然灾害等突发性事件而提供的贷款。

(2) “第三窗口”(The Third Window)贷款。它是世界银行于1975年12月开办的、在一般性贷款之外的一种中间性贷款，是世界银行原有贷款的一种补充。所谓“第三窗口”贷款，即在世界银行原有两种贷款(世界银行接近市场利率的一般性贷款和国际开发协会的优惠贷款)之外，再增设一种贷款，其贷款条件宽于世界银行的一般性贷款，但优惠条件不如协会贷款，而介于这两种贷款之间。为发放这项优惠贷款，世界银行设立了由发达国家和石油输出国捐资的“利息补贴基金”

(Interest Subsidy Fund)，由该基金付给世界银行4%的利息补贴，借款国负担世界银行一般性贷款的利息与4%利息补贴之间的差额。“第三窗口”贷款的期限可长达25年，但只贷给低收入(1972年人均GNP低于375美元)国家，它只开办了两年，到1977年年底结束。

(3) 技术援助贷款。它首先是指在许多贷款项目中用于可行性研究、管理或计划的咨询，以及专门培训方面的资金贷款，其次还包括独立的技术援助贷款，即为完全从事技术援助的项目提供的资金贷款。

(4) 联合贷款(Co-Financing)。它是指世界银行同其他贷款者一起共同为借款国的项目融资，以有助于缓和世界银行资金有限与发展中会员国资金需求不断增长之间的矛盾，起始于20世纪70年代中期。联合贷款的一种方式是，世界银行同有关国家政府合作选定贷款项目后，即与其他贷款人签订联合贷款协议，然后，世界银行和其他贷款人按自己通常的贷款条件分别同借款国签订协议，分头提供融资。另一种联合贷款的方式是，世界银行同其他贷款者按商定的比例出资，由世界银行按其贷款程序与商品、劳务采购的原则同借款国签订借贷协议。两种方式相比，后一种方式更便于借款国管理，世界银行也倾向于采用这种方式。

2. 技术援助

向会员国提供技术援助也是世界银行业务活动的重要组成部分。这种技术援助往往是与贷款结合在一起的，该行派出人员、专家帮助借款国进行项目的组织和管理，提高项目资金使用效率。世界银行还设立由该行直接领导的一所经济发展学院，其任务主要是为发展中国家培养中高级管理干部。世界银行也经常帮助会员国制订社会经济发展计划，为某些特殊问题提供咨询意见和解决方案。

二、国际开发协会

国际开发协会是专门向低收入发展中国家提供优惠长期贷款的一个国际金融组织。按照规定，凡世界银行会员均可加入协会，但世界银行的会员国不一定必须参加协会。

(一) 国际开发协会的宗旨

协会的宗旨是：对欠发达国家提供比世界银行条件优惠、期限较长、负担较轻、可用部分当地货币偿还的贷款，以促进它们经济的发展和提高居民的生活水平，从而补充世界银行的活动，促成世界银行目标的实现。

(二) 国际开发协会的组织结构

协会会员在法律和会计上是独立的国际金融组织，但在人事管理上却是世界银行的附属机构，故有“第二世界银行”之称。

协会的管理办法和组织结构与世界银行相同，从经理到内部机构的人员均由世界银行相应机构的人员兼任，世界银行的工作人员也是协会的工作人员。因此，它与世界银行实际上是两块牌子，一套机构。

协会会员国投票权的大小同其认缴的股本成正比。成立初期，每个会员国均有500票基本票，每认缴5 000美元增加一票；此后在第四次补充资金时，每个会员国有3 850票，每认缴25美元再增加一票。

1980年5月，我国恢复在协会的合法席位。到1990年6月30日，我国共认缴股本3 916.8万美元，有投票权13 895票，占总票数的2.01%。

(三) 国际开发协会的资金来源

1. 会员国认缴的股本

协会原定法定资本为10亿美元，之后由于会员国增加，资本额随之增加。会员国认缴股本数额按其在世界银行认购股份的比例确定。协会的会员国分为两组：第一组是工业发达国家和南非、科威特，这些国家认缴的股本需要以可兑换货币支付，所缴股本全部供协会出借；第二组为亚、非、拉发展中国家。这些国家认缴股本的10%须以可兑换货币进行缴付，其余90%用本国货币缴付，而且这些货币在未征得货币所属国同意前，协会不得使用。

2. 会员国提供的补充资金(Replenishments)

由于会员国缴纳的股本有限，远不能满足会员国不断增长的信贷需求。同时，协会又规定，该协会不得依靠在国际金融市场发行债券来募集资金。因此，协会不得不要求会员国政府不时地提供补充资金，以继续进行其业务活动。提供补充资金的国家，既有第一组会员，也有第二组的少数国家。

3. 世界银行的拨款

世界银行从其净收入中拨给协会一部分款项，作为协会贷款的资金来源。

4. 协会本身业务经营的净收入

由于国际开发协会的贷款条件非常优惠，所以这部分资金非常少。

(四) 国际开发协会的贷款

协会贷款只提供给低收入发展中国家。按最初规定标准，人均GNP在425美元以下，2004年的标准则为2002年人均GNP不超过865美元，才有资格获得协会信贷。协会贷款对象规定为会员国政府或公、私企业，但实际上均向会员国政府发放。协会贷款的用途与世界银行一样，是为对借款国具有优先发展意义的项目或发展计划提供贷款，即贷款主要用于发展农业、工业、电力、交通运输、电信、城市供水以及教育设施、计划生育等。

协会贷款的期限分为25、30、45年3种，宽限期10年。偿还贷款时，可以全部或一部分使用本国货币偿还，贷款只收取0.75%的手续费。

协会的贷款称为信贷(Credit)，以区别于世界银行提供的贷款(Loan)。它们之间除贷款对象有所不同之外，主要区别在于：协会提供的是优惠贷款，被称为软贷款(IDA Credit)，而世界银行提供的贷款条件较严，被称为硬贷款(Hard Loan)。

三、国际金融公司

国际金融公司(IFC)也是世界银行的一个附属机构，于1956年7月成立。成立之初有会员国31个，截至2004年，有176个成员国。我国于1980年5月恢复在IFC的合法席位。

(一) 国际金融公司的宗旨

通过对发展中国家，尤其是欠发达地区的重点生产性企业提供无须政府担保的贷款与投资，鼓励国际私人资本流向发展中国家，支持当地资金市场的发展，推动私人企业的成长，促进成员国经济发展，从而补充世界银行的活动。

(二) 国际金融公司的组织结构

国际金融公司在法律和财务上虽是独立的国际金融组织，但实际是世界银行的附属机构。它的管理办法和组织结构与世界银行相同。世界银行行长兼任公司总经理，也是公司执行董事会主席。公司的内部机构和人员多数由世界银行的相应机构、人员兼管。按照公司规定，只有世界银行会员国才能成为公司的会员国。

(三) 国际金融公司的资金来源

公司的资金来源是：①会员国认缴的股金，这是公司最主要的资金来源。公司最初的法定资本为1亿美元，分为10万股，每股1 000美元。会员国认缴股金须以黄金或可兑换货币缴付。每个会员国的基本票为250票。此外，每认缴1股，增加1票。IFC也进行了多次增资。②通过发行国际债券，在国际资本市场借款。③世界银行与会员国政府提供的贷款。④公司贷款与投资的利润收入。

(四) 国际金融公司的贷款与投资

公司贷款与投资只面向发展中国家的私营中小型生产企业，而且也不要求会员国政府为偿还贷款提供担保。公司贷款一般每笔不超过400万美元，在特殊情况下最高也不超过2 000万美元。

国际金融公司贷款的方式为：①直接向私人生产性企业提供贷款；②向私人生产性企业入股投资，分享企业利润，并参与企业的管理；③上述两种方式相结合的投资。公司在进行贷款与投资时，或者单独进行，而后再将债权或股票转售给私人投资者，或者与私人投资者共同对会员国的生产性私人企业进行联合贷款或联合投资，以促进私人资本向发展中国家投资。

国际金融公司贷款的期限一般为7～15年，还款时需用原借入货币进行支付，贷款的利率不统一，视投资对象的风险和预期收益而定，但一般高于世界银行贷款的利率。对于未提用的贷款资金，公司按年率收取1%的承诺费。

本章小结

1. 金融全球化是指世界各国和地区在金融业务、金融政策等方面相互交往和协调、相互渗透和扩张、相互竞争和制约，已发展到相当高的水平，进而使全球金融形成一个联系密切、不可分割的整体。金融全球化的表现形式为：资本流动全球化、金融机构全球化、金融市场全球化和金融监管国际化。

2. 金融全球化虽然是一个金融问题，但其产生和发展的根源是实体经济，即全球生产、贸易及对外直接投资的发展。金融创新是金融全球化的内在动力。金融创新丰富了金融市场的交易品种，促进了金融改革，提高了金融机构的运作效率，有力地推动了金融全球化。金融自由化是一个国家的金融部门运行从主要由政府管制转变为由市场力量决定的过程。从各国的实践看，金融自由化主要集中在价格自由化、业务经营自由化、市场准入自由化和资本流动自由化4个方面。金融自由化为金融全球化扫清了制度上的障碍。

3. 国际货币基金组织的资金来源主要有两个：普通资金和借款。普通资金包括成员国认缴的份额以及运用这部分资金所产生的未分配净收入。借款指基金组织根据借款总安排或其他安排向成员国当局或商业机构筹借的款项。世界银行集团包括国际复兴开发银行、国际开发协会、国际金融公司、国际投资争端解决中心和多边投资担保机构，它们各有其自身的任务，但都致力于一个共同的目标，即通过向发展中的成员提供贷款和技术援助，促进其经济发展。

习　题

一、选择题

1. 国际货币基金组织属于(　　)。
   A. 全球性金融组织　　B. 区域性金融组织
   C. 半区域性金融组织　　D. 以上说法都不对
2. 国际货币基金组织最主要的资金来源是(　　)。
   A. 基金组织的借款　B. 信托基金　C. 份额　D. 商业机构借款
3. 国际货币基金组织会员国缴纳份额时，需要缴纳的黄金和硬通货的比例是(　　)。
   A. 5%　B. 25%　C. 75%　D. 100%
4. 我国恢复在世界银行合法席位的时间是(　　)。
   A. 1944年　B. 1949年　C. 1978年　D. 1980年
5. 向发展中国家的私人企业提供无须政府担保贷款的金融组织是(　　)。
   A. 国际开发协会　　B. 国际复兴开发银行
   C. 国际金融公司　　D. 多边投资担保机构
6. 会员国参加世界银行时，先缴股金的(　　)，其中的(　　)以黄金或美元缴付，世界银行对这部分股金有权自由使用；其余的18%用会员国本国货币缴付，世界银行将这部分股金用于贷款时，须征得该会员国同意。
   A. 20%，2%　B. 30%，5%　C. 20%，10%　D. 30%，15%
7. 国际开发协会贷款的期限分为25、30、45年3种，宽限期(　　)年。
   A. 5　B. 10　C. 15　D. 3

二、判断题

1. 理事会是国际货币基金组织的最高决策机构。(　　)
2. 申请国际金融公司的贷款需要政府担保。(　　)
3. 金融全球化加大了金融业的风险。(　　)
4. 石油贷款的资金来源于石油输出国组织。(　　)

三、填空题

1. ＿＿＿＿＿＿是国际货币基金组织的常设决策机构，接受＿＿＿＿＿＿的委托，负责处理国际货币基金的业务，行使理事会所托付的一切权力。

2. 世界银行集团由世界银行本身即国际复兴开发银行、＿＿＿＿＿＿、＿＿＿＿＿＿、多边投诉担保机构和解决投资纠纷国际中心5个机构组成。

3. 在世界银行集团中，一般只向较为贫困的发展中国家会员提供贷款的机构是__________，对会员国私人企业提供贷款的机构是__________。

4. 世界银行最主要的业务是向__________国家提供贷款。

四、名词解释

1. 金融全球化　2. 国际货币基金组织

五、简答题

1. 简述金融全球化的表现形式。
2. 金融全球化的原因是什么？
3. 简述国际货币基金组织的宗旨。
4. 国际货币基金组织主要从事哪些业务活动？
5. 简述世界银行贷款的办理程序。

六、论述题

论述金融全球化对世界经济的积极影响和消极影响。

案 例 分 析

案例一　国际货币基金组织执董会批准向阿根廷提供500亿美元的备用安排

2018年6月20日，国际货币基金组织(下面简称基金组织)执董会批准向阿根廷提供为期3年，数额达500亿美元(相当于353.79亿特别提款权，约为阿根廷在基金组织份额的1 110%)的备用安排(SBA)。

执董会的决定使阿根廷当局能够立即借入150亿美元(约合106.14亿特别提款权，约为阿根廷在基金组织份额的333%)。这一数额的一半(75亿美元)将用于预算支持。基金组织资金支持的剩余部分(350亿美元)将在这项安排期间内提供，但需要接受执董会的季度审查。阿根廷当局表示，计划提用此安排的第一档，但随后将这项安排的其余数额视为预防性。

阿根廷当局的经济计划获得了备用安排的支持，该计划旨在加强经济，通过持续的宏观经济计划来恢复市场信心，这一经济计划将减轻融资需求，使阿根廷的公共债务稳步进入下行轨道，并通过采用更现实的通胀目标和提高中央银行的独立性来加强降低通胀的计划。重要的是，该计划包括制定相应措施，保护社会中最脆弱的群体。当局承诺维持社会支出额度，此外，若社会环境恶化，政府将进一步增加对阿根廷社会安全网的支出。

在执董会讨论了阿根廷的经济计划之后，基金组织总裁兼执董会主席克里斯蒂娜•拉加德女士总结了执董会的结论。

过去两年半，阿根廷经济经历了系统性转型，包括对外汇市场、补贴和税收实施深入的改革，以及改善官方统计。然而，近期市场情绪的变化以及各种因素的不利交汇导致阿根廷面临显著的国际收支压力。在这种具有挑战性的环境下，阿根廷政府请求国际货币基金组织对其本国政策计划的实施提供支持。

当局准备实施的政策旨在解决长期存在的脆弱性问题，确保债务保持可持续性，降低通货膨胀，促进经济增长和就业创造，同时减轻贫困。

鉴于过去几年的庞大财政赤字，政府的经济规划着眼于在2020年之前实现联邦政府财政基本平衡的目标。这将是恢复市场信心的关键所在。改善预算过程，为财政政策提供这一中期支点，将有助于巩固这些进展。

当局还着眼于恢复通胀目标制框架的可信度，措施包括加强中央银行的独立性，以及停止中央银行对政府的直接和间接融资。预计这些措施将使通胀率在2021年年底之前降到个位数水平。

当局坚持采用浮动的、由市场决定的汇率。当局打算在出现显著波动和市场失灵时才进行外汇干预，并准备重建储备缓冲。

这项规划特别注重维持社会凝聚力，促进性别平等，以及保护社会最脆弱群体。阿根廷最高层当局坚决致力于贯彻这些原则。最脆弱群体将得到设计完善的政府支持项目的帮助，这些项目将在规划目标下得以重点实施。政府的重点工作还包括实现性别平等，使阿根廷女性在平等基础上充分参与经济活动，从而发挥潜力和实现收益。

这项规划是针对阿根廷人民面对的具体形势而制定的，阿根廷政府展示了对规划拥有很强的主人翁意识。规划面临明显的风险，但政策计划的坚定实施将使阿根廷充分利用其经济潜力，并确保阿根廷全体人民共享本国未来的繁荣。

基金组织对阿根廷经济计划的支持旨在加强该国经济，重点是四大支柱。

(1) 恢复市场信心。政府承诺实施一项明确的宏观经济规划，以降低联邦政府的融资需求，并让公共债务稳步进入下行轨道。这将有助于实现强劲、持续和公平的增长路径以及稳健的就业创造。这一努力的核心是财政调整，以确保联邦政府在2020年之前实现基本平衡，并进行重大的前置式调整，以确保2019年基本赤字占GDP的1.3%。

(2) 保护社会最脆弱群体。政府将采取措施，加强社会安全网，包括重新设计援助计划(援助计划经常互相重叠，但覆盖面仍有缺口)，以及采取措施提高女性的劳动力参与率(通过消除第二收入者税收罚款并向工作家庭提供育儿援助)。该计划将保护社会支出水平。此外，如果需要，将增加对预先确定的、基于家计调查的高质量社会援助项目的支出。当局的目标是在整个安排过程中继续减少贫困率，即使经济反弹速度低于预期。

(3) 加强中央银行通胀目标制框架的可信度。政府承诺确保中央银行在体制和操作方面的独立性和自主性，这是实现有效通胀目标所必需的。此外，央行采取了可靠的消胀措施，以期在为期3年的备用安排结束之前使通胀率降至个位数。政府也在制订其他计划，以确保央行拥有健康的资产负债表和完全的财政自主权。

(4) 逐步减少国际收支面临的压力。这需要重建国际储备，并降低阿根廷在面对资本账户压力方面的脆弱性。

(资料来源：国际货币基金组织官网)

问题：

1. 案例中国际货币基金组织支持阿根廷时采用了哪类业务？并说明背景。
2. 简述国际货币基金组织的业务种类及适用对象。

案例二　世界银行支持安徽省养老服务体系建设

2018年6月19日，世界银行执行董事会批准向中国安徽省养老服务体系建设示范项目提供贷款1.18亿美元，支持安徽省建立与管理多元化的三级养老服务体系。这是世界银行在全球支持的首个养老服务体系建设项目。

中国的人口老龄化发展迅速，到2050年65岁以上人口预计将达到总人口的26%，80岁以上老年人口的增长速度甚至更快。中国在传统上老年人主要依靠家庭成员供养。然而，随着社会经济和人口结构的变化，仅靠家庭的养老模式难以为继。中国政府提出建立三级养老服务体系，以居家养老为基础，社区养老为依托，机构养老为补充。

和中国其他地区一样，安徽省也面临满足日益增长的老年人口护理需求的挑战。安徽省65岁以上老年人口约有690万人，其中包括130万行动不便、日常生活不能自理的老年人口。目前安徽省大部分养老服务是非正规的，由家庭成员或亲属提供。正规的社区居家养老服务仍处于起步阶段。

世界银行中国局人类发展业务主任、项目经理葛霭灵说："这个项目将协助安徽省应对养老服务体系面临的挑战，推动建立一个运转良好的养老服务市场，让每个人都能找到符合自身需求、喜好和经济条件的养老服务。"她说："这个项目使我们能对分析研究中提出的创新模式进行试点，使中国有可能超越很多发达经济体养老服务体系建设的经验。"

安徽省养老服务体系建设示范项目的内容包括建设面向政府、民营养老机构和消费者的养老服务综合信息系统，加强政府有关部门进行老年人能力评估的能力，加强养老服务质量标准和组织人力资源培训，提升养老服务效率、质量和消费者满意度，在安庆市和六安市建设社区居家养老服务站，为本社区老年人提供日间和夜间照料服务，向民办养老机构购买服务承担政府保障对象的基本养老服务，建立健全城市公立医院和农村福利院的专业护理设施。

项目总投资1.978 4亿美元，其中世行贷款1.18亿美元，政府投入7 984万美元。项目设计借鉴了世界银行报告《中国养老服务的政策选择：建设高效可持续的中国养老服务体系》以及世行在各国的服务提供体系建设项目的经验。

(资料来源：世界银行官网)

问题：

1. 简述世界银行的宗旨。
2. 世界银行在我国开展了哪些方面的项目贷款？

参考答案

第一章

一、选择题

1. ABD　2. ABCD　3. ABD　4. BD　5. A　6. D　7. B　8. AC

二、判断题

1. √　2. ×　3. ×　4. ×　5. √　6. √　7. ×　8. √

三、填空题

1. 货币的、流量的、事后的，以交易为基础，一国居民与非居民
2. 复式，会计报表，借方，贷方
3. 自主性交易，补偿性交易
4. 货物和服务，初次收入，二次收入
5. 直接投资，证券投资，金融衍生产品和雇员认股权、其他投资、储备资产
6. 实际资源流动，资产所有权流动
7. 国际收支的自动调节，国际收支的政策调节

注：其他类型题答案略去，请参见教材。

第二章

一、选择题

1. A　2. B　3. BCD　4. D　5. C　6. C　7. A
8. A　9. B　10. ABCDE　11. C　12. ABCDE　13. B

二、判断题

1. ×　2. √　3. ×　4. ×　5. ×　6. √　7. √　8. √　9. √

三、填空题

1. 买入价，卖出价

2. 中间
3. 含金量
4. 即期汇率，远期汇率
5. 货币的购买力
6. 升水，贴水，平价

四、计算题

(1) GBP/HKD=13.404 6/13.413 2
(2) GBP/ EUR=1.449 7/1.451 7
注：其他类型题答案略去，请参见教材。

第三章

一、选择题

1. AB　　2. BC　　3. D　　4. ABC

二、判断题

1. ×　　2. √　　3. √　　4. √

三、填空题

1. 严格型外汇管制的国家和地区，非严格型外汇管制的国家和地区，松散型外汇管制的国家和地区
2. 完全自由兑换，部分自由兑换
3. 国内自由兑换，国际性自由兑换
注：其他类型题答案略去，请参见教材。

第四章

一、选择题

1. C　2. D　3. D　4. B　5. D　6. B　7. C　8. C　9. B　10. D

二、判断题

1. ×　2. √　3. ×　4. ×　5. ×　6. √　7. √　8. √　9. ×　10. ×

三、填空题

1. 标准交割日交割，隔日交割，当日交割
2. 做空，做多
3. 完整汇率报价方式，掉期率报价方式

4. 外汇期货，利率期货，股价指数期货，黄金期货
5. 看涨期权，看跌期权，双向期权
6. 利率互换，货币互换

四、计算题

1. 1.476 4+0.002 0=1.478 4；1.478 4+0.004 0=1.482 4。USD/CAD3个月远期汇率为1.478 4/1.482 4。

2. 1.565 7−0.003 0=1.562 7；1.565 9−0.002 0=1.563 9。GBP/USD3个月远期汇率为1.562 7/1.563 9。

3. 欧元年利率为9%＞美元年利率为6%，所以欧元远期贴水，美元远期升水。

欧元6个月远期贴水=两国利差×即期汇率×月数/12=(6%−9%)×1.052 8×6/12=USD−0.015 8。

欧元为间接标价，故远期汇率＝即期汇率＋贴水=1.052 8+(−0.015 8)=1.037 0，即EUR1=USD1.037 0。

4. 从美国角度，EUR/USD=0.921 0为直接标价，因为3个月欧元升水20点，所以3个月欧元远期汇率=0.921 0+0.002 0=0.923 0。

(1) 若美进口商不采取保值措施，签约时100万欧元×0.921 0=92.1万美元；3个月后市场汇率变为EUR/USD=0.943 0，即USD贬值，所以3个月后支付100万欧元所需的美元金额为100万欧元×0.943 0=94.3万美元。所以，3个月后须多付(即损失)2.2万美元(USD 94.3万−USD 92.1万)。

(2) 美进口商利用远期外汇交易进行保值可避免损失，具体操作如下：美国进口商与德国出口商签订销售合同时，与银行签订远期外汇交易合同，按3个月欧元对美元远期汇率=0.923 0(0.921 0+0.002 0)买进100万欧元，3个月后支付100万欧元所需的美元金额为100万欧元×0.923 0=92.3万美元。

损失：92.1−92.3=−0.2万美元，即只需要多付0.2万美元，与没有保值的损失相比可避免损失2万美元。

5. 从美国出口商的角度考虑，结果如下所示。

(1) 签约日10万英镑折算成美元为：10万英镑×1.626 0=16.26万美元(因为从美国的角度，此标价应为直接标价，所以，GBP/USD=1.626 0/9 0汇价中，1.626 0为银行买进英镑的价格，即出口商卖出英镑买进美元的价格，因为1英镑=1.626 0美元，所以10万英镑×1.626 0=16.26万美元)。

美国出口商预测3个月后英镑将贬值为GBP/USD=1.616 0/9 0，如正确，则为10万英镑×1.616 0=16.16万美元，少16.16−16.26=−0.1万美元。

(2) 美出口商利用远期外汇交易进行保值可避免损失，具体操作如下：美国出口商与英国进口商签订销售合同时，与银行签订远期外汇交易合同，按3个月英镑远期汇率卖出英镑。

因为若3个月掉期率为50/30，即英镑远期贴水，则3个月英镑远期汇率为1.626 0−0.005 0=1.621 0，1.629 0−0.003 0=1.626 0，即GBP1=USD1.621 0/1.626 0。

所以，3个月后10万英镑可得16.21万美元(1.621 0×10万英镑)，与预测相比避免损失0.05万美元。

(3) 如果已进行保值，3个月后英镑汇率上升，即美元贬值，出口商仍需要按与银行签订的合同汇率卖出英镑，不能享受英镑汇率上升带来的好处。因此，保值避免了风险，但不能享受汇率反向变动可能带来的益处。

6. 由以上条件可知，同一时间，美元在纽约市场的价格比在中国香港外汇市场的汇价高，根据贱买贵卖的原则，所以套汇者在中国香港地区以7.701 1的汇价买进美元卖出港元(因为美元兑港元在中国香港地区是直接标价，故银行以7.701 1汇率买进港元卖出美元)，所以9 000万港元可换得1 168.66万美元(9 000万港元÷7.701 1)。

同时，套汇者在纽约外汇市场以USD1=HKD7.720 2的汇价卖出美元买进港元得9 022.29万港元(1 168.66万美元×7.7202)。因为在纽约美元汇价是间接标价，所以银行以7.720 2卖出港元买进美元。

因此，套汇者以9 000万港元套汇将能获毛利22.29万港元(9 022.29万港元−9 000万港元)。

7. 首先统一标价法：统一为间接标价，HKD1=GBP0.08，3个汇率连乘2×0.08×8=1.28，因此可以套汇。

具体操作如下。

第一步：在纽约用1美元折算港元可得8港元。

第二步：在中国香港地区卖港元，买英镑。因为在中国香港市场GBP1=HKD12，所以8港元可换0.67英镑(8/12)。

第三步：在伦敦卖英镑买美元。伦敦：GBP1=USD2，所以0.67英镑可换1.34美元。

因此，1美元套汇可得0.34美元收益。1.34−1=0.34美元。

8. CHF与JPY的套算汇率为CHF/JPY=106.05÷0.950 6/106.35÷0.947 6

=111.56/112.23

客户现欲以瑞士法郎向银行购买日元，银行给客户的价格应为111.56。

9. (1) 将美出口商报价折算成人民币进行比较：即把外币折算成本币，我国进口商需用多少人民币购买外币进行对外支付，因此采用银行的卖出价折算。

美元报价折算成人民币为CNY6.291 9×6 000=CNY377 51.4。

英镑报价折算成人民币为CNY10.740 5×4 000=CNY429 62。

可见，美元报价的人民币成本低于英镑报价的人民币成本，应接受美元报价。

(2) 按国际外汇市场牌价折算时，应将市场所在地国家的货币视为本币，非市场所在地国家的货币视为外币。按伦敦外汇市场汇率折算，应将英镑视为本币。所以，英镑报价折算成美元为4 000×USD1.535 5=USD6 142，而美元报价为USD 6 000，所以应接受美元报价。

10. (1) 因为美元利率低于英镑利率，所以3个月后美元远期汇率升水。

升水值=市场即期汇率×利差×月数/12=1.574 4美元×(0.06−0.04)×3/12=USD0.007 9

因为伦敦外汇市场标价为间接标价，所以英镑远期汇率等于即期汇率减升水，即GBP1=USD(1.574 4−0.007 9)=USD1.566 5。

(2) 英国公司因进口用汇(美元)升水而受损。

升贴水年率=升贴水/即期汇率×12/月数×100%

所以，美元升水年率=升贴水/即期汇率×12/月数×100%=0.007 9/1.574 4×12/3×100%=1.51%。

注：其他类型题答案略去，请参见教材。

第五章

一、选择题

1. A　2. A　3. B　4. A　5. C　6. A　7. A　8. B

二、判断题

1. √　2. ×　3. √　4. ×　5. √

三、填空题

1. 稳妥防范原则，全面重视原则，风险最小化原则
2. 本币，外币和时间
3. 交易风险，折算风险和经济风险
4. 金平价
5. 汇率，调整幅度
6. 买进看涨，买进看跌
7. 借款，即期合同，投资法

注：其他类型题答案略去，请参见教材。

第六章

一、选择题

1. D　2. A　3. A　4. A　5. A　6. B　7. C　8. B　9.A

二、判断题

1. √　2. ×　3. √　4. ×　5. ×　6. ×　7. √　8. ×　9. √

三、填空题

1. 普遍性，流动性
2. 大
3. 国际清偿能力
4. 美国，德国，意大利，法国
5. 可兑换货币，为各国普遍接受，价值相对稳定
6. 国际货币基金组织
7. 国际储备规模(量的管理)，国际储备结构(质的管理)
8. 国际储备的规模管理
9. 安全性，流动性，营利性

注：其他类型题答案略去，请参见教材。

第七章

一、选择题

1. ABC　2. ABD　3. ABCD　4. AB　5. A　6. B

二、判断题

1. √　2. ×　3. ×　4. ×　5. √
6. ×　7. ×　8. ×　9. ×　10. √

三、填空题

1. 银行短期信贷市场，大额可转让定期存单市场，短期票据市场，贴现市场
2. 拆进利率，拆出利率
3. 欧洲资本市场，1
4. 0.25%～0.5%
5. 纽约股票交易所
6. 外国债券

注：其他类型题答案略去，请参见教材。

第八章

一、选择题

1. C 2. D 3. ABCD 4. B 5. BCD 6. A 7. ABC 8. ABCD

二、判断题

1. × 2. √ 3. × 4. √ 5. × 6. ×

三、填空题

1. 国际直接投资，国际证券投资，国际贷款
2. 高额的投资回报率，规避投资风险
3. 外债余额，负债能力
4. 固定汇率制，大量抛售
5. 优惠贷款，纯商业类贷款

注：其他类型题答案略去，请参见教材。

第九章

一、选择题

1. B 2. B 3. A 4. A 5. A 6. C
7. D 8. A 9. C 10. ABCD 11. BD 12. BE

二、判断题

1. √ 2. √ 3. × 4. ×

三、填空题

1. 国际金本位制，布雷顿森林体系，牙买加体系
2. 金币本位制，金块本位制，金汇兑本位制
3. 黄金与美元挂钩，其他国国家的货币与美元挂钩
4. 固定汇率制度

注：其他类型题答案略去，请参见教材。

第十章

一、选择题

1. A　2. C　3. B　4. D　5. C　6. A　7. B

二、判断对错

1. √　2. ×　3. √　4. ×

三、填空题

1. 执行董事会，理事会
2. 国际开发协会，国际金融公司
3. 国际开发协会，国际金融公司
4. 发展中

注：其他类型题答案略去，请参见教材。

参考文献

[1] 刘惠好. 国际金融[M]. 北京：中国金融出版社，2007.
[2] 刘舒年. 国际金融[M]. 2版. 北京：中国人民大学出版社，2008.
[3] 刘震. 国际金融[M]. 北京：中国人民大学出版社，2005.
[4] 杨继玲. 国际金融与结算[M]. 北京：对外经济贸易大学出版社，2006.
[5] 姜炳麟. 国际金融[M]. 哈尔滨：哈尔滨工程大学出版社，2006.
[6] 陈建忠. 国际金融[M]. 2版. 北京：电子工业出版社，2009.
[7] 韩民春. 国际金融[M]. 2版. 北京：中国人民大学出版社，2010.
[8] 杜敏. 国际金融实务[M]. 北京：对外经济贸易大学出版社，2008.
[9] 韩玉珍. 国际金融[M]. 2版. 北京：首都经济贸易大学出版社，2009.
[10] 王丹. 国际金融理论与实务[M]. 北京：清华大学出版社，2006.
[11] 易纲，张磊. 国际金融[M]. 上海：上海人民出版社，1997.
[12] 盛洪昌. 国际金融[M]. 北京：中国时代经济出版社，2007.
[13] 鲁丹萍，诸葛理县. 国际金融[M]. 北京：清华大学出版社，2007.
[14] 刘金波. 国际金融实务[M]. 北京：中国人民大学出版社，2009.
[15] 陈雨露. 国际金融[M]. 北京：中国人民大学出版社，2005.
[16] 吕江林. 国际金融[M]. 北京：科学出版社，2006.
[17] 叶蜀君. 国际金融[M]. 北京：清华大学出版社，2009.
[18] 栗书茵. 国际金融学[M]. 北京：机械工业出版社，2006.
[19] 于研. 国际金融[M]. 上海：上海财经大学出版社，2006.
[20] 李扬征. 国际金融学[M]. 北京：科学出版社，2004.
[21] 陈之为. 国际收支结算. http://www.stats.gov.cn.
[22] 蒙智睦. 我国国际收支统计的发展历程、问题与建议[J]. 财经界，2009(11).
[23] 黄瑞玲，崔建刚. 改革开放以来中国国际收支的变迁及启示[J]. 阅江学刊，2009(6).
[24] www.safe.gov.cn.
[25] 陈雨露，侯杰. 汇率决定理论的新近发展：文献综述[J]. 当代经济科学，2005(9).
[26] 贺瑛. 国际金融学[M]. 上海：复旦大学出版社，2006.
[27] 吕随启. 国际金融学[M]. 北京：中国发展出版社，2007.
[28] 贺瑛，冷丽莲. 国际金融[M]. 北京：高等教育出版社，2014.
[29] 刘玉操. 国际金融实务[M]. 大连：东北财经大学出版社，2006.
[30] 刘园. 国际金融实务[M]. 北京：高等教育出版社. 2006.
[31] 周浩明，龚志国，肖蓉. 国际金融理论与实务[M]. 北京：电子工业出版社，2009.

[32] 王灵华. 国际金融学[M]. 北京：清华大学出版社，2007.
[33] 朱海洋. 国际金融[M]. 上海：上海交通大学出版社，2008.
[34] 肖利秋. 国际金融理论与实务[M]. 广州：广东经济出版社，2002.
[35] 傅志明. 国际金融[M]. 重庆：重庆大学出版社，2002.
[36] 希尔. 国际金融[M]. 6版. 北京：人民邮电出版社，2008.
[37] 杨胜刚，姚小义. 外汇理论与交易原理[M]. 北京：中国金融出版社，2002.
[38] 段文斌，杜佳. 外汇市场与外汇业务[M]. 北京：经济管理出版社，2001.
[39] 姜波克. 国际金融新编[M]．3版. 上海：复旦大学出版社，2008.
[40] 钱荣堃. 国际金融[M]. 天津：南开大学出版社，2002.
[41] 德赛. 国际金融案例[M]. 北京：机械工业出版社，2008.
[42] 杨长江，姜波克. 国际金融学[M]. 3版. 北京：高等教育出版社，2008.
[43] 刘舒年. 国际金融[M]. 3版. 北京：对外经济贸易大学出版社，2005.
[44] 张俊瑞. 国际财务管理[M]. 上海：复旦大学出版社，2007.
[45] 陈向东，哈妮丽. 国际财务管理[M]. 北京：人民邮电出版社，2007.
[46] 杜佳. 国际金融学[M]. 北京：清华大学出版社，2009.
[47] 苗芳，崔艳娟. 国际金融学[M]. 大连：大连理工大学出版社，2009.
[48] 宿玉海. 国际金融学[M]. 北京：科学出版社，2006.
[49] 侯高岚. 国际金融教程[M]. 北京：机械工业出版社，2007.
[50] 黄梅波. 国际金融学[M]. 厦门：厦门大学出版社，2009.
[51] 卞志村. 国际金融学[M]. 北京：人民出版社，2009.
[52] 沈国兵. 国际金融[M]. 上海：上海财经大学出版社，2008.
[53] 张春玲. 国际游资的经济影响及我国的对策选择[J]. 世界经济研究，2000(3).
[54] 刘军善，王月溪. 国际金融学[M]. 大连：东北财经大学出版社，2005.
[55] 贾涛，靳玉英. 货币危机传染性研究述评[J]. 上海财经大学学报，2007(5).
[56] 史锦华，谢运，管莉莉. 国际资本流动风险及有效监管[J]. 财经科学，2008(3).
[57] 各年度国际收支报告.
[58] 迟国泰. 国际金融[M]．5版. 大连：大连理工大学出版社，2011.
[59] 谢群，王立荣，李玉曼. 国际金融[M]. 北京：经济科学出版社，2010.
[60] 戴维•K. 艾特曼，亚瑟•I. 斯通希尔，迈克尔•H. 莫菲特，跨国金融与财务[M]. 朱孟楠，译. 北京：电子工业出版社，2015.
[61] 张效梅. 国际金融[M]. 北京：中国财政经济出版社，2015.